교육철학 및 교육사

사유와 실천

주영흠 이승원 심승환 공저

신정

머 리 말

우리 인간은 가치문제나 이상세계를 의식하는 존재이므로 현실에 파묻혀서 지낼 수 없다. 우리는 사회적인 삶을 영위하지만, 가치나 이상을 우리의 삶에 실현하기 위해 고민하는 존재이다. 그러므로 가치의 문제를 일부러 무시하지 않는 자라면 미래의 전망을 포기하지 않는다. 이런 점이 바로 우리를 긴장하게 만든다. 우리는 여전히 현실과 이상 사이에서 야기되는 고민과 긴장을 회피하기보다는 이겨내기 위해, 그리고 그것을 삶의 질을 고양시키는 힘의 원천으로 활용하기 위해 유익한 방안을 찾고 있다. 교육의 역사 속에서 말하는 교양인은 이런 고민과 긴장상태를 즐기면서, 그것을 성장의 발판으로 삼았다.

교양교육은 원래 무지, 편협함, 편파성, 편견, 왜곡 그리고 판단의 오류 등으로부터 인간을 자유롭게 하려는 그리스인들의 이상에서 시작되었다. 아리스토텔레스와 아우구스티누스를 통해 체계적으로 구성된 교양교육의 이상은 지적인 자유를 실현하려는 인간의 염원에서 싹튼 교육의 가치이다. 물론 지적인 자유는 이성을 악하게 사용하지 않으면서도, 정신적이든 육체적이든, 구속이나 억압의 상태를 넘어서 최대한으로 그 능력을 발휘하는 적극적인 자유를 뜻한다. 편협하지 않으면서도 왜곡되지 않는 사유나 판단을 가능하게 만드는 지성의 계발은 이런 자유의 범위를 넓혀주는 교육이 된다. 우리 인류의 교육은 동서양을 막론하고, 오랜 시간을 거치면서 이런 지성을 향유하는 교양인을 양성하려고 노력해 왔다.

르네상스의 교양인들은 지성이 우리에게 고상한 것과 바른 것을 인식하는 안목과 선악을 분별하는 시각을 길러준다고 하였다. 흔히들 말하는 인간과 동물을 구별하는 결정적인 요인은 지성이다. 자연 혹은 섭리는 결핍된 존재인 인간에게 모든 것을 유보하였으나, 보상으로 지성의 싹을 심어주었다고 한다. 우리는 자신을 동물과는 달리 지적인 존재로 창조되었다고 믿는다. 말하자면 말 못하는 짐승은 본능을 부여받았지만, 인간에게는 지성이라는 특권을 제공받음으로써 인간발달이라는 짐을 동시에 떠안게 된 것이다. 이런 까닭에 인간의 성숙을 도모하는 교육의 장에서는 지성의 계발을 인간되게 하는 통로라고 말한다. 이런 교육의 전통은 헬레니즘적이지만 중세사회를 거쳐 현대에 이르고 있다.

복잡한 고도 산업사회에서 생존하는 현대인은 반드시 자신의 지성을 계발하여서 활용할 수 있어야 한다. 교양인처럼 자율적인 학습능력을 길러야 할 것이다. 모든 교육의 기본이 학습자 스스로 공부할 수 있는 능력과 지적 자립심을 길러주는 일이라고 한다면, 이에 적합한 특성을 가진 자는 바로 교양인이다. 우리는 교양인처럼 자기성숙을 위해 스스로 노력하는 자가 되어야 한다. 첨단 산업사회, 정보화사회가 도래하였는데도 신기술이나 새로운 정보를 무시해도 좋다고 주장하는 것은 아니다. 이런 시대의 조류나 문화적인 사조를 적절하게 수용하고 대응하면서 자신의 삶을 유지 발전시켜 나가야 하는 것이 우리의 과제이다. 강조하고 싶은 것은 첨단과학기술이나 정보화에 매몰되지 말고 삶의 목적을 상실하지 않으면서 가치의 세계, 이상의 세계를 추구해야 한다는 말이다.

그러므로 현대의 교양인이 가져야 하는 자질은 자신의 사고나 행위를 반성적으로 검토하면서 그것의 정당성을 가늠할 수 있는 합리적인 방안을 도출해 내는 능력이다. 현재의 삶보다 나은 미래의 삶, 현재의 인격보다 나은 성숙한 인격이 되기 위해서는 이런 자질이 필수적이다. 사회생활을 하다 보면 서로 상충되는 신념이나 이데올로기들이 맞부딪히는 냉혹한 현실에 관여하게 되는 경우가 많다. 이런 상황에 처하게 되면 행위의 결과를 추론할 수 있는 능력이나 옳고 그름을 균형 있게 판단할 수 있는 능력이 반드시 필요하다. 현명한 분별력과 지혜로운 결단력을 가진 교양인의 모습이 요청되는 이유이다.

따라서 교양인과 전문인의 자질을 골고루 갖추어야 하는 현대의 교사는 지성의 계발을 위해 자신의 수고를 아끼지 말아야 한다. 학생들을 잘 가르치기 위해서는 전문인의 실력뿐만 아니라 교양인의 자질이 필수적이기 때문이다. 구체적으로는 본질을 파악하는 철학적인 분석력과 시대의 흐름을 직관하는 역사의식을 고르게 갖추어야 한다는 말이다. 엄청난 정보의 홍수 속에서 이루어지는 정치 · 경제 · 사회 · 문화의 급격한 변동을 감안한다면, 어떤 특정한 지식체계를 획득하고 한정된 교육내용을 숙달하는 것 못지않게 핵심을 바라보는 철학적인 안목과 과거의 것을 통하여 미래를 전망하는 역사적인 시각이 교사를 교사답게 만들 수 있다. 이런 교양인의 자질은 개인적이든 사회적이든 간에 필수적으로 수반되는 혁신과 성숙을 가능하게 만들어 주는 능력이 된다. 따라서 이상적인 가치를 담고 있는 교육의 목적을 항상 의식하면서 동시에 현실의 교육적 요구에 유능하게 대처하는 교양인의 모습은 우리 시대가 요청하는 교사의 전형이다.

이 책은 교사양성에 도움이 되었으면 하는 바람에서 만들어졌다. 교육이라는 말 속에는 이미 앞을 내다본다는 뜻이 담겨져 있지만, '교육철학 및 교육사'라는 제목은 인간존재를 형성하기 위한 교육철학의 관점이나 교육사적인 전망을 밝힌다는 뜻을 내포하고 있다. 교육현상을 관찰하고 분석하면서 동시에 설명하고 해석하는 교육철학의 관점이나 고대로부터 현대에 이르기까지 교육의 실제를 통시적인 시각에서 정리하지만 공시적인 의미를 접붙여서 미래의 전망을 삼으려는 교육사의 시각은 모두 새로운 교육실천을 위한 것이다. 이 책의 부제로 '사유와 실천' 을 내세운 것은 바로 이런 이유 때문이다. 교육철학과 교육사 공부를 통하여 올바르고 균형 잡힌 안목을 길러서 교육실천에 도움이 되었으면 좋겠다는 생각에서 이루어진 것이다.

이 책은 세 부분으로 구성되어 있다. 1부는 한국교육사로 이승원 교수가 집필하였고, 2부는 서양교육사로 주영흠 교수가 집필하였으며, 3부는 교육철학으로 심승환 교수가 집필하였다. 그리고 각 부는 다섯 개 장으로 구성되었으며, 각 장의 앞부분에는 '원전읽기' 가, 뒷부분에는 '연구 및 토의과제' 와 '추천도서' 가 소개되어 있다. 과거의 것이든 현재의 것이든 간에 교육현상의 의미를 살피면서 사유하고 실천하기 위한 연습이다. 이 책이 교직과목 강의를 위한 텍스트나 임용고사준비를 위한 자료로 활용될 수 있지만 교육철학의 관점이나 교육사의 전망을 키워줌으로써 교사의 자질을 함양하는 서적이 되었으면 좋겠다. 교육철학적인 관점과 교육사적인 전망을 갖추어 나간다면 전문인으로서의 교사뿐만 아니라 교양인으로서의 교사를 기대해 볼 수 있기 때문이다. 이 글을 통하여 교육학도나 예비교사들에게 교육에 대한 폭넓은 이해가 이루어지고 교육의 실천행위에 많은 도움이 되었으면 좋겠다.

본서의 출판을 위해 애써주신 분들이 계신다. 감사의 마음을 전하고 싶다. 도서출판 신정의 최용구 사장님과 임직원들이다. 이분들은 이 책의 출판을 허락하시고, 편집과 교정의 수고를 아끼지 않으신 분들이다. 끝으로 대학에서 교수의 직분과 연구와 교수의 여건을 마련해 주신 주님께 감사드린다. 우리의 부족을 반성하게 하시고 앞으로의 세계를 잊어버리지 않도록 지켜주시는 분이다. 연구하면서 유익을 얻고 가르치면서 보람을 찾는 현대의 교양인인 교사 여러분에게도 감사드린다.

2010년 8월 20일

저자 일동

차 례

contents

c o n t e n t s

contents

c o n t e n t s

PART 03 교육철학

contents

contents

PART 01

한국교육사

CHAPTER 01

원시사회의 교육

CHAPTER

01 원시사회의 교육

원·전·읽·기

《국사(國史)》고구려본기(高麗本記)에는 "시조 동명성제(東明聖帝)의 성은 고(高)씨요, 이름은 주몽(朱蒙)이다. 이보다 앞서 북부여의 왕 해부루(解夫婁)가 동부여(東夫餘)로 땅을 옮기고, 부루가 죽자 금와(金蛙)가 왕위를 이었다. 이때 [금와가] 태백산(太伯山) 남쪽 우발수(優渤水)에서 한 여자를 만나 물으니, [그 여자가] 말하기를, "저는 본래 하백(河伯)의 딸로 이름은 유화(柳花)입니다. 여러 아우들과 함께 나와 놀았는데, 그때 한 남자가 스스로 천제의 아들 해모수(解慕漱)라고 하며 저를 웅신산(熊神山) 아래 압록(鴨淥) 강가 집 안으로 꾀어 사통하고 가서는 돌아오지 않았습니다. 부모님이 제가 중매도 없이 사람을 따른 것을 꾸짖어, 마침내 [저는] 여기 귀양와서 있게 되었습니다."고 하였다.

금와가 이상히 여겨 방 속에 깊숙이 가두었더니 햇빛이 [그를] 비췄다. 몸을 이끌어 피하니, 햇빛이 또 쫓아와 비추었다. 그로 인해 잉태하여 한 개의 알을 낳으니 크기는 닷 되쯤 되었다. 왕이 그것을 버려 개, 돼지에게 주었으나 모두 먹지 않았다. 또 길에 버리니 소와 말이 이를 피해 다녔고, 들에 버리니 새와 짐승이 이를 덮어 주었다. 왕이 그것을 깨뜨리려고 했으나 깨뜨릴 수가 없었다. 이에 그 어미에게 돌려주었다. 어미가 물건으로 감싸서 따뜻한 곳에 두었더니 한 아이가 껍질을 깨고 나왔는데, 골격과 외모가 영특하고 기이하였다. 나이 겨우 일곱 살에 매우 숙성하여 [보통 아이들과] 달라 스스로 활과 화살을 만들어 백 번 쏘면 백 번 적중하였다.

나라 풍속에 활 잘 쏘는 이를 주몽(朱蒙)이라고 하므로 그렇게 이름하였다. 금와는 일곱 명의 아들이 있었는데, 항상 주몽과 함께 놀았으나 재주가 [주몽]에게 미치지 못하였다. 장자인 대소(帶素)가 왕에게 말하기를, "주몽은 사람의 소생이 아니니 만약 일찍 도모하지 않으면 후환이 있을까 두렵습니다."고 하였다. 왕은 듣지 않고 주몽을 시켜 말을 기르게 하였다. 주몽은 준마를 잘 알아서 먹이를 적게 주어 야위게 하고, 둔한 말은 잘 먹여 살찌게 하였다. 왕이 자기는 살찐 말을 타고 야윈 말은 주몽에게 주었다. 왕의 여러 아들들과 신하들은 장차 주몽을 해할 것을 도모하였다. 주몽의 어머니가 그것을 알고 고하기를, "나라 사람들이 장차 너를 해하려 하니, 너의 재략으로 어디 간들 무엇을 못하겠느냐? 빨리 도모하는 것이 좋겠다."고 하였다. 이에 주몽은 오이(烏伊) 등 세 사람과 벗을 삼아 엄수(淹水)에 이르러, 물에 고하기를, "나는 천제의 아들이며 하백의 손자다. 오늘 도망하는데 쫓는 자에게 거의 잡히게 되었으니 어찌하리오?"라고 하였다. 이에 물고기와 자라가 다리를 만들어 건너자 다리가 없어지니 뒤쫓던 말탄 자는 건너지 못하였다. 졸본주(卒本州)에 이르러 드디어 도읍하였다. 궁실을 지을 겨를이 없어 다만 비류수(沸流水) 위에 풀집을 엮어 살며 국호를 고구려라고 하였다. 이로 인해 고(高)로 성씨를 삼았다. 이때 나이 열두 살로 한(漢)나라 효원제(孝元帝) 건소(建昭) 2년 갑신(甲申, B.C. 37)에 즉위하여 왕이라 일컬었다. 고구려가 전성할 때는 21만 5백 8호였다."라고 하였다.

출처: 한국정신문화연구원(2003). 譯註 三國遺事 卷第一. 서울: 이회문화사. pp. 202-210.

사유하기 우리의 건국신화에는 당시 선인들의 삶의 방식, 소망과 세계관 등이 반영되어 있다고 하겠다. 고구려를 건국한 주몽왕의 탄생과 건국을 설명해 주는 주몽신화의 내용을 읽고, 단군신화와 비교하여 어떠한 유사성과 차이점이 있는지, 그리고 어느 신화가 더 각색되지 않은 원형을 유지하고 있는지 등을 살펴보자.

1. 시대적 배경

한반도에 인류문화가 시작된 것은 약 50만 년 전의 구석기시대로 소급될 수 있으며, 우리의 원시사회는 구석기시대와 신석기시대, 그리고 청동기시대를 아우르는 오랜 기간을 포함한다. 한민족의 형성과정을 검토하면 선주민(先住民)과 그뒤 예(濊)와 맥(貊)의 이원적 구성을 갖고 있다. 한민족 형성의 주류는 예와 맥이며 고고학적으로는 무문토기인(無文土器人)의 등장에서 비롯한다.

교육의 역사는 인류의 역사라고 할 수 있다. 인류의 삶이 시작되면서 생활의 필요에 의해서 교육활동이 있었으리라는 것이 일반적인 견해로 받아들여지고 있다. 문자에 의한 기록의 한계로 말미암아 문자 이전의 원시시대 교육의 실제적인 모습들을 살피는 것이 어렵기는 하나, 제도적인 학교를 통해 운영되는 것과는 다른 유형의 교육현상이 존재했을 것이다. 문자에 의하여 기록된 역사는 긴 인류의 역사에 비하면 참으로 보잘 것 없는 짧은 기간이다. 인류는 오랜 시간을 삶의 현장에서 이루어지는 비의도적 · 모방적인 교육활동에서 점차 발전된 형태로 변모해 갔으리라 쉽게 추측할 수 있다. 교육사학자 몬로(Paul Monroe)는 원시인들은 있는 그대로의 환경에 순응하며 실질적인 생활의 필요에 따라 무의식적인 모방에 의존하다가 점차 의식적인 모방의 단계를 거쳐 종교적 의식과 주문, 수렵, 원정, 파종, 부족의 신화와 전설 등에 관한 이론적 교육으로 이행해 갔다고 설명하고 있다(Monroe, 1928: 1-3).

우리의 원시사회도 다른 원시사회와 마찬가지로 모계 중심의 씨족사회이며, 자연의 만물이 다 영혼을 가지고 있다고 생각하는 애니미즘(animism)과 샤머니즘(shamanism)을 바탕으로 주변의 환경을 해석하고 적응했다고 할 수 있다. 특히 무속적 사유인 샤머니즘은 한국사상의 원형(Archetypes)으로서 당시 선조들의 사고방식에 깊게 자리 잡고 있었다. 현세 긍정적, 기복적인 성격을 지닌, 그러면서도 만물과 조화하려는 경향이 강했던 무속적 사유는 외래의 사유를 긍정적으로 수용하고 조화할 수 있는 토대로 작용하였다.

원시사회의 한국인들의 안목과 그들의 교육적 활동을 살펴볼 수 있는 것으로 단군신화와 성년식을 들 수 있겠다.

2. 단군신화와 교육

1) 신화의 성격

신화는 분명히 신(神)에 관한 이야기이다. 그러나 한편 신화는 인간 자신의 집단적 생활과 그 주위 환경을 신화화한 것이라고 이해하는 것이 더욱 합리적인 접근일 것이다. 우리는 신화를 통해 신화를 만들어 낸 그 당시 고대인들의 삶의 방식, 의식구조를 유추해 볼 수 있다. 신화는 고대인들이 현실을 설명했던 구전의 역사요, 그들이 세상을 바라보았던 의식구조이고, 사고방식이며 신앙이고 삶 자체이기도 하다(이계학, 1994: 217).

2) 단군신화의 내용

고조선의 건국신화인 단군신화에는 고대 한민족의 심리와 사유의 특성, 세계관 · 인간관의 원형이 잘 나타나 있다.

《삼국유사》에 다음과 같은 기록이 있다.

> 《고기(古記)》에 이런 말이 있다. 옛날에 환인(桓因)의 서자 환웅이 계셔 천하에 자주 뜻을 두고 인간 세상을 탐내어 구했다. 아버지는 아들의 뜻을 알고, 삼위 태백산(三危 太白山)을 내려다보니 이롭게 할〔弘益人間〕만 했다. 이에 천부인(天符印) 세 개를 주어 내려가서 다스리게 했다. 환웅은 그 무리 삼천 명을 거느리고 태백산 꼭대기의 신단수(神檀樹) 밑에 내려와 이곳을 신시라 불렀다. 이 분을 환웅천왕(桓雄天王)이라 한다. 풍백 · 우사 · 운사를 거느리고 곡식 · 수명 · 질병 · 형벌 · 선악 등을 주관하고, 인간의 삼백 예순 가지나 되는 일을 주관하여 인간세계를 다스려 교화시켰다〔在世理化〕. 이때 곰 한 마리와 범 한 마리가 같은 굴에 살았는데, 늘 환웅에게 사람되기를 원했다. 때마침 환웅이 신령한 쑥 한 심지와 마늘 스무 개를 주면서 말했다. "너희들이 이것을 먹고 백일 동안 햇빛을 보지 않는다면 사람이 될 것이다." 곰과 범은 이것을 받아먹었다. 곰은 기(忌)한 지 21일 만에 여자의 몸이 되었으나 범은 기하지 못했으므로 사람이 되

지 못했다. 여자가 된 곰은 그와 혼인할 상대가 없었으므로 항상 단수 아래서 아이 배기를 축원했다. 이에 환웅이 임시로 변하여 그와 혼인해 주었더니, 그는 임신하여 아들을 낳았다. 이름을 단군왕검(檀君王儉)이라 일렀다. 왕검은 요임금이 왕위에 오른 지 오십 년인 경인년에 평양성에 도읍을 정하고 비로소 조선(朝鮮)이라 불렀다.

3) 단군신화의 교육적 의의

단군신화는 접근하는 관점에 따라 다양하게 이해하고 해석할 수 있겠으나, 교육적 측면에서 본다면 '인간 세상을 널리 이롭게 한다' 는 홍익인간의 가치를 중시했으며, 사람으로 변화되기 위해서는 어두운 동굴 속에서 맵고 쓴 음식을 먹으면서 기(忌)해야 한다는, 즉 참고 견뎌야 한다는 사유가 그 핵심이라 할 수 있다. 단군신화를 통해, 고난을 당해 쉽게 포기하거나 좌절하지 않고 참고 견딤으로써 비로소 남에게 유익을 주는 참다운 사람으로 변화될 수 있다는 교육적 의의를 발견할 수 있다.

그 밖에 단군신화 속에서 다음과 같은 의미들을 찾아낼 수 있다(이승원, 2002: 25-29).

첫째, 단군은 천상의 신적 생명과 지상 생명과의 융합된 결정체로 묘사되고 있다. 단군신화의 세계관은 지상과 현상의 세계를 전체적으로 포괄하는 생명 중심의 세계이고 천지 상하의 조화로운 교감의 세계라고 할 수 있다. 이는 조화와 묘합(妙合)의 원리를 표현한다.

둘째, 인간 중심적이고 현세 지향적 세계관이 반영되어 있다. 환웅이 인간 세상을 그리워하고 다스리기를 희망했다는 것이 이를 말해주고 있다. 그리고 곰과 범, 모두 늘 사람 되기를 원했으니, 인간 세상을 중요시하는 인간 중심적이고 현세 지향적인 사고방식이 반영되어 있다고 볼 수 있다. 단군신화의 현세 지향적 세계관은 무속신앙의 특징이다. 사후세계를 이승의 연장으로 보고 현세에서의 건강한 삶과 재수 있는 삶, 즉 복받기를 바라는 것이 무속적 사유라 할 수 있다.

셋째, 인내와 온유로 표현되는 인(仁)의 가치가 높게 평가되어 있다. 쑥과 마늘을 먹고 햇빛을 보지 않으면서 견디어 낸 참을성 있는 동물, 온순한 곰이 결국은 사람이 되고 환웅과 결합하여 단군왕검을 낳았다는 것이 이를 말해준다.

넷째, 인간 세상을 널리 이롭게 한다는 '홍익인간'의 이념을 제시하고 있다는 점이다. 홍익인간은 우리 교육의 이념으로 규정되어 있다. 홍익인간의 이념은 인간존중의 사상으로 세계의 중심을 인간 세상으로 삼아 인간을 사랑하며 널리 인간을 이롭게 하고, 소아(小我)를 버리고 대아(大我)를 살리는 선공후사(先公後私)의 원리이다.

교육을 통해 길러내야 할 '인간을 널리 이롭게 하는 사람'이란 어떤 사람일까? 인간의 생명과 인격을 존중하는 사람, 확대된 자아개념을 지니고 공동의 선을 지향하는 사람, 국가와 인류 전체의 복지증진을 위해서 기여하고자 하는 사람이 아닐까? 그리고 자연과 우주의 질서를 부여하신 신의 뜻을 겸허하게 수용하면서 인간을 둘러싼 환경과 평화롭게 공존할 줄 아는 조화로운 사람이 아닐까? 그리고 인간을 널리 이롭게 하는 사람은 쉽게 만들어지는 것이 아니고, 곰처럼 쓰고, 맵고, 답답한 어둠 속에서 오랫동안 견디는 과정을 통해서 탄생되는 것은 아닐까?

3. 한족(韓族)의 성년식

1) 원시사회 성년식

원시사회는 초기의 모방과 무계획의 단계를 지나, 점차 커다란 자연재해나 외적과의 전쟁 등 부족 전체의 안녕과 존속을 위한 공동의 노력이 필요한 시기에 이르게 되면서, 성년식과 같은 공적인 교육행위를 실시한다.

원시사회의 성년식은 대개 종교적 의식과 함께 할례(割禮), 발치(拔齒), 반흔(瘢

痕), 문신(文身) 등 신체적 고통을 가하고 이를 잘 견뎌내는 사람들을 부족의 일원으로 공인해 주는 의식이다. 그리고 부족에 따라 행하는 방법이 다양하여, 극히 간단한 것부터 복잡하고 장기간을 요하며 힘이 드는 의례까지 있다. 고대사회의 성년의식은 일정한 연령에 달한 청소년들을 대상으로 심한 고통을 감내하면서 성인으로서 몸과 마음이 거듭나도록 하는 절차를 거치게 된다.

2) 한족의 성년식

우리의 삼한시대에도 성년식이라고 부를 수 있는 매우 끔찍한 습속이 있었다. 《위지 魏志》의 동이전(東夷傳)에 당시 한족의 사회생활과 관련된 습속에 관해 다음과 같은 기사가 보인다.

> 관가에서 일이 있을 때에는 성곽을 쌓게 하며, 젊고 용맹하고 건강한 청년들을 모아 등가죽에 구멍을 뚫고, 또 그 줄에 큰 나무를 매달아 하루종일 환호하며 힘써도 아프다고 하지 않으면 건장하다고 하였다.[1)]

또한《후한서 後漢書》의 동이전(東夷傳)에는,

> 사람됨이 건장하고 용감하며, 소년으로 집을 짓는 자가 있다. 힘을 낼 때에는 끈으로 등가죽을 꿰뚫어서 이를 큰 나무에 붙들어 매고는 "욱!" 하는 소리를 지르면서 잡아당기는 힘겨루기를 한다.[2)]

고 기술되어 있다. 앞의 기록을 본다면, 원시 한족의 성년식 역시 다른 민족 못지않게 참혹하고 잔인했음을 알 수 있다.

---

1)《三國志》, 魏書, 券三十, 東夷, "其國中有所爲及官家使築城郭 諸年少勇建者 皆鑿背皮以大繩貫之又以丈許木插之 通日歡呼作力不以爲痛旣以勸作 且以爲健常"

2) 少年有築室作力者 輒以繩貫背皮縋以大木喚呼爲健常. 後漢書. 卷百十五, 東夷傳.

3) 한족 성년식의 교육적 의의

우리 한족의 성년식을 교육적인 맥락에서 살펴본다면 어떻게 구체화할 수 있을까? 다시 말해 구체적으로 어떠한 절차를 거쳐서 이루어졌고, 성년식에 참가했던 당시의 소년들에게 어떤 내용들이 교화(教化)되거나 전수되었을까? 물론《위서》와《후한서》에 나와 있는 구절 외에는 어떠한 자료도 남아 있지 않기 때문에 성년식의 내용이나 절차는 상징적으로 유추해서 접근할 수 있을 뿐이다.

이런 점에서 이계학의 접근은 매우 의미 있는 작업이었다고 할 것이다. 이계학은 한족의 성년입사식을 단군신화와 연계하여 파악하고 있다. 이계학에 의하면 성년학교의 교육내용은 실생활에 필요한 실용적인 내용이 아니라 그 민족의 '신화'라는 것이다. 몬로 역시 성년식의 핵심은 실생활의 가치보다 종교적 가치 · 신화적 가치로 보았음을 기억할 필요가 있다. 단군신화는 성년 입사식에서 행해졌던 의식의 프로그램, 즉 내용과 절차이고, 그후에 이루어지는 성년학교에서의 구체적인 교육내용이며, 무문화(巫文化)의 입장에서 보면 그것은 멋들어진 '나라굿의 한판'이라는 것이다. 한족 성인 입사식의 과정과 내용에 대한 이계학의 연상을 그대로 옮긴다면 다음과 같다(이계학, 1985: 146).

① 성년 입사식이 행해질 성소가 비밀한 곳에 마련된다. 즉 굿의 장소가 선정되고 성화된다.

② 입장신호에 맞추어 호랑이〔남성〕와 곰〔여성〕의 형상〔가면〕을 한 청년들이 "사람 되게 해주소서!" "사람 되게 해주소서!"를 연호하면서 엉금엉금 기어서 입장한다.

③ 풍악을 울리면서 천부인 세 개와 풍백, 운사, 우사 등을 거느리고 환웅 '추장'이 장엄하게 입장하여 본부석을 차지한다.

④ 풍악이 그치면서 엎드려 "사람 되게 해주소서!"를 연호하는 젊은이들을 향하여 환웅이 외친다. "너희들은 듣거라! 내가 주는 이 신령스런 쑥과 마늘을 먹고 햇빛 없는 동굴에서 백일을 기(忌)하라! 그리하면 신비롭게도 너희들은 사

람이 되리라!"

⑤ 성년 입사식에 참여한 젊은이들은 엉금엉금 기어 나와서 쑥과 마늘로 된 음식을 받아 가지고 각자 밀폐된 동굴로 기어간다.

⑥ 쓰고 매운 음식을 먹으면서 그 답답하게 밀폐된 어두운 동굴에서 삼칠일을 보낸다. 참지 못하여 뛰어나온 젊은이는 그곳에서 쫓겨난다.

⑦ 삼칠일 후 풍악이 울리면서 청년들은 가면을 벗어버리고, 햇빛이 눈부신 광장으로 함성을 지르면서 뛰어나온다.

⑧ 성년 입사식을 축복하기 위하여 장만한 음식과 술을 먹고 마시며, 풍악에 맞추어 온 마을 사람들이 어울리는 축제 속에서 '사람다운 사람' 이 된 엑스터시를 맛본다.

⑨ 비밀한 성소에 마련된 성년학교에서 민족 신화를 공부하고, 성년 입사식의 제의에서 행해졌던 의식의 내용과 절차와 헌물들이 의미하는 바를 이해하고, 민족의 영웅들의 이야기를 들으며 민족적 자긍심을 갖게 되며, 민족의 얼이 '삶다운 삶', '사람다운 삶' 에 있음을 이해하게 된다. 그리고 사람은 저절로 사람이 되는 것이 아니라 쑥처럼 쓰고, 마늘처럼 맵고, 밀폐된 햇빛 없는 동굴처럼 암울한 고난을 참고 극복할 때 신비롭게도 사람다운 사람이 된다는 사람다운 과정을 비로소 이해하게 된다.

⑩ 가족들의 축하 속에서 성년학교를 졸업하게 된다.

이렇게 본다면 우리 한족의 성년식은 단군신화의 의미, 즉 동굴처럼 암울한 곳에서 잘 참고 인내함으로써 사람다운 사람으로 거듭나게 만드는 성장의 과정이었다고 이해할 수 있다.

한족의 경우 성년식을 통해 종교적 전통을 유지하고 집단적 결속을 이루며, 단군의 후예로서 긍지를 고취하면서 강력한 부족국가로서 발전해 나가는 기틀을 다졌을 것이다. 그리고 단군신화에 나오는 홍익인간, 제세이화의 이념과 팔조법금(八條法禁) 등을 살펴볼 때, 고대 한인들은 비록 문자와 학교제도를 통한 의도적이고 계획적인 교육은 실시하지 못했다 하더라도 인본중시 민본사상을 생활 속에서 배우고 익혔음에 틀림없다.

그런데 한족의 성년식은 물론이고 다른 원시민족들의 성년식은 신체의 고난을 견디고 이겨내는 과정을 통해 어린 소년기의 자아가 죽고, 가족과 부족의 일원으로서 책임 있는 성인의 자아로 새로 태어나는 단계를 거치고 있다고 하겠다. 즉, '고난의 당면 → 죽음 → 부활' 이라는 과정을 거쳐 완성된다.

성년식은 매우 중요한 통과의례(rite of passage)로서, 특히 미성숙한 세대들을 성인들의 삶의 방식, 행동 유형에 적응시키고 편입시켜 주는 교육적 가치를 지니고 있다. 오늘날에도 그 교육적 의의를 되살릴 수 있는 지혜가 요청된다고 하겠다.

연구 및 토의과제

1. 원시사회의 교육적 특징에 대하여 토론해 보자.
2. 우리나라의 건국신화들을 조사하고, 유사점과 차이점을 찾아보자.
3. 단군신화의 교육적 의의에 대하여 정리해 보자.
4. 단군신화와 한족의 성년식과의 관련성에 대하여 토론해 보자.
5. 성년식의 교육적 의의와 현대교육에 접목시킬 수 있는 방안들을 토론해 보자.

추/천/도/서/

일 연. 삼국유사 제1권.

이계학(1985). 단군신화의 교육학적 고찰, 인곡황성모박사화갑기념논문집. 사회구조와 사회사상. 서울: 심설당.

Paul Monroe(1928). *A Brief Course in the History of Education*. New York: The Macmillan Company.

CHAPTER 02

삼국시대의 교육

1. 시대적 배경

2. 고구려의 교육

3. 백제의 교육

4. 신라의 교육

CHAPTER

02 삼국시대의 교육

원·전·읽·기

법사의 어릴 때 이름은 서당(誓幢)이고 또 다른 이름은 신당(新幢, 당(幢)이란 것은 세속에서 털[毛]이라고 한다)이었다. 처음에 어머니의 꿈에 별똥별이 품속으로 들어오더니 임신하였는데, 출산을 하게 되자 오색 구름이 땅을 덮었다. 이때는 진평왕 39년인 대업(大業) 13년(617) 정축년이었다. 그는 나면서부터 총명하고 특이하여 스승을 좇지 않고 (혼자) 배웠는데, 그가 사방을 떠돌던 시말(始末)과 성대하게 편 포교의 자취들은 모두 《당전 唐傳》과 그의 행장에 실려 있으므로 여기서 다 기록하지 않고, 다만 향전에 실린 한두 가지 이상한 일만 기록한다. (중략)

원효가 계율을 어겨 설총을 낳은 이후부터는 속인의 의복으로 바꾸어 입고 스스로 소성거사(小姓居士)라 불렀다. 우연히 광대들이 굴리는 큰 박[瓠]을 얻었는데, 그 모양이 기괴하였으므로 그 형상을 따라 도구를 만들었다. 화엄경의 "일체 무애인(無碍人: 어떤 외부의 장애도 받지 않는 사람을 일컫는 말로 부처를 이렇게 부름)은 한 번에 생사를 벗어난다"라는 구절을 따라서 무애라 이름 짓고, 노래를 지어 세상에 유포시켰다. 일찍이 원효는 이것을 지니고 수많은 부락을 돌아다니면서 노래하고 춤을 추며 교화시키고 읊다가 돌아왔다. 그래서 뽕나무 농사 짓는 늙은이와 옹기장이나 무지몽매한 무리에게도 모두 불타의 이름을 알고 나무아미타불을 부르게 하였으니, 원효의 교화가 컸다고 할 수 있구나.

그가 태어나 인연 맺은 마을 이름을 불지촌이라 하고, 절의 이름을 초개사라 하였으며, 스스로 원효라고 부른 것은 아마도 불교를 처음으로 빛나게 하였다는 의미이다. 원효라는 이름 역시 방언인데, 당시 사람들은 향언으로 새벽이라고 하였다.

원효는 일찍이 분황사에 머물면서 《화엄경소(華嚴經疏)》를 지었는데, 제40[회향품(迴向品)]에 이르러 마침내 붓을 꺾었다. 또 송사 때문에 몸을 일백 그루의 소나무로 나누니 모두 이를 위계(位階)의 초지(初地)라고 하였다. 또 바다 용의 권유로 길가에서 조서를 받들고 《삼매경소(三昧經疏)》를 지었는데, 붓과 벼루를 소의 두 뿔 사이에 놓았으므로 각승(角乘)이라고도 하였다. 그것은 또한 본각과 시각의 숨겨진 뜻을 나타낸 것이기도 하다. 대안법사(大安法師)가 헤치고 와서 종이를 붙였으니, 이 또한 음을 알아 화답하여 부른 것이었다.

그가 입적하자 설총이 유해를 잘게 부수어 참 얼굴을 빚어 분황사에 모시고, 공경하고 사모하여 슬픔의 뜻을 표하였다. 그때 설총이 옆에서 예를 올리자 소상이 갑자기 돌아보았는데, 지금까지도 돌아본 채 그대로 있다. 일찍이 원효가 거주하던 혈사(穴寺) 옆에 설총의 집터가 있다고 한다

小名誓幢, 第名新幢[幢者, 俗云毛也]. 初母夢流星入懷, 因而有娠, 及將産, 有五色雲覆地, 眞平王三十九年, 大業十三年丁丑歲也. 生而穎異, 學不從師. 其遊方始末, 弘通茂跡, 具載唐傳與行狀, 不可具載,唯鄕傳所記, 有一二段異事 …… 曉旣失戒生聰, 已後易俗服, 自號小姓居士. 偶得優人舞弄大瓠, 其狀瑰奇. 因其形製爲道具, 以華嚴經一切無人, 一道出生死, 命名曰無瑰, 仍作歌流于世. 嘗持此, 千村萬落, 且歌且舞, 化詠而歸, 使桑樞瓮牖玃猴之輩, 皆識佛陀之號, 咸作南無之稱, 曉之化大矣哉. 其生緣之村名佛地, 寺名初開, 自稱元曉者, 蓋初輝佛日之意爾, 元曉亦是方言也, 當時人, 皆以鄕言稱之始且(旦)也. 曾住芬皇寺, 纂華嚴疏, 至第四十迴向品, 終乃絶筆. 又嘗因訟, 分軀於百松, 故皆謂位階初地矣. 亦因海龍之誘, 承招於路上, 撰三昧經疏, 置筆硯於牛之兩角工(上), 因謂之角乘, 亦表本始二覺之微旨也. 大安法師排來而粘紙, 亦知音唱和也, 旣入寂, 聰碎遺骸, 塑眞容, 安芬皇寺, 以表敬慕終天之志. 聰時旁禮, 像忽迴顧, 至今猶顧矣. 曉嘗所居穴寺旁, 有聰家之墟云.

출처: 삼국유사 元曉不羈 중에서.

사유하기
- 종교적 형식과 제도에 머무르는 것과 참된 깨달음의 자유를 누리는 것은 어떤 차이점이 있을까?
- 신분사회, 귀족사회의 틀을 깨는 원효의 포교방식의 장점은 어떤 것들이 있을까?

1. 시대적 배경

우리 한민족은 한반도에 삶의 터전을 이루면서 씨족단계와 부족국가 형태를 벗어나 점차 고대국가 체제를 갖추게 된다. 삼국시대는 고구려, 백제, 신라의 고대국가가 왕권을 수립하는 기원전 1세기 후반부터 신라가 삼국을 통일하는 668년 즉, 7세기 중반까지를 의미한다. 이 시기는 한(漢) 4군과 대항하면서 그들을 몰아내고 고구려, 백제, 신라의 삼국이 정립되면서 경쟁과 교류의 관계로 체제를 더욱 정비하였던 기간이었다. 삼국은 성쇠를 거듭하며 오랫동안 상호 균형을 유지하였으나 당나라의 세력을 지원받은 신라가 668년에 통일을 이룩하였다.

삼국시대에 이르러 중국과 접촉하면서 한자와 유학경전이 수용되고, 원시적인 무속신앙 이외에 고등종교인 불교나 도교 등을 수용하면서 한층 높은 사상체제를 갖추게 된다. 특히, 유교와 불교의 도입은 전통적인 무속신앙과 낭가사상(郎家思想)[1]이 조화를 이루면서 정치와 교육문화 전반에 큰 영향을 주게 된다. 화랑도를 통해 발현된 신라의 조화와 균형의 정신은 삼국통일을 달성하고 민족의 동질성 유지를 가능하게 만들었다. 신라에 의한 통일은 비록 대동강 이북의 고구려의 옛 영토의 대부분을 잃은 제한된 통일이긴 했으나 단일민족, 단일문화를 발전시키는 기점이기도 했다.

1) 낭가사상이란 화랑도, 풍류도의 정신을 의미하며, 무속신앙을 토대로 하여 유 · 불 · 도 사상을 유기적으로 섭취하고 융합시킴으로써 사상적 대립과 갈등을 극복하고 통일과 단결을 위한 새로운 에너지를 창조해 낼 수 있는 원동력으로 작용하였다.

2. 고구려의 교육

고구려는 삼국 중 가장 먼저 고대국가의 기틀을 다졌으며, 중국과 인접하여 일찍부터 한(漢)문화를 받아들여 유학을 장려하고 이를 숭상했다. 고구려는 강력한 국력과 용맹성을 바탕으로 중국의 수, 당과 어깨를 나란히 경쟁하면서 영토를 확장하고 당시 국제관계의 한 중심축으로서 민족의 웅지를 드높였다. 그리고 이러한 고구려의 영광은 그 당시의 교육과도 무관하지 않았다.

기록상 고구려에는 두 종류의 교육기관이 있었다. 한국 최초의 고등교육기관이요, 관학(官學)인 태학(太學)과 사립의 초등과 중등교육기관의 성격을 지닌 경당(扃堂)이 바로 그것이다.

1) 태학

태학은 소수림왕 2년(372) 여름에 설립되었음을 확인할 수 있으나, "태학을 세워 자제를 교육했다(立太學 敎育子弟)"[2]는 짧은 기록 밖에는 다른 기록을 찾아볼 수 없다. 따라서 태학은 중국의 학제를 본받은 것이라는 점을 미루어 추측해 볼 때, 오경(시 · 서 · 역 · 예기 · 춘추)과 삼사(사기 · 한서 · 후한서)가 중요한 교육과정이었으며, 국가의 관리양성을 목적으로 세워졌고, 주로 귀족의 자제들을 교육의 대상으로 삼았을 것으로 생각된다. 김귀성의 지적처럼(김귀성, 2004: 60-67), 고구려의 태학은 한(漢)이래 위진(魏晋)시대 태학의 영향을 받았을 가능성이 높으며, 박사제도 역시 한대 이후 제도의 영향을 받았을 것으로 판단되나, 교육내용에 있어서 중국이 경학 위주라면 우리는 경, 사, 문사학 등을 통합 · 융화한 독창적인 특징이 있고 박사제도 역시 중국과 다른 독자적 성격을 지니고 있다고 할 수 있다.

---

2) 三國史記. 券第十八, 高句麗本紀 第六, 小獸林王2年條.

그러나 고구려의 태학은 기록의 한계로 자세한 내용을 파악하기 어려울 뿐만 아니라, 그 교육적인 효용가치에 대해서도 부정적인 평가를 받고 있다. "태학이 설치되어 유학의 소양을 가르친 것은 사실이지만 태학이 설치된 후 300년 가까이 지속되면서도 관리 선발이나 인재 등용에 보다 합리적이고 효용성 있는 방식을 마련한 흔적이 없었다. 여전히 5부의 귀족들이 혈통에 따른 특권에 의하여 문무의 모든 관직을 장악하고 살아갔던 것이다"(김기홍, 1993: 217)라는 견해는 이를 뒷받침해 준다. 좀더 많은 연구가 지속되어야 하겠으나, 태학이 고구려의 사회발전을 주도적으로 지원해 주는 교육기관으로 자리 잡지 못했다는 것은 인정해야 한다.

2) 경당

반면에 고구려를 고구려답게 만든 교육기관이 있다면 경당(扃堂)이라고 할 수 있다.

중국 측 자료인 《구당서(舊唐書)》와 《신당서(新唐書)》에 고구려의 경당과 관련한 기록들이 남아 있다. 구당서에 의하면, "풍속이 책읽기를 좋아하여 허름한 서민의 집에 이르기까지 거리에 큰 집을 지어 이를 경당이라고 하고, 미혼의 자제들이 여기서 밤낮으로 독서하고 활쏘기를 익힌다. 그들이 읽는 책은 《5경》과 《사기》, 《한서》, 범엽의 《후한서》, 《삼국지》, 손성의 《진춘추》, 《옥편》, 《자통》, 《자림》 그리고 또 《문선》이 있는데 그것을 더욱 아끼고 소중히 여겼다."[3]라고 하였다. 《신당서》에도 다음과 같이 기록되어 있다.

> "사람들이 배우기를 좋아하여 외딴 마을의 허름한 집에 이르기까지 역시 서로 사랑하고 부지런하여 큰 길가에 모여 큰 집을 짓고 경당이라 불렀다. 미혼의 자제들이 거기 모여서 경서를 암송하고 활쏘기를 익혔다."[4]

---

3) "俗愛讀書 至於衡門사養之家 各於街衢造大屋 謂之扃堂 子弟未婚之前 晝夜於此 讀書習射 其書有五經及史記 漢書 范曄後漢書 三國志 孫盛晋春秋 玉篇 字統 字林 又有文選 尤愛重之"(《舊唐書》東夷傳 高麗條).

4) "人喜學 至窮里사家 亦相矜勉 衢側悉構嚴屋 號扃堂 子弟未婚者曹處 誦經習射"(《新唐書》東夷傳 高麗條).

두 기록 모두 고구려인들이 배우기를 좋아하고 책읽기를 좋아하는 풍속이 있었음을 밝히고 있으며, 자발적으로 마을마다 큰 집, 글방을 지어 미혼 자제들을 가르쳤음을 기록하고 있다. 이러한 고구려인들의 아름다운 풍속은 우리의 고대인들이 지니고 있던 공통적인 현상이었다. "우리의 고대인들은 배우기에 힘썼다. 어린 시절부터 활쏘기를 위시한 각종 무술 등을 익혔다. 화랑도는 청소년들이 자발적이고 집단적으로 모여 무예와 인간으로서 필요한 여러 덕목들을 배우고 닦는 조직이었다. 고대인들은 무술을 닦는 데만 힘쓴 것이 아니라 글자를 터득하는 일이나 학문에도 힘썼다."(김기홍, 1993: 151)라는 견해는 이를 대변한다고 볼 수 있다.

고구려하면 요동과 만주벌판을 달리는 호쾌한 말발굽소리와 용맹한 전사들의 이미지를 떠올리기 쉽다. 그러나 미혼 자제들이 서로 모여서 배우기에 힘쓰는 그림을 떠올리기란 쉽지 않은 것 같다. 무술만을 연마하는 데서 고구려의 힘을 찾을 수 있을까? 진정한 고대 강국의 힘은 어려서부터 자발적으로 모여서 경서를 암송하고 각종 무예를 익혔던, 즉 배우기를 좋아하는 귀한 풍속에서 찾아야 할 것이다.

3. 백제의 교육

백제의 교육은 기록의 미비로 구체적으로 확인할 수 없다. 그러나 백제는 고구려가 태학을 세운 지 3년 만인 375년에 박사 고흥으로 하여 서기를 만들었으며, 왕인이 서기 285년에 일본에 천자문과 논어를 전해 줌으로써 일본 초기의 문화발달에 커다란 영향을 끼쳤다. 이러한 점들은 백제의 교육과 학문 수준이 상당히 발전되었음을 단적으로 보여주는 증거라 하겠다.

그리고 사비시대 중앙관청 중 학문과 교육을 담당하는 행정기관으로 사도부(司徒部)가 있었으며, 16관등제 중 교육을 담당하는 내법좌평이라는 관직명이 있었다는 점, 그리고 일찍부터 박사제도가 있어서 모시(毛詩)박사 · 의(醫)박사 · 역(易)박사 · 5경박사 등 각종 전문 박사가 있었다는 점 등을 종합해 볼 때, 분명히 높은 수준의 학교가 존재했음을 추측할 수 있다.

그럼에도 기록이 보존되지 못하여 구체적인 학교제도의 특성을 파악할 수 없음은 매우 안타깝다. 기록을 제대로 보존하지 못하는 민족과 국민이 감당해야 할 아쉬움과 부끄러움이라고 해야겠다.

4. 신라의 교육

신라는 지리적 여건에 의해 고구려나 백제에 비해 중국문화와 접촉도 늦었으며 문화수준도 높지 못했다. 그러나 신라는 통일 전에는 화랑도라는 독자적이면서도 자발적인 교육제도를 통해 인재를 양성함으로써 통일의 기틀을 다졌고, 삼국통일 후에는 국학(國學)을 세워 관리를 양성하였다. 또한 당에 유학생을 파견하여 유학교육의 수준을 향상시키며, 신라인의 학문적 우수성을 과시하기도 하였다.

1) 화랑도

(1) 화랑도의 발생과 조직

① 풍류(風流)의 승화

신화(神話)와 제천의례(祭天儀禮) 속에는 한국 정신의 원형으로서 풍류를 확인할 수 있다.

춤과 노래가 곁들여진 난장판의 모티프인 풍류는 신화에서 매우 중요한 구실을 하는데 특히 신을 맞이하는 제의(祭儀)에서 잘 나타난다. 고구려의 동맹(東盟), 부여의 영고(迎鼓), 옥저의 무천(舞天), 마한의 오월제(五月祭) 또는 시월제(十月祭) 같은 제천의식이 있는데, 이 의식은 음주가무를 통해 갈등과 반목의 대립을 지양 · 극복하고 부족 간, 국가 간의 화합과 단결을 고취하는 행사였고, 풍류의 놀이문화였다.

한마디로 풍류란 고대 한국인에게는 신을 영접하는 가장 직접적인 수단이었고 갈등을 정화시키는 신바람 나는 화합의 놀이문화였다. 그리고 풍류도를 잡아 세워 그 시대의 정치나 사회적 상황에 부응하도록 조직화한 것이 화랑도라고 말할 수 있다. 따라서 화랑도는 풍류도의 인간화 · 사회화 · 정치화라고 말할 수 있다(한국철학회, 1987: 149).

② 화랑도의 유래: 솟대〔蘇塗〕 제단을 섬기던 무사(武士)에서 유래

화랑도의 기원을 설명한 것으로 단재 신채호(申采浩)와 육당 최남선(崔南善)의 연구가 있다. 단재는 상고시대 솟대 제단의 무사(武士), 곧 그때에 '선비' 라 칭하는 자(신채호, 1974: 49)로서, 고구려에서는 조의(皂衣), 선인(仙人), 신라에서는 미모를 취해 화랑이라고 했다는 것이다. 육당은 '부루교단' 이라고 하여, '부루' 는 상고시대의 고유한 신앙인 태양숭배 곧 '밝의 뉘〔光明世界〕' 가 변한 말이며, 이 부루를 한자로 적을 때 풍류라 했다는 것이다(박의수 외, 2009: 35). 단재의 주장처럼 화랑도의 유래는 상고시대로부터 찾을 수 있고, 특히 솟대 제단[5]과 밀접한 관련을 지니고 있다.

소도와 화랑의 관계에 대해서는 《환단고기(桓檀古記)》에 설명되어 있다. 단군 조

5) 중국의 《삼국지(三國志)》, 《위서(魏書)》의 삼한전(三韓傳)에는 "10월에 농사를 마치고 또한 반복해서 이와 같이 하는데, 귀신을 섬김에 국읍(國邑)에 각각 1인씩을 세워 천신(天神)에 주제하고 천군(天君)이라 이름하며, 또 여러 나라에 별읍(別邑)이 있어 소도라 이름하고 큰 나무를 세우고 방울을 달고 북을 치며 귀신을 섬기는데, 그 가운데로 도망 오는 자는 돌려보내지 않는다."라는 기록이 보인다. 이 기록에 의하면, 시월에 농사를 마치고 귀신을 섬기는 것으로 보아, 소도가 농경민의 축제임을 알 수 있으며, 소도 경계 안에서는 죄인을 체포하지 않을 정도로 신성시되어진, 제천(祭天)과 치정(治政)의 절대성이 보장된, 그리고 풍류로써 가무가 행해지고 귀신에게 제사지내는 의례를 베풀었던 신성 지역임을 알 수 있다. 그리고 이 소도에서 제천의례를 담당했던 제정일치시대의 무사들에서 화랑도가 유래했다는 것이다. 죄를 짓고 도망온 자들을 보호했다는 역할과 관련하여, 소도에 대하여 종교의례가 행해지는 장소였을 뿐만 아니라 과도기의 완충장치 역할이라는 사회적 기능도 담당했음을 추측할 수 있다. 마치 성경의 민수기에 나오는 여섯 개의 도피 성과 같은 기능을 하였다.

선 시기에 이미 명산들에 소도를 세워 큰 나무를 환웅상(桓雄像)으로 모셔 제사지냈고 미혼 자제들에게 글 읽기와 활쏘기를 가르쳐 국자랑(國子郎)으로 삼았다는 기록들이 보이는데, 국자랑이 곧 화랑과 연결되고 있음을 쉽게 추측할 수 있다.

이처럼 화랑도는 풍류로써 신을 영접하고 제사 지내던 상고시대 소도(蘇塗) 제단의 무사들, 선비〔仙人〕제도로부터 유래했다고 볼 수 있다.

③ 성격: 자발적 수련단체

화랑도는 처음에는 민간청년애국운동으로서 향토의 청소년 중심의 운동에서 자연발생적으로 출발하였으며, 진흥왕 때에 이르러 체계화되었다.

화랑도가 자발적으로 형성된 청소년들의 집단에서 출발했다는 사실은, 비슷한 또래끼리 모여 잘 어울리고 배우기에 힘쓰는 우리 고대 청소년들의 경향을 파악한다면 쉽게 이해될 수 있다. "아이들은 자라는 도중에 비슷한 나이 또래끼리 잘 어울렸다. 또래끼리 모여 사냥을 하기도 하고 무예를 닦기도 하였다. 이것을 사회 국가적 차원에서 지원하고 조직화했던 것이 화랑도이다. 물론 화랑도는 신라의 수도인 경주에서 조직·운영되었지만 다른 지역에서도 이와 유사한 청소년 집단들이 있었다."(김기홍, 1993: 73)는 견해를 감안한다면, 화랑도가 자연발생적으로 그리고 자발적인 수양집단으로 출발했음을 쉽게 수용할 수 있다.

④ 화랑도의 조직화

화랑도는 진흥왕 때부터 체계적으로 지원·운영되고 조직화되기 시작했다. 국가의 방침 아래 권위와 신망을 갖추게 된 것은 진흥왕 37년(576)경이라 볼 수 있다. 《삼국유사》에 의하면 진흥왕 때 나라를 흥하게 하려면 반드시 풍월의 도를 먼저 일으켜야 한다고 생각하고, 처음으로 설원랑(薛原郎)을 받들어 국선(國仙)으로 삼았다고 한다(삼국유사, 1974: 270-271).

화랑도는 화랑을 대표하는 최고의 책임자로서 원화(源花), 국선화랑(國仙花郎) 또는 풍월주(風月主)라 불리는 지도자를 중심으로 크게 세 조직으로 구성되었다. 《화랑세기》에 의하면, 화랑도의 상층은 화랑집단이고 그 밑에 중간 조직으로 낭두 조직이 있고, 그 밑에 낭도 조직이 있었다고 한다(김대문, 1999: 23-24). 지도자인 상층의 화랑집단은 귀족 출신이었다. 중간 조직인 낭두나 하층 조직인 낭도들의 경우 일반 평민의 자제들도 포함되어 있었을 것이다.[6] 따라서 이 화랑도가 귀족사회와 평민사회와의 사이에서 교량적 역할을 담당했음을 알 수 있다. 화랑도의 조직은 다음과 같다.

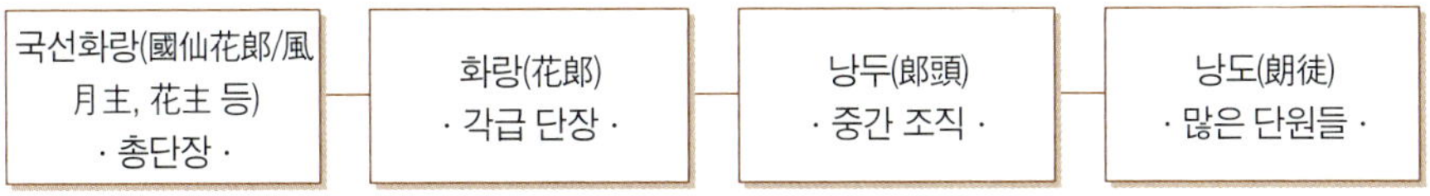

[그림 2-1] 화랑도의 조직

(2) 화랑도의 사상과 윤리

① 〈신바람〉과 〈멋〉이 있는 놀이문화와 도덕성의 조화

화랑도는 신라인들의 단결을 고취하고, 삼국통일을 이룩할 수 있었던 정신적 에너지로 작용하였는데, 그에 합당한 사상적 토대를 지니고 있었다. 화랑도 사상의 핵심은 한마디로 유 · 불 · 선 사상을 하나로 융합하고, 그것을 생기 있는 창조적 에너지로 승화하여 심미성과 도덕성의 균형을 유지하는 조화의 정신을 일구어냈다는 것에서 찾을 수 있다. 즉, 〈신바람〉과 〈멋〉이 있는 놀이문화를 즐기면서도 절제와 도덕성을 잃지 않는 균형적 · 융합적 묘합에서 화랑도 사상의 진정한 힘을 발견

6) 삼품창영(三品彰英)은 신라의 화랑집회는 진골 출신의 화랑을 받들어 진골 이하 4두품에 이르는 골품에 속하는 계급 출신의 청년에 의해 결성되며, 그 속에 평민은 포함되지 않았던 것으로 보고 있다(三品彰英(이원호 역, 1995: 55). 그러나 화랑을 중심으로 수백 또는 수천의 무리들이 따랐다는 기록들을 고려한다면 신라 전체의 인구 수와 비율 등을 보아도 모두가 귀족자제들이었다는 논리는 분명 무리가 있다. 신라의 화랑도가 사상 면에서 조화 · 융합은 물론 계층 간의 화합을 이룩할 수 있었던 장점이 있었기에 삼국통일을 달성하는 에너지로 작용할 수 있었다고 보아야 한다.

할 수 있다. 최치원이 쓴 '난랑비서문' 의 내용을 보면 다음과 같다.

> 우리나라에 현묘(玄妙)한 도가 있으니 풍류라 한다. 그 풍류도를 설치한 근원은 선사(仙史)에 자세히 기록되어 있다. 그 풍류도는 실로 삼교(三敎)를 내포하고 있고, 모든 생명체와 접촉하여 그것들을 생기 있게 변화시킨다. 또한 집에 들어간즉 어버이에게 효도하고, 나아간즉 나라에 충성하니 이것은 공자의 가르침이요, 무위지사(無爲之事)에 처하여 행동하고 말만 앞세우지 않음은 노자(老子)의 가르침이요, 모든 악행을 짓지 않고 모든 선행을 받드니 이것은 석가세존(釋迦世尊)의 교화(敎化)다.
>
> 國有玄妙之道 曰風流 設敎之源 備詳仙史 實乃包含三敎 接化群生 且如入則孝於家 出則忠於國 魯司寇之旨也 處無爲之事 行不言之敎 周柱史之宗也 諸惡莫作 諸善奉行 竺乾太子之化也
>
> 출처: 삼국유사.

최치원은 풍류도, 즉 화랑도를 유 · 불 · 선 삼교(三敎)를 내포하면서, 모든 다른 생명체와 접촉하여 그것들을 생기 있게 변화시키는 현묘한 정신〔玄妙之道〕으로 표현하고 있다.

이 내용은 밑줄 친 포함삼교(包含三敎), 접화군생(接化群生), 현묘지도(玄妙之道)를 중심으로 파악할 수 있다.

먼저 포함삼교를 보았을 때 화랑도는 무속적 기반 위에 고등사유 · 종교인 유 · 불 · 선을 융합하고 있으며, 나아가 생기 있게 변화시키는 창조적 에너지로 작용하고 있다고 평가한 것이다.

그리고 접화군생(接化群生)이란 '모든 생명체와 접촉하여 그것들을 생기 있게 변화시킨다' 는 표현으로 풍류도의 감정적 · 심미적인 특성을 나타내는 것이라고 볼 수 있다. 집단적 가무를 통해 감정적 화해와 일치를 낳는 과정으로 이해할 수 있다. 고대 한인들은 풍류를 통해, 즉 신바람 나는 음식가무의 놀이를 통해 생성의 힘을 얻어서, 상하 계층 간의 위화감과 서로 간의 미움과 원망 등을 해소하고 진정한 일치를 이루었을 것이다. 이성으로 해소할 수 없는 감정적인 화해를 이루면서 동류애, 부족애 등 일체감을 회복했을 것이다. 그리고 신라의 화랑도는 그 어느 집단보다 풍류의 정신을 삼국통일을 위한 에너지로 승화시키는 데 성공하였다고 볼 수 있다.

그렇다면 화랑도의 현묘한 정신, 현묘지도란 어떻게 이해할 수 있을까? 《삼국유사》에 나와 있는 노힐부득(努肹夫得)과 달달박박(怛怛朴朴)의 고사(故事)와 만파식적(萬波息笛)의 고사[7] 등 고사와 설화들을 통해서 그 실마리를 찾아볼 수 있다. 그 고사들에는 한쪽으로 치우치지 않고 균형과 조화를 추구했던 신라인들의 태도가 잘 드러난다. 사실 접화군생만을 강조하여 〈신바람〉나는 놀이문화에 천착하게 되면 그것은 문화적 저속화와 타락에 빠질 수밖에 없다. 그것은 절제와 규율에 의해서 조절되어야 한다. 그러나 절제와 규율만 중시하면 경직화되어 창조적인 에너지가 소잔될 것이다. 균형과 조화가 참된 힘의 근거가 되는 것이다. 마치 문무의 조화, 경제와 도덕의 조화, 이성과 감성의 조화처럼 말이다.

이른바 화랑도 속에는 도덕정신과 심미적 놀이생활의 묘합이 성공적으로 성숙되어 있음을 이해할 수 있다. 즉 〈신바람〉과 〈멋〉이 있는 놀이와 절제와 규율이 있는 도덕성이 마치 예악의 평형처럼 거기에 전개된다. 놀이와 도덕이 두 날개처럼 펄럭이기에 도덕이 경직화되지 않고 또한 심미적 놀이가 타락되지 않는 것이다. 《삼국유사》에 등장하는 삼국시대의 모든 설화는 도덕적 방정함과 함께 원만하게 포용할 줄 아는 '방원(方圓)의 조화'가 한국인의 이상형으로 그려졌고, 또 그 조화에 균열이 갔을 때는 민족사의 자기결정 역량과 창조력이 수축된다는 것을 암시한다고 한다(한국철학회, 1987: 41).

토착적인 무속적인 사유를 토대로 하여 외래의 고등사유들을 융합시켰던 풍류도, 화랑도는 균형과 평형을 이루면서 상극적인 요소들을 원융하게 조화시켰던 것이다. 문과 무가 균형 있게 조화를 이루고, 〈신바람〉과 〈멋〉이 있는 놀이와 절제와

7) 만파식적의 고사에는 "비유하건대 한 손으로 치면 소리가 없고 두 손으로 쳐야 소리가 나는 것과 같으니 대란 물건은 합한 연후에야 소리가 나는 법이다. 성왕이 이 소리로써 천하를 다스릴 상서이니 이 대를 취하여 피리를 만들어서 불면 천하가 화평해지리라(比如一手 拍之無聲 二手拍則有聲 此竹爲物 合之然後有聲 聖王以聲理天下之瑞也 王取此竹 作笛吹之 天下和平)"는 부분이 나온다. 두 손뼉이 맞아야 소리가 나고 그래서 화평한 인간관계의 질서가 삶의 체험에서 이룩된다는 정신이 풍류도의 이상이요, 현묘지도일 것이다.

규율이 있는 도덕성이 조화를 이루는 묘합의 원리였던 것이다. 이것이 화랑도 사상과 정신의 핵심이요, 신라의 삼국통일을 이룬 힘이요 기반이었다.

② 수양지침으로서 세속오계(世俗五戒)

화랑도 사상과 정신을 이해하는 데 빼놓을 수 없는 것이 수양지침으로서의 세속오계이다. 세속오계는 귀산과 추항이라는 두 화랑이 당나라에서 유학하고 돌아온 원광법사(圓光法師)를 찾아가 받은 화랑도의 수양지침이다. 원광은 불가들이 지켜야 될 계율과 구분하여 속세인들이 마땅히 힘써서 지켜야 할 다섯 가지의 계율을 제시한다. 세속오계는 불가의 계율과는 달리 원광이 인왕경(仁王經), 은중경(恩重經), 아함경(阿含經) 등에서 각각 충, 효, 신의 골자를 뽑고 살생관(殺生觀)을 첨가한 것이다.

사군이충(事君以忠), 사친이효(事親以孝), 교우이신(交友以信), 임전무퇴(臨戰無退), 살생유택(殺生有擇)의 다섯 가지 계율을 보면 임금을 모시는 신하요 백성으로서, 어버이를 둔 자식으로서, 그리고 친구를 사귀는 젊은이로서 마땅히 지켜야 할 도리이며, 전쟁터에 나가야 할 무사로서 장수다운 지침이요, 생명체를 자비로 대해야 한다는 생명존중의 가르침이라고 하겠다. 화랑도가 신라인들의 정신적 지주였듯이 세속오계는 화랑도는 물론 전 국민들의 삶의 지침으로 작용했을 것이라 판단된다.

③ 세 가지 아름다운 행실

또 하나 화랑도들이 국민들의 신망과 존경의 대상이 될 만한 삶의 자세를 지니고 있었음을 알게 해주는 고사가 있다. 《삼국유사》에 다음과 같이 행실이 아름다운 세 사람의 이야기, 세 가지 미행(美行)이 나온다.

> 경문왕의 이름은 응렴(膺廉)이며 나이 열여덟 살에 국선이 되었다. 나이 스무 살에 이르자 헌완대왕은 낭을 불러 궁중에서 잔치를 베풀고 물었다. "낭은 국선이 되어 사방에 돌아다녔으니 무슨 이상한 일을 본 일이 있는가?"

"신은 행실이 아름다운 사람 세 명을 보았습니다."

"그 이야기를 들려주게."

"남의 윗자리에 있을 만한 사람이면서도 겸손하여 남의 밑에 있는 이가 그 첫째이옵고, 세력 있고 부자이면서도 옷차림이 검소한 이가 그 둘째요, 본래 귀하고 세력이 있으면서도 그 위세를 보이지 않는 이가 그 셋째였습니다."

왕은 그 말을 듣고 낭의 어짊을 알았으므로 자기도 모르는 새 눈물을 떨어뜨리며 말했다.

"나에게 두 딸이 있는데 낭의 시중을 들게 하겠네."

출처: 삼국유사.

왕을 감동시킨 국선화랑 응렴의 세 가지 아름다운 행실의 골자는 위세와 부를 뽐내지 않는 겸손함이요, 검소한 생활 자세라 할 수 있다. 즉, ① 상급자의 겸양, ② 부자의 검약, ③ 특권층의 위세를 부리지 않는 것으로, 화랑집회가 목표로 하는 덕목의 일단을 알 수 있다. 국선화랑의 어진 판단과 인식이 모든 화랑들이 지니고 있었던 것이라고 단정할 수 없다. 그러나 세 가지 아름다운 행실은 귀족중심의 화랑들이 일반 백성들에게 위화감을 주거나 분리되지 않고, 존경받는 대상이요 구심점으로 지지될 수 있었던 까닭의 한 단면을 보여주는 것이다. 아울러 화랑도의 집단생활 가운데서 행실과 인품을 판단하여 자기들끼리 인재를 추천하는 추천의 기준, 행실의 기준이 무엇인지를 추측해 볼 수 있겠다.

이처럼, 화랑도는 〈신바람〉과 〈멋〉이 있는 놀이문화와 도덕성의 균형과 묘합을 기반으로, 세속오계의 보편적 수양지침과 겸손과 검약의 덕목을 아울러 구비하는 높은 수준의 윤리성을 지닌 정신적 지표로서 삼국통일을 이루고, 국민적 총화를 낳을 수 있었다. 화랑도의 자발적 · 집단적 교육이란 수련과정을 통해 이러한 정신을 체득하는 과정이었다고 볼 수 있겠다.

(3) 화랑도의 교육

화랑도는 풍류도의 정신을 교육적으로 구체화하였다. 화랑도는 자발적으로 형성된 교육두레였다. 신라 삼국통일의 토대가 되었던 화랑도의 교육은 참으로 자랑스러운 우리의 교육전통이다.

① 교육목적

화랑도의 교육목적은 지 · 덕 · 체가 조화롭게 계발된 애국적인 사회지도자를 양성하는 것이었다. 화랑도는 평소에는 사회의 지도적 인물을 양성하는 수양단체였으며, 유사시에는 국가를 위하여 초개같이 목숨을 바치는 애국적 전사 집단이었다.

② 교육과정

화랑도의 교육과정, 교육의 실제를 파악하기 위해서는 《삼국사기》의 기록을 참조할 수 있다. 《삼국사기》 진흥왕 37년 조에 다음과 같은 기록이 보인다.

> 봄에 처음으로 원화(源花)를 받들게 되었다. 이보다 앞서 군신이 인재를 찾기 힘든 것을 염려하여 생각한 끝에 무리를 모아 함께 교유(交遊)하도록 하고 그 행실을 살펴 등용하기로 하였다. 그리하여 미녀 두 명을 뽑았다. 하나는 남모(南毛)라 하고 하나는 준정(俊貞)이라 한다. 무리를 3백여 명이나 모으더니 두 여인이 서로 시기하여, 준정이 남모를 자기 집으로 유인하여 억지로 술을 권하여 취하게 한 후, 이를 끌어다가 강물에 던져 죽여 버렸다. 이로 인하여 준정도 사형을 당하고, 무리들은 화목을 잃어 흩어져 버렸다. 그후 다시 미모의 남자를 뽑아서 곱게 단장하고 이름을 화랑(花郎)이라 하여 이를 받들게 하니 무리들이 구름처럼 모여들어, 서로 도의를 닦고, 혹은 서로 가악(歌樂)으로 즐거이 노닐며 명산과 대천에 돌아다니며 멀다고 가보지 않은 곳이 없다. 이로 인하여 이들 중에서 나쁘고 나쁘지 아니한 것을 알게 되어 그중 착한 자를 가리어 조정에 추천하게 되었다.
>
> 출처: 삼국사기.

앞의 기록에 의하면, 남자 화랑 중심으로 정착되기 이전에 여성 화랑으로서 원화가 존재했음을 알 수 있으며, 모계사회에서 부계사회로 넘어가는 과정과 관련이 있다고 해석해 볼 수도 있다. 신라 화랑을 원시한족의 남자집회와 연결선상에서 파악하고 있는 연구는 원시한족의 남자집회에서 여성 화랑을 포함하는 집회로 변형되어 가다가 국가의 기틀이 갖추어지고 유교도덕이 자리 잡는 진흥왕대에 다시 남성중심으로 변한 것으로 설명하기도 한다(三品彰英, 1995: 103-104).[8] 그리고 미녀 두 명을 뽑아서 원화로 삼았다거나 미모의 남자를 뽑아서 곱게 단장하고 이를 화랑이라 하여 받들게 했다는 것은 신라인들의 멋스러움과 육체미를 존중하는 경향, 영육일치(靈肉一致)의 경향과 관련이 깊다고 보아야 할 것이다.

그런데 이 기사 중 밑줄 친 부분을 통해 화랑도 교육과정의 구체적인 모습을 살펴볼 수 있다. 한마디로 지적인 것은 물론 정의적이고 활동적인 것을 두루 겸비하는 내용이었으며, 특히 정의적이고 활동적인 교육에 치중하였음을 알 수 있다.

화랑도들은 무엇보다도 도의에 힘썼는데, 오상(五常: 仁義禮智信)과 육례(六藝: 禮樂 · 射 · 御 · 書 · 數), 삼사(三師: 戒 · 定 · 慧), 육정〔六正: 보시(布施) · 지계(持戒) · 인욕(忍辱) · 정진(精進) · 선정(禪定) · 지혜(智慧)〕 등 유교와 불교의 사상을 폭넓게 배웠음은 물론, 도덕과 이성을 도야하여 만민이 흠모하는 높은 인격을 갖추기 위해 세속오계와 세 가지 아름다운 행실 등을 생활 속에서 실천했다고 할 수 있다.

둘째, 유사시를 대비하여 전사로서 무예를 힘써 익혔을 것이니, 칼쓰기, 창쓰기, 활쏘기, 말타기, 달리기, 팔매질, 씨름 등을 학습했을 것이다. 김대문이 《화랑세기》에서 "뛰어난 장사(將師)와 용감한 군사가 이로 인하여 생겨났다."고 밝히고 있음을 볼 때 화랑도들이 얼마나 무예에 힘썼는가를 추측해 볼 수 있다.

셋째, 정서의 도야에 필요한 시와 춤과 음악 등을 자연스럽게 배웠을 것이다. 솟대 제단의 후예로서 음주가무로 신명나게 놀기도 하고 정서를 순화하기 위해 시와 음악을 학습했을 것이다. 풍류를 알고 즐길 줄 아는 신바람과 멋의 교육이 이루어졌다고 판단된다.

넷째, 전국의 명산과 대천을 두루 돌아다니며 심신을 단련하고 직관을 도야했으며, 호연지기(浩然之氣)를 길렀을 것이다. 그들은 아무리 멀어도 명산과 대천을 중

8) 최초 원시 한족의 사회는 남방 여러 민족처럼 오로지 부족의 남자집회사가 있었을 뿐이나 북방의 샤머니즘과의 습합 결과 무녀적(巫女的) 기능을 지닌 여성 화랑이 나타나게 되었다. 그런데 젊은이 집회에 있음직한 연애사건이 문제가 되어 여성 화랑제도가 개혁된 진흥왕대에는 원시부족적인 생활규범이 차츰 중국의 유교도덕으로 바뀌어 간 시대라는 것이다.

심으로 국토순례를 계속하면서 조국에 대한 자긍심, 국토의 아름다움을 체험하게 되었을 것이다. 좀더 구체적으로 화랑집단이 유오(遊娛)한 곳을 살펴보면 주로 경주 부근은 물론이고 강원도 일대와 동해안이었다. 명산대천을 순례하는 여행은 일종의 신체적 훈련이자 직관교육이었으며 국토에 대한 사랑과 애국심을 키우는 교육이기도 했다.

(4) 화랑도 교육의 의의

앞에서 논의한 것처럼 화랑도의 교육은 주체적이고 자발적인 전인교육이라고 할 수 있다. 화랑도의 교육은 지적인 것은 물론 정의적이고 활동적인 것을 두루 포괄하는 교육과정으로 구성되어 있다. 화랑도는 자발적으로 모여서 도의에 힘쓰고 전사로서 무예를 힘썼으며, 시와 춤, 그리고 음악 등을 통해 〈신바람〉과 〈멋〉의 정서의 함양에 힘썼다. 아울러 전국의 명산대천을 두루 여행하면서 심신을 단련하고 직관을 도야했으며 호연지기를 길렀다. 화랑도는 이성연마 정서함양, 그리고 신체의 단련을 통해 심신 모두 조화롭고 전면적으로 발달한 교육적 이상형으로서의 전인을 양성하는 교육이었다. 아울러 〈신바람〉과 〈멋〉이 있는 심미적 놀이문화를 향유하면서도 도의와 무예를 통해 도덕성과 강직함을 지닌 묘합의 인물을 양성하는 교육이었다고 하겠다.

2) 국학

(1) 설립과 교육목적

신라는 삼국을 통일한 후 당의 제도를 참조하여 국학(신문왕 2년, 682년)을 설치하고 유교교육을 실시하였다. 이는 신라가 통일 후 넓어진 국토와 늘어난 인구에 걸맞는 국가체제를 형성하고자 했으며, 이를 위한 관료의 양성이 필요하게 되었다는 상황과 관련이 있다고 하겠다. 국학(國學)은 15세 이상 30세 이하의 관직이 없거나 대사(大舍) 이하의 말단관직을 지닌 6두품 출신의 귀족 자제를 대상으로 하여 9

년 동안 교육을 실시하고, 졸업자를 승진시켜 주었다. 이와 같이 국학의 입학을 대사(12등급) 하의 관위에 있는 자나 무위자(無位者)로서 충당한 것으로 보아, 신분제도가 엄격한 신라의 사회 계통을 볼 때, 귀족의 자제를 수용하여 관료로 양성하고자 한 것에 그 설립 목적이 있었음을 알 수 있다(이학철, 1985: 151).

(2) 교육과정 운영

박사(博士)와 조교(助敎)를 두어 교육했으며, 논어, 효경, 예기, 주역, 좌전, 상서 등 논어와 효경을 필수과목으로 하는 유교경전 위주의 내용을 교육하였다. 논어와 효경을 위주로 유교경전을 가르친 것은 통일 후 신라가 전제적인 왕권수립을 위해 충효의 가부장적인 윤리질서를 확립하고자 했음을 말해준다.

그런데 국학에는 실업교육이라 할 수 있는 잡학(雜學)교육으로서 의학, 법률, 천문학, 산학 등을 두어 국가에 필요한 기술 인력을 배양했다. 교육방법으로는 관련 경전을 통한 이론과 실기과정을 겸한 것으로 생각된다. 신라는 비교적 잡학교육에도 많은 관심을 보여 천문학, 건축, 공예 등의 괄목할 만한 발전을 이루었다. 신라의 문화재를 대상으로 살펴볼 때, 그 정교함과 찬란함, 내구성 등은 세계에 자랑할 만하며, 이는 모두 신라가 전문적 기술 인력을 양성하는 데 큰 관심을 보여주었던 것을 대변해 준다고 볼 수 있다.

(3) 독서삼품과

국학의 완비와 함께 과거제도의 전신인 독서삼품과(讀書三品科)를 설치해 관리 채용의 기준을 화랑도의 인재 추천 제도나 골품제도보다는 유학 능력으로 전환하였다. 독서삼품과는 38대 원성왕 4년(788)에 처음 실시되었는데, 춘추좌씨전 · 예기 · 문선을 읽고 그 뜻에 능통하며, 논어 · 효경에 밝은 자를 상(上), 곡예 · 논어 · 효경을 읽은 자를 중(中), 그리고 곡예 · 효경을 읽은 자를 하(下)로 나뉘어 차등 임관시키는 것이다.

(4) 문묘제도 실시

성덕왕 16년(717)에는 왕자 김수충(金守忠)이 당으로부터 공자와 10철 및 72제자의 화상을 들여와 국학에 완치함으로써 문묘(文廟)제도가 시작되었다. 이후 고려와 조선시대를 거치면서 최고 교육기관과 관립학교에 문묘를 설치하게 됨으로써 유교의 보급과 정착에 기여하였다. 그러나 교육기관의 기능을 유생들의 교육보다는 선현(先賢)에 대한 제향(祭享) 중심으로 변질시키게 하고, 교육적·문화적 사대주의를 조장하는 계기가 되었다고 할 수 있다.

3) 당에 유학생 파견

당과의 교류가 활성화되고 학문적·문화적 요구가 높아짐에 따라 고구려와 백제는 물론, 신라에서도 선덕왕 9년(640)부터 당에 유학생을 파견한 후 왕자와 우수한 학생을 유학시켰다. 당시 유학 기간은 대개 10년을 기간으로 하여 귀국케 하고 다른 학생으로 교체시켰는데 유학생 수가 많을 때는 100명에 달하였다(이학철, 1985). 당에 보낸 유학생의 학비는 은화 300백량을 본국에서 부담하고 숙식은 당의 홍려사(鴻臚寺)라는 외국인 접대 관서에서 공급하였다. 김운경(金雲卿) 등 많은 우수한 학생들이 당의 빈공과에 급제하였으며, 특히 최치원은 빈공과에 급제하여 벼슬을 하면서 황소의 난 때, 난을 평정하기 위한 격문을 지어 당나라에 이름을 떨치기도 했다.

신라에서는 국학에서 수학하고 독서삼품과를 거친 사람에게만 수령직이 주어지는 것이 원칙이었으나, 독서삼품과 출신자를 대신하여 견당 유학생에게 예외적으로 수령직이 주어지기 시작했다. 이런 경향은 신라 후기로 갈수록 일반화되어 국학과 독서삼품과가 유명무실해지고 견당 유학생의 비중이 커져 갔으며, 이들 가운데 빈공과 급제자들은 새로운 지식계층을 형성하여 신라 말기 기존 체제에 대한 비판 세력으로 대두하였다(김병희, 2007: 23-24).

4) 대표적 교육사상가(원효)

원효(617~686)는 신라 통일(668년) 전후기를 걸쳐 살았다. 보덕(普德), 낭지(郎智), 혜공(惠空) 등에게 가르침을 받았으나 원효에게 정해진 스승이 따로 없었으며, 출가하고부터 남에게 배운 적이 없다기보다는 진리 자체를 스승으로 삼았다(김태오, 2000: 203).

넓게 진리를 구하던 원효는 스승을 찾으러 두 차례나 의상(義湘)과 함께 당나라 유학길에 오른다. 처음에는 압록강 건너 요동 땅에서 고구려 수비군에게 첩자로 오인받고 갇혀 있다가 신라로 돌아왔으며(34세, 650년), 그후 백제가 망하고 서해 바닷길이 열리자 다시 당으로 출발했다(45세, 문무왕 원년, 661년). 원효는 당나라로 가는 길 무덤에서 노숙하게 되었는데 그곳에서 큰 깨달음을 얻게 되었다. 사물 자체는 깨끗함도 더러움도 없으며, '모든 것은 마음에 달려 있다(一切由(唯)心造)'는 큰 깨달음을 얻은 후 유학의 꿈을 접고, 신라로 돌아와 저술과 대중 교화에 매진하였다.

원효사상의 특징은 사상적 대립을 지양 · 극복하면서 조화와 통일, 즉 융합을 이룬 것이라 하겠다. 원효시대의 과제는 대승불학의 중관(中觀)과 유식(唯識)의 사상적 대립의 조화와 통일을 이루는 것, 또한 세간(世間)과 출세간(出世間)의 차별을 극복하는 것이었다. 원효는 이러한 차별과 대립을 극복하고 조화와 통일의 화쟁(和諍)을 이끌어 냈다. 그것은 서로 다른 문(門)이라는 관점에서 보면 모든 것이 대립되고 모순되는 것처럼 보이나, 실상 같은 마음〔一心〕에서 비롯된 것이므로 다를 수 없다는 논리[11]이다. 기신론을 이런 각도에서 주석한 최초의 사람이 원효이며, 이를 통해 중관, 유식의 대립과 세간〔俗〕과 출세간〔眞〕의 차별이 동시에 극복되었다.

11) 그는 기신론(起信論)을 재발견하여 중관(眞如門)과 유식(生滅門)이 대립한다 해도 인간의 마음〔心〕을 대상으로 하는 점에서는 다를 수 없으므로 '一心에 의해 二門이 있다'고 전제하고 '二門이 화합된 一心은 궁극적인 本源에서 두 법문의 상호작용〔破 · 立〕을 통해 커다란 體 · 相 · 用을 발현한다'고 주장했다.

원효는 또한 스스로 낮아짐의 대중 교화를 통해 불교의 대중화에 크게 기여하였다. 원효는 당시 귀족중심의 불교 풍토 속에서 민중들에게 성불하기 위해서 고차원적인 이론이나 깨달음 대신 '나무아비타불' 과 '관세음보살' 을 외는 염불만으로 족하다고 하여 불교의 기반을 넓혔으며, 서민들도 성불할 수 있다는 신앙을 심어주었다.

김태오는 원효의 교육적 인간상을 자리(自利)와 이타(利他)의 길을 걷는 보살로 보았으며, 교육의 방법적 측면에서 다음 두 가지로 정리했다(김태오, 2000: 140-142). 첫째, 원효는 상황과 근기에 따라 다양한 교육방법을 썼다는 점이다. 원효는 수많은 저술로 불법의 참뜻을 밝히고 제도권의 닫힌 마음의 성직자들을 질타하는가 하면, 무지한 백성들에게 가무를 통해 진리를 깨닫게 하는 등 장소와 사람과 때에 따라 적절한 방법을 자유롭게 사용했다는 것이다. 둘째, 원효는 참으로 쉽고 즐겁게 열심히 가르쳤다는 것이다. 원효의 교육방식은 매우 홍겹고도 역동적인 것으로, 조금도 엄숙하거나 형식에 얽매이지 않았는데 이는 힘들게 살아가는 민중에 대한 사랑의 실천이라고 할 수 있다.

연구 및 토의과제

1. 삼국시대에 도입된 불교와 유교가 우리의 교육에 미친 영향에 대하여 토론해 보자.
2. 삼국의 교육제도를 비교하고 그 특징을 정리해 보자.
3. 고구려, 신라의 성장 · 발전과 교육과의 관련성에 대해 토론해 보자.
4. 화랑도의 사상과 교육에 대하여 정리하고, 그 의의와 현대 교육에의 계승 · 발전 방향에 대해 토론해 보자.
5. 다음의 용어들을 설명해 보자.

① 경당 ② 낭가사상 ③ 문묘(文廟)제도 ④ 빈공과
⑤ 무애(無碍) ⑥ 독서삼품과 ⑦ 세속오계 ⑧ 삼미(三美)

추천도서

김기홍(1993). 새롭게 쓴 한국고대사. 서울: 역사비평사.
김부식. 삼국사기.
이승원(2002). 한국 교육사상의 전개와 발전. 서울: 보고사.
三品彰英(1995). 新羅花郎의 硏究. 이원호 역. 서울: 집문당.

CHAPTER 03

고려시대의 교육

1. 시대적 배경

2. 고려의 교육제도

3. 고려시대 과거제도

4. 고려시대의 대표적 교육사상가

CHAPTER

03 고려시대의 교육

원·전·읽·기

돈오란 범부가 미혹했을 때 사대를 몸이라 하고 망상을 마음이라 하여 자기의 성품이 참 법신(法身)인 줄 모르고 자기의 영지(靈知)가 참 부처인 줄 몰라 마음 밖에서 부처를 찾아 물결 따라 여기저기 헤매다가, 홀연히 선지식의 지시로 바른 길에 들어가 한 생각에 빛을 돌이켜 자기의 본래 성품을 보면 이 성품에는 원래 번뇌가 없고 완전한 지혜의 성품이 본래부터 스스로 갖추어져 있어서 모두 부처와 다르지 않다. 그러므로 돈오라 한다. (중략) 점수란 비록 본래의 성품이 부처와 다름이 없음을 깨달았으나 오랫동안 익혀온 공이 이루어지고 오래오래 소질을 길러서 성인이 되기 때문에 점수라고 한다. 비유하면, 어린 아이가 처음 태어났을 때에 모든 기관이 갖추어 있음은 어른과 다르지 않지만, 그 힘이 충실하지 못하므로 상당히 시간이 지나야 어른이 되는 것과 같다.

頓悟者 凡夫迷時 四大爲身 妄想爲心 不知自性是眞法身 不知自己靈知是眞佛 心外覓佛 波波浪走 忽被善知識 指示入路 一念廻光 見自本性 而此性地 元無煩惱 無漏智性 本自具足 卽與諸佛 分毫不殊 故云頓悟也 …… 漸修者 雖悟本性 與佛無殊 無始習氣 難卒頓除故 依悟而修 漸薰功成 長養聖胎 久久成聖故 云漸修也 比如孩子初生之日 諸根具足 與他無異 然其力未充 頗經歲月 方始成人.

출처: 지눌. 수심결 보조전서.

대체로 천지는 만물의 부모인 것이다. 성인이든지 착한 사람이든지, 또는 어리석은 사람이든지 불초한 사람이든지 모두가 한 동포이다. 부모가 자식들에게 준 것이 어찌

후하고 박한 것이 있을까 보냐. 사람은 나면서 욕심만 따르기 때문에 서로가 달라지게 된 것이다. 이에 하늘이 어질게 사랑하여 뛰어난 자에게 명하여 스승이 되게 하고 임금이 되게 하여 그 본래 가졌던 착한 마음을 회복하게 한 것이다. (중략) 그러나 비록 먼 곳을 가려면 반드시 가까운 곳에서부터 시작해야 하고 높은 곳에 오르려면 반드시 낮은 곳에서부터 시작해야 한다. 뜰 안을 물뿌리고 쓰는 것은 곧 백성으로서의 법이요, 닭이 울면 일어나서 마땅히 부지런히 일해야 하는 것은 그 의관을 바르게 하고 그 보는 것을 높게 하라고 하는 것이 아니지 않은가.

夫天地 萬物之父母也 聖若賢 愚若不肖 皆同胞也 父母所以畀付於諸子者 豈有厚薄也哉 人之生也 惟俗之趨 而致其異耳 於是 天仁愛之 命其秀出者 師之 君之 以復其本然之善 …… 雖然 行遠必自邇 升高必自卑 洒掃庭內 維民之章 鷄鳴而起所當孫孜孜者 不曰正其衣冠 尊其瞻視乎.

출처: 이색. 목은집. 맹의설(孟儀說).

사유하기
- 돈오점수의 교육적 의미는 무엇일까?
- 배움에 일정한 단계와 순서가 있다는 주장에 어떻게 공감할 수 있을까? 공감할 수 있다면 무엇부터 시작해야 할까?

1. 시대적 배경

신라 말기의 불안정과 혼란은 후삼국시대의 대립과 항쟁으로 이어졌으나 지방 호족의 지원을 받은 왕건에 의하여 통일을 이루게 된다. 고려(918~1392)는 지방 호족의 연합으로 세워졌기 때문에 국초부터 왕권강화가 시급한 과제였다. 그러므로 고려는 국초부터 고구려의 옛 땅을 회복하기 위하여 북진정책을 표방하고 지방 호족세력을 억제하고 강력한 중앙집권체제를 이룩하기 위하여 노비안검법(奴婢按檢法: 전쟁 포로나 빚을 갚지 못하여 노비가 된 양인들의 신분을 환원시켜 주는 제도)을 실시하고, 한편으로 과거제도를 도입하여 새로운 관료계층을 형성하였다(박의수 외, 2009: 50). 특히, 과거제도는 광종 때 왕권강화라는 정치적 필요에 시행되었으며 이후 과거시험과 학교교육이 불가분의 관계를 맺게 된다.

고려는 건국 초부터 불교를 숭상하여 민중들의 의식과 삶에 뿌리를 내리게 되었으며, 유교는 새로운 정치이념이요, 교육의 원리로 자리를 잡게 된다. 그러나 유교적 이념과 가치는 정권 담당자나 귀족층을 넘어 민간 저변에까지 그 영향력을 미치는 데는 한계가 있었으며, 대중들의 삶에는 불교가 큰 영향력을 미치고 있었다. 국가는 불교를 장려하여 과거에 승과(僧科)를 두는 등 승려들을 우대하였고 불교의 성격도 불법에 의해 국가를 호위한다는 호국불교로서의 성격이 강하였다. 그러나 고려 말에 와서 불교는 고려사회의 모순과 폐단에 편승하여 극도로 타락한 양상을 보이게 되며, 성리학적 정치이념을 가진 신진 사대부들에 의해 비판을 받게 되고, 중앙 정계에서 밀려나게 되었다.

2. 고려의 교육제도

고려시대의 교육은 당과 신라의 제도를 모방한 형태로 이루어졌고, 문(文) 숭배로 치달아 무(武)가 경시되었으며, 과거제도와 밀접한 관련을 맺으면서 발전하였다. 학제를 볼 때 관학교육으로서는 중앙의 최고 학부로서 국자감(國子監)과 향교(鄕校) 및 학당, 그리고 사학으로는 12도(十二徒)와 서당(書堂)을 들 수 있다. 그런데 고려의 유교교육은 거듭되는 내란과 외적의 침입과 국가재정의 고갈 등으로 설비와 내용이 부진했던 국자감 등 관학(官學)보다는 최충과 같은 학자들이 세운 12도 등 사학(私學)에 의해 내실 있게 이루어졌다.

1) 국자감

(1) 설립과 발전

국자감은 성종 11년(992)에 건립된 고려 최고 교육기관으로서 유학적 소양을 구비한 관리양성에 그 목적이 있었다. 성종 때에 건립된 국가감은 여진과 거란의 침입 등 외환으로 인해 큰 발전을 못 보다가 예종 때 이르러 국자감의 교육 진흥에 심혈을 기울이게 되면서 발전의 기틀을 마련하게 된다. 예종 4년(1109)에는 국자감에 교과별 전문 강좌라고 할 수 있는 7재(七齋)를 설치하였고, 예종 9년(1114)에는 유학생들의 학비지원을 위한 교육재정을 마련하기 위하여 양현고(養賢庫)를 두었다. 그후 인종 1년(1123)에 국자감의 학식(學式)과 학규를 제정하였다.

그러나 이후 무신의 난과 대몽항쟁 등이 겹치면서 국자감은 쇠퇴의 길을 걷다가 고려 말 주자학의 도입과 더불어 부흥을 맞게 된다. 충렬왕 대에 안향은 국자감의 재정을 확보하기 위해 문무 관리들로 하여금 6품 이상은 은 한 근씩, 7품 이하는 등급에 따라 옷감을 내도록 하는 장학기금으로 섬학전(贍學錢)을 거두었으며, 공민왕 때에 이색(李穡)의 주도로 국학진흥에 힘써 성리학이 크게 발흥된다.

국자감은 그 명칭이 25대 충렬왕 때 국학으로, 26대 충선왕 때 성균관으로, 31대 공민왕 때 다시 국자감으로 환원되었다가 곧 성균관으로 고쳐 조선으로 계승되었다.

(2) 학부 구성

국자감은 일종의 종합대학의 성격을 지닌 것으로 유학과로서 국자학(國子學), 태학(太學), 사문학(四門學)의 3학과, 잡학과로서 율학(律學), 서학(書學), 산학(算學)의 3학으로 편성되었다. 그런데 유학 3학을 제외한 율학, 서학, 산학의 경우 국자감에 포함되어 운영되다가, 여말에 국자감이 성균관으로 명칭이 변경되자 성균관은 유학중심체제로 변경되고 율·서·산학은 다른 잡학과 같이 소속 관청에 이양되게 되었다(이학철, 1985: 157).

(3) 입학자격과 정원

입학자격은 유학 3학의 경우 국자학 · 태학 · 사문학의 순서로 입학자격에 신분의 차등을 두었으며, 기술 3학의 경우는 8품 이하나 서인(庶人)들의 자제들도 입학할 수 있었다.

학생정원은 유학 3학에 각 300명이었으며, 기술 3학의 경우 일정치 않았다. 그러나 유학 3학의 경우에도 수업 연한과 학생 정원은 시대에 따라서 차이가 나는 것으로 추측된다. 인종 때의 학식에는 3학에 각 300인으로 되어 있으나 이는 하나의 원칙을 정한 것이고, 유학 3학은 그 정원이 6 · 70인 내외였고, 국학진흥과 개혁에 앞장 선 여말 공민왕 때 들어 약 100명의 정원이 되었다.

(4) 교육과정

교육과정은 유학 3학의 경우 논어와 효경을 필수과목으로 이수하게 하고, 여러 유교경전들을 과목별로 선택하여 기한과 순서를 정하여 가르쳤다. 또한 공통으로 글씨 연습과 시무책을 익히게 하였다. 기술 3학의 경우 율학은 법률, 서학은 팔서를, 산학은 산술을 가르쳤다(〈표 3-1 참조〉). 교수의 경우 국자학 · 태학 · 사문학에는 박사와 조교를 두고, 율 · 서 · 산학에는 박사만 두었다.

〈표 3-1〉 국자감의 교육과정 및 수업 연한

<table>
<tr><th>육학</th><th colspan="2">교과목</th><th colspan="2">수학 연한</th></tr>
<tr><td rowspan="3">국자학
태 학
사문학</td><td>필수</td><td>효경 · 논어</td><td>1년</td><td rowspan="3">합 9년</td></tr>
<tr><td>선택</td><td>상서 · 공양전 · 곡량전
주역 · 모시 · 주례 · 의례
예기 · 좌전</td><td>각 2.5년
각 2년
각 3년</td></tr>
<tr><td>공통</td><td>산술, 시무책, 글씨, 설문, 자림, 삼창, 이아</td><td>선택과 병행</td></tr>
<tr><td>율학</td><td colspan="2">율(律) · 령(令)</td><td colspan="2">6년</td></tr>
<tr><td>서학</td><td colspan="2">팔서(八書)</td><td colspan="2">6년</td></tr>
<tr><td>산학</td><td colspan="2">산술(算術)</td><td colspan="2">6년</td></tr>
</table>

출처: 박의수 외(2009). **교육의 역사와 철학**, p.53.

율 · 서 · 산을 위시한 잡학교육은 후기에 들어서면서 모두 행정관청에서 담당하였다. 주로 10학(十學)이라고 부르는 잡학에는 예학(禮學), 약학(藥學), 병학(兵學), 율학(律學), 자학(字學), 의학(醫學), 풍수음양(風水陰陽), 이학(吏學), 역학(譯學), 산학(算學)이 있었다. 해당 관청의 하급관리 양성을 목적으로 7품 이하의 자제나 서민을 대상으로 하고 있었다. 대개 교육과정은 전문 분야의 지식과 교양, 그리고 실무를 겸하여 이루어졌다. 병학이 해당 관청에서 다른 잡학의 하나처럼 가르쳤던 것을 볼 때, 문에 비해 무가 천시를 당했음을 알 수 있다. 그리고 고려가 전반적으로 문 위주의 유교교양을 중시했던 사회였음을 감안해 볼 때, 기술 분야의 교육에는 큰 비중을 두지 않았다고 할 수 있다.

(5) 주요 시설

국자감에는 통일신라의 국학과 마찬가지로 대성전(大成殿)과 동서 양무(兩廡)를 두어 공자를 비롯한 10철과 72제자의 위패를 모신 문묘가 있었다. 신라의 경우 문묘를 학당 안에 두었다면, 고려 국자감에는 별도의 문묘를 둠으로써 강학의 기능을 지닌 학당과 함께 향사의 기능을 아울러 갖춘 묘학제를 갖추게 된 것이다(김병희, 2007).

예종 4년(1109)에는 국자감에 교과별 전문 강좌라고 할 수 있는 7재(七齋)를 설치하였는데, 6재(齋)는 주역, 상서, 모시, 주례, 춘추 등 유학 경전의 교수였고, 무학재(武學齋)는 무예를 공부하는 강좌였다. 그러나 무학재를 두었다고 고려가 무예를 중시했다고 볼 수는 없다. 이는 단지 예종이 여진족의 침입에 대비하고자 두었을 뿐이고, 다음 대인 인종 때 문무의 갈등으로 폐지되었기 때문이다(이길상, 1985: 213).

2) 향교

향교(鄕校)는 지방에 세워진 중등 수준의 관학으로 고려의 향교가 언제부터 시작되었는지 명확하지 않다. 성종 때에 지방 자제의 교육을 위해 지방 호족의 자제들에게 개경에 머물면서 수학토록 한 유경습업제(留京習業制)나 이듬해 귀향한 이들을 위해 전국 12목에 경학박사와 의학박사 각 1인을 파견하여 학문을 장려했던 권학관(勸學官) 제도 등을 보아, 일찍부터 지방의 교육에 힘썼던 점을 알 수 있다. 그러나 인종 5년(1127)에 지방에 학교를 세우도록 명했다는 기록으로 보아 이때부터 본격적으로 향교가 설치 · 운영되었다고 볼 수 있다.

향교는 중앙의 동서 · 5부 학당과 같은 중등 수준의 학교였다. 국자감과 마찬가지로 유학교수와 함께 문묘를 통한 제향(祭享)의 기능도 수행하였으며, 교육과정도 국자감과 큰 차이 없이 과거시험 준비를 위한 경전학습과 작문학습이 주를 이루었을 것으로 여겨진다.

향교의 입학은 인종 때의 학식으로 미루어 8품 이하의 자제와 서민들에게 허용되었음을 알 수 있다. 국가에서는 향교의 안정적 발전을 위해 논밭과 노비 등을 지급했으나 외침과 그에 다른 재정 고갈 등으로 말기에 들면서 재정악화가 심해졌고, 결국 향교 교육의 부진을 낳게 되었다.

3) 학당

학당(學堂)은 개경에 세워진 중등 수준의 관학 교육기관으로 고려 말 원종 때부터 등장한다. 처음에는 동서에 학당을 설치했으며, 이후 공양왕 2년(1390)에 정몽주(鄭夢周)에 의해 동서학당 외에 개경 남 · 북 · 중부에 세 학당을 증설할 것을 주장했으나, 결국 설치되지 못하고 5부 학당이 아닌 4부 학당이 되었다.

학당은 국자감이나 향교와 달리 제향의 기능을 담당하는 문묘가 없는 순수한 유학 교육기관으로서, 국자감 유학 3학에 입학할 수 없는 서민을 위한 교육제도라 할 수 있다. 국자감과의 위계적인 관계로 국자감의 하급 교육기관의 성격을 지닌 것으로 보인다. 이는 고려의 학당을 계승한 조선의 사학(四學)이 성균관의 예비학교의 성격을 지닌 부속적인 학교라는 점을 감안할 때 그 성격을 유추할 수 있다.

4) 12도(十二徒)

(1) 설립과 발전

고려의 유교교육은 거듭되는 내란과 외적의 침입과 국가재정의 고갈 등으로 설비와 내용이 부진했던 국자감보다는 최충(崔忠)과 같은 학자들이 세운 12도에 의해 내실 있게 이루어졌다. 최충은 72세에 은퇴하여 사재를 털어 사학을 설립하여 9경 3사와 제술(製述)을 가르치니, 그의 명성을 듣고 학식을 흠모하여 많은 학생들이 모여들었다. 이에 9재를 짓고 학원의 이름을 '구재학당', '시중 최공도' 혹은 '문헌공도'라 했는데, 이 학원이 유명해지자 다른 유학자들이 앞 다투어 유사한 학원을 세워 교육했으며, 그중 명성이 높았던 11개 학원을 더하여 12도라 부르게 되었다. 이들 12도는 문헌공도(최충)를 위시해 홍문공도(정배걸)·광헌공도(노단)·남산도(김상빈)·서원도(김무대)·문충공도(은정)·양신공도(김의진)·정경공도(황영)·충평공도(유감)·정헌공도(문정)·서시랑도(서석)·귀산도(미상)이다.

(2) 12도 발흥의 배경

사학 12도의 발흥에는 당시 과거제도가 정착되고 과거를 통한 신흥 문벌들이 출현하게 되는 배경과 깊은 관련이 있다. 광종 때에 시작된 과거제도는 초기 귀족세력이 중심이 된 신분질서 속에서 제 기능을 못하다가 유학을 신봉하고 장려하던 성종 때부터 점차 중시되기 시작하다가, 문종 때부터는 새로운 신분질서를 형성하는 단계로 발전되었다. 이때에 이르러 기존의 신분제적인 질서는 이미 사회적 통제기능을 잃어 가고 있었으며, 대신 과거급제를 통한 새로운 문벌계층이 사회의 지배세력으로 등장하였다. 최충의 문헌공도를 비롯한 사학 12도의 융성이 그 대표적인 예이다(이길상, 1985: 206-207).

(3) 교육과정과 교육방법

12도의 교육과정 역시 국가감의 범주에 벗어나지 못하고 구경(九經)과 삼사(三

史), 제술(製述, 문예)을 주로 하였으며, 교육 수준 역시 국자감과 같은 수준이었다. 그러나 12도는 국자감보다 자유롭고 다양한 교육방법을 활용하였다. 12도는 여름철에는 절에 가서 하기 강습회를 열고, 과거에 급제했으나 아직 관직에 오르지 않은 우수한 학도를 뽑아 조교로 활용했으며, 최충의 예에서 볼 수 있듯이 각촉부시(刻燭賦詩)를 통한 경쟁의 원리를 도입하기도 했다. 그 결과 과거를 보려는 학생들의 선호도가 국자감을 비롯한 관학보다 높았다고 한다.

과거제도와 밀접한 관련을 맺고 있는 고려의 학교교육체제에서 사학인 12도 출신자들의 교육수준이 높았고, 과거급제율도 높을 뿐만 아니라 교육의 주도권을 잡고 유학적 인재 배출에 공헌하였다. 특히 12도는 고려 중기에 국자감이 부진하고 향교와 학당이 수립되기 전에 유교교육의 발전에 지대한 공헌을 하였다.

(4) 12도의 교육적 의의

12도는 고려 말기 국학부흥책의 등장과 함께 영향력을 상실하게 되었다. 몽고병란 후 강화도에서 개경천도를 한 이후 국학 부흥정책으로 우수한 유생들을 경사교수감사(經史敎授監使)로 삼고 학생들을 교화했기 때문에 12도의 학생들이 여기에 흡수되어 활발치 못했음을 알 수 있다(이학철, 1985: 162). 그러나 고려 멸망 때까지 약 360년간 존속한 12도는 고려시대 교육에 중요한 역할을 담당했다. 우리나라 교육의 특징 중 하나는 그 기능과 역할, 공헌 면에서 사학의 비중이 더 큰데, 고려의 12도는 그 대표적인 선례라 하겠다.

5) 서당

고려의 서당은 지방에 자생적으로 생겨나 민간에서 운영되던 초등 사설교육기관으로 보이나, 명확한 기록이 없어 자세히 알 수 없다. 송(宋)의 사신이었던 서긍이 쓴 《고려도경(高麗圖經)》의 기술을 보면 서당은 전국 각지에 세워져 성행했던 것으로 보인다.

고려의 서당은 지방 부락민의 자제 교육을 위해서 자치적으로 성립된 학교로서 대중교육에 끼친 영향력은 매우 컸으나 국가적인 견지에서 장려 · 육성하지 못하였을 뿐만 아니라 명확한 관련 사료가 없어서 그 교육상황을 상세히 알 수 없으니 유감스럽다 하겠다. 고려의 서당은 조선시대에 계승되어 민중교육기관으로 일층 발전하게 된다.

3. 고려시대 과거제도

1) 과거제도의 기원

고려는 지방 호족의 도움을 받아 생긴 연합체 성격의 국가로 출발하였으므로 전제 왕권의 확립은 시급한 과제였다. 고려 왕조가 전제 왕권을 확립하기 위해서는 통일 과정에서 생긴 공신세력(功臣勢力)과 지방의 무(武)적 성격을 띤 호족 세력을 한편으론 억압하고 한편으론 중앙의 문신관료(文臣官僚)를 흡수하여 중앙 집권적인 관료체제로 재편성할 필요가 있었다. 이같은 목적으로 광종 9년에 과거제도가 도입되다. 광종은 후주(後周)의 한림학사 쌍기(雙冀)의 건의를 받아들여 과거제를 시행하게 되었다. 과거제는 수(隋)나라 문제(文帝)가 중국 통일 후 관제를 정비하고 중앙집권체제를 확립하기 위해 처음 채택했고, 이를 당나라에서 계승 · 발전시켰다. 고려의 과거제는 당의 제도를 본받아 시행하였다.

그러나 과거제의 시행으로 뿌리 깊은 호족 세력을 한꺼번에 제거할 수 없었을 뿐 아니라 새로운 귀족 세력이 형성되어 가고 있었기 때문에, 고려시대부터 개인의 능력을 중시하는 과거제와 가문의 혈통을 중시하는 음서제(蔭敍制)가 동시에 실시되었다(이길상, 1985: 201).

2) 과거제도의 내용

과거에는 제술업 · 명경업 · 잡업의 세 종류가 있으며, 제술업과 명경업은 양대업이라 하여 문관의 등용시험이고 잡업은 기술관의 등용시험이다. 이중 제술업은 가장 중시되었고 급제자 수도 제일 많았다. 시(詩), 부(賦), 송(頌), 시무책(時務策), 논(論), 경학(經學)의 여섯 과목을 초장 · 중장 · 종장의 3장으로 나누어 사흘간 시험하였다. 제술업의 합격자를 진사(進士)라 했다. 명경업은 상서 · 주역 · 모시 · 춘추 · 예경을 초장 · 중장 · 종장으로 나누어 사흘간 시험하였고 급제자를 생원(生員)이라 했다. 그러나 급제자 수와 대우 등에 있어서 제술과를 따르지 못했고 응시자 수도 적었다. 잡업의 경우 창설 당시에는 의업(醫業) · 복업(卜業) 밖에 없었으나 그 뒤 명법(明法) · 명산(明算) · 명서(明書) · 지리(地理) 등이 증설되었다. 급제자는 전문 기술직에 등용되었으나 명법업을 제외하고는 지원자 수가 많지 않았던 것으로 보인다.

3년에 한 번이 원칙이었으나 연년 또는 수년에 한 번 시행되기도 했다. 과별 매회 선발 인원에 대해서도 일정치 않았으나 제술업의 경우 후기에 와서(특히 충렬왕 이후) 매회 33명씩 선발되는 경우가 가장 많았다. 과거의 시험관을 지공거(知貢擧)라 하였는데, 지공거와 급제자는 좌주(座主)와 문생(門生)의 관계를 맺어 서로 부자의 예로 대하였다. 그러나 좌주 · 문생제도에 따른 사적 통제의 심화 등 여러 가지 문제가 발생하여, 그 개선책을 논의 후 시행되기도 했다.

승과는 기록이 없어 정확히 알 수는 없으나 일반 과거와 비슷한 시기에 실시되었고, 예비고시와 최종 고시가 있었던 것으로 추정된다. 선종 · 교종 · 천태종 등 각 종파별로 실시되었으며, 각각 그 종파 스스로 고시관을 삼았다. 또 승과 급제자에게는 종파별로 일정한 승계를 주었다. 공민왕 원년에 이색이 무과의 설치를 제의한 바 있으나 실현되지 못하였고, 공양왕 2년에 무과를 두어 장재를 뽑은 적이 있을 뿐이다.

3) 과거제도와 교육

고려는 과거제도를 통해 유학적 소양을 지닌 관리를 선발함으로써 중앙집권적 관료체제를 형성할 수 있었다. 그런데 과거제의 실시는 과거시험에 대한 관심 제고로 학교교육을 발전시키는 계기도 되었으나 반대로 과거제와 불가분의 관계를 맺어 과거중심의 교육으로 흐르게 되는 한계에 다다랐다. 특히, 고려의 경우 교육이 사장중심 · 문예중심으로 흐르게 됨으로써, 경학의 충분한 이해를 갖추고 그 의미를 구현하려는 인재보다는, 실속 없고 겉치레에 치중하는 문장가를 양산하는데 필요 이상의 시간과 노력을 기울이게 되었다고 하겠다.

4. 고려시대의 대표적 교육사상가

1) 최충(崔忠: 984~1068)

최충은 해주 사람으로 자는 호연(浩然), 호는 성재(惺齋) · 월포(月圃) · 방회재(放晦齋)이고, 시호는 문헌(文憲)이다. 그는 목종 8년(1005) 22세에 과거에 급제하여 5대의 임금을 섬기며 한림학사 예부시랑 · 판서북로병마사 · 문하시랑평장사 · 문하시중 겸 도병마사 등 내외 요직을 두루 거쳤고, 임금의 신임이 두터웠다.

그는 72세 은퇴 후에는 사재를 털어 사학인 문헌공도를 세워 후학을 양성, 12도의 효시를 이루었다. 이에 동방학교의 흥성이 여기서 비롯되고 유풍(儒風)이 진작되니 해동공자로 추앙되기에 이르렀다(이문원, 2002: 44).

최충이 세운 9재의 이름은 낙성(樂聖) · 대중(大中) · 성명(誠明) · 경업(敬業) · 조도(造道) · 솔성(率性) · 진덕(進德) · 대화(大和) · 대빙(待聘)이라 하였는데, 모두 유교의 경전에서 인용한 것만 보아도 그의 사상은 철저히 유학에 토대를 두고 있다. 특히, 9재의 명칭에 보이는 성(誠), 명(明), 경(敬), 도(道), 성(性), 덕(德)과 같은 한자들은 종래의 유학이 아닌 성리학에서 주로 사용되는 개념들이라는 점에서, 일반적으로 고려 말에 수용된 것으로 알려진 성리학과의 관련성을 재고찰해 볼 수 있는 연구 주제를 제공해 주기도 한다.

최충은 구제학당의 학생들을 지도함에 학문 추구에만 머문 것이 아니고 언행이 일치된 교육을 강조했으며, 귀법사(歸法寺)에서의 하기강습과 조교제도의 도입, 그리고 각촉부시(刻燭賦詩) 등을 통해 독창적이고 흥미 존중의 교육방법을 활용했다. 각촉부시는 촛불에 금을 그어 놓고 정해진 시간 안에 시를 짓게 하여 우수한 작품을 뽑아 순서대로 방을 붙이고 작은 주연을 베풀어 서로 격려하면서 흥을 돋우는 것으로, 학습의 흥미와 동기를 유발하기 위한 일종의 '게임'을 도입한 것이다(한기언, 1971: 76-78).

최충은 사학의 설립을 통해 고려 유학 침체를 극복하고 부흥시켰으며, 학교교육 침체기에 관학에 대신하는 새로운 학교교육제도를 마련했다는 점에서 그 교육적 기여가 컸다.

2) 안향(安珦: 1243~1306)

안향은 몽고의 침입과 간섭이 극심하던 고종 30년, 경상도 홍주(지금의 풍기)에서 태어났으며, 처음에는 유(裕), 나중에 향(珦)이라는 이름으로 바꾸었다. 조선시대 문종의 이름이 향(珦)이었기에 이를 피해 초명인 유(裕)로 고쳐 부르게 하였다. 호는 회헌(晦軒), 시호를 문성공(文成公)이라 한다. 그가 자신의 호를 회헌이라 한 것은 회암(晦菴)인 주자를 경모하였기 때문이다. 그는 18세에 과거에 급제하여 46년간 내외의 요직을 두루 거치면서 청렴결백의 관리생활을 했으며, 주자학을 도입하고 관학을 부흥시키는데 큰 기여를 하였다.

그는 충렬왕 23년(1286)에 왕을 따라 원에 가서 처음으로 《주자전서(朱子全書)》를 보고 손수 베껴 돌아와 주자학을 연구하게 되었는데, 그의 주자학 도입은 한국 유교사상 발달에 획을 긋는 사건으로 그가 기여한 공적은 매우 크다. 그는 무신란과 외침, 그에 따른 재정 고갈 등 피폐해진 국학을 부흥시키기 위하여 장학재단인 섬학전(贍學錢)을 설치하게 하고 이를 양현고에 보내 학생의 교육비에 충당하도록 한 것으로, 관학이 부흥하는 계기가 되었다.

안향의 교육사상은 철저하게 주자학에 입각한 것으로, 그는 성인의 도를 실천할 수 있는 인재를 양성하는 데에 교육의 목적을 두었다. 그는 충 · 효 · 예 · 신 · 경 · 성의 여섯 덕목을 교육 이념으로 간주할 정도로 중시했으니, 바로 이러한 일상생활의 윤리를 실천하는 것이 성인의 도라고 보았다.

무신정권 수립 이후 고려의 사상적 기반은 혼미한 상태였다. 불교의 부패와 미신의 성행, 관학의 쇠퇴 등과 같은 현상으로 인해 사회는 혼란하게 되었다. 이 시기에 안향은 국가와 민족의 위기를 극복하기 위해 주자학을 수용하고 흥학양현(興學養賢)에 몰두하게 되었다. 안향의 관학의 부흥과 주자학의 홍기에 크게 기여하였는데, 이는 그의 부단한 실천적인 삶과 노력에 기인했다고 하겠다.

3) 이색(李穡: 1328~1396)

이색은 한산(韓山)이 본관이며, 여말 충숙왕 15년에 영해(寧海)에서 '죽부인전'으로 유명한 찬성사 가정(稼亭) 이곡(李穀)의 아들로 태어났다. 자는 영숙(穎叔), 호는 목은(牧隱), 시호를 문정(文靖)이라 한다. 14세에 성균관시에 급제하고, 20세에는 원의 조관(朝官)으로 있던 부친을 보러 원으로 가 원의 국자감 생원으로 3년간 수학 후, 부친상을 당해 귀국하여 3년상을 마쳤다. 공민왕 2년(26세)에 과거에 급제하고 서장관으로 원나라에 부

임해 27세의 나이로 원의 전시(殿試)에 합격하여 명성을 떨쳤다.

그는 공민왕을 도와 개혁정책에 앞장섰고 우왕을 모셨으며, 성균관 대사성 · 지공거 · 판개성부사 · 예문관대재학 등의 요직을 거쳤다. 만년에 정몽주의 피살을 계기로 유배생활을 하다가 석방되었으나, 고려가 망한 후 이태조의 부름을 거절하고 고려에 대한 충절을 지키다가 의문의 죽음을 당했다.

그는 공민왕에게 외침에 대비하기 위하여 무과(武科) 설치를 제의한 바 있으며, 교육개혁안을 포함하여 혼란한 과거제도의 개혁을 제안했다. 그는 성균관 대사성으로 재직하면서 정도전(鄭道傳) · 김구용(金九容) · 정몽주(鄭夢周) · 박상충(朴尙忠) · 이숭인(李崇仁) 등의 유능한 인물을 성균관 교관으로 추천 · 발탁하고, 성균관의 학생 수를 증원했으며 그에 따른 시설 확충과 도서 구비를 추진하는 등 국학의 진흥에 힘썼다. 자신과 교관들이 경전을 각기 분담해 교수하고, 강론 후 매일 의의(疑義)를 토론하고 이동(異同)을 분석 · 절충하면서 주지(主旨)를 충분히 이해시키고자 하였다. 이로부터 사방에서 학자가 운집해와 국학이 다시 진흥되고 정주성리학이 크게 발흥되는 계기가 마련되었다.

그의 교육사상은 성리학에 기초를 두고 있으며, 인간의 본연적이고 선천적인 성(性)을 인식하면서 그것을 회복하는 방법으로 천리(天理)를 보존하고 인욕(人慾)을 막는 계신(戒愼)과 신독(愼獨), 지경(持敬)을 강조했다. 아울러 배움에 있어 소학을 중시하여 쉬운 것, 가까운 것부터 시작해야 된다고 기초를 중시하였다. 이색은 또한 불학에도 정통했으며, 선불교와 성리학의 관련성을 이해하였다.[1] 그래서 불교의 견성(見性)과 유교의 양성(養性)은 결국 동일한 것이라고 그 핵심을 간파하였다.

목은 이색은 대표적인 유학자, 문학자이자 교육자이기도 하다. 성리학에 대한 본격적인 연구로 조선 성리학 연구 풍토의 기틀을 잡은 성리학자로, 고려의 중흥을 위해 힘쓴 개혁주의자로, 그리고 국학을 발흥하고 사풍(士風)을 새롭게 하였던 교육자로서 그의 공헌은 높이 평가되어야 한다.

---

1) 선불교의 좌선(坐禪)과 내성(內省)을 통한 돈오적(頓悟的) 상달(上達) 방법에 자극을 받아 심성(審性)과 궁리(窮理)를 통한 하학이상달(下學而上達) 방법으로 이론화시켰던 성리학의 본질을 파악하였다.

연구 및 토의과제

1. 고려시대의 시대적 · 사회적 성격에 대하여 토론해 보자.

2. 고려시대의 학교의 종류와 특징에 대하여 정리해 보자.

3. 고려시대 사학 12도의 출현 배경과 교육적 기여 등에 관해 토론해 보자.

4. 고려시대 과거제도의 성장 · 발전에 대하여 정리해 보자.

5. 고려 말기에 이루어진 교육개혁에 대하여 조사해 보자.

6. 다음의 용어들을 설명해 보자.

① 7재(七齋) ② 섬학전 ③ 12도 ④ 각촉부시

⑤ 음서제도 ⑥ 좌주 · 문생 ⑦ 명경업 · 제술업

⑧ 견성(見性) · 양성(養性)의 동일시

추 천 / 도 / 서 /

박의수 외(2009). **교육의 역사와 철학**. 서울: 동문사.

이길상(1985). 고려시대의 과거제도. **한국 교육학의 탐색**. 서울: 고려원.

이 색(2000). **목은집**. 민족문화추진회.

한기언(1971). **한국교육사**. 서울: 박영사.

CHAPTER 04

조선시대의 교육

1. 시대적 배경
2. 조선시대의 교육제도
3. 학규
4. 과거제도와 교육
5. 조선 후기의 흐름과 교육
6. 조선시대의 대표적 교육사상가

CHAPTER

04 조선시대의 교육

원·전·읽·기

궁리와 거경 공부는 서로 수미(首尾)가 되기는 하지만 사실 이는 두 가지 공부입니다. 둘로 나눠짐을 결코 염려하지 마십시오. 다만 반드시 상호 병진해야 합니다. 뒤로 미루지 마시고 순간순간 항상 공부해야 합니다. 머뭇거리지 마시고 사사물물(事事物物) 어디에서나 힘써야 합니다. 허심(虛心)하게 이(理)를 관찰할 뿐 선입견을 두지 말며, 점점 공부를 쌓아 순숙(純熟)하게 할 것이지 짧은 시간 내에 효과를 바라서는 안 됩니다. 완전히 내 것이 되지 못하였을 경우에는 내버려두지 마시고 평생 노력해야 합니다. 이(理)가 완전히 이해되고 경(敬)이 전일(專一)하게 되는 것은 모두 깊이 쌓은 후에 자연히 얻어지는 것입니다. 한순간에 문득 깨달아 이내 성불했다는 사람들처럼 혼미하고 아득한 중에 그림자만 얼핏 보고서 큰일은 다 끝났다고 떠들어대는 것과 어찌 같겠습니까.

그러므로 궁리(窮理)한 다음 실천에서 이를 증험(證驗)해야 비로소 진지(眞知)가 되는 것이고, 주경(主敬)하여 능히 주일(主一)해야 실득이 되는 것입니다. 지금 비록 이(理)를 보았다 하더라도 겉핥기를 면치 못하거나, 경(敬)을 유지하고 있다 하더라도 혹 일순간이라도 이를 잃어버리면 이에 따라 일상생활에서 한없이 문란해질 것이니 어찌 사려(思慮)나 식색(食色) 또는 담론에만 해가 되겠습니까.

二者 雖相首尾而 實是兩段工夫切勿 以分段爲憂 惟必以互進 爲法勿 爲等待 卽今便可下工勿爲遲疑隨處便當者 力虛心觀理勿先執定於已 見積漸純熟 未可責效於時月弗得弗 措直以爲終身事業 其理至於融會 敬至於專一 皆深造之餘自得之耳 豈若一超頓悟立地成佛者之 略見影像於恍惚冥昧之際而 便謂一大事已了耶 故窮理而驗

於踐履始爲眞知　主敬而能無二三方爲實得　今雖見理而未免於淺淡　雖持敬而或失於蹔頃　則其日用應接之間從而懷之者　沓至而無窮　豈但所爲思慮食色燕談之爲害而已乎.

출처: 퇴계. 自省錄 답이숙헌이 중에서.

사람의 정이 당연히 기뻐할 때 기뻐하고, 상사(喪事)를 당하여 슬퍼하고, 친한 이를 사랑하고, 천리를 보고는 궁구하고자 하고, 어진 이를 보고 본받으려 하는 것(이상은 喜怒哀欲의 사단)은 인(仁)의 단서이다. 성낼 자리에 성내고, 미워할 사람을 미워하는 것은 의(義)의 단서(이것은 怒와 惡의 정)이다. 존귀한 이를 보고 경외하는 것은 예(禮)의 단서(이것은 懼의 정)이다. 희 · 로 · 애 · 구가 발할 때 당연히 기뻐할 것을 알고 당연히 화낼 것을 알며(이것은 是에 속함), 부당한 기쁨, 부당한 성냄, 부당한 슬픔, 부당한 두려움을 아는 것(이것은 肥에 속함)은 지(智)의 단서(정을 합하여 그 옳고 그른 것을 아는 것)이다. 선정(善情)의 발함을 일일이 다 들을 수 없으나 대개가 이와 같다.

여기서 사단으로 칠정을 말한다면, 惻隱은 애(愛)에 속하고 수오는 오(惡)에 속하며 공경은 구(懼)에 속하고 시비는 희로(喜怒)의 당연하고 당연하지 않음을 아는 정이다. 따라서 칠정 이외에 사단이 따로 있는 것이 아니다.

人之情　當善而善　臨喪而哀　見所親而慈愛　見理而欲窮之　見賢而欲齊之者(已上喜哀愛欲四情)　仁之端也　見尊貴而畏懼者(懼情)　禮之端也　當喜怒哀懼之際　知其所當喜　所當怒　所當哀　所當懼者(此屬非此合七情而知其是非之情也)　智之端也　善情之發　不可枚擧　大如此　若以四端于七情　則惻隱屬愛　羞惡屬惡　恭敬屬懼　是非屬于知其當喜怒與否之情也　七情以外　更無四端矣.

출처: 율곡전서 제10권 서2. 답성호원.

사유하기

- 유학 선배들은 거경(居敬), 주경(主敬) 등 학문적 방법, 학문적 자세로서 경(敬)을 중시했는데, 경공부란 구체적으로 어떻게 이해할 수 있을까?
- 사단칠정에서 말하는 인간의 마음은 구체적으로 어떤 상태로 설명할 수 있을까?

1. 시대적 배경

고려 말 원(元)·명(明)의 교체기에 위화도 회군을 통해 실권을 잡은 이성계는 반대세력을 제거하고 1392년 새 왕조 조선을 건국했다. 태조 이성계는 사대부 계층의 지지를 바탕으로 친명외교(親明外交)를 통해 왕권에 대한 대외적인 보증을 획득하고, 사전(私田)의 개혁을 통해 통치를 위한 경제적인 기틀을 갖추면서 새 왕조의 토대를 정착시켰다. 특히, 폐단이 심했던 고려 말 불교에 대한 반발로서 억불숭유(抑佛崇儒)를 표방하면서 신진 사대부들을 규합하였다.

억불숭유정책은 사상적·종교적인 측면에서 볼 때 조선사회를 유학, 특히 성리학 일변도의 경색되고 편협한 사회로 사상적 족쇄를 채우는 결과를 낳았다. 삼국시대와 고려의 경우 그 영향력에서 불교가 유교보다는 컸다 해도 상호 공존했다고 할 수 있다. 즉, 민중들의 종교요 삶의 지침으로서의 불교와 정치와 교육이념으로서 유교가 서로 공존하였던 시기였다. 그러나 조선조에 들어오면서 불교는 물론 도교 등 성리학 이외의 모든 사상체계가 금기시되는 경직화를 낳았다. 그런 점에서 유·불·도와 종래 무속적 사유를 교섭하고 융합시키면서 변화와 수용을 가능하게 했던 사상적 융화의 전통을 무너뜨렸다는 지적은 적절하다(신차균 외, 2006: 62).

조선의 정치체제는 왕을 정점으로 하여 의정부와 6조가 국정을 수행하는 중앙집권체제를 갖추고, 지방에는 전국의 8도와 부-목-군-현 등을 두어 관리를 직접 파견하여 통치하였다. 무관직의 경우에도 중앙의 중추원(中樞院)과 5위도총부, 지방에 각 도 병마절도사, 수군절도사, 그리고 그 밑에 진(鎭)을 갖추어 운영체계를 갖추게 되었다. 행정과 군사력이 지방에까지 미치는 문무 관료체제를 갖추게 되었다고 할 수 있다.

신분구조 면에서 조선시대는 국왕을 정점으로 하여 양반, 중인, 상민, 천민의 네 계층으로 신분화된 사회였으며, 양반중심의 사회였다. 문반과 무반을 포함하는 양반은 과거를 통해 관리로 등용될 수 있으며 생산과 부역의 의무가 면제되는 특권층으로 벼슬을 통해 국가로부터 토지와 녹봉을 받게 된다. 중인은 기술직이나 지방의 하급관리를 담당하며, 상민은 양인, 평민, 서민, 백성 등으로 불리며 농 · 공 · 상을 담당하는 절대 다수를 차지한다. 천민은 노비와 백정, 무당과 창기 등 천한 직업에 종사하는 사람들이었다. 양인의 경우에도 공업과 상업에 종사하는 사람들은 농업에 종사하는 사람에 비해 천시되는 풍토가 강해 상공업의 발달을 막는 부작용을 낳았다.

조선은 성리학을 국가의 통치 이데올로기로 삼고 교육을 통해 내면화시키고자 하였으며, 과거제도를 통해 성리학적 이념을 구비한 인재를 등용하고자 했다. 중기에 이르러 훈구파와의 경쟁에서 주도권을 잡은 사림파의 등장으로 학문과 예의를 중시하는 학문풍토가 조성되면서 퇴계와 율곡과 같은 뛰어난 교육가를 배출하여 수준 높은 학문적 발전을 이룩하기도 했다. 그러나 학파에서 유래한 정파 간의 분열과 대립이 심화되면서 국력을 소모하고 임진 · 정유의 병화를 초래하였으며 백성들의 삶을 도탄에 빠뜨렸다.

임란 이후 여전히 자기반성에 게으른 고루한 양반층과 달리, 서양 문물의 유입과 청의 고증학(考證學)의 영향을 받은 지식인을 중심으로 주체적인 자각에 기초하여 실용적인 학문을 추구하는 실학운동이 일어나게 되었다. 실학자들의 근대 지향적이고 민본 위주의 방책들은 성리학적 경직에 빠진 고루한 집권층에게 수용되어 반영되지 못했으나, 그후 개화사상으로 연결되어 근대화를 위한 사상적 기반을 제공하게 되었다.

2. 조선시대의 교육제도

조선조의 교육은 고려조의 학제와 연장선상에 놓여 있었으며, 더욱 발전적으로 계승되었다. 구체적으로 관학으로는 중앙에 최고 교육기관인 성균관(成均館)과 4부학당, 향교와 종학(宗學) 등이 있었고, 사학으로는 서원(書院)과 서당이 있었다.

1) 관학

(1) 성균관

① 설립과 목적

성균관은 조선 최고의 교육기관으로서 태조 6년(1397) 한양 동북 숭교방(지금의 성균관대학교 자리)에 건물을 짓고 이듬해 문을 열었다. 조선왕조의 성균관은 고려말 국자감을 성균관으로 개칭(1362)한 것을 조선 건국(1392)과 동시에 그대로 계승한 것으로, 그 규모 · 운영 · 역할 등에 있어서 확대되고 정비되었다.

성균관의 교육목적은 두 가지로 대별된다. 하나는 통치이념인 유학의 보급이고, 또 하나는 통치체제에 필요한 고급관리의 양성이다. 성균관의 교육목적에 통치이념인 유교의 보급이 크게 강조된 것은 조선왕조가 통치이념으로 채택한 유교에서 연유된다. 조선왕조는 삼국시대 이후 1,000여 년간 지배사상이며, 민중의 정신적 지주가 되어 왔던 불교를 배척하고 유교를 국가의 통치이념으로 채택하여 사상적 교체(交替)를 단행하였다. 이러한 사상의 교체에 따라 새로운 사상의 보급이 필요하게 되는데, 국가의 통치이념인 유교를 보급하는데 중요한 역할을 담당한 것은 각종 교육기관이었으며, 성균관은 국가의 최고 교육기관으로서 그 역할의 중심이 되었다(피정만, 1985: 215).

② 시설

성균관의 시설은 크게 교수활동시설, 문묘제향시설, 학사업무시설, 공급 및 기타 시설로 나눌 수 있다(이승원, 1995:197-203). 교육활동시설로는 유생들의 강의실인 명륜당(明倫堂), 유생들의 기거처인 동 · 서의 재(齋), 도서관에 해당하는 존경각(尊經閣), 불교 금지의 상징으로 과거장으로 사용되었던 비천당(丕闡堂), 대사례(大

射禮)를 행하던 육일각(六一閣)이 해당된다. 문묘제향시설로는 공자와 72현을 비롯하여 중국과 우리의 유학 선현의 위패를 모시던 대성전(大成殿)과 동·서의 무(廡), 제향과 관련된 제기고(祭器庫), 향관청(享官廳), 전사청(典祀廳) 등을 들 수 있다. 학사업무시설로는 유학생 시험과 교관의 인사를 담당하며 사무를 담당하는 정록청(正錄廳)과 서리청(書吏廳), 그리고 공급시설로는 유생들의 교육재정을 담당하는 양현고(養賢庫), 식사 및 자치적 회의장인 진사식당(進士食堂) 등을 들 수 있다.

성균관의 시설 및 구조는 전통적인 학교, 특히 관학의 모습을 이해할 수 있는 모범을 보여주며, 향교 등은 그 축소판 정도로 이해할 수 있다. 다음은 성균관의 구조 및 시설을 나타낸 그림이다(성균관 홈페이지 www.skkok.com 참조).

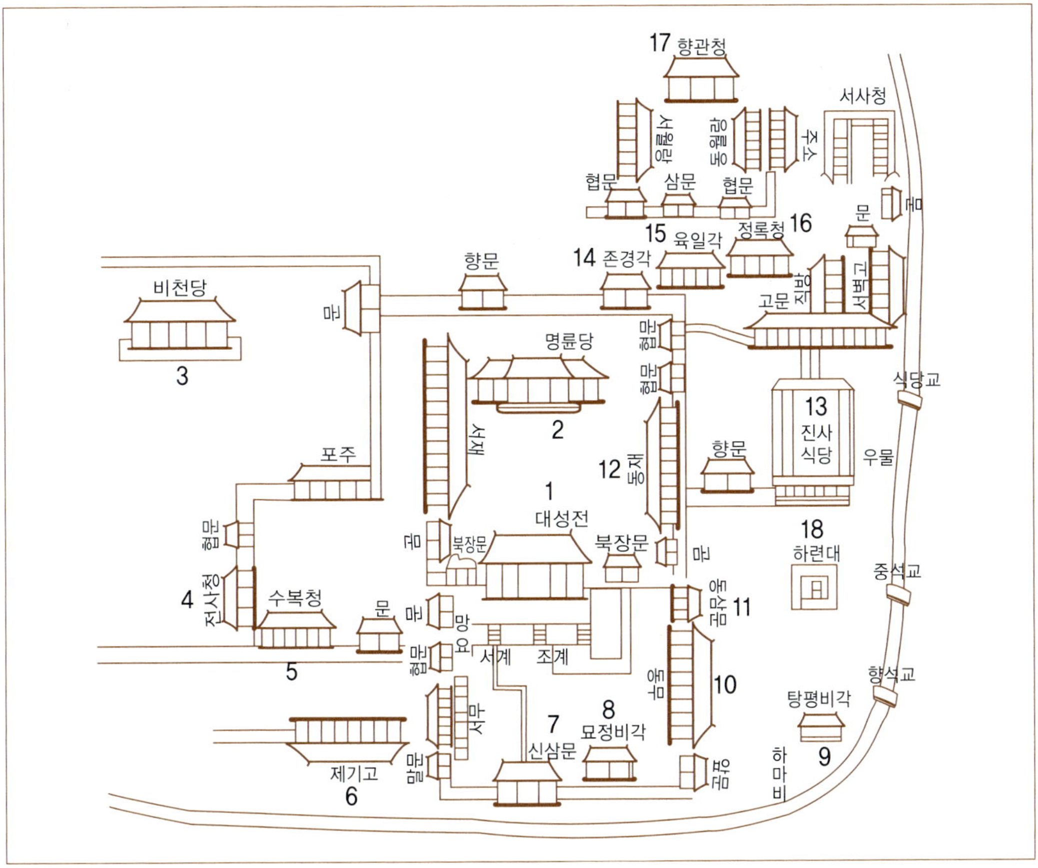

[그림 4-1] 성균관의 구조 및 시설

③ 성균관 교관

《경국대전》에 나오는 성균관의 교관직제를 보면 다음과 같다. 유학의 교육은 문관이 맡았는데 지사(知事, 正2品) 1명, 동지사(同知事, 從2品) 2명은 겸직이며, 오늘날 총장이라 할 수 있는 대사성(大司成, 正3品) 1명을 비롯하여 사성(司成, 從3品) 2명, 사예(司藝, 正4品) 3명, 직강(直講, 正5品) 4명, 전적(典籍, 正6品) 13명, 박사(博士, 正7品) 3명, 학정(學正, 正8品) 3명, 학록(學錄, 正9品) 3명, 학유(學諭, 從9品) 3명 모두 38명으로 구성되었다(피정만, 1985: 216-217).

성균관의 교관자격은 법제상에 별도의 규정은 없으나 학식과 개인적인 인품이 매우 중요시되었던 것으로 판단된다. 특히 대사성은 성균관의 최고 행정책임자로 그 인품과 학식이 뛰어나야 했으며, 학정은 유생의 품행을 지도하는 관계로 비록 하위직이나 그 선발에 신중을 기하였다. 성균관 교관의 업무는 각 지위에 따라 상이했으나 교관의 공통된 업무는 ① 유생의 교수, ② 유생의 생활지도, ③ 성균관에서 행하는 과거시험의 감독관, ④ 성균관의 각종 행정 담당 등이었다(피정만, 1985: 218).

교관제도와 관련하여, 타 관직의 관리를 성균관에 교관으로 겸임시키는 겸임교관제를 활용했는데, 이러한 겸관제(兼官制)는 조선왕조 말까지 계속되었다. 성균관에 겸교관제를 실시한 것은 타 직의 유능한 인물을 교육기관에 유치시켜 교육의 효과를 더 하고자 함에 그 의도가 있었던 것으로 추정된다. 그런가 하면 성균관 교관을 하급교육기관인 사학과 종친의 교육을 담당하는 교관으로 임명하였는데, 그 결과 성균관 교관의 부족이 생기기도 하였고, 성균관 교육의 질을 저하시키는 요인이 되기도 했다.

④ 입학자격과 정원, 수업 연한

성균관 입학자격은 성균관 입학시험에 합격한 생원과 진사〔상재생(上齋生)〕를 원칙으로 하고, 부족할 시 4학과 문음(門蔭)의 승보생(升補生), 그리고 문과의 향시와 한성시에 한번 합격한 자나 현직관리 중 학문에 뜻을 둔 자 등에서 선발했다. 사학이나 문음 승보에 의하여 성균관에 입학한 유생을 하재생(下齋生), 기재생(寄齋

生), 혹은 승보생이라고 불렀다.

유생의 정원은 건국 초기에는 150명이었다가 세종 11년에 50명을 증원하여 200명이 되었는데, 이 200명은 상재생 100명, 하재생 100명으로 구성되었다. 그러나 국가에 흉년 등으로 인해 100명에서 50명까지 감하는 일이 있었으며 대개 100명 미만이었다. 이렇게 정원이 미달된 원인은 성균관의 재정 부족과 시설의 불비, 권문자제와 생원, 진사의 취학 기피, 성균관 교관 부족과 실력이 없는 교관임명, 성균관의 엄격한 생활 규제로 인한 취학 기피 등에서 찾을 수 있다(피정만, 1985: 220). 수업 연한은 4년 반이 원칙이나 실제로 8년 이상 걸리는 것이 보통이었다고 한다(박의수 외, 2009: 71).

⑤ 교육과정

성균관의 교육과정은 4서와 5경 및 제사(諸史)의 강독과 제술 및 서법을 위주로 하였다.

이러한 경전교육과 제술은 1개월을 단위로 하여 20일간은 경서를 가르치고 4일간은 경서를 고강하며 나머지 6일간은 제술을 교육하였다. 시험도 강경과 제술로 나누어 치렀다. 성균관의 교육내용은 조선시대 과거시험의 과목과 동일하였다. 그런가 하면 대통(大通), 통(通), 약통(略通), 조통(粗通), 불통(不通)의 5단계 평가 또는 통, 약, 조, 불의 4단계 평가로 이루어졌고, 조통 이하는 벌하였다. 제술시험은 매월 초순·중순·하순의 세 번에 걸쳐 글의 형식을 정하여 시험하였다.

유학만을 참된 학문으로 여기고 다른 모든 사상을 이단시했던 풍토 속에서, 유학 경전 외에 불교·노장과 관련된 저서나 잡류(雜類) 등은 일체 읽지 못하게 했다.

⑥ 학칙과 생활

조선시대 학교들에 대한 많은 규칙들과 학령을 보면, 성균관 유생들은 엄격한 생활규제를 받고 있었음을 알 수 있다. 이것은 일부 권문자제 등과 우수한 유생들이 성균관의 입학을 꺼리는 요인이 되기도 했다. 일상생활의 예를 들면, 매월 1일

문묘에 참배하고, 수업도 북소리에 따라 인사를 하고, 강의를 청하며 졸거나 강의에 주목하지 않으면 벌을 받는다. 유생으로서 재주를 믿고 교만하거나 권세를 믿고 귀한 체하거나 부를 믿고 자랑하는 자, 나이 어린 자가 연장자나 윗사람을 능멸하고 욕보이는 자는 벌한다. 또한 매일 날이 밝기 전에 북소리가 한 번 울리면 일어나고, 두 번 울리면 의관을 갖춰 단정히 앉아 책을 읽고, 세 번 울리면 차례로 식당에 나아가 동서로 마주 앉아 식사를 하며, 차례를 지키지 않거나 떠들면 벌한다 등을 들 수 있다.

그 반면에 유생에게는 자치활동에 대한 자유가 주어져 스스로 대표인 장의(掌議)를 선출하고, 그의 주재하에 재회(齋會)를 열어 필요한 사항을 결정했다. 경우에 따라서 유소(儒疏)를 통해 국가의 정책에 대한 자신들의 의사를 표시하고, 그 반응이 적합하지 못할 시 식당에 들어가지 않거나〔捲堂〕, 기숙사를 비우고〔空齋〕, 성균관에서 물러나는〔空館〕 행동 등으로 표출하였다.

성균관 유생의 상소는 사습(士習)의 원기라 하여 다른 상소보다 우대하여 사기를 진작시켰다. 유소는 조선 초기에는 불교에 대한 탄핵이 주가 되었으며 그에 따른 권당이 주류를 이루다가, 중기 이후는 정치적 문제나 성균관 지위상의 문제가 주가 되었다.

⑦ 장학 재원

성균관 유생들은 동·서재에서 기숙하였는데 이에 쓰이는 경비는 막대하였다. 그리하여 국가에서는 성균관에 학전, 어장, 노비 등을 지급하여 그 세수로서 재원을 삼도록 했다. 이러한 성균관의 재정은 양현고(養賢庫)에서 관리하였다. 양현고는 행정상 호조(戶曹)에 속해 있었으나, 그 관리를 성균관 업무에 능한 성균관 교관 중에서 임명하여 운영함으로써 효율을 기하였다.

(2) 사학(四學)

사학은 고려 중엽의 동서학당(東西學堂)이 기원이며, 고려 말엽에 동서학당이 5

부학당으로 개편되고 조선 초기에 4부학당으로 되었다가 세조 때에 사학으로 명칭이 변경된 것이다. 사학이 교육기관으로서 내용과 면모를 갖추게 된 것은 태종·세종 때에 이르러서이며, 한양의 동·서·남·북의 4개 학교로 정착되었다.

사학은 성균관의 예비 학교이며 하급 교육기관으로 부속적인 성격에 있었다. 사학은 성균관에서 총괄하도록 되어 있으며 교관의 임용, 유생의 진학, 학교의 규칙 등이 모두 성균관과 깊은 관련을 맺고 있었다. 같은 중등 수준의 교육기관이었으나, 지방의 향교가 독립적 학교인 데 비하여 사학은 부속적인 성격의 학교였다. 그런데 성균관이나 지방의 향교와는 달리 사학에는 유학 선현들의 위패를 모시는 문묘가 없었다. 순수한 교육기관이었음을 알 수 있다.

사학의 교관을 보면, 사학을 총괄하는 직으로 제주(祭酒)를 별도로 두기도 했으며, 사학의 교관정원은 세종 28년 다시 조정되어 각 학에 교수 2명, 훈도 2명으로 정원을 조정하였다. 그러나 교관은 출세를 위한 인기가 있는 관직은 아니어서 교관 임용 후 타직으로 옮기려는 경향이 나타나, 성종 8년 2월에는 법을 제정하여 사학 교관으로 임명을 받으면 30개월을 근무해야 타 직으로 옮길 수 있도록 했다(피정만, 1985: 227−228).[1)]

사학에 입학할 수 있는 신분은 사족의 자제들이었으며, 8세 이상 혹은 10세 이상을 원칙으로 하였다. 사학의 유생 정원은 때에 따라 변화가 있었는데, 조선 초기에는 각 학 100명으로 법제화되었으나 흉년이 들 때는 재정 부족으로 감하기도 했다. 중기 이후는 대폭 감해져 임진란 이전에는 각 학 10명, 병자란 이후는 각 학 2명으로, 인조 때는 각 학 5명으로 책정하기도 했다(박의수 외, 2009: 228).

사학 유생들의 실질적인 교육목표는 성균관에 입학하는 것과 생원·진사시에 합격하는 것이었다. 국가에서는 사학 재학생들과 향교 재학생들에 대한 교육을 장려하기 위하여 특전을 베풀었다. 사학 유생으로 15세 이상이 되고 소학(小學)의 공(功)을

1) 이는 인품이 있고 경학에 밝은 인물을 오랫동안 교육기관에 머물게 함으로써 유생들에게 효과적인 교수와 지도가 이루어지도록 하기 위한 것과, 둘째로 입신출세가 유리한 타 직으로의 이직에 따르는 수급을 조절하기 위한 것이었다.

성취한 사람에게는 승보시(升補試)를 보게 하여 합격한 사람은 성균관에 입학시키도록 하였으며, 6월 도회(都會)[2]나 알성시(謁聖試)[3]를 통해 생원 · 진사회시에 응시할 수 있는 특전을 주었다. 유생의 학업을 평가하기 위하여 학내에서는 5일마다, 예조에서는 매달 한 번씩 정기적으로 시험을 보았다. 예조에서 행하는 시험은 성적부에 기재되어 왕에게 보고되고 이 성적은 유생이 응시하는 과거시험에 참고가 되었다.

사학은 태종 때에 이르러 독립된 학사를 갖추고 성균관의 양현고에서 운영경비를 지급하도록 하였으나, 성균관 운영 경비의 충당이 어렵고 흉년에 따른 세수 수입 부족 등으로 정원을 감하고 방학을 하기도 했다. 중기에 이르러 전답(田畓)과 어장(漁場)을 내려 독립된 재정을 마련해 주고 노비를 지급하기도 했다.

(3) 향교

① 향교의 성격

향교는 고려시대부터 지방에 보급되기 시작한 교육기관으로 조선시대에 들어와 더욱 발전하게 되었다. 조선시대 향교는 시설이나 그 규모 면에서 성균관의 축소형이라 할 수 있다. 문묘와 명륜당과 양재를 고루 갖추고 있다. 향교는 학교제도의 단계적 측면에서 보면 중등 교육기관에 속한다고 할 수 있다.

② 교육과정

향교에서 가르치는 교과 내용이 성균관의 교과 과정에 비하여 반드시 정도가 낮은 것은 아니었다. 그러나 성균관에 입학하여 공부하기 위해서는 반드시 소과〔生進

---

2) 6月 도회(都會)는 사학유생들의 권학을 위하여 매년 6월에 관원이 사학에 나아가서 유생들에게 제술과 경서를 시험하여 우수한 유생을 뽑아 곧바로 진사 · 생원회시에 응시케 하는 것으로 이 유생을 도부생(道赴生)이라고 했다.

3) 알성사(謁聖試)는 왕이 문묘에 참배한 뒤에 성균관에서 행하는 시험인데 이때는 성균관 유생과 사학 유생이 모두 참여할 수 있었다. 이때에 원점수(圓點數, 재학일수)가 차고 시험성적이 우수한 사학유생은 생원 · 진사회시에 응시할 수 있었다.

科]에 합격해야 했으며, 향교의 생도들은 대부분 소과에 응시하기 위해 준비하는 과정에 있었기 때문에 성균관이 고등 교육기관이라면 향교는 중등 교육기관이라 할 수 있다. 교육과정은 강독과 제술 및 습자를 중심으로 하였고, 교과목으로는 때에 따라 비중의 차이를 달리하기는 하였으나 일별하면 소학, 사서, 오경, 성리대전, 삼강행실, 이륜행실, 효경, 심경(心經), 근사록(近思錄), 통감, 제사(諸史), 향약, 가례 등이었다.

③ 입학 자격과 정원

향교의 유생은 17세 이상의 양반 또는 향리의 자제를 원칙으로 했으며, 17세 이하이면 정원 밖으로 간주한다고 하였다. 상한은 40세로 하였다(한동일, 1985). 그 결과 교관의 연령을 40세 이상 70세 이하로 삼게 되었다. 향교의 학생 정원은 향교가 소재하는 관부의 크기에 다라 차이를 두어 책정하였는데, 성종 때부터 도(道), 대도부(大都府), 목(牧)의 향교에는 90명, 도호부 향교에는 70명, 군 향교에는 50명, 현 향교에는 30명으로 하여 조선 말기까지 변동이 없었다. 향교에 입적한 교생에게 주어지는 특전은 무상교육, 과거의 자격, 생진시의 초시면제[4], 군역의 면제 등이었다. 특히, 문과와 소과에 응시하기 위해서는 향교에의 입적 여부가 절대적이었기 때문에 향교의 입적은 매우 중요했다.

④ 향교의 교관

향교교관의 명칭은 교수관과 훈도관으로 나눌 수 있는데, 교수관은 6품 이상이며 훈도관은 7품이었다. 향교는 지방 행정 단위인 주(州)·부(府)·군(郡)·현(縣)에 각기 한 개교씩 설치하였는데, 전국 향교에 파견할 만큼 유자격 교관이 충분히 확보되지 못했다. 그래서 대과(大科)에 합격하지 못한 생원이나 진사를 교관으로 파

---

4) 사학과 마찬가지로 향교의 유생들에게도 매월 6월의 도회에서 성적이 우수한 학생에게는 생진시의 초시(初試)를 면제해 주는 특전이 있었다.

견하기도 했는데 이 경우 교도(敎導)라고 불렀고, 그래도 부족할 경우 지방의 유학자 중 경(經)에 능한 인사 중에서 관찰사가 선임하는 학장(學長)을 두었다. 이들은 관인은 아니고 생도의 면학을 지도하면서 봉급은 없고 그 대가로 호역(戶役)을 면제받는 정도에 그쳤다. 교관의 정원은 각도의 도호부(都護府) 이상의 향교에는 교수관을 각기 한 명씩 파견하고 그 이하의 군현 향교에는 각기 훈도관 한 명을 파견했다. 자격 있는 교관이 부족할 경우 그 지방 출신자 중에서 한 명의 학장을 선임하였다(한동일, 1985). 그후 각종 병란을 겪은 후에는 법정 자격교관을 확보할 수 없어 학장으로 향교교육을 지도하게 하고 이들을 감독하고 장려하는 향교감독관(鄕校提督官) 또는 일명 교양관(敎養官)이 등장한다.

조선시대 전반을 통해 향교를 통할한 행정의 최고 기관은 예조였다. 예조는 향교교육을 각 도의 관찰사를 통하여 행정적으로 지휘하고 감독하였다. 관찰사는 다시 수령을 통하여 정부의 교육의지를 하달하며 때로는 하의 상달하여 교육을 독려하였다. 이 때문에 향교에 입학한 생도를 직접 교육하는 책임은 교관에게 있지만, 교관과 생도가 교육과 학업에 정진하도록 행정적 지도와 감독을 행하는 일차적 기관은 각 지방의 수령이었다. 정부는 각 도의 관찰사로 하여금 향교의 흥폐로써 각 수령의 근무 성적을 평가하도록 하였다. 수령의 기본 업무 가운데 학교교육의 진흥이 제일 중요한 책임이었던 것과 같이, 관찰사의 업무 중에서도 학교교육의 진흥이 가장 중요한 업무였다(한동일, 1985: 238).

⑤ 민풍순화와 향교

향교는 성균관과 함께 유생교육은 물론, 유교 이념을 보급하는 중요한 제도로서 그 역할과 비중이 컸다. 조선 개국의 추진 세력들은 고려의 멸망 원인을 불교계의 타락에 의한 민풍예속(民風禮俗)의 붕괴에 있다고 보고, 유교식 예제(禮制)를 중심으로 민풍과 사습(士習)을 정립하려 하였다. 그러기 위하여 중앙에 성균관과 사학, 그리고 전국 각 지방에 향교를 두어 숭유주의(崇儒主義)에 입각한 교육과 교화를 통하여 왕국의 기반을 튼튼히 하려 하였다. 특히, 그중에서도 유교 이념에 따라 지방의 민풍을 순화하고 사회문화의 심층에 이르기까지 유교 이념을 심화하고자 한 것이 곧 향교였다. 이를 위해 조선조는 건국 초기부터 향교를 확충하고 그 교육을 장려하였으며, 관찰사와 수령들의 책임하에 두었다. 향교는 좁은 의미의 교육기관만이 아니고 교육과 교화의 양면성을 지닌 기관이었다.

향교에서는 이를 위해 문묘의 석전제를 비롯하여, 특별강습, 향음례(鄕飮禮), 향사례(鄕射禮), 양노례(養老禮) 등의 행사를 거행함으로써 유교의례를 내면화시키고 노인공경과 덕행 존중의 풍토조성에 힘썼다. 또한 향촌사회의 자치규약인 향약을 시행하기도 했다.

⑥ 재정

향교의 재정은 국가에서 지급한 학전(學田)과 지방의 재정으로 충당했다. 재정의 각 지방 부담이나 관찰사나 수령의 직접 관리 등을 볼 때, 엄밀한 의미에서 관학인 성균관과는 달리 공립 교육기관이라 해야 할 것이다. 조선 초부터 중시되었으며 중엽까지 융성했던 향교는 임란의 병화와 가뭄과 기근 등 재정 고갈로 점차 교육기관으로서의 기능을 서원에 넘겨주게 되었고, 문묘의 기능만 남게 되었다.

(4) 서원(書院)

① 설립과 발전

서원의 정확한 설립 연도는 알 수 없으나 본격적으로는 16세기 중반부터 각 지방에 세워졌으며, 향촌에 은거하던 사림들의 영향력 강화와 맥락을 같이 한다고 볼 수 있다.

그중 중종 38년(1534)에 설립된 백운동서원은 사우(祠宇)와 강학소가 통합된 형태로서 조선시대 서원의 효시가 되었다. 풍기군수였던 주세붕(周世鵬)은 백성들에 대한 교화는 선현을 받들어 모시는 일에서 비롯하는 것으로 생각하고, 고려의 명유공신(名儒功臣)이었던 안향이 어렸을 때에 독서하던 숙수사(宿水寺)의 옛터에 사우

(祠宇)를 짓고 그 앞에 따로 재(齋)를 세워 백운동서원이라 하였다. 백운동서원은 명종 5년(1550) 당시 풍기군수였던 이황의 건의로 국왕으로부터 소수서원이라는 편액(扁額)을 하사받아 최초로 국가 공인의 사액서원이 되었다. 그후 앞 다투어 서원이 건립되면서 선조 때는 100여 곳이 넘게 되었다. 쇠퇴해 가는 향교를 대신하여 국가로부터 서적 노비 · 토지 등의 보조를 받는 서원이 급증하였다. 향교의 교육적 기능이 쇠퇴하면서 서원이 이를 대신하여 지방의 문화와 교육을 진흥시키는데 기여하였다.

② 교육 목적

서원의 설립 목적은 선현존숭(先賢尊崇)과 양사(養士), 즉 교육의 두 가지로 요약할 수 있다. 인품과 학덕이 높은 선현을 제사하며 선현의 유지를 기리면서, 그 학통에 따라 참다운 선비를 양성하는 것이다. 물론 현실적으로는 과거준비를 위한 교육도 이루어졌다.

서원교육의 핵심은 국가에 유용한 선비를 양성하는 데 있었으며, 과거를 통하여 관리가 되는 것은 부차적인 것이었다. 그러므로 선비라는 이상적 인간상의 실현을 위하여 서원의 교과 내용은 도학적 성리학에 치중하였다(송양섭, 1985: 259).

③ 교관 및 학생

서원의 교관은 총 책임자인 원장(院長)을 위시하여 강장(講長)과 훈장(訓長), 재장(齋長), 집강(執綱) 등으로 구성되었다. 그리고 모든 운영은 향촌사회 유회(儒會)를 거점으로 하였다. 원장은 서원의 최고 권위자로서 원무를 총괄하였으며, 강장과 훈장은 유생들에 대한 강학과 훈도를 담당하였다. 강장과 훈장은 학식과 덕망이 뛰어나고 예에 밝은 자로서, 각각 60세 이상으로 한 고을을 넘어 도내의 명망 있는 인사로 위촉하였고, 타도로 천출(遷出)되지 않는 한 교체되지 않았다. 재장과 집강도 50세 이상으로 행동이 바르고 신망이 두터운 자로서 사무를 결재하고, 원의 기율과 원생들의 훈육을 맡았다(송양섭, 1985: 257).

초창기 서원의 원생 정원은 10인 내외였으나 후대로 내려오면서 30인 내외로 증가한 것으로 생각되며, 숙종 때에는 이것을 제한하여 사액서원에 20인, 미사액서원에 15인으로 법제화하였다(민병하, 1983).

④ 교육과정

조선시대 서원의 교육은 관학이 국가적 통제와 과거준비에 편중되었던 것에 비하여, 학문적 자율성을 바탕으로 학문 그 자체의 탐구와 연마를 위한 활동을 강조하였다. 서원의 교과는 소학과 가례(家禮)를 입문으로 삼고, 4서5경을 본원으로 하였다. 독서의 순서는 소학, 대학, 논어, 맹자, 중용, 시경, 성경, 역경, 춘추로 정하였다. 서원에서는 강독 이외에 제술과 습자도 아울러 익혔다. 제술에 있어 작문은 의리를 나타내는 본(本)이 된다고 하여 이단의 잡문은 짓지 못하도록 하였다. 습자는 반드시 해서(楷書)를 원칙으로 하였다.

서원에서는 강(講)을 통하여 교수하였는데, 강이란 학습한 문장을 소리 높이 읽고 의리(義理)를 묻고 대답하는 전통적인 교수방법이다. 강을 통하여 학업에 대한 평가도 이루어졌다. 강에는 매일 실시하는 석강(席講), 열흘마다 행하는 순강(旬講), 매월 실시하는 월강(月講)으로 구별된다. 강은 단순히 암송하는 것으로 그치는 것이 아니라 문리를 터득하는 것에 중점을 둔 활동이다. 강을 통한 학업의 성적 평가는 대통(大通), 통(通), 약통(略通), 조통(粗通), 불통(不通)의 5단계 평가 또는 통, 약, 조, 불의 4단계 평가로 이루어졌다.

⑤ 특 징

서원은 다음과 같이 세 가지 특징이 있다(박의수 외, 2009: 79).

첫째, 서원은 한적하고 산수가 아름다운 곳에 위치하여 학문과 수양에 적합한 환경을 가지고 있었다. 둘째, 관학에 비하여 까다로운 학령(學令)의 규제를 덜 받고 자유로운 가운데 학문과 수양활동을 할 수 있었다. 셋째, 성균관과 향교의 문묘가 공자 이래 역대 유학의 선현들을 모두 제향했다면, 서원은 한 사람 또는 소수의 관련된 선현에 대해 제향했다.

⑥ 폐 단

숙종 대에 와서는 지나치게 많은 서원들이 남설되는 현상이 생겼다. 17세기 말에 이르러서는 강학소의 기능은 거의 상실하고 제향(祭享)에 치중하였으며, 당쟁의 본거지이자 군역을 피하는 거점으로 변하게 되었다. 또한 민중 위에 군림하여 착취하고 횡포를 부리는 일이 많았다. 18세기 이후에는 국가에서 서원에 대한 통제를 강화하고 철폐 조치를 단행했으나 여전히 줄어들지 않다가, 조선 말 대원군에 의해 전국 697개의 서원 중 47개만 남기고 모두 철폐하기에 이른다.

서원에서는 유교 경전에 대한 교과 교육과 동시에 선현에 대한 제향을 통하여 의식교육을 하였다. 후기로 내려올수록 강학(講學)보다 향사(享祀)에 치중하는 경향이 있었다. 향사는 선현에 대한 추모를 통하여 선비로서의 몸과 마음가짐을 바로 하여 사풍(士風)을 진작시키고 향민들을 선도하여 향풍을 순화(醇化)하는 교화적 의의를 갖게 되었다. 또한 서원에서는 향약을 보급하여 향풍진작(鄕風振作)에 힘썼다.

(5) 서당

① 성 격

서당은 고려시대부터 지방에 자생적으로 생겨난 교육기관으로 조선시대에 이르러 더욱 발전하게 되었다. 서당의 성격을 학교 제도의 단계에서 보면, 사설 초등교육 기관이라고 하겠으며, 기능 면에서는 그 지방이나 동리(洞里)의 교화의 중심 기관이기도 하였다. 서당은 그 설립과 폐지에 아무런 제약이 없었기에 자유롭게 전국 방방곡곡에 설치 · 운영되었으며, 일제 말기까지 지속되었던 가장 생명력이 길었던 교육기관이었다.

② 종 류

서당은 설립 · 운영 형태에 따라 매우 다양하게 존재했는데 여섯 가지로 나눌 수 있다(한동일, 1985: 251−252).

가. 훈장자영서당: 훈장 자신이 생계나 교육적 취미로 설립하여 직접 학동을 가르치는 서당

나. 유지독영서당: 경제적인 여유가 있는 유지가 훈장을 초빙해 단독으로 운영비를 부담하면서 자기의 자제나 문중의 자제를 가르치는 서당

다. 유지조합서당: 마을의 뜻있는 유지들이 자신들의 자제들을 교육시키기 위해 훈장을 초빙하여 공동으로 운영비를 부담하는 서당

라. 동리공동서당: 한 동리가 공동으로 조합을 만들어 공동의 경비로 훈장을 두고 동리의 학동들을 교육하는 서당

마. 동족조합서당: 종친끼리 조합〔契〕을 구성하여 경비를 공동으로 부담하면서 자기들 가문의 자제들을 교육시키는 서당

바. 관립서당: 지방관청의 소재지에 지방 행정관의 관권(官權)으로 설립하고 운영하던 서당

③ 규모와 입학 자격

학생의 수에 따라 서당의 크기가 다양했는데 한 칸에서 네 칸까지가 가장 많았다. 규모가 작은 서당은 두세 명에서 많으면 40여 명이나 되는 서당도 있었다.

입학 자격에는 제한이 없었으며, 학생의 연령은 5, 6세부터 15 · 6세 아동이 중심이었으나, 20여 세까지 재학하는 경우도 있었다. 일반적으로 16세가 되면 향교나 사학에 입학하여 그 이상의 학생이 서당에 머물면서 면학하는 경우가 드물었을 것이나, 향교나 사학의 입학은 신분상의 제한과 입학 정원에 제약이 있었기 때문에 20세가 넘도록 서당에서 면학하는 경우가 있었다.

④ 교육과정과 그 운영

서당의 교육과정도 크게 강독과 제술 및 습자라는 틀 속에서 이루어졌다.

강독은 천자문 · 동몽선습 · 소학 · 통감을 차례로 익히고 대학 · 논어 · 맹자 · 중용의 순서로 사서를 배워나갔으며, 여기에 삼경과 사기(史記) · 당송문(唐宋文) · 근사록(近思錄) 등을 읽히기도 했다. 제술은 오언절구, 칠언절구, 사율(四律), 십팔구시(十八句詩) 등 시와 문장을 짓는 공부를 했으며, 해서(楷書)를 위주로 습자도 이루어졌다.

서당의 교육은 전반적으로 일정한 단계와 순서에 따라 가르쳤고, 특히 개인차에 다른 개별교수(個別教授)에 의존하였다. 강독, 제술, 습자가 모두 개별교수로 진행되었다. 서당교육의 일정을 보면 일과표도 없이 식사 시간과 잠자는 시간을 제외하고는 계속하여 개인 진도에 따라 수업이 진행되었다. 그러므로 서당에 따라 차이는 있지만 평균 10시간 내지 12시간 수업이 진행되었다. 야간수업을 하는 서당도 많았는데, 야간수업을 하는 서당의 경우는 훈장도 학생과 함께 합숙하는 것이 일반적이었다. 합숙하는 훈장은 교과지도뿐 아니라 생활지도, 즉 예절이나 인격도야에 크게 도움을 주었다(한동일, 1985: 252-253). 그리고 간혹 학동이 많을 경우에는 훈장이 다 상대해 가르칠 수 없었으므로, 우수한 자를 접장으로 뽑아서 초보 단계의 학동을 대신 가르치도록 하였다.

서당에는 일정한 방학은 없었으나, 농번기에는 수업을 하지 않았다. 이밖에 민속명절이나 천재지변, 길흉사에는 휴업하였다. 방학 동안에 학동들은 자치기, 재기차기, 윈놀이, 승경도놀이 등 또래들끼리 모여 다양한 놀이를 즐겼다.

⑤ 교육적 의의

서당의 교육은 현대적 시각에서 볼 때, 어린 학동들에게 추상적이고 이해하기 어려운 유교 경전을 암기시키는 주입식교육으로 발달단계에도 맞지 않으며, 온종일 앉아서 책만 읽히는 교육으로 신체발달을 저해한다는 부정적인 평가도 내릴 수 있을 것이다. 그러나 의미중심의 한자로 구성된 유학 경전을 이해하기 위해서는 암기만으로는 불가능하다. 학생들 편에서 그 의미를 이해하지 못하는 한 엄밀한 의미에서 진도는 불가능하다. 결국 단순한 암기 위주의 주입식 수업으로 볼 수는 없으며, 이해 위주의 암송교육이었다고 할 수 있다.

서당은 초등 수준의 유학 교육기관이었으나, 전국 방방곡곡에 설립되어 있었고, 지방 동리의 유일한 교육기관이었을 뿐만 아니라 국민 대중의 문자교육과 민풍과 도덕규범을 확립하는 교화 기능도 발휘하였다(한동일, 1985: 252-253).

3. 학규

조선시대는 교육 운영에 관한 규정 면에서 비교적 자세하게 규정하고 운영하였다. 교육에 관한 기본적인 사항은 법전에서 정하고, 세부적인 사항들에 대해서는 절목 혹은 사목으로 정하였다. 학령을 위시한 대표적인 학규들을 정리하면 다음과 같다.

① 경국대전: 조선시대 최고의 법전으로 국가 통치의 기본 법이다. 경국대전은 조선의 행정조직 직제에 맞추어 규정되었으며, 교육 관련 조문은 예조에 포함해 학교 조에서 성균관, 사학, 향교 등의 직제 · 정원 · 운영 등에 관한 기본적인 규정들을 정해 놓고 있다.

② 권학사목: 태종 7년에 권근이 작성한 것으로 소학을 학교 입학과 과거시험의 필수과목으로 할 것과 과거시험의 방식, 교관의 자격 등을 규정하고 있다.

③ 학령: 세종 19년에 제정된 조선시대 대표적인 학규로 성균관을 비롯한 관학 유생들이 학교생활에서 지켜야 할 기본적인 규약을 세부적으로 규정해 놓고 있다.

④ 경외학교절목: 명종 원년에 예조에서 작성한 것으로 서울과 지방의 모든 학교의 교관임명 · 교육과정 · 시험과 평가 등에 대한 규정과 동몽교육에 관한 규정을 포함하고 있다.

⑤ 학교사목: 선조 15년(1582)에 율곡이 왕명으로 작성한 것으로, 교관과 학생의 인사에 대한 열 개 항의 규정으로 구성되어 있다. 즉, 교관의 선발 · 임용 · 대우 등과 학생의 입학 · 정원 · 선발 · 장학 등에 대해 규정하고 있다.

⑥ 학교모범: 학교사목과 함께 율곡이 지은 것으로, 입지(立志) · 검신(檢身) · 독서(讀書) · 거가(居家) · 거학(居學) 등 학생이 학교 · 가정 · 사회생활에서 지켜야 할 준칙을 16조로 설명하고 있다.

⑦ 원점절목(圓點節目): 세조 때에 처음 제정 후 몇 차례 개정되어 정조 때에 완비된 것으로 재에 거하는 유생들의 출석 성적평가에 대한 규정이다. 아침과 저녁 식당에 참석하는 것을 1점으로 계산하여 300점이 되면 생원 · 진사가 될 수 있는 문과에 응시할 수 있는 자격이 주어졌다.

4. 과거제도와 교육

조선시대의 과거제도는 고려의 제도를 계승하면서 시험의 종류와 시행방법 등을 발전시켰다. 조선시대에 들어 과거제도는 관리를 선발하는 가장 중요한 통로로서 기능을 담당했으며, 세습적인 지위가 아닌 개인의 능력 위주로 대우를 받는 공정한 원칙으로 정착되게 된다. 물론 문음(門蔭)이나 천거(薦擧)에 의해 채용되는 음직(蔭職)이 여전히 존재했으나, 과거를 통한 등용이 사회적으로 존중되었다.

유교국가인 조선은 교육을 통해 인재를 양성하고, 과거를 통해 등용한다는 통치이념하에 운영되었기 때문에, 학교교육과 과거제도는 밀접한 연관을 지니고 있었다. 조선시대는 과거제도를 통하여 관리로 나가는 것이 입신양명의 첩경으로 여겨졌기 때문에, 학교교육은 과거를 위한 준비 기관으로서만 그 현실적 의미를 찾을 수 있었다고 해도 과언은 아니다.

(1) 과거의 종류

과거는 문과와 무과, 그리고 잡과로 나누어 시행되었다. 문과는 문관, 무과는 무관, 그리고 잡과는 전문기술관리를 선발하는 시험이었다. 문무의 양반체제를 구축한 조선시대의 경우 고려시대에 비해 무과를 통한 무관양성을 중시했으나, 가장 중시되고 응시자가 많았던 것은 문과였다.

시험은 3년마다 시행되는 식년시(式年試: 식년이란 12지 중에서 자(子)·묘(卯)·오(午)·유(酉)가 들어가는 해를 말함)를 원칙으로 하고, 그외에 증광시(增廣試)·별시(別試)·정시(廷試)·알성시(謁聖試)·춘당대시(春塘臺試) 등의 비정규 시험이 있었다. 이들 비정규 시험은 주로 국가나 왕실에 경사나 특별한 행사가 있을 때 시행되었는데 너무 잦아 과거급제자를 양산하게 되었고 과거의 질을 저하시켰다.

조선시대 500년 동안에 문과 과거는 744회 있었다. 그중에 정기 시험인 식년시는 163회뿐이었다. 나머지 581회는 모두 비정규 시험, 임시 시험이었다. 식년시와는 달리 불시에 실시되는 이런 임시 시험들은 지방에 사는 수험생들에게는 불리했으며, 서울 근방의 유력 인사의 자제들에게 유리하게 작용했음이 틀림없다(홍사중, 2003). 또한 선비들은 당장에 있을지도 모르는 임시 시험을 준비하기 위해 급조된 방법, 다시 말해서 시험에 나올 만한 문제들만 모아 놓은 초집(抄集)이라는 예상문제집을 만들어 놓고 요행을 바라는 식으로 대처하기도 했다. 잦은 별시는 선비들로 하여금 항상 마음을 들뜨게 만들고 장기간 진득하게 공부할 수 없게 함으로써 실력이 축적된 선비들을 길러내기 어렵게 만들었다. 간단히 말해서, 별시는 조선사회의 저학력 구조를 초래하게 한 직접적인 원인이 되었다고 할 수 있다(이원재, 2002: 99).

(2) 시행 방법

① 문과

문과는 예비시험이라 할 수 있으며 생원·진사를 선발하는 소과(小科)와 소과 합격자들을 대상으로 관료를 선발하는 대과(大科)로 나뉜다. 식년시의 경우는 그 절차가 복잡하였다.

소과는 초시와 복시의 두 단계를 시험을 거치도록 하며, 초시와 복시 모두 사흘간에 걸쳐 초장·중장·종장의 세 단계로 나누어 실시되었다. 초장에는 사서오경의 경학을 강경(講經) 혹은 제술을 부과하였으며, 중장에서는 시(詩)·부(賦)·표(表: 자신의 생각을 기록하여 왕에게 올리는 글) 등의 문장 능력을, 그리고 종장에서는 책(策: 정치적 안목에 관한 테스트)을 시험하였다. 각 100명씩의 소과 합격자들을 생원·진사라 하였는데, 이들은 성균관에 입학할 수 있으며, 대과에 응시할 수 있었다.

대과는 문과라고도 하여 생진과인 소과와 구별하였다. 대과는 관료 선발을 위한 본 시험으로서 초시·복시(회시라고도 함)·전시(왕이 등수를 정하는 형식적인 단계)의 세 단계로 되어 있었다. 시험과목은 생원시의 경우 '제술'이라 하여 사서오경의 내용에 관한 논문식 시험이 있었으며, 진사시는 시와 부(賦)라는 운율을 지켜 글을 짓는 시험을 부과하였다. 복시에서 최종 33명의 합격자를 뽑고, 전시는 순위만을 정했다. 성적에 따라 갑과(갑과) 3명, 을과(을과) 7명, 병과(병과) 23명으로 나누어 임용 시 품계를 달리하였다. 순위에 따라 1등을 장원(壯元), 2등을 방안(榜眼), 3등을 탐화(探花)라고 하였다.

그러나 별시 등 비정규 시험의 경우는 절차가 간단해 서울에서 한두 번의 시험만으로 합격자를 결정하였다. 이런 이유 때문에 당시에는 간편한 별시에 응시하려는 선비들이 훨씬 많았다.

② 무과

무과는 예비시험 없이 초시·복시·전시의 세 단계를 거쳐 28명을 선발하였다. 초시에서는 문과와 같이 서울과 지방에서 지역별 안배를 통해 190명을 선발하고, 이들을 대상으로 복시에서 28명을 선발, 전시에서 순위를 정하였다. 과목으로는 활쏘기, 말타기, 창쓰기 등의 무예를 시험했으며, 복시에서는 유교 경전과 무경의 일부를 구두 시험하였다.

③ 잡과

잡과는 전문 직종에 종사할 관리를 뽑는 시험으로서 역과(통역 관련: 사역권), 의과(의술 관련: 전의감), 음양과(천문기상 및 풍수 관련: 관상감), 율과(법률 관련: 형조)가 있었다. 주무관서의 주관하에 초시와 복시 두 단계를 거쳐 일정 인원을 선발하였다.

(3) 선발 인원

각 과별 선발 인원은 약간의 변화를 보이나 식년시의 정원은 대체로 다음과 같다(박의수 외, 2009: 87).

〈표 4-1〉 조선시대 과거 종류와 선발 인원

<table>
<tr><th>종류</th><th colspan="2">과명</th><th>초시</th><th>복시</th><th>전시</th></tr>
<tr><td rowspan="3">문과</td><td rowspan="2">소 과</td><td>생원과</td><td>700(한성 200, 향 500)</td><td>100</td><td></td></tr>
<tr><td>진사과</td><td>700(한성 200, 향 500)</td><td>100</td><td></td></tr>
<tr><td colspan="2">대 과(문 과)</td><td>240~340</td><td>33</td><td>33(갑 3, 을 7, 병 23)</td></tr>
<tr><td>무과</td><td colspan="2">무 과</td><td>190~230</td><td>28</td><td>28(갑 3, 을 5, 병 20)</td></tr>
<tr><td rowspan="4">잡과</td><td colspan="2">역 과</td><td>34</td><td>19</td><td></td></tr>
<tr><td colspan="2">의 과</td><td>18</td><td>9</td><td></td></tr>
<tr><td colspan="2">음양과</td><td>18</td><td>9</td><td></td></tr>
<tr><td colspan="2">율 과</td><td>18</td><td>9</td><td></td></tr>
</table>

(4) 과거와 교육

① 학력으로서 과거

조선시대에 과거시험을 위한 학교교육의 비중은 얼마나 컸을까? 아니, 과거시험과 별개로 성균관을 위시한 향교와 서원 등 학교교육은 그 자체로 존중되고 그 졸업자들은 그에 상응하는 응분의 사회적 대우를 누렸을까? 그 해답은 거의 그렇지 못했다. 조선시대의 경우 학력을 판단하는 기준은 지금과 달리, 학교 졸업이 아니라 과거합격 여부였다. 당시에는 최고 학부였던 성균관을 졸업했다 하더라도 학력과는 아무런 상관이 없었다. 다시 말해서 조선시대에는 대과에 합격함으로써 받는 칭호인 '급제', 소과에 합격해서 받는 '생원', '진사'는 지금의 '대졸', '고졸' 식의 학력을 상징한다. 그런데 조선시대에는 얼마나 배웠는가 하는 것은 곧 한 개인의 도덕성을 판단하는 잣대가 되었다. 이것은 당시 책들이 대부분 교훈적인 내용을 담고 있었기 때문이다. 따라서 과거에 합격하지 못하면 사회적으로 존경받기가 어려웠다(이원재, 2002: 29).

그러므로 과거를 통한 관리 진출을 희망하는 학부모들은 성균관과 향교 등의 제도교육을 회피하고 알아서, 즉 별도로 스승을 모시거나 하는 방식으로 준비하는 경우가 많았다. 물론 이는 성균관, 향교 등 교육시설의 전반적인 부실, 까다롭고 엄격한 학칙, 그리고 교관들의 자질 부족 등과도 겹쳐서 가중되었을 것이다.

② 학교교육 진흥책

이러한 학교부진의 문제를 해결하기 위해서 정부에서는 과거응시를 위해서는 향교에 적을 두게 하거나, 성균관 유생들에게 관시라는 별도의 문과 초시를 시행하여 합격이 용이하도록 특전을 베풀거나, 사학과 향교의 학생들에게도 우수자들에게 성균관 입학 기회를 주고 소과 초시의 면제와 복시에 응시할 수 있는 자격을 주는 등 각종 특전을 베풀었다. 그러나 전반적으로 학교교육은 부진을 면치 못했다고 할 수 있다.

③ 과거제도의 병폐

중국에서는 예로부터 "과거는 교육의 재앙"이라는 말이 회자되었다고 한다. 조선시대의 경우도 더 심하면 심했지 덜하지 않았다.

평생 과거시험에 매달리다 생원 · 진사란 호칭 하나 없이 유학(幼學)으로 살다간

수없이 많은 사람들의 원망과 비통함이 모두 과거제도로부터 비롯되었다면 틀린 말일까? 과거에 급제해야, 아니 소과에 합격해서 생원 · 진사라도 되어야 가문의 명예를 지키고 사회적으로 인정받을 수 있었던 풍토 속에서, 누가 평생 동안 과거에 아랑곳 하지 않고, 유학 선현이 강조하던 자기수양과 부단한 인격도야에만 매진할 수 있었겠는가? 결국 과거를 존중하고 그것에 매달리는 풍토 속에서 현실적 제도교육은 무력해질 수밖에 없었을 것이다.

물론, 서양에 비해 과거제도를 통해서 개방적인 능력 본위의 질서가 일찍 형성될 수 있었으며, 이러한 풍토 속에서 근대교육으로의 전환이 쉽게 이루어질 수 있었다는(김경용, 2003) 긍정적인 측면도 무시할 수 없을 것이다. 그러나 유학 경전을 얼마나 잘 외우고 이해하느냐, 혹은 격식에 맞게 문장을 얼마나 잘 짓느냐로 평가해서 관리로 임용하고, 또 그것을 위해서 평생 동안 매달려야 하는 교육제도, 교육이 과거시험을 위한 수단으로만 의미를 부여받는 체제였다면 이것은 분명 재앙이었다.

5. 조선 후기의 흐름과 교육

1) 실학운동과 교육

(1) 실학의 발전

① 실학의 의미

조선사회는 임 · 병 양란을 겪으면서 기존 통치 질서가 와해되고, 주자학적 가치체제의 한계를 표출하기 시작했다. 그러나 여전히 노론이 중심이 된 집권층은 심각한 자기반성 없이 기존 질서 유지에 급급했다. 지나치게 관념화되고 의례화된 주자학은 실생활과 괴리된 학문풍토로 더이상 현실적인 지배력을 상실하고 있었다.

이러한 현실 상황 속에서 영·정조 시대 이후 양심적인 학자들을 중심으로 전통적인 사회체제의 모순을 극복하고 새로운 사회질서를 확립하려는 실용적인 학문 풍토가 등장한다. 이들은 집권층의 입장이 아닌 민중의 이익을 대변하는 입장에 서서 근대지향적인 개혁방안을 제시하였는데, 학문의 실용성을 중시하는 이들의 학풍을 실학이라고 한다.

② 실학의 발생 배경

실학의 발생 요인으로는 첫째, 임·병 양란 이후 보여준 집권층의 무능과 지배적인 이데올로기로서 제 기능을 상실한 주자학의 한계, 둘째, 농업기술의 발달로 인한 생산력 증대와 상품화폐경제의 발달 등에 기인한 조선 후기 신분질서의 동요 심화, 셋째, 청을 통한 서학(西學)의 유입과 고증학의 영향을 들 수 있다.

③ 실학의 형성과 발전

실학은 17세기 말부터 19세기에 걸쳐 형성·발전되었는데, 그 시기에 따라 개혁의 강조점에서 차이가 난다. 먼저 제1기(17세기 말~18세기 전반)는 경세치용(經世致用)학파로 유형원과 이익을 중심으로 토지제도 및 행정기능의 개혁에 치중했다. 제2기(18세기 후반~19세기 초)는 이용후생(利用厚生)학파로 박지원을 중심으로 상·공업의 유통과 일반 기술면의 혁신을 중시했다. 제3기(19세기)는 실사구시(實事求是)학파로 김정희를 중심으로 경서와 금석(金石) 등의 고증에 주력했다고 볼 수 있다. 실학은 초기에는 유학적 질서 내에서 민본중시의 정신을 추구하는 데에서 출발하여, 점차 유학의 한계를 벗어나 근대질서를 수립하는 데까지 발전해 간 학문풍토라 할 수 있다.

④ 실학의 근대지향성

실학은 그 본질에 있어서 개신유학(改新儒學)적인 성격을 지니고 있는 것은 사실이지만 종래의 주자학과는 달리 민중의 입장에 서서 그들의 이익을 반영하려 했고,

사대주의적 한계를 극복하려는 민족주체의식이 강하게 드러났다. 또 평등성 · 실용성과 개방성을 중시하는 근대지향적인 성향이 강하게 나타난다는 점 등에서 분명한 차이를 보이고 있다.

(2) 실학자들의 교육개혁 사상

실학자들은 조선 후기 사회의 정치, 경제, 산업, 과학, 교육에 이르기까지 모든 분야에 관심을 가지고 개혁안을 제시했다. 특히, 이들은 신분제적 질서 속에 종속되어 있던 종래의 교육제도를 개혁해야만 능력 있고 실용적인 인재를 배출하고 나아가 국익을 도모할 수 있다고 믿고 교육제도의 근본적 개혁을 중시하였다. 실학자들의 교육에 관한 이론은 특히 교육 기회의 균등과 능력에 의한 교육 실시 및 학제에 대한 개혁 등으로 요약될 수 있다.

① 능력에 다른 교육의 기회균등과 학제개혁

교육의 기회균등을 주창한 대표적 실학자는 반계(磻溪) 유형원(柳馨遠, 1622~1673)을 들 수 있다. 그는 《반계수록》을 통해 토지개혁을 비롯한 사회의 부조리에 대한 부당함을 지적하였으며, 능력에 따라 정치 및 교육의 기회가 균등하게 부여되어야 한다고 주장했다. 그의 교육사상을 정리하면 다음과 같다.

첫째, 그의 교육적 인간상으로 덕행인과 능력인을 양성하려고 하였다. 문학적 능력이나 문벌을 갖춘 사람이 아닌 자기수양을 통해 바른 행실을 갖추고, 치인(治人)의 능력을 아울러 갖춘 인재를 양성하고자 하였다.

둘째, 이를 위해 종래의 과거제도를 폐지하고 학교교육을 통하여 능력 있는 인물을 관리로 등용하자는 것이다. 그의 새로운 인재등용을 위한 개혁방안은 공거제(貢擧制)라 하는데, 이는 학교교육과 연계된 관리 선발제도이다.

셋째, 공거제를 위해 그는 근대적인 학제의 도입을 제안하였다. 이는 행정 단위를 중심으로 서울과 지방으로 대별하여 다음의 네 단계의 학제를 구상했다. 매우 근대적이고 체계화된 단계별 학제 안으로, 최종 학부인 태학에서 1년 이상 수학한 우수한 학생을 대상으로 학교의 추천과 진사원에서의 시험을 통해 인재를 선발하고, 이들에게 1년간 관리 수습 후 능력과 인격의 차등에 따라 차별을 두어 관리로 임명하자는 것이다.

넷째, 유형원은 초등교육 단계인 향상과 방상은 누구나 교육을 받게 하고, 읍학이나 사학부터는 신분에 구애 없이 사대부의 자제는 물론 서얼과 서민의 자제에게도 기회를 주되, 나이와 능력에 따라 선발하자고 제안하였다.

이처럼 반계의 공거제안에는 공교육제도, 신분 타파를 전제로 능력에 따라 교육의 기회를 제공하자는 매우 시대를 앞선 근대적 발상이 두드러진다.

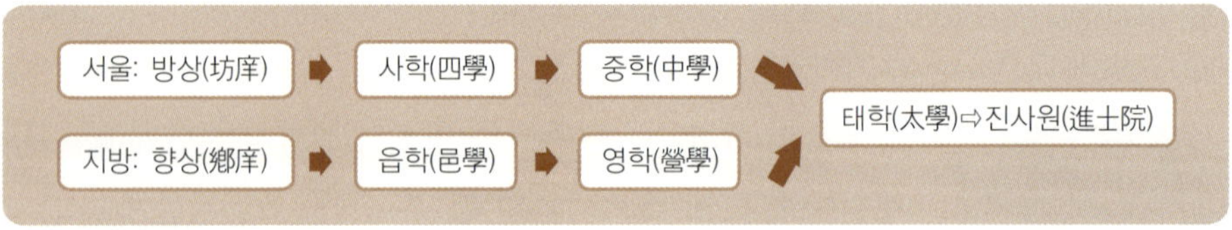

② 인간평등과 숭례(崇禮)·근검(勤儉) 중시

인간평등과 숭례와 근검을 중시한 대표적인 실학자는 성호(星湖) 이익(李瀷, 1681~1763)을 들 수 있다. 그는 몰락한 남인 출신으로 편모 슬하에서 성장하였으며, 능력에도 불구하고 관직을 포기하고 평생 학문에만 정진했다. 그의 저서《성호사설(星湖僿說), 곽우록(藿憂錄)》등을 통해 이후의 실학자들에게 많은 영향을 주었다. 그의 교육사상을 정리하면 다음과 같다.

첫째, 민주적인 민본사상을 바탕으로 개인차를 인정하였고, 능력 위주의 등용을 강조했다. "백성이 있은 다음에 군왕이 있는 것이며, 백성을 얻음으로써 군왕이 되는 것" 이라는 그의 주장은 민주적, 민본적 인간관이라 하겠다. 그는 현명하고 어리석음이라는 개인차를 인정하면서, 누구나 능력만 있으면 등용되어야 한다고 했다.

둘째, 인간이 짐승과 구별되는 것은 예의를 숭상하는데 있으며, 근검이야말로 윤택한 생활을 보장한다고 하여 숭례와 근검을 중시했다.

셋째, 공부를 함에 마음의 충실을 기할 것을 강조하면서 탐구, 집중, 점진, 실천주의의 교육방법을 취하였다. 이는 '내적 충실을 전제로 한 형상주의(形象主義)' 로, 마음을 올바르게 하면 자연 외양이 바르게 되는데, 마음에 힘쓰지 않고 외모를 가꾸는 일에만 힘쓰면 결국 허랑 방종한 사람이 되고 만다는 것이다(한기언, 2004: 81).

넷째, 교육방법으로서 발견적 태도를 소중히 여겼고 자만하지 말고 끊임없이 자기수양에 힘써야 한다고 주장했다. 자기발전을 위해서 매일 새롭게 나아가고〔日新〕, 스승을 구해〔得師〕, 모르는 것은 묻기를 즐겨해야〔好問〕 한다는 것이다.

③ 주체적 교육과정 운영과 과학기술의 중시

실학자들은 화이론적 세계관에 기초하고 있는 주자학적 교육내용을 벗어나 우리의 역사와 학문을 포함시킬 것을 주장했다.

성호 이익은 교육과정에 《퇴계집》과 《동국사》를 포함시켜야 한다고 하여 민족주체의식을 강조하였다. 주체적인 교육의 주장은 박지원에서도 나타나며, 특히 실학을 집대성한 다산(茶山) 정약용(丁若鏞)에서 두드러진다.

다산은 우리나라의 고사를 알지 못하고 선배들의 의논을 보지 않으면 그 학문이 고금을 꿰뚫는다 해도 엉터리가 되고 만다고 하여, 우리 것을 배척하는 것을 경계하였다. 그러면서 학자들이 걸핏하면 중국의 고사를 인용하는 것을 지적하면서, 《삼국사기》, 《국조보감》, 《여지승람》, 《징비록》, 《연려실기술》 및 우리나라 문학 등에서 사실을 뽑아내고 지방을 고찰하여 적절히 인용해야 한다고 주체적인 주장을 하였다. 또한 다산은 과거시험에도 《고려사》, 《삼국사기》, 《동국통감》, 《국조보감》, 《동사집성》 등 우리 역사를 시험과목으로 해야 한다는 혁신적인 주장과 함께, 스스로 《강역고》 등에서 우리나라의 역사와 지리에 대하여 치밀한 고증을 해놓았다.

다산은 또한 부국강병과 이용후생을 지표로 삼고 공리공론에 젖은 비생산적인 성리학을 비판하면서 선진 기술의 적극적인 도입과 습득을 주장하였다. 그리고 교육내용으로 삼아야 할 기예를 구체적으로 제시하였는데, 여기에는 농업, 방직, 군사, 의술 등이 포함된다. 그는 기예에 밝았을 뿐만 아니라 이를 생활에 응용하려는 능력도 발휘하였다. 수원 화성(華城)의 축성계획을 직접 작성함으로써, 과학적 장비를 만들어 경비를 줄이면서도 훌륭한 성과를 쌓았던 것이다. 그의 주체의식은 천자문을 대신하여 문자학습의 교재로 《아학편(兒學編)》 2천자문을 만들었다. 아동의 발달단계에 부합하지 않는 사변적이고 추상적인 순서로 되어, 의미를 모르는 체 암기하도록 하는 기존의 천자문 대신에 먼저 구체명사를 배우고 나중에 추상명사나 형용사, 동사 등을 배울 수 있도록 배열한 것이 바로 아학편 2,000자이다.

2) 한말의 민족사상과 동학

한말(韓末)과 일제기에 탄생하여 도탄에 빠진 민중들에게 새로운 개벽의 희망을 제시한 민족사상으로는 최수운의 동학과 함께 일부(一夫) 김항(金恒, 1826~1898)의 정역사상(正易思想), 강일순(姜一淳, 1871~1909)의 대순철학(大巡哲學), 대종교의 새로운 부흥을 꾀한 나철(羅喆, 1863~1916)의 삼일철학(三一哲學), 원불교를 창도한 박중빈(朴重彬, 1891~1943)의 일원철학(一圓哲學) 등을 들 수 있다. 모두가 민족 주체의식을 고무시키고, 인본사상, 평등사상, 공생·상생의 정신을 내세우면서, 암울했던 시기에 민중들에게 희망을 주고 민족의 밝은 미래를 제시했던 철학과 사상이었다(유병덕, 1987).

이중에서도 동학사상은 그 이후 민족사상들의 태동에 영향을 미쳤음은 물론이고, 동학혁명을 통해 전근대적 침체와 외세침탈 위협이라는 한말의 정치상황 속에서 민중의 근대지향적인 요구들을 구체적으로 반영시키는데 실제적인 영향을 미쳤다.

(1) 동학의 발생과 성장

동학(東學)은 수운(水雲) 최제우(崔濟愚: 1824~1864)가 창도하고 최시형(崔時亨), 손병희(孫秉熙), 이돈화(李敦化) 등에 의해서 더욱 계승·발전되고 체계화된 민족종교요 사상이다. 동학은 한말(韓末)의 암울했던 시대적 상황 속에서 1894년에는 동학혁명이라는 일대 농민운동을 통해 억압받던 민중들에게 새로운 희망을 제시하고 자각을 각성시켰던 종교로, 그리고 천도교(天道敎)로 개칭된 후 일본 강점기에는 여러 단체 및 출판운동을 통해 민중의식의 고취와 성장에 노력해 온 주체적인 근대지향운동이었다.

수운에 의한 동학 창도의 사회적 배경은 크게 두 방향에서 고찰할 수 있다. 하나는 대내적인 봉건왕조질서와 관련된 것이고, 다른 하나는 대외적인 외세문제, 서학(西學)과 관련된 것이다. 먼저 대내적으로는 조선왕조의 여러 가지 내적 모순과 말기적 현상으로 빚어진 민중의 도탄을 들 수 있다. 그리고 대외적으로는 서학인 천주교의 유입과 교세 확장, 그후 북경 함락을 들 수 있다. 그리고 이러한 외세와 천주교의 교세 확장은 수운의 동학을 더욱 민족주의적 성격을 띠도록 만들었다(안경식, 1983: 14-17).

동학은 이러한 대내외적 배경 속에서, 구체적으로는 그 창시자인 수운의 종교경험에 의해 창도되었다. 동학에서는 수운이 천도를 받았다는 1860년 경신(庚申) 4월 5일을 인류의 전면적 전환의 시점으로 본다. 그 이전은 선천(先天)의 시대이며 그 이후는 무극대도(無極大道)의 후천(後天)시대가 도래하였다고 보는 신앙적 시대구분론이 따랐다(유병덕, 1987: 246). 동학 창도 이전을 선천, 창도 이후를 후천이라고 하는 후천개벽사상(後天開闢思想)을 낳았다.

(2) 주요 사상

동학의 주요 사상은 시천주(侍天主), 인시천(人是天)과 사인여천(事人如天), 인내천(人乃天) 등을 들 수 있다.

동학은 '한울님' 사상을 강조한다. 인간이 모두 하늘의 품성을 자기 내면에 모시고 있다는 수운의 시천주사상은 종래의 민중에 대한 존재 위치의 지각적 변화를 의미하는 것이라 할 수 있다. 유교사회 속에서 미천하기 짝이 없었던 억압된 민중이 아니라 한울에까지 그 지위가 올라가는 능동적이고 주체적인 인간으로 새롭게 자리매김하게 된 것이다.

수운의 시천주사상은 그의 사상을 계승한 해월 최시형에 이르러서는 '인시천'으로 바뀌고, 한울을 보는 신관이 보다 범신론적으로 발전하여 신개념의 완전한 세속화를 가져온다. 해월은 사람과 한울을 동등시하는데 이어 만물도 한울을 모시고 있다고 주장한다. 시천주, 인시천의 사상이 윤리사상으로 적용된 것이 바로, 해월의 사인여천의 개념이라 하겠다. 하늘의 품성을 지니고 있는 각 개인은 하늘과 같은 존재이므로 '사람 섬기기를 하늘같이 하라' 라는 것이다.

수운과 해월의 시천주, 인시천의 사상의 의암 손병희에 이르러 '인내천' 으로 더욱 발전하게 된다. 의암은 수운의 가르침과 그 심법의 중추사상을 인내천이라 하여 이를 천도교의 종지로 내세웠다. 인내천은 '사람이 곧 한울' 이라는 말이며, 이는 '천인합일 신인일체(天人合一 神人一體)' 의 진리를 한층 차원을 높여 전개한 것이다. 천도교의 인간주의는 인간의 존엄성을 신격화하여 근원적 자유, 평등의 이념을 실현한다. 한마디로 인본사상의 극치를 이룬 사상인 것이다. 인간의 존엄성을 하늘과 관련시켜 생각해 오던 우리 민족의 전통사상이 동학에 이르러 '사람이 곧 한울' 이라고 대담하게 주장하기에 이른 것이다(오익제, 1984: 517).

(3) 동학의 교육사상과 실천

동학의 교육목적은 제의수행을 통해 시천주를 체득함으로써 이상적 인간을 배양하는 것이라 할 수 있다. 동학과 그것을 새롭게 명명한 천도교는 교육사업과 출판을 통해 민중의 의식고취와 근대적 자각을 위해 진력하게 된다. 특히, 천도교는 한울님을 모신 주체적 인간성의 회복을 위해 지속적인 수양, 즉 교육을 중시한다. 여성교육, 아동의 존중과 교육, 소년회의 교육 등 교육에 대한 노력을 지속하게 되는데, 무엇보다도 가정에서의 교육을 일차적 관심사로 강조하였다.

동학은 시천주의 체득과 사인여천의 실천을 위하여 그 출발점을 가정교육, 즉 가화(家和)에 두고 있다. 수운 최제우는 득도 후 가정포덕을 가장 먼저 실천하여 부인과 자식 그리고 집 안의 하인들에게 천도를 실행하였다. 천도교의 가정교육은 어른들의 성실한 생활자세 속에서 그것이 아랫사람들에게 감화되어 그들에 체현되도록 하는데 있다고 하겠다. 천도교의 가정교육에서 태교를 중시하는 것은 시천주의 인간존엄에 대한 경건함에서 연유한다. 이미 하나의 생명체로 잉태된 순간부터 한울님을 모신 존재가 되므로 훌륭한 태교는 그 존재의 기회를 결정하게 된다. 즉 태모의 섭생과 심성 등이 태아에게 직접 연결되고 여러 가지 영향을 미치는 것이므로 태교는 일차적으로 태모의 교육이 되는 것이다.

어린이 교육은 어린이 존엄성에 대한 인정에서 출발한다. 그것은 특히 여성운동과 함께 어린이 해방운동으로 이어져 인간해방의 근대화 의식형성에 큰 역할을 하였다. 해월은 어린이 말이라도 한울님의 말씀으로 알라고 가르쳤으며, "모든 사람을 한울님과 같이 여기고 손님이 오면 한울님이 오셨다고 하라. 어린이를 때리지 말라. 이것은 한울님을 치는 것이다."라고 하였다. 이는 천도교의 시천주, 사인여천의 구체적 실현이었다. 그러나 해월은 시천주한 어린이가 스스로 양천주(養天主)를 깨닫는 순간까지는 어른들에 의한 철저한 훈육이 필요하고 그중에서도 가장 중요한 것은 어른들의 솔선수범임을 강조하고 있다.

(4) 동학의 교육적 의의

첫째, 가정교육의 기능회복과 관련한 의의라 하겠다. 동학은 가정에서의 한울님 섬기기를 우선으로 하였다. 교육의 출발을 가정으로 삼은 것이다. 인격적인 기초와 품성의 토대가 형성되어지는 가정교육의 중요성은 아무리 강조해도 지나침이 없을 것이다.

둘째, 인간성 존중의 가치회복을 들 수 있다. 모든 인간은 한울님을 품수한 귀중한 존재라는 동학의 인간성 존중의 가치는 생명존중과 나아가 생태계 존중의 환경 교육적 의의까지 지니고 있다고 하겠다.

셋째, 주체적 교육사상의 계승 · 발전이라는 측면에서 그 의의를 찾을 수 있다. 기존의 유 · 불 · 도의 사상을 융합하여 새 시대의 요구에 맞게 창도하였으며, 주체적 토양 속에서 인간의 존재 위치를 하늘에까지 끌어올린 종교요, 교육사상체계로서 그 의의가 있다고 하겠다.

6. 조선시대의 대표적 교육사상가

1) 이 황(1501～1570)

퇴계(1501～1570)의 이름은 황(滉), 자는 경호(京浩), 관향은 진성(眞城)이다. 사용한 호 가운데는 퇴계(退溪), 도옹(陶翁), 퇴도(退陶) 등이 있다. 연산군 7년 11월 25일 경북 예안에서 탄생했다. 퇴계는 태어난 지 7개월 만에 세상을 떠난 부친을 대신하여, 가난한 생활 속에서도 자금을 변통해 여러 아들의 공부를 뒷받침한 모친 박씨의 각별한 교육열과 훈육 속에서 성장하였다. 6세에 이웃의 노인을 찾아가 《천자문》을 배우기 시작했으며, 12세 때부터 숙부로부터 《논어》를 배웠다. 27세 때는 향시의 진사시와 생원시에 합격했으며, 이듬해 봄에는 진사 회시에 뽑혔다. 32세에 문과 별시에 합격했고, 다음해에는 경상도 향거(鄕擧)에 응시하여 일등으로 천거되었으며, 34세에 대과에 급제함으로써 벼슬길에 나서게 되었다.

그의 12, 3년에 걸친 출사기에 있어 벼슬은 외교문서를 작성하는 승문원(承文院), 국왕의 대내·외 발표 문서를 제술하고 보좌하는 홍문관(弘文館), 국사를 편찬하는 춘추관(春秋館), 국왕에게 경전과 사서를 진강하는 경연(經筵)을 중심으로 이루어졌다. 벼슬보다는 학문에 뜻이 있던 그는 정계를 물러날 생각으로 경직에서 외직으로 나가기를 요청했다. 48세 때 단양군수로 9개월 재직한 다음 풍기군수로 자리를 옮겼다. 풍기군수로서 경상감사에게 글을 올려 백운동서원이 사액〔紹修書院〕을 받게 만들었다. 49세에 풍기군수를 사직하고 고향으로 내려와 토계(兎溪, 뒤에 퇴계로 고침) 시냇가 거처 한서암(寒栖菴)에서 은퇴생활을 시작했다. 이때부터 관직을 제수받으면 신병·노쇠·재능 부족 등을 이유로 사직하는 일이 70세까지 반복되었다. 정계 은퇴 이후 학문연마와 후진양성으로 일관했으며, 사상과 학문이 완숙되면서 많은 책을 저술하였다. 주요 저서로 《주자서절요》·《성학십도》·《천명도설》·《계몽전의》·《전습록편변》·《사서석의》·《삼경석의》·《도산십이곡》 등이 있다.

그의 사상과 학문은 태극론(太極論)·이기론(理氣論)·심성론(心性論)에 집중되었고, 주자의 성리학을 한층 더 심화시켰다. 특히, 이기의 발현문제를 통해 율곡과 함께 한국 성리학의 연구 흐름을 특징 지웠다. 퇴계의 이기론은 이와 기가 모두 발현한다는 이기호발설(理氣互發說)이라 한다. 그는 우주의 본질을 이(理)와 기(氣)로 보고 이는 귀하고 선한 것으로, 기는 천하고 악한 것으로 보았다. 그는 4단(四端: 仁義禮智, 즉 측은히 여기는 마음, 부끄러워하는 마음, 사양하는 마음, 옳고 그름을 분별하는 마음)은 이가 발한 것이고, 7정(七情: 喜·怒·哀·懼·愛·惡·慾의 정서와 감정)은 기가 발한 것으로 보았다. 4단은 도심(道心)이요, 7정은 인심(人心)이며, 도심은 순수한 선이나 인심은 선과 악이 동시에 깃들어 있다. 그러므로 인심에서 도심으로 나아가기 위해 천리(天理)를 높이고 인욕(人慾)을 막아야 하며, 이를 위해 두려워하고 삼가는 성찰과 수양이 필요하다고 보았다.

퇴계의 교육목적은 인(仁)의 체득과 이를 통한 성현이 되도록 하는 것이라 할 수 있다. 이를 위해 먼저 입지(立志)를 바로 세워 성인이 될 것을 스스로 기약해야 하며, 거경(居敬)과 궁리(窮理)에 힘을 써야 한다고 하였다. 거경과 궁리는 그의 교육방법의 근본 원리라고 할 수 있다. 퇴계는 특히 내면적 자기수양을 중시하여 거경을 중시하였다. 퇴계는 "경(敬)은 마음의 주재이고 만사의 근본이다"(敬者一心之主宰 而萬事之本根也)라고 하여 경[5]을 중시하였다.

퇴계는 학문과 사상에 있어서 최고의 경지에 도달했을 뿐 아니라, 후학을 양성하는 교사로서도 모범을 보여주었다.

김태오는 퇴계의 교육자상으로 다음 세 가지로 정리하였다(김태오, 2000: 167-172). 첫째, 배움의 즐거움을 누린 스승이었다. 퇴계는 평생 동안 배우는 데 부지런하고 후배나 제자들에게 묻기를 좋아했으며, 더욱이 바른 의견을 들으면 자신의 실수를 인정하고 견해를 고치는데 주저하지 않았다고 한다. 둘째, 겸손한 마음과 열린 마음의 스승이었으며, 셋째, 공정함과 평등한 마음의 스승이었다. 퇴계는 말만이 아니라 실제로 노소귀천의 신분에 차이를 두지 않았으며, 도산서당을 찾아오는 아이, 노비, 아전, 관리, 노인할 것 없이 모두 방 밖으로 나가서 맞이하고, 그렇게 전송하며 어떤 사람이든 꼭 일어서서 절을 하고 만났다고 한다.

2) 이 이(1536~1584)

율곡(栗谷) 이이(李珥)는 중종 31년 강릉의 외가에서 출생하였으며, 본관은 덕수(德水), 자는 숙헌(叔獻), 호는 율곡, 시호는 문성공(文成公)으로, 모친이 사임당 신씨이다. 3세에 문자를 배우기 시작하고, 6세부터 모친으로부터 본격적인 글공부를 시작했다. 8세에 '화석정(花石亭)'을 제목으로 한시를 지었으며 13세에 진사에 합격했다. 16세에 모친상을 당하자 3년상을 치르면서 마음의 갈등 속에 불서(佛書)를 읽고 19세에 불교에 귀의했으

5) 경이란 항상 두려워하며, 주의 집중하여 마음의 분산이 없고 마음을 한곳으로 수렴하는 것이요, 초롱초롱 맑게 깨어있는 상태요 자세라 할 수 있다. 경은 인식 주체자인 학습자의 게으르고 잡념과 욕심에 유혹받기 쉬운 마음과 몽롱한 마음을 인식 대상의 한곳으로 주의 집중시켜 주며, 항상 깨어있게 하는 작용을 하므로 학습에 있어서 필수적인 것이다.

나, 회의를 느끼고 1년 만에 유학으로 복귀 '자경문' 을 지어 삶의 지침으로 삼았다. 21세에 한성시에 급제한 후 23세에 퇴계를 방문해 '후생이 두렵다〔後生可畏〕' 라는 평가를 받았으며, 이해 겨울 천도책(天道策)으로 장원급제하는 등 명성을 떨쳤다. 29세에는 문과에 장원하여 호조 좌랑을 초임으로 관직생활을 시작했다. 그후 사헌부 지평 · 홍문관 직제학 · 사간원 대사간 · 홍문관 부제학 · 이조판서 · 청부목사 · 황해도 관찰사 등 내외의 요직을 두루 거치면서, 임금을 섬기면서 교화하였으며, 국정의 폐단을 개혁하고자 진력하였다. 36세에 청부목사로 재직할 때는 향약(鄕約)으로 민중을 교화하였다. 그는 사회개혁과 왕도정치를 추구한 정치가였으며 민족의 앞날을 대비한 선각자였다. 청빈한 선비로 군자의 전형이었으며 고매한 인품과 학식으로 '해동공자' 라는 칭송을 받았다. 약 20년 관직생활 동안 무려 40여 회나 사의를 표할 만큼 자리에 연연하지 않았다.

벼슬에서 잠시 머물러 있는 동안에 그의 학덕을 흠모하여 몰려드는 선비들을 가르쳤으며, 초학자들을 위해 《격몽요결》을 짓고, 은병정사라는 서원을 세워 후학진흥에 힘썼다. 교육자로서 율곡은 김장생, 조헌, 황신, 박여룡, 김진강, 이귀 등 80여 명의 뛰어난 제자를 배출했다. 그의 대표적 저서로는 《성학집요》 · 《동호문답》 · 《경연일기》 · 《인심도심설》 · 《천도책》 · 《만언봉사》 · 《답성호원》 등이 있다

율곡은 퇴계와 함께 성리학의 쌍벽으로 병칭되어 왔는데, 성리설에 대한 논의가 한국 유학사상 양대 산맥으로 규정될 마큼 차이점과 고차원적 수준을 지녔기 때문이기도 하다(이문원, 2002: 146). 퇴계가 이와 기의 발현을 주장하는 이기호발설을 편 것과 달리, 율곡은 오직 기가 발하고 이가 타는 것(乘)이라는 '기발이승설(氣發理乘說)' 을 주장했다. 인심과 도심은 모두 기에서 발생하는데, 이가 본연의 기를 타면 도심이 되지만, 변한 기를 타면 인심이 되어 지나치거나 미치지 못하게 될 수 있다는 것이다. 이는 기를 타고 유행하기 때문에, 기가 치우친 곳에 이도 역시 치우치고, 기가 온전한 곳에 이도 역시 온전하게 된다.

기발이승설은 작용의 실체를 기로만 인정하였는데, 이 점에서 율곡의 사상이 이론뿐만 아니라 실제를 중시하는 경향으로 발전된 것이다. 즉 관념적 측면보다 실제

적 측면이 중요한 것이요 행위와 실천을 중시한 것으로 볼 수 있다.

율곡은 교육의 목적을 사람다운 사람, 즉 성인이 되는데 있으며, 이를 위해 인간은 반드시 학문을 해야 한다고 했다. 그러나 학문이란 일상생활을 벗어나 독서나 하는 것이 아니라 일상생활에서 행하는 일이 이치에 맞도록 합리를 추구하는 것이라 할 수 있다. 이 역시 실천에 역점을 두는 경향이라 하겠다.

율곡은 학문의 요점을 궁리(窮理) · 거경(居敬) · 역행(力行)이라 하여, 궁리와 거경 이외에 실천적인 역행을 강조하였으며, 지 · 정 · 의의 조화적 발달을 중시했다. 교육방법으로는 입지(立志)와 성경(誠敬)을 바탕으로 지행합일, 내면적 동기, 반복학습을 통한 점진적 발전, 개인차를 고려한 적절한 방법의 선택 등을 강조하였다(박의수, 2009: 106).

율곡은 인간의 기질변화가 가능하다는 교육가능성을 믿고 있었다. 천지는 지극히 바르고〔至正〕 지극히 통하는〔至通〕 기를 받았고, 만물은 편벽되고 막힌 기를 받았다는 점에서 기질이 고정되어 변함이 없다. 인간은 이와 달리, 비록 청탁수박의 개인차가 있음에도 불구하고, 바르고 통하는 기를 받았기에 기질의 변화가 가능하다. 아동은 비록 천리를 품수받았기에 본연성에서 순선하지만, 기질의 국한으로 말미암아 불선〔過不及〕한 행동을 할 경향성이 있으나 중(中)을 위한 노력을 통해 기질변화가 가능하다고 보았다.

3) 정약용(1762~1836)

정약용(丁若鏞)은 조선 후기 실학을 집대성하고 발전시킨 대학자이다. 다산은 영조 38년 경기도 광주에서 남인 계열 학자요, 관리였던 정재원(丁載元)의 4남으로 태어났으며, 호는 다산(茶山), 또는 여유당(與猶堂)이고, 자는 미용(美鏞)이다. 그의 가계는 명문으로 이승훈(李承薰)은 그의 매부였고,

모친은 윤선도(尹善道)의 후손으로 화가 윤두서(尹斗緖)의 손녀였다.

다산은 4세에 《천자문》을 배우기 시작하여, 7세에는 오언한시를 지었다. 10세에는 자신의 시문을 모아 《삼미자집(三眉子集)》을 만들었다. 16에에는 이익의 《성호사설》을 읽고 실학에 관심을 갖게 되었다. 다산은 부친에게 글을 배웠으며, 부친의 임지(任地)를 따라다니면서 학문을 익히고 관리로서의 소양을 습득했다. 22세에 진사시에 합격하고, 증광감시 생원시험에 급제하였다. 이때부터 정조의 총애를 받으면서 긴밀한 관계가 시작되었다. 그런데 이 무렵부터 이벽(李蘗)을 통해 천주교에 관한 책을 읽고 서양 근대의 천문학·수학·지도·망원경을 접하게 됨으로써 중국 중심의 협소한 세계관을 수정하고, 새로운 과학·기술에 관심을 갖게 되었다. 다산은 30세에 사간원 정언을 거쳐 사헌부 지평·홍문관 교리·경기도 암행어사 등의 관직을 거치게 된다. 그러다 천주교를 믿었던 관계로 벽파(辟派)로부터 배척을 당해 18년 동안 유배생활을 하게 된다. 그러나 유배 기간은 백성들의 피폐해진 삶을 개선하고 폭넓은 개혁안을 구상하면서 그의 학문이 체계화되는 기간이기도 했다. 귀양 후 본가로 돌아와 학문연구와 저술에 힘쓰다가 세상을 떠났다. 그는 다방면에 걸친 508권이나 되는 저술활동을 통해 정치·경제·법률·국방·교육 등에 걸쳐 개혁안을 제시하였다. 그의 대표적인 저술로는 《경세유표》·《목민심서》·《흠흠신서》 등을 들 수 있다.

다산의 교육사상을 제대로 이해하기 위해서는 종래의 유학과는 다른 그의 인간관을 알아야 한다. 그는 인간은 다른 동물과 구별되는 존재로서 도덕적·지적으로 탁월한 능력이라는 측면에서 차이가 나며, 특히 기예를 사용함으로써 사회적 진보를 도모할 수 있는 존재로 보았다. 그리고 인간은 기호〔욕구〕를 지닌 경험적 존재로 선하며, 마음먹는 대로 선악을 실행하는 도덕적 주체요, 신분과 지위를 떠나 평등한 존재로 보았다.

이러한 인간관을 기초로 하여 그는 자기수양과 함께〔修己〕 남을 위해 봉사하는〔爲天下〕 사회적 자아실현을 이루고자 했으며, 구체적으로 효제자(孝悌慈)하는 덕행의 실천을 중시하였다.

그는 당시 조선사회의 교육현실에 대한 비판을 토대로 교육개혁에 대한 구상을 제시하였다. 그는 먼저, 5학론(五學論)을 통해 당시의 그릇된 다섯 가지의 학문풍토를 비판하였다. 성리학 · 훈고학 · 문장학 · 과거학 · 술수학이 그것이다. 성리학은 공리공담의 이기설에 너무 편중되어 있고, 훈고학은 경전의 자의(子義)와 훈독에 치중해 있으며, 문장학은 미사여구의 유희인 번거로운 문사(文辭)에 치중해 있다는 것이다. 그리고 과거학은 공정하지 못해 우수한 인재를 등용하지 못하고 있으며, 술수학, 즉 도선 비결이나 정감록 등의 사설이 백성들을 미혹케 한다는 것이다. 이런 학문 풍조는 학문의 본질적 기능을 다하지 못하고 오히려 사회의 병폐만 만들어 낸다는 것이다. 이를 바로잡기 위해 덕행을 근본으로 하고 경술을 그 다음으로 하며, 문예가 끝이 되도록 하는 교육 실시를 주장했다.

그는 과거 과목에 《삼국사기》 · 《고려사》 · 《동국통감》 · 《삼국사》 · 《국조보감》 · 《동사집성》을 포함해야 한다고 하여, 우리 국사를 중시했으며, 아동의 잘못된 문자교육을 개선하기 위해 《천자문》 대신 아학편을 제시했다.

그의 교육사상을 볼 때, 성리학을 완전히 극복하지 못했으며, 불평등한 제도 개혁에 있어서의 불철저함, 국학 진흥에의 주체성의 한계라는 시대상황을 벗어나지는 못했다고 볼 수 있다. 그럼에도 그의 현실적인 인간관, 애민정신, 과학과 기술의 중시, 사변적 논리와 맹목적인 이데올로기의 극복과 비판, 실용성, 주체성 등 시대를 뛰어넘는 독창적인 사상으로 현대교육을 위한 시금석을 제공해 주고 있음을(김태오, 2000: 250–262) 높이 평가해야 할 것이다.

연구 및 토의과제

1. 조선시대의 사회 · 문화적 변화와 교육의 역할에 대하여 논의해 보자.

2. 조선시대 교육기관의 종류와 그 특징에 대해 정리해 보자.

3. 조선시대 과거제도의 특징을 고려시대와 비교해 정리해 보자.

4. 성균관의 교육적 특징을 오늘날의 대학과 비교해 논의해 보자.

5. 조선 후기, 한말의 흐름과 교육에 대하여 논의해 보자.

6. 서당교육의 특징을 정리하고 그 교육적 의의를 논의해 보자.

7. 다음 용어들을 설명해 보자.

   ① 상재생 · 하재생　② 사액서원　③ 접장　④ 소과와 대과

   ⑤ 공거제(貢擧制)　⑥ 아학편(兒學編)　⑦ 거경(居敬)과 궁리(窮理)

   ⑧ 입지(立志)　⑨ 오학론(五學論)

추천도서

김태오(2005). **다시 생각하는 실사구시 교육철학**. 서울: 양서원.

이원재(2002). **과거공부를 알아야 우리 교육이 보인다**. 서울: 문음사.

이 황(1999). **퇴계선집**. 윤사순 역주. 서울: 현암사.

한기언(2004). **교육사학-教育精神史序說-**. 파주: 한국학술정보(주).

CHAPTER 05

한국 근대와 교육

1. 시대적 배경
2. 개화기의 교육
3. 일본 강점기의 교육
4. 미군정기의 교육
5. 한국 근대의 대표적 교육사상가

CHAPTER

05 한국 근대와 교육

원 · 전 · 읽 · 기

독립운동 기간에 우리는 교육에 더욱 힘써야 함이 마땅할까요? 나는 단언합니다. 독립운동 기간일수록 더 교육에 힘써야 한다고.

죽고, 살고, 노예되고, 독립됨이 판정되는 것은 지력과 금력입니다. 우리는 아무리 하여도 이 약속을 벗어나지 못합니다. 우리 청년이 하룻동안 학업을 폐하면 그만큼 국가에 해가 되는 것입니다.

본국에서는 아직 우리의 힘으로 교육을 실시하지 못하고 있습니다. 그렇지만 기회 있는 대로 공부를 해야 되고 시켜야 됩니다. 독립을 위하여 공부를 게을리 아니하는 이야말로 독립의 정신을 잃지 아니합니다. 국가를 위하여, 독립을 위하여 시간 있는 대로 힘써 공부하십시오.

또 국민에게 좋은 지식과 사상을 주고 애국의 정신을 격발하기 위하여 좋은 서적을 많이 간행하여 이 시기에 적합한 특수한 교육도 해야 하고, 학교도 세우고, 교과서도 편찬하여 해외에 있는 아동에게 가급적 교육을 실시해야 하겠습니다.

출처: 이광수. 도산 안창호의 부록 명연설문 중에서.

내가 감옥에 가있는 동안 여러 선생님들의 애써 지도한 보람이 있어 벌써 5회째나 졸업생을 내었다. 적은 지금 완전히 우리를 누르는 줄 알고 있고 애국지사들이 많이 해외로 망명해 나갔다. 나는 감옥에 있으면서 잠시도 학교를 잊은 적이 없었다. 추운 감방에서 자면서 꿈에 학교 꿈을 여러 번 꾸었는데 학생들과 선생들의 배우고 가르치고 하는 얼굴이 떠올랐다. 우리가 할 일은 빼앗긴 나라를 다시 찾는 일이요, 이것을 찾아서 영광스러운 나라로 만드는 일이다. 그런데 이 일을 위해서는 해외에 나가는 일도 필요하고 밖에서 군대를 길러 쳐 들어오는 일도 필요하다. 또 세계의 여론을 일으켜 우리에게 유리하도록 이끌어 남의 지원을 받는 일도 필요하다. 그러나 백성 한 사람 한 사람이 깨어 일어나 밝고 덕스럽고 힘 있는 사람이 되기 전에는 이 모든 일이 헛된 수고가 될 것이다. 10년 앓는 병에 7년 묵은 쑥이 약이 된다고 하거니와 그 쑥이 없으면 인제부터라도 묵혀야 할 것이다. 나는 우리 학교 졸업생들이 방방곡곡에 흩어져 백성 속에 들어가 그들을 깨우치고 그들의 힘을 길러 민족 광복의 참된 기틀을 마련하는 자가 되기를 바란다. 나 같은 별로 한 일도 없는 사람을 위하여 이렇게 동상을 세워 주고 제막식까지 성대하게 해주니 무엇이라 감사의 말씀을 드릴지 모른다. 나는 어려서 빈천한 가정에 태어나 글도 변변히 못 읽고 여러 가지 고생을 했는데 오늘 이같은 영광을 받게 되는 것은 내게는 너무나 넘치는 일이다. 내가 민족이나 사회를 위해서 조금이라도 한 일이 있다고 하면 그것은 백성된 도리에서고 특별한 일을 한 것은 못된다. 나는 하나님을 믿는 것을 가장 큰 영광으로 생각한다. 내가 후진이나 동포를 위하여 한 일이 있다고 하면 그것은 내가 한 것이 아니고 하나님이 내게 그렇게 시킨 것이다. 만일 사람이 자기 자신의 영혼에 상처를 입었으면 저런 동상은 몇 백 개를 세워도 참된 영생이 못될 것이다.

출처: 김기석. **남강 이승훈** 중에서.

사유하기
- 많이 배우는 것과 제대로 배우는 것은 어떤 점에서 다를 수 있는가?
- 현대를 살아가는 후손들로서 국가와 사회를 위해 자신의 삶을 온전히 희생한 선배들의 정신을 올바르게 계승하는 방안들을 찾는다면 어떤 것들이 있을까?

1. 시대적 배경

우리의 근대화는 외세에 의해 강요된 문호 개방과 함께 본격화되었다. 오랫동안 성리학적인 질서 속에서 세계의 조류와 국제질서의 변화에 민감하지 못했던 조선

사회는 말기에 들어 집권층의 부패가 더욱 심해지고, 도탄에 빠진 민중들의 반란이 계속되는 등 내부적으로 국가의 기강과 질서가 현저히 이완되었다. 이와 함께 구미 열강의 통상 요구와 군사적 위협 등에 시달리게 되면서 쇄국정책으로 대응하는 등 시세 변화에 제대로 편승하지 못하고 있었다. 그러나 체제유지의 한계, 개화의 필요성에 대한 요구도 대두하게 되었다. 이러한 혼란한 시기에 일본의 무력적 통상요구에 의거, 1876년에 강화도 조약을 맺고 개항을 하게 된다. 일본과의 통상조약에 이어 미국 · 영국 · 독일 · 프랑스 등과 통상수호조약을 체결하게 되면서 세계의 조류에 편승하게 된다. 한국의 개항은 외세에 의해 강요된 개방이었으나, 근대화를 위한 출발이기도 했다.

근대화를 실현하기 위한 정부와 민간의 노력은 위정척사(衛正斥邪)운동과 임오군란, 개화파의 갑신정변 등 개방을 둘러싼 갈등이 표출되는 어려움 속에서도 지속되었다. 신교육을 통해 인재를 배출하고 힘을 길러서 조속히 근대화를 이루자는 공감대가 높아지면서 근대식 교육기관들이 설립되기 시작했다. 1894년 갑오개혁에 의해 과거제가 폐지되고, 1895년 2월 근대교육을 통한 교육입국을 천명한 교육칙서(教育勅書)가 발표되는 등 근대교육을 위한 법적 체제가 갖추어지게 되었다.

특히, 우리나라의 근대교육은 선교사들의 공헌에 크게 힘입게 되었다. 배재학당, 이화학당, 경신학교 등 감리교와 장로교파 중심의 선교사들에 의해 세워진 학교들은 신식 교육과정에 의해 주체적이면서도 선구적인 인재를 배출함으로써 한국의 근대화에 크게 기여하게 되었다. 또한 1905년 을사보호조약 체결을 기점으로, 애국계몽사상가들에 의해 많은 사립학교들과 교육단체들이 속속 설립되면서 신교육을 통한 조국 근대화의 열기를 고취시켰다. 그러나 우리의 교육입국을 통한 근대화의 노력은 계획된 일본 제국주의의 침략에 막혀 좌절을 맞게 된다.

2. 개화기의 교육

개화기란 강화도 조약 이후 문호개방부터 일제에 의한 한국 강점이 이루어진 1910년까지의 기간으로, 정부와 민간 차원에서 우리의 조속한 근대화를 위해 신교육의 발흥과 식산(殖產)에 힘썼던 시기였다. 이 시기의 교육은 근대교육의 개척기, 정부 주도의 교육개혁, 애국계몽 사상가들에 의한 교육구국, 선교단체의 교육활동으로 나누어 살펴볼 수 있다.

1) 근대교육의 선도

한국의 근대적인 신학제는 갑오경장을 계기로 1895년부터 1905년 사이에 그 골격이 대강 수립되었으나, 종래의 전통적인 교육을 탈피한 근대적인 신교육은 1880년대에 이미 실시되기 시작하였다. 이러한 점에서 1880년대에 실시된 근대적인 신교육은 한국 교육의 근대화에 있어서 개척자적인 역할을 수행하였다. 그 교육기관에는 동문학을 비롯하여 원산학사, 육영공원과 배재학당, 이화학당, 경신학교, 정신학교 등의 미션계 학교 등이었다.

동문학은 1883년 독일인 묄렌도르프에 의해서 외아문(外衙門)의 부속기관으로 설립된 영어 교육기관으로, 통변학교 또는 영어 학교라고도 불리어졌는데, 영국인 할리팍스가 운영 책임을 맡고 중국인 두 명이 영어 교육을 담당하였다.

육영공원은 구한국 정부에서 헐버트(Hulbert), 길모어(Gilmore), 벙커(Bunker) 세 명의 미국인 교사를 초빙해서 1886년에 설립한 최초의 근대적인 관립 교육기관으로, 편제상 좌우 양원(兩院)을 두고 연소한 현직 관리와 15세부터 20세까지의 젊은 선비들을 입원케 하여 영어와 함께 지리, 수학, 자연과학 등을 내용으로 하는 근대적인 교육을 실시하였다.

원산학사(元山學舍)는 1883년 민간에 의해 세워진 최초의 근대학교이다.[1] 배재학당보다 2년 먼저 설립된 것으로 알려져 있다. 일본인 거류민의 증가와 그에 대응하기 위한 방편으로 덕원부사 정현석(鄭顯奭)과 원산 주민들이 서북경략사 어윤중(魚允中)의 도움으로 종래의 서당을 개량하여 설립하였다. 문예반 50명, 무예반 200명으로 규모가 큰 학교로 출발하였다. 무예반을 둔 것은 당시 일본의 원산 지역에서 무력적인 시위에 대항하기 위한 것으로 알려져 있다. 교과목은 문예반은 경서를 무예반은 병서를 가르치고, 문무 공통으로 산수, 격치(格致), 그리고 각종 기기와 농업, 양잠 등의 실용과목, 그리고 한국 실학자들의 저술 등이 교수되었다고 한다. 외세와 대항하기 위해 개화파 관료들과 민중이 합심하여 자생적으로 설립했다는 점 등에서 그 의의가 크다.

기독교의 진리를 전파하기 위해 1880년대 초에 본격적으로 내한하기 시작한 개신교의 미국인 선교사들은 한국에서의 선교사업의 일환으로 배재학당(1885)을 비롯하여 이화학당(1886), 경신학교(1886), 정신학교(1886) 등 미션계 학교를 설립하여 명실상부한 근대적 신교육을 실시하였다. 이들 학교들은 교육목적과 교육과정 운영 등 교육전반에 걸쳐서 한국 교육의 근대화에 선도적인 역할을 담당했다.

2) 정부주도의 교육개혁

정부주도의 교육개혁은 이미 1880년대에 실시되기 시작한 근대적 신교육의 발전, 개화사상의 영향, 그리고 더이상 교육개혁을 늦출 수 없다는 현실 인식에서 비롯되었다고 하겠다. 정부가 본격적으로 근대식 교육제도를 도입하기 시작한 것은

1) 우리나라 최초의 근대교육의 기점에 대해서는 여전히 논의가 진행 중이다. 정재걸은 근대교육의 기점에 대해 배재학당설, 원산학사설, 18세기 서당설, 그리고 일제의 식민지교육설을 비교 · 분석하면서, 자생적인 측면에서 보았을 시 우리의 근대교육은 18세기 후반의 서당과 1883년 원산학사로 이어지는 어느 한 시점으로 보는 것이 타당하다고 보고 있다(2002, pp. 91-97). 우리나라 최초의 근대교육 기점에 대해서는 앞으로도 자료의 수집과 발굴을 통해 밝혀내야 할 과제라고 하겠다.

갑오개혁[2] 이후였다.

고종은 이듬해인 1월 7일에 홍범14조를 공포하였으며, 2월에는 '교육입국조서'를 발표하여 종래의 경전 중심, 유교 중심의 교육을 지양하고, 덕 · 체 · 지 3양(三養)에 힘쓰며, 실용적인 교육에 더욱 힘쓸 것을 강조하였다. 이밖에 교육과정으로 국사와 국문을 중시하였고, 교육의 의무화를 계몽하였으며, 근로 역행의 습성, 중도 퇴학의 규제 등을 밝혔다.

정부는 1894년 갑오개혁을 계기로 중앙 정부에 근대적인 교육행정부서로서 학무아문(學務衙門, 學部)을 설치하고, 1895년부터 국가적인 근대 교육제도의 설립을 추진하여 1905년에 이르기까지 근대적 신교육령을 제정하고, 이를 근거로 소학교를 비롯하여 사범학교, 중학교, 외국어학교, 의학교, 상공학교와 농상공학교, 광무(礦務)학교, 법관양성소 등 근대적인 국가교육기관을 설치하고, 종전의 성균관을 개편하였다.

① 신교육령

학부를 통한 정부의 학교 관련 신교육령으로는 한성사범학교 관제(1895. 4. 16), 외국어학교 관제(1895. 5. 10), 성균관 관제(1895. 7. 2), 소학교령(1895. 7. 19), 한성사범학교 규칙(1895. 7. 23), 성균관 경학과 규칙(1895. 8. 9), 보조공립소학교 규칙(1896. 2. 20), 의학교 관제(1899. 3. 24), 중학교 관제(1899. 4. 4), 상공학교 관제(1899. 6. 24), 외국어학교 규칙(1900. 6. 27), 농공상학교 관제(1904. 6. 8) 등의 순이었다. 이러한 관제와 규칙을 기반으로 해서 정부는 각종 학교를 설립했다.

2) 갑오개혁은 비록 일본의 강압에 의한 타율적인 개혁이었지만, 종래의 폐단을 일신하고 자주적인 근대화를 추진하려는 고종과 개화파 관료들의 의지가 반영된 개혁이기도 했다. 1894년 군국기무처를 중심으로 이루어진 갑오개혁은 중앙관제를 2부 8아문으로 개편하고, 과거제 폐지와 새로운 관리임용, 신분타파와 능력 위주의 인재 등용, 조혼금지, 과부의 재가 허용, 연좌제 폐지 등 정치 · 경제 · 사회 등 여러 분야에 걸친 광범위한 것들이었다.

② 소학교

소학교는 만 8세부터 15세 아동을 대상으로, 수업 연한은 심상과(보통과) 3년, 고등과 2~3년으로 하였다. 교과목은 심상과는 수신 · 독서 · 작문 · 습자 · 산술 · 체육 등이고 고등과는 이외에 한국지리 · 한국역사 · 외국지리 · 이과 · 도화로 하되, 각각 시의에 따라 외국어를 가할 수 있다고 하였다.

설립 주체에 따라 관립, 공립, 사립으로 구분하였으며, 1895년에서 1905년 말까지 사이에 설립된 소학교는 서울에 관립 소학교 10개 학교와 지방의 50개 공립 소학교 등 도합 60개 학교였다. 지방의 각 관찰부 소재지와 주요 도시에 설립된 공립 소학교는 교원의 봉급만을 국가에서 지원하고, 학교의 설립 · 운영은 해당 지방에서 담당하였고, 군수가 교장을 겸직했다. 그러나 서울의 소학교에 비해 규모나 내용 면에서 옛 서당과 별로 다를 바 없었다.

③ 사범학교

사범학교는 신교육을 받은 교사양성이 시급했기 때문에 가장 먼저 관제를 제정하고 설치했다. 1895년 5월 한국 교육사상 최초의 근대적 관립 교육기관인 동시에 교원양성 기관으로 설치된 한성사범학교는 1906년까지 속성과(6개월)와 본과(2~4년)를 설치 · 운영하여 근대적인 초등교육을 실시할 소학교 교원을 양성하였다. 교과목은 한국역사 · 만국사 · 초보 수학 · 지리 · 한문 · 한국어 · 작문 · 한문고전 등이었다.

본과는 20~25세를 대상으로 100명 입학정원을, 속성과는 22~35세 이하를 대상으로 60명 정원이었다. 그러나 재정부족과 관립 학교에 대한 인식이 나빠져서 점차 학생이 줄어들고 유명무실해졌다.

④ 중학교

1899년 제정된 중학교 관제에는 교과과정에 대한 규정은 없고, 다만 심상과 4년, 고등과 3년의 7년 수업 연한, 그리고 지방의 경우 향교를 중학교로 삼을 것을 정했다. 그러나 이 법령에 의해 생겨난 학교는 1899년에 세워진 서울의 '한성중학교' 한 곳 밖에 없었다.

⑤ 외국어학교

1895년의 관제에 의거 일어학교 · 영어학교 · 불어학교가, 1896년에 러시아학교, 1899년에 한어학교 · 독일어학교 등이 추가로 설립되었다. 16~25세 대상이었다가 1900년 규칙의 제정을 통해 15~20세를 대상으로 하여, 일어와 한어학교는 1년, 그 밖의 학교는 수업 연한을 5년으로 했다.

⑥ 상공학교

1899년 본과와 예과로 설립되었고, 1904년 농상공학교로 이름을 바꾸어 농 · 공 · 상의 실업교육을 하였다. 기술천시의 인습, 관립학교의 기피 등으로 지원자가 적었다.

이 밖에도 경성의학교(1899), 광무학교(鑛務학교, 1900), 법관양성소(1895), 우편학당(1897), 전무학당(1897) 등이 있었다. 그런데 정부주도의 교육개혁은 국가의 재정적 어려움과 일제의 간섭이 심해지면서, 관립학교 등 정부와 관련된 학교들에 입학하는 것은 친일적 행위라는 인식이 팽배해져 사학으로 학생들이 몰리게 되고 외면을 당하게 된다.

3) 애국계몽사상가들에 의한 교육구국

애국계몽운동은 내정개혁과 자유민권을 주장했던 독립협회운동을 계승하여 그것을 일층 발전시켰던 일대 구국운동이었다. 특히 1905년의 '보호조약'을 기화로 개화지식인이 주도하는 언론, 교육활동 중심의 계몽과 각성의 흐름이었다. 애국계몽운동은 국권회복을 위해 의병투쟁과 다른 노선을 걷게 된다. 반일의병운동은 국권회복을 제1차적 과제로 내걸고 정면으로 일본 군국주의 및 그 괴뢰세력과 무력적으로 대결한 운동이었다. 이에 비하여 애국계몽운동은 일본통감에 의한 압도적인 정치적 군사적 통제 아래 후일의 완전독립을 기하기 위한 당면의 목표로서 '문화계몽'에 의한 민족적 자주의식의 계발과, '내수외학'(內修外學)에 의한 민족의 실력양성을 제1차적 과제로 삼고 있었다(강재언, 1985: 230−231).

애국계몽운동은 독립협회운동의 흐름을 계승했을 뿐만 아니라, 멀리는 실학사상과 사상으로 연계되어 있었다. 애국계몽운동의 지도자상을 대변한 애국계몽사상가들은 모두가 한학자이면서, 18세기 후반기의 조선 실학 북학파(北學派)의 거장 박지원의 《열하일기》, 19세기 후반기 개화파의 준재(俊才) 유길준의 《서유견문》, 1890년대 청국 변법(變法)운동의 이론가 양계초의 《음빙실문집》 등에서 사상적 영향을 받았던 것이다.

애국계몽운동의 당면의 중심과제는 장래의 자주독립의 시기에 대비하여 당장은 실력을 양성하자는 것이었다. 그것은 구체적으로는 대중의 애국정신을 계발하고, 근대적 교육과 산업을 진흥시키는 일을 대중운동으로 전개하는 일이었다. 그리하여 민간의 계몽단체 및 학회가 각지에 속출하였고, 대중강연, 출판활동, 학교설립 등이 활발해졌다. 전국적 규모의 애국계몽단체로서는 대한자강회, 대한협회가 가장 유력한 단체였으며, 그밖에도 각종 군소 단체가 속출했다. 또 각 지방에서는 각기 그 지역 출신자들을 중심으로 한 '학회'가 나타나서 대중계몽과 교육진흥을 위한 활동을 전개하였다. 각종 애국계몽 단체는 거의 공통적으로 교육과 산업의 진흥을 구호로 내걸었는데, 운동의 내용은 보다 광범한 분야에 미쳤다. 즉 각종 언론 및 출판활동, 한글의 연구 및 보급활동, 여성을 각성시키기 위한 여권운동, 일본으로부터의 차관을 대중적인 절약과 모금으로 상환하기 위한 국채보상운동 등이 그것이다. 애국계몽운동의 당면 활동목표는 대중계몽과 학교교육을 통하여 민지(民智)를 열고 민족산업의 육성을 통하여 민력을 배양하여 그것을 통하여 민족의 실력을 양성하는 일에 두었다.

애국계몽사상가들과 관련 단체 등에 의해 세워진 사립학교는 1910년까지 우후죽순 늘어나, 1910년 직전까지 불과 몇 해 사이에 3,000여 개에 달하는 학교가 생겨났다. 우리 민족의 학교설립을 통한 교육 구국의지는 실로 놀라운 것으로, 총독부의 통계에 의해서도 잘 드러난다. 1908년 전국의 학교 수는 서울 시내 100여 교를 비롯하여 총 5,000여 교에 달했으며, 학생 수는 20만에 이르렀다(손인수, 1996). 이들 학교 중 이승훈의 오산학교(1907), 안창호의 대성학교(1908)를 비롯한 민족 사학들은 항일 독립정신 배양과 애국적인 지도자의 산실로서 일제의 감시와 탄압의 대상이었다. 애국계몽사상가를 포함한 학회와 일반 민간인에 의해 세워진 주요 사립학교를 살펴보면 다음과 같다.

〈표 5-1〉 구한말 민간인이 설립한 주요 사립학교

학교명	연 대	설립자	장 소	학교명	연 대	설립자	장 소
원산학사	1883	정현석	원산	대성학교	1907	안창호	평양
홍화학원	1895	민영환	서울	강명의숙	1907	이승훈	정주
점진학교	1899	안창호	강서	오산학교	1907	이승훈	정주
낙연의숙	1901	서광세	서울	보창학교	1907	이동휘	강화
청년학원	1904	전덕기	서울	오성학교	1907	서북학회	서울
양정의숙	1905	엄주익	서울	양산소학교	1907	김홍량 · 김구	안악
보성전문학교	1905	이용익	서울	보강학교	1907	김 구	재령
휘문의숙	1906	민영휘	서울	기호학교	1908	기호흥학회	서울
진명여학교	1906	엄귀비	서울	동덕여자의숙	1908	조동식	서울
숙명여학교	1906	엄귀비	서울	명동학교	1908	김학연	명동
보성중학교	1906	이용익	서울	대동전수학교	1908	대동학회	서울
중동학교	1906	신규식	서울	개성상업학교	1908	최문현	개성
현산학교	1906	남궁억	양양	보인학교	1908	보인학회	서울
양규의숙	1906	여자교육회	서울	소의학교	1908	장지영	서울
인명학교	1906	김명수	옥천	융희학교	1909	유길준	서울
명신학교	1907	김동욱	덕산	양산중학교	1909	김홍량	안악
서우사범학교	1907	서우학회	서울	충남중학교	1910	남정철	공주

4) 선교단체의 교육활동

1866년 토마스 목사의 순교 이래 우리나라에 개신교를 전파하려는 해외 선교단체의 관심이 높아가는 가운데, 우리 정부는 1882년 미국과의 통상조약을 기점으로 문호를 개방하기 시작했다. 우리의 정세가 이렇게 변하자 미국의 교회에서는 한국 선교의 가능성을 찾기 시작하였고, 특히 일본 주재 미국 선교사들은 일본에 온 한국 유학생들과 접촉하면서 한국 선교를 준비하고 있었다.

본격적인 선교는 1884년 9월에 알렌 부부가, 이어서 1885년에는 언더우드(Underwood)와 아펜젤러(Appenzeller), 스크랜튼(Scranton) 등의 선교사들이 입국하게 되면서부터였다.

그러나 개신교의 한국 전래는 선교사들의 입국 이전에 이미 진행되었던 자생적인 한국 신자들의 노력이 있었기에 효율적으로 이루어질 수 있었다. 만주지역에서 로스와 멕킨타이어 목사들을 도와 한국어 성경 번역과 간행을 도왔던 이응찬, 서상륜과 같은 최초의 신자들과, 일본에서 한글 성경 번역을 도왔던 이수정 같은 신자가 있었기에 가능할 수 있었다. 언더우드와 아펜젤러가 이수정의 도움으로 만들어진 한글성경 〈마가복음〉을 가지고 입국할 수 있었으며, 선교사들이 복음전도를 시작하기 전 만주지역 초기 신자들의 성경전도에 힘입어 이미 관서지역을 중심으로 신앙공동체가 널리 형성되고 있었다는 점은 그 단적인 예이다.

알렌은 갑신정변 때 크게 다친 민영익을 치료하여 의술을 인정받고 한국 정부에 신임을 받게 되면서 1885년 광혜원을 세워 서양의 의료기술을 보급하게 되었다. 이펜젤러는 한 달 먼저 와 있던 의사 스크랜튼의 집에 방 두 칸 벽을 헐어서 교실을 만들고 1885년 8월에 스크랜튼의 조수 두 명을 대상으로 수업을 시작하였는데, 고종이 배재학당이라는 교명과 액자를 내렸다. 배재학당은 학생 수도 늘고 발전하기 시작했는데, 학생들에게 한문(경서, 사기)·영어·천문·지리·생리·수학·성경 등을 가르치고, 연설회·토론회·야구·축구 등 과외활동을 부과하였다. 교육과정 운영과 규칙 등 당시로서는 혁신적인 근대교육을 실시했다.

한국에서 처음으로 여자 학교를 세운 것은 1886년에 스크랜튼 의사의 모친인 메리 스크랜튼(Scranton) 여사이며, 1886년 5월 한 명으로 수업을 시작했다. 이듬해 1887년 학생이 일곱 명으로 늘어났고, 명성황후가 '이화학당' 이란 이름을 내렸다. 남존여비사상이 강하였고, 여자에게는 이름도 교육도 인권도 필요 없다고 여겨지던 우리의 상황에서는 혁신적인 일이었다. 언더우드 목사는 1885년 정동에 있는 자기 집에 붙어 있는 건물에서 고아원을 시작하였는데, 구세학당 혹은 원두우(元杜尤) 학교로 불렸으며, 이것이 경신학교(1905년)의 전신이다. 언더우드는 또한 정신여학교(1887년)를 세우고, 1914년에는 경신학교 대학부를 병설하였는데, 이것이 연세대학교의 모체가 된다.

이밖에 장로회와 감리회 선교회에서는 선교사업의 일환으로 전국에 많은 학교를 설립하여 근대교육을 실시하게 되었다. 1910년 2월까지 기독교계 학교는 각 종파별로 장로회가 501개교, 감리회가 158개교로 666개교였다. 여기에 천주교가 46개교를 설립하여 신·구파가 세운 학교는 796개교에 이른다. 도별로 평남이 261개교, 황해가 183개교, 평북이 121개교로(손인수, 1996: 413) 서북지방에 선교단체의 학교설립이 집중되었다. 이것은 서북지역이 오랫동안 정권에서 소외되어 주자학적 이데올로기의 굴레가 비교적 약했고, 일찍부터 상공 중산층이 형성되어 개신교 수용에도 적극적이었으며, 신교육에 대한 열정도 강했기 때문이다.

기독교 선교단체들의 교육사업은 선교의 일환으로 실시되었으나, 교육이념과 목적, 교육내용과 방법, 규칙의 적용 등 학교운영 전반에 걸쳐 한국 근대교육의 모범을 제시해 주면서, 학교의 발전을 이끌었다. 기독교계 학교들에서는 과거를 통한 입신양명에 교육의 목적을 두고 있던 시대에 가족·친지를 넘어 모든 사람에게 봉사하고 섬기는 사람이 되라고 가르쳤다. 특히, 선교사들을 통해 알게 된 자유·평등·민주주의 등의 가치와 삶은 학생들로 하여금 새로운 한국의 근대화를 꿈꾸게 만들고 애국적 민족지도자로 변화시키는 중요한 동인으로 작용하기도 했다.

한국에 진출한 선교단체가 결국은 미 제국주의의 첨병 역할을 하였다느니, 반일·항일 강점을 억제시키고 국가의 독립보다는 개인의 영혼구원에 머물게 만드는 역할을 했다는 부정적인 한계점이 지적되기도 한다. 그러나 한국을 점령하겠다는 일제의 의도가 너무 강했던 시대적 상황 속에서, 정작 한국에 무관심했던 미국 정부로부터 정치적 참여 등을 제한받으면서도 선교사들은 개인적 · 신앙적 결단 속에 한국인들을 돕고자 전도하고 학교를 세워 가르쳤다. 이들이 세운 학교들은 현재까지도 우리 교육의 중요한 부분을 담당하고 있다. 그러므로 이들의 노력과 기여, 특히 근대교육의 발전을 이끌었던 공헌은 높게 평가되어야 한다.

다음은 선교단체에 의해 세워진 주요 학교들이다.

〈표 5-2〉 구한말에 세워진 주요 기독교계 사립학교

학교명	연 대	교 파	장 소	학교명	연 대	교 파	장 소
광혜원	1885	장로회	서울	원산여학교	1903	감리회	원산
배재학당	1885	감리회	서울	정명여학교	1903	장로회	목포
이화학당	1886	감리회	서울	신명학교	1904	감리회	원산
경신학교	1886	장로회	서울	호수돈학교	1904	감리회	개성
정신여학교	1887	장로회	서울	진성여학교	1904	장로회	원산
광성학교	1894	감리회	평양	의창학교	1904	감리회	해주
숭덕학교	1894	감리회	평양	영명학교	1905	감리회	공주
정의여학교	1894	감리회	평양	계성학교	1906	장로회	대구
일신여학교	1895	감리회	동래	신성학교	1906	장로회	선천
정진학교	1896	감리회	평양	보성여학교	1906	장로회	선천
공옥학교	1896	감리회	서울	의명학교	1906	안식교	순안
숭실학교	1897	장로회	평양	한영서원	1906	감리회	개성
배화여학교	1898	감리회	서울	수피아여학교	1907	장로회	광주
맹아학교	1898	감리회	평양	신명여학교	1907	장로회	대구
명신학교	1898	장로회	재령	기전여학교	1907	장로회	전주
평양신학교	1900	장로회	평양	신흥학교	1908	장로회	전주
숭의여학교	1903	장로회	평양	창신학교	1908	장로회	마산

3. 일본 강점기의 교육

일제의 한국 강점은 1910년에 이루어졌으나, 침략을 위한 교육의 통제는 을사보호조약과 1906년 통감부의 설치부터 진행되었다.[3] 일제는 통감부를 통해 사학을 통제하고 교과용 도서의 검인정제도를 추진하였으며, 1906년 '보통학교령'을 공포하여 수업 연한을 6년에서 4년으로 단축하였고 교과목에 일본어를 부과하였다. 1908년 반일 운동의 상징이었던 사립학교를 탄압 · 통제하기 위하여 '사립학교령'을 공포, 사학의 설치 · 인가, 개 · 폐교 등 학부에서 관장하였고, 교과용 도서를 통제하는 등 식민지화를 위한 기반을 마련하였다. 일제 강점기의 교육은 다음과 같이 전개되었다.

1) 무단통치기(1910~1919)

일제는 한국 강점과 동시에 대한제국을 조선으로 명칭을 바꾸고, 조선총독부를 설치해 총칼로 우리 민족을 협박하는 무단적(武斷的) 식민지정책을 수행하기 시작했다. 헌병이 경찰을 대신하고, 교원까지 제복을 입고 칼을 차게 하였으며, 언론 · 출판 · 집회 · 결사의 자유를 박탈했다. 제1차 조선교육령(1911. 8), 사립학교 규칙(1911. 10), 개정사립학교 규칙(1915) 등 많은 법령과 통첩을 통해 민족교육을 탄압하고 우민화를 꾀했다. 이 시기의 특징을 살펴보면 다음과 같다.

첫째, 한국인을 일본국의 충량(忠良)한 신민(臣民)으로 만들고자 했다. 동등한 국민을 양성하려고 한 것이 아니라, 충량한, 즉 고분고분 말을 잘 듣고 충성을 다하

---

3) 정재철은 일제의 한국 침략기간은 교육사의 입장에서 보면, 〈한일외국인 顧問傭聘에 관한 협약〉(1904. 8. 220)에 따라 1905년 2월부터 일본인 학부 고문이 학정참여관(學政參與官)으로 내한하여 한국인 청소년의 교육에 행정적으로 간섭한 이후부터 1945년 8월까지 40년간을 일본식민지주의 교육기로 보는 것이 타당하다고 밝혔다.

는, 일본 천황의 신하 국민으로 만들겠다는 것이다.

둘째, 시세와 민도에 맞는 교육을 한다는 명분하에 한국인의 우민화를 꾀했다. 한국인들에게 고등교육은 수준에 맞지 않으니 초등교육 위주의, 그리고 저급한 단계의 실용교육을 강화하겠다는 것이다.

셋째, 이를 위해 구체적으로 교육 연한의 차등을 가져왔다. 보통학교의 수업 연한을 6년에서 4년으로 하는 등 고등보통학교, 여자고등보통학교, 실업학교, 전문학교 등의 수업 연한을 일본보다 1~2년씩 짧게 줄였다. 교육적 차등화요, 민족적 차등 대우라 하겠다.

넷째, 일본어 교육을 강화했다. 보통학교에서 일본어를 '국어'라 하여 주당 10시간을 배정해 조선어 및 한문 6시간에 비해 시수를 늘렸고, 수신교과를 중시했다. 영어를 선택으로 만들어 상급학교 진학을 막고 해외 교류 능력을 억제하면서도 일본어를 강화한 것이다.

다섯째, 사립학교에 대한 통제를 강화했다. 사립학교규칙과 개정사립학교 규칙을 통해 학교의 설립과 폐쇄, 학교장과 교원의 채용, 수업 연한, 교과목 시수, 학생 정원 등에 걸쳐 총독부의 인가를 받도록 했다. 특히, 1915년 3월의 개정 사립학교 규칙 제2조에서 사립학교는 반드시 총독부에서 제정한 교육과정에 따라 교수해야 하며, 교사는 부득이한 특별한 경우를 제외하고는 일본 말에 능통하여야 하고, 일정한 교사 자격을 얻어야 한다는 것이다. 그리고 이미 설립된 학교는 교육령을 즉시 실시할 수 없으나 10년 이내에 이를 실시해야 한다고 하였다. 이 법령으로 인해 모든 사립학교들의 자율적 운영이 불가능하게 되었으며, 특히 기독교 등 종교교육 실시가 어렵게 되었다. 그래서 예배 의식과 성경 공부의 철폐문제로 고민하던 장로교에서는 이에 반발하여 인가 신청을 하지 않기로 결정하였고, 그 결과 전통 있는 학교들이 잡종학교로 격화되기도 했다. 일제는 선교사들마저 반일사상에 동조하는 세력으로 보고, 이들의 학교운영을 철저히 막으려고 했던 것이다.

여섯째, 전통적 교육을 말살하려고 했다. 성균관을 폐지하고 경학원으로 대치하고, 서당을 통제함으로써 전통적 교육을 말살하고 민족의식을 통제하였다.

2) 문화통치기(1919~1938)

일제는 한민족의 거국적인 무저항 독립운동인 3 · 1 만세운동을 접하면서 간담이 서늘해졌으며, 대외적인 위상이 추락하게 되었다. 지금까지 총칼로 억압만 하면 된다고 믿었던 조선에 대한 식민정책 방향을 재점검하지 않을 수 없었다. 결국 한민족의 민심을 수습하고 국제사회의 비등한 여론을 무마하기 위하여 일제는 무단적 통치 방식에서 유화적인 문화적 통치로 변경하게 된다. 헌병경찰제 대신 일반경찰로 바꾸고, 조선어 신문 등 언론 · 출판의 자유를 인정해 주고, 조선인 관리에 대한 차별을 철폐하는 등 유화적인 정책으로 전환하였다. 그러나 이는 속임수에 지나지 않았다. 문화정책을 통해 민족운동을 표면에서 관리하고 분열시키고자 했으며, 언론 · 출판에 대한 검열을 강화하고, 경찰관의 수를 대폭 늘리고 고문도 강화하는 등 여전히 차별적인 통제를 지속하였다. 이러한 정책적 특징들은 제2차 조선교육령에(1922. 2) 그대로 반영되었다. 이 시기의 교육적 특징은 다음과 같다.

첫째, '일시동인(一視同仁)' 이란 슬로건을 내걸고 일본과 동일한 학제를 적용하였으며, 소위 내선공학(內鮮共學)을 내걸고 공학을 원칙으로 하였다. 수업 연한의 경우 보통학교 6년, 고등보통학교를 5년으로 하는 등 일본과 동일하게 운영하였으며, 한국인에게도 상급진학의 길을 열어 주었다.

둘째, 일본어 교육을 더욱 강화하였다. 조선어를 필수 과목으로 부과하면서도 일본어 교육을 강화하여, 일본어를 상용하는 자와 그렇지 않은 자를 엄격히 구별하여 차별을 가하였다.

셋째, 한국인 설립의 사립학교의 성장을 되도록 억제하고 동화주의 교육을 본격화 하였다. 1919년 5월 말 현재 609개교였던 사립학교를 1935년 5월 말 406개로, 23,556개교였던 서당을 6,807개로 격감시켰다.

넷째, 한국인들의 고등교육에 대한 기회를 봉쇄하였다. 한국인들의 자생적인 고등교육 기회 제공을 철저히 통제하여 거국적인 조선 민립대학 설립운동을 봉쇄하였으며, 대신 1924년 경성제국대학을 설립했다. 그러나 한국인들에게는 엄격하게 입학을 제한하는 등 유명무실한 기관에 지나지 않았다.

다섯째, 민족적 차별교육을 심화했다. 일본어 사용 여부로 민족적 차별교육을 실시하였을 뿐만 아니라 일본인 교원의 수를 대폭 늘려 일본 교원 중심의 교육을 이끌었다. 각급 학교의 교원의 경우, 관공립보통학교 교원 10,723명 중 32.4%(3,472명), 공립고등보통학교 교원 329명 중 85%(281명), 사범학교 교원 115명 중 85%(98명), 관공립전문학교 교원 128명 중 88%(113명), 그리고 대학교수 117명 전원이 일본인이었다. 한국인 교원의 자격 부족으로 돌리고 있으나 민족적 차별 관념에서 비롯되었다(손인수, 1996: 310).

3) 황민신민화 교육기

제3차 조선교육령에 의한 교육제도가 적용되는 시기로(1938. 3~1943. 4), 황민화 교육이 강요되고 강화되는 시기이다. 이 시기는 1937년 중국침략을 도발한 일제가 한국을 대륙침략의 병참기지로 간주하고 전시체제를 전면적으로 적용시키는 동시에, 태평양전쟁을 수행하던 때였다.

국체명징(國體明徵), 내선일체(內鮮一體), 인고단련(忍苦鍛鍊)의 3대 강령을 바탕으로 하는 3차 교육령을 통해 일제는 한민족의 문화적 · 정신적 전통을 말살하고 철저하게 황국의 신민으로 예속시키기 위한 교육을 실시하고자 하였다(박의수 외, 2009: 140-141). 그 주요 내용은 다음과 같다.

첫째, 종래의 보통학교는 소학교로, 고등보통학교는 중학교로, 여자고등보통학교는 고등여학교로 학교 명칭을 일본과 동일하게 하였다.

둘째, 당시 4년제 보통학교가 상당수 있었는데, 4년제 소학교로 존속시키고 점차 6년제로 하기로 하였다.

셋째, 교과목, 교육과정, 교수요목 등 조선어 이외의 것은 일본과 동일하게 했으며, 소학교 교과서는 문부성에서 편찬한 것을 그외의 경우 총독부 또는 문부성에서 검정, 편찬한 것만 사용하도록 했다.

넷째, 조선어를 수의과로 만들어 사실상 폐지시켰다.

다섯째, 황국신민화를 위한 과목으로서 일본어를 더욱 강조하였고, 모든 교과, 수리나 예체능 교과까지 황국신민의 정조 함양에 힘썼다.

그밖에 일제는 이 시기에 들어 신사참배를 강요함으로써, 사상적 · 교조적 측면에서의 황국신민화를 노골화했다. 신사참배는 천황을 신격화시킴으로써 군국주의에 대한 일체감과 정신적 무장을 강화시키는 의례로써, 분명히 종교적 · 교조적 성격이 강하게 배태되어 있었다. 이에 선교사들과 기독교인, 그리고 기독교 계통 학교들의 반발이 거세어 순교까지 이르는 수난이 지속되었다.

그런가 하면, 1941년 3월 31일에는 국민의 기초적인 연성(錬成)을 이룬다는 목적하에, '국민학교령' 을 제정하였고, 1943년 심상소학교를 국민학교로 개명하였다.

4) 전시동원기

제4차 조선교육령에 의한 교육기는(1943. 4~1945. 8) 전쟁의 막바지에 이르러 패색이 짙어지던 시기로 사실상 학교교육을 포기하고, 전쟁의 도구요 수단으로서 전락되었던 기간이었다. 일제는 전쟁의 진행과 함께 황국신민화교육을 매개로 한국 청소년들의 민족성 말살에만 그치지 않고 침략전쟁에 동원하여 육체, 지식, 기능 등 모든 것을 이용하는 군사체제화로 추진되었다.

수의과로 그나마 존속했던 조선어 교과를 중등학교 및 사범학교에서도 폐지시켰고, 1943년 1월 21일 중등학교령에 따라 수업연한을 5년에서 4년으로 단축시켰으며, 노동과 직결된 소위 황도정신을 근간으로 한 연성(錬成)교육이 학교교육에서 강요되었다. 이 시기 학교교육은 학교의 연성교육체제화와 학도동원체제화 두 방향으로 추진되었다. 군사적 가치가 학교교육을 전면적으로 지배했기 때문에 일본어 교육과 군사교련이 철저하게 이루어졌고, 모든 교육활동이 강건한 병사양성을 목적으로 한 준비에 초점이 맞추어졌다. 또한 학생들을 식량증산과 국방시설의 건설 등 생산현장에 강제 동원했다.

1943년 한국인 학생에 대한 징병유예를 폐지함으로써 학병제(學兵制)를 통해 전문학교 및 대학에 재학 중인 학생을 전장으로 몰아냈다. 1943년 8월 23일 여자정신대권무령을 공포해 만 12세 이상 40세 미만의 배우자 없는 한국 여성을 징용 일본본토 및 전장으로 내보냈다. 이밖에도 금품과 미곡을 강제 징발하고, 애국채권을 강매시켰으며, 강제로 이름을 바꾸게 하는 창씨개명을 강요했다. 창씨개명은 어떤 식민지정책에서도 유례를 찾아볼 수 없는 극히 비상식적인 정책으로, 이성이 마비된 막바지 발악이었다.

4. 미군정기의 교육

1945년 일제의 패망으로 우리 민족은 광복을 맞았으나, 기쁨도 잠시 남북한은 미군과 소련의 군정하에 놓이게 되었다. 남한에 진주한 미군은 3년간의 군정을 통하여 우리 사회 전반에 미국식 민주주의 이념과 제도를 이식시키고자 했다.

교육에 있어서도 미국의 민주주의 교육을 시행한다는 방침 아래 한국인 교육계 인사의 협조하에 교육개혁을 추진하였다. 군정청은 오천석을 발탁하여 학무국에 채용하고, 교육문제를 심의하고 결정하는 기구로 교육계 인사 7인으로 구성된 '한국교육위원회' 를 조직하였다. 군정청은 이 위원회의 심의를 거쳐, 일제의 잔재를 불식하고 평화와 질서를 유지하며, 생활의 실제에 적합한 지식기능을 연마한다는 당면한 교육방침을 정했으며, 이어 9월과 10월에 걸쳐 각급 학교의 교육을 재개하였다.

이후 군정청은 학무국 산하에 '조선교육심의회' 를 구성하고 한국 교육의 기초를 마련해 나갔다. 그 결과 홍익인간의 교육이념과, 6-3-3-4제의 단선형 학제를 채택하고, 1946년 9월부터 의무교육제를 실시하기로 하였다. 그리고 새 교과서를 편찬하고, 대규모의 교사양성과 재교육을 시행하였다.

그런가 하면 오천석 등 미국 유학파들을 중심으로 '새교육운동' 이 급속히 전개되어, 교육현장에 아동중심 · 생활중심 교육과정이 도입되고, 이를 위한 달톤 플랜 · 프로젝트법 등의 새로운 교수법이 소개되기도 하였다.

군정청은 고등교육을 개혁하기 위한 방안으로 1946년 6월 '국립 서울대학교 창설안' 을 내놓았다. 이것은 서울과 인근에 있는 기존의 관립 고등교육기관을 통합하여 하나의 국립 종합대학을 만들고자 하는 안이었다. 그러나 이 '국대안' 은 좌익의 정치적 목적과 결부되면서 좌익 학생들의 주도로 반대운동으로 확산되었다. 이후 파동은 일 년 동안이나 지속되고 전국적인 동맹휴학으로 번지게 되었다. 1946년 8월 15일 서울대학교가 설립되고 파동은 차츰 진정되었지만, 많은 학생이 제적되고 교수가 해임되는 큰 희생을 치러야 했다.

1948년 대한민국 정부의 수립과 1949년 '교육법' 의 제정으로 자주적이고 민주적인 교육으로 새롭게 출발하였다. 한국의 현대교육은 일제 강점기의 식민교육의 잔재를 청산하고, 민족교육의 교육적 전통을 계승하면서도 민주적 · 자주적인 교육, 미래지향적인 교육으로 발전해야 한다. 그리고 모든 국민의 타고난 잠재력을 최대한 계발하여 수월성을 증진시키면서도 인간적 가치를 우선시하는, 인간 중심의 교육이라는 큰 틀이 유지되도록 힘써 노력해야 할 것이다.

5. 한국 근대의 대표적 교육사상가

1) 박은식(朴殷植: 1859~1925)

박은식은 서세동점의 위기감이 동아시아에 본격적으로 밀려들어 오던 1859년(철종 10년) 9월 30일 황해도 황주군 남면에서 태어나 전형적인 유학풍토 속에서 성장하였다. 본관은 밀양(密陽)이고 자는 성칠(聖七), 호는 백암(白岩)·겸곡(謙谷) 등이었다. 10세부터 부친(박용호)의 서당에서 본격적으로 주자학을 수학하기 시작한 그는 소싯적부터 경기도 일원을 주유하며 스승을 찾아 학문을 넓혔으며, 2년간에 걸쳐 다산의 제자인 신기영(申耆永)·정관섭(丁觀燮) 등과 교류하면서, 다산의 개혁사상에 접하기도 하였다. 27세에 향시에 합격하고, 30세에 숭인전의 참봉으로 제수되었는데, 이미 유학자로서의 명성이 높았다. 그러나 이 시기까지 그는 세상의 변화와 흐름에 둔감한 채 전통적인 유학자로서 생활하고 있었다.

그러다가 백암은 40세 이후 상경하여 독립협회에 가담하여, 《연암집》의 간행사업과 〈황성신문〉의 주필로 사회활동에 참여하면서, 일대 사상의 전환을 가져왔다. 특히, 을사조약 이후 본격적인 애국계몽사상가로 언론 및 교육활동에 진력하게 된다. 그의 시세 판단과 사회진화론 수용, 그리고 교육의 필요성 인식 등은 특히, 청의 양계초(梁啓超)의 영향을 많이 받았다. 계몽사상가로서 그는 교육에 많은 힘을 기울였다. 많은 교육논설을 발표하는 한편 오성학교와 서북협성학교 교장으로 취임하는 등 실무에도 종사하였다. 일제에 의한 한국강점 이후 그는 중국에 망명, 독립운동과 한국사연구에 진력하였으며, 1925년 임시정부 2대 대통령에 취임한 바 있으며, 그해 11월에 67세로 세상을 떠났다.

계몽사상가로 변신한 백암은 근대화의 추세에 부합하지 못하고 고루한 사상체계를 고수하고 있던 주자학을 비판하면서,[4] 양명학으로 새롭게 구신(求新)할 것을 제안했다. 그는 유학 본래의 정신을 지니면서도 실용적인 '지행합일'의 정신과 인간의 주체적이고 본연적인 마음이라는 '양지(良知)'[5]를 통해 근대성을 확보할 수 있는 양명학으로 구신할 것을 강조했다.

박은식의 교육적 주장은 매우 선진적이고 근대적이면서도, 주체성을 반영하고 있다. 그는 전 국민을 대상으로 교육시키자는 의무교육제도 실시를 제안하고, 여자교육의 필요성과 여학교의 설립, 신교육을 받은 교사들을 위한 사범양성과 함께 이를 위한 유학생 파견과 외국 교사 초빙을 주장했다. 그리고 천문 · 지리 · 물리 · 화학 · 정치 · 법률 · 농학 · 공학 등 서양 교육과정의 조속한 도입과 보통교육과 전문교육의 단계별 실시를 제안했다. 이와 함께 아동의 천성에 맞는 실물 위주의 관찰교육과 체조의 실시 등 서구식 교육방법으로의 전환을 촉구했다. 그러나 그는 이러한 서구적 · 근대적인 교육으로 바꾸는 것으로 끝나서는 안 되고, 대한정신과 국혼을 배양하는 교육이 근본이 되어야 한다고 주장했다. 즉, 주체성을 상실하지 않으면서도 서구의 실용성을 겸비할 때 참다운 주인이 될 수 있다고 보았다.

4) 백암이 지적하는 주자학의 폐해는 첫째, 평생을 공부해도 깨닫기 힘들어 시대변화에 적합하지 않고, 둘째, 애민, 위민의 본래의 정신을 상실한 채 제왕의 편에 선 유학으로 변질되었으며, 셋째, 주자학 외의 모든 다른 학문을 이단시하는 편협한 교조적 자세로 사상의 속박 · 억압을 낳아 문명의 저하를 초래했다는 것이다. 또한 학문의 근본을 무시한 채 과거시험에만 매달리는 유림들의 자세, 배우는 이가 찾아오기를 기다리는 소극성 등을 비판했다.

5) 양명학에서는 심즉리(心卽理)를 핵심으로, 세계의 보편적 · 궁극적 진리인 이(理)가 바로 내 마음속에 있으며, 마음의 본질을 양지(良知)로 본다. 박은식은 양지를 사람 마음의 주인이요, 날 때부터 누구에게나 평등하게 주어진 것이며, 선악을 판단하는 도덕 주체요, 눈앞의 이해에 영향을 받지 않고 과감하게 어려움을 극복할 수 있는 힘으로 인식하였다. 결국 그는 모든 사람은 마음속에 양지를 지니고 있으므로 평등한 존재이며, 공정하게 시비판단을 가려서 어려움을 견디면서 실천할 수 있는 주체적 존재라는 것이다. 그러므로 '지행합일'과 '양지'의 성격을 부각시킴으로써 양명학을 근대정신에 부합하는 유학으로 새롭게 대신하고자 했던 것이다.

2) 이승훈(李昇薰: 1864~1930)

남강(南崗) 이승훈은 1864년(고종 2년) 평북 정주의 빈한한 가정에서 태어났다. 모친은 그를 낳은 산후의 어려움과 힘겨운 노역으로 여덟 달 만에 세상을 떠났기 때문에, 할머니 손에서 자라났다. 어려운 가정형편에도 불구하고 일곱 살이 되자 한문서당에서 글을 읽었는데, 어떻게 해서라도 글을 읽어 큰 인물이 되라는 할머니의 지원 덕이었다. 그러나 10세가 되던 해 할머니와 아버지가 모두 세상을 떠나자 서당도 그만둘 수밖에 없었다.

11세부터 유기 공장과 큰 상점의 사환으로 들어가 잔심부름을 하면서, 그 집 사랑에 드나드는 사람들을 통해 세상의 사정과 변화에 눈뜨기 시작한다. 15세 이후 푼푼이 모은 돈으로 정주는 물론 안악, 재령, 신천 등 황해도 일대로 다니며 유기 판매 행상을 하였으며, 24세부터는 직접 대규모의 공장과 상점을 열어 본격적으로 상인으로 성장하게 된다. 그의 나이 31세 때 청일전쟁이 발발해 그간의 모든 것이 잿더미로 변하는 불운을 겪기도 했으나, 신용과 뛰어난 사업 수완으로 외국에서 수입되는 석유와 양약을 독점하고, 운수업을 하는 등 큰 실업가로서 입지를 굳히게 된다. 그러나 일제의 경제적 침탈이 가속화되면서 그의 사업도 쇠퇴하기 시작하였고, 일제의 침탈에 대항하기 위하여 민족자본 결집의 필요성을 절감하게 된다. 러일전쟁 이후 그는 세상의 변화와 국가의 암울한 현실을 직시하면서 자신의 장래와 진로에 고민하게 된다.

그러다가 그의 나이 44세가 되던 1907년, 미국에서 귀국해 평양에서 연설을 하게 된 도산 안창호(安昌浩)의 연설을 듣고 크게 감명하였으며, 도산과 동지적 관계를 맺으면서 남은 삶을 독립을 위한 교육사업에 헌신하게 된다. 그는 고향으로 내려가 강명의숙(講明義塾)이라는 소학교를 열어 신교육을 하는 한편 민족교육의 요람인 오산학교(五山學校)를 설립하여 솔선수범 교육의 본을 보이기 시작했다. 이후 1930년 5월 9일 작고할 때까지 24년 동안 오로지 민족의 독립과 그 근본이 되는 민족주의 교육에 온 생애를 바쳤다.

독실한 기독교인이었던 남강은 일제가 서북지역 기독교 민족지도자를 탄압하기 위해서 조작한 105인 사건에 연루되어 심한 옥고를 당하는 등 세 차례에 걸쳐 9년의 옥고를 겪어야 했는데, 감옥 속에서 《신약전서》만 백 번 이상 탐독하는 등 신앙생활에 헌신하였다. 오산학교 안에 교회당을 짓고 채플 시간을 따로 두어 예배를 보는 등 신앙교육을 강조하였는데, 주기철, 한경직 목사와 같은 영적 지도자를 오산학교에서 배출하게 된 것도 우연은 아니다. 남강은 오산학교의 발전을 위해 일본 유학을 마치고 귀국한 조만식 선생을 교사로 초빙했으며, 이후 두 지도자를 중심으로 오산학교는 민족교육의 요람으로 틀을 갖추며 발전하게 되었다. 오산학교는 반일 · 항일 지도자 산실의 요람으로 일제의 감시의 주 대상이었고, 3 · 1운동 후 일제에 의해 독립운동의 요람이라 하여 불태워지기도 했다.

독실한 기독교인이었으나, 남강의 신앙은 민족의 고통을 몸으로 감내하면서 민족의 구원을 추구하였다. 3 · 1운동 때에 남강은 독립만세 운동을 주선하는 과정에서 기독교를 대표하여 남북으로 활약하며 민족대표들을 규합하는데 교두보 역할을 하였다. 신앙인으로 현실 참여를 주저하던 목사들에게, "나라 없는 사람들이 어떻게 천당엘 가! 이 백성들이 모두 지옥에서 신음하고 있는데 당신들만이 천당에 갈 것 같소? 기대도 하지 마시오."라는 유명한 어록을 남기기도 했다. 남강은 조선민립대학 설립운동에 동참하였으며, 〈동아일보〉 사장을 역임하기도 했다. 그후 오산학교로 돌아와 67세로 생애를 마칠 때까지 교육에 헌신했다.

오산은 유언으로 자신의 시체를 표본으로 만들어 오산학교 생리학 표본실에 비치하여 학생들의 생리학 공부에 활용하도록 하였으나(김도태, 1950: 205-206; 조진석, 1973: 88), 그의 존재감을 두려워한 일제의 방해로 실현되지 못했다. 나중에 일제는 오산학교에 세워진 동상과 묘비를 부수고 땅에 묻는 악랄한 행동도 서슴지 않았다. 남강은 오산학교를 설립하여 민족운동에 이바지할 재목을 기르고, 나아가 백성을 교육시킬 교사들을 양성하고자 민족의 고통을 온몸으로 당하면서 흔들리지 않는 교육과 신앙의 버팀목으로서 그 역할을 담당하였다.

3) 안창호(安昌浩: 1878~1938)

도산 안창호는 1878년(고종 15년) 평남 강서군의 대동강 하류 도롱섬에서 농군의 아들로 태어났다. 7세 때 부친을 여의고 조부의 슬하에서 성장했으며, 가정과 서당에서 한문과 고전을 공부했다. 이 무렵 몇 살 연장이며 학문과 견문이 넓었던 필대은(筆大殷)을 통해 개화사상과 민족주의에 눈을 뜨게 되었다.

16세 때는 청일전쟁이 일어나 우리 강토가 전화에 휩쓸리는 것을 목도하면서, 우리나라가 힘이 없기 때문에 외세가 판을 치는 것이므로 힘을 길러야 한다고 결심하게 된다. 도산은 이듬해 서울로 올라가 구세학당(민로아학당, 경신학당의 전신)에 들어가 서양의 학문을 배우게 되었고 기독교에 입교하게 된다. 그는 졸업 후 1896년 고향에 돌아와 한국인의 손으로 세워진 최초의 사립학교이자 남녀공학인 점진학교(漸進學校)를 만들어 교육하는 한편, 전도에 열심을 내어 교회를 설립하기도 하였다. 그리고 상경해 1897년 독립협회에 가입하여 활동하였으며, 특히 평양의 쾌재정(快哉亭)에서 행한 만민공동회 주최 연설로 약관의 나이에 일약 대웅변가로 명성을 얻게 되었다.

그후 24세에 유학을 위해 도미하여 미국인의 생활철학인 프래그머티즘의 정신과 합리적 생활태도를 체험하게 된다. 도미 후 당시 교민들 간에 서로 싸우고 갈등하며, 야만적인 국민으로 손가락질을 받는 참상을 목도하면서 자기 공부보다 교민들의 인격개조와 단합, 생활향상을 위해 전력하였다. 이후 교민사회에서 존경받는 지도자로서의 역할을 하게 된다.

그러다가 을사조약 체결과 국권상실의 위기에 놓인 조국을 위해 1907년 일본을 거쳐 귀국하여, 애국지사들의 비밀결사 조직인 신민회를 조직하고 이를 통해 대성학교, 마산동에 자기회사, 서울 · 대구 등에 태극서관, 청년학우회 등을 설립하여, 민족사상 고취에 심혈을 기울였다. 그러나 1909년 10월 안중근 의거에 연류되어

구금되었다가 12월 석방되고, 1901년 4월 다시 망명길에 올랐다.

중국·시베리아·유럽을 거쳐 1911년 봄에 도미한 도산은 대한인국민회 중앙총회를 조직하고 신한민보를 발행하였으며, 1913년 8도 대표를 발기인으로 청년 엘리트 단체인 흥사단(興士團)을 창립하였다. 그러던 중 3·1운동이 일어나자 해외에 산재한 독립운동단체를 하나로 결집하기 위한 내무총장 겸 국무총리 대리로 상해 임시정부활동에 참여하였다. 1922년 흥사단 운동의 국내확산을 위하여 수양동맹회(후에 동우회)의 조직에 관여하였고, 1928년 이동영·이시영·김구 등과 한국독립당을 조직하였으며, 해외 동포의 생활근거지이자 독립운동을 위한 실력양성 기지로서 이상촌 건립을 구상하였다.

1932년에는 윤봉길 의거와 관련 체포되어 치안유지법 위반이란 죄목으로 2년 6개월간 옥고를 치르고, 위병을 이유로 가출옥 후 그의 향리에 가까운 대보산 송태산장에 은거하며 이상촌 구사에 몰두하다가, 1937년 동우회 사건으로 또 다시 체포되었다. 서대문 형무소에서 위병이 악화되어 보석출감 후 경성대학 부속병원에서 치료를 받던 중 1938년 3월 10일 생애를 마쳤다.

도산은 평생을 민족의 독립에 바친 애국적 정치가, 교육자이자 민족의 뛰어난 스승이었다. 그는 국민 하나하나가 거짓말하지 않는 정직과 성실한 인격을 갖추고, 전문 학술과 지식을 통해 직업을 갖추며, 서로 합심 단결할 때 힘을 기를 수 있고, 그것에 의거하여 독립을 이룰 수 있고 영광된 조국의 건설이 가능하다고 믿고 가르쳤다. 교육을 통해 개개인의 인격혁명을 이루고 그것에 기초해 독립과 미래의 복된 민족을 설계했던 것이다.

도산의 교육사상을 요약하면, 첫째 우리가 믿고 의지할 것은 우리 자신의 힘 밖에 없으므로 민족 스스로 힘을 길러야 한다는 자력주의(自力主義), 둘째는 인간에 대한 지극한 사랑과 관용의 정신, 그리고 모든 사회개조의 출발은 인간에서 비롯된다는 인본주의(人本主義), 셋째는 민족사회에 대한 영원한 책임감을 강조하는 주인정신(主人精神)이다. 또한 그가 실천하고 강조한 교육방법으로는 점진주의, 솔선수범(모델링), 소크라테스식 문답법, 동맹수련, 일인일기(一人一技), 미소운동을 통한 인화와 단결 등이라 정리할 수 있다(박의수 외, 2009).

도산은 무실(務實)·역행(力行)으로 대표되듯이 정직하고 성실한 인격수양을 기초로 힘을 기르고, 독립과 복된 미래를 열어가려는 일관된 삶의 모범을 보인 민족의 스승으로서 오늘에도 그 귀한 가르침을 주고 있다.

연구 및 토의과제

1. 한국 근대의 시대적 배경에 대하여 살펴보자.
2. 개화기 근대화를 위한 정부 주도의 교육개혁에 대하여 정리해 보자.
3. 개화기 애국계몽사상가들에 의한 교육 구국활동에 대하여 살펴보고 교육사적 의의를 토의해 보자.
4. 개화기 선교단체의 교육활동을 살펴보고 교육사적 의의를 토의해 보자.
5. 일본 강점기의 교육적 특성을 시기별로 정리해 보자.
6. 미군정기의 교육에 대해 살펴보고 현재 교육과의 연계성에 대하여 논의해 보자.
7. 다음 용어들을 설명해 보자.

   ① 육영공원 ② 갑오개혁 ③ 원산학사 ④ 오산학교
   ⑤ 대성학교 ⑥ 배재학당 ⑦ 애국계몽운동 ⑧ 신민회
   ⑨ 무실(務實) · 역행(力行) · 충의(忠義) · 용감(勇敢)

추천/도/서/

강재언(1985). 한국의 근대사상. 서울: 한길사.
김기석(1964). 남강 이승훈. 서울: 현대교육총서출판사.
단국대출판부(1975). 박은식전서(하).
손인수(1996). 교육사 교육철학의 이론과 실제. 서울: 문음사.
이광수(2000). 도산 안창호. 서울: 범우사.
학교법인 오산학원(2007). 오산백년사(1907~2007).

PART 02

서양교육사

CHAPTER 06

고대사회의 교육

1. 역사적 배경

2. 교육의 실제

3. 교육사상가 연구

CHAPTER

06 고대사회의 교육

원 · 전 · 읽 · 기

소크라테스 그럼 다음 문제로 옮아가세. 우리의 본성이 교육을 받았을 경우와 그렇지 않을 경우에 대하여는 다음과 같은 상태와 견주어 생각해 보게. 즉 동굴과 같은 지하의 거처에 사람들이 있다고 치세. 그 동굴은 태양의 빛을 향해 열려 있는 길다란 입구를 가지고 있네. 그 안에 있는 사람들은 어려서부터 손발과 목까지도 묶여 있네. 그 때문에 그들은 같은 곳에 머물면서 앞만 내다볼 수밖에 없네. 목이 묶여 있기 때문에 고개를 돌릴 수 없을 테니까. 그리고 또 이런 것을 상상해 보게. 불빛이 그들의 등 뒤 높고 먼 곳에서 비추고 있네. 그 불과 죄수들 사이에는 뒤쪽에 하나의 길이 있고, 이 길에 이어 벽이 있다고 치세. 벽은 마치 인형극을 조정하는 사람이 자기 앞에 인형을 올려놓은 대와 같이 쌓여 있네.

글라우콘 네, 그런 것으로 상상해 보겠습니다.

소크라테스 그리고 성벽처럼 생긴 곳을 따라 사람들이 여러 가지 기구나 인형 또는 돌이나 나무로 만든 공작물을 가지고 그곳을 넘어서 운반해 가고 있다고 생각해 보게. 그들 중에는 말하는 사람도 있을 것이고 입을 다물고 있는 사람도 있을 것이 아닌가?

글라우콘 선생님은 저에게 이상한 곳에 있는 묘한 죄수들을 보여주고 계십니다.

소크라테스 우리들과 비슷한 자라네. 그런데 자네는 이런 사람들이 동굴 정면에서 불로 비추어진 그림자 이외에 다른 무엇을 본 적이 있으리라고 생각하나?

글라우콘 그들이 고개를 움직이지 못하도록 강요당하고 있는 한 그것은 불가능한 일입니다.

소크라테스 운반되고 있는 물체는 어떠할까? 이들도 역시 그림자 이외에는 보는 것이 없지 않겠나?

글라우콘 물론이지요.

소크라테스 그런데 그들이 존재한다고 생각하는 것은 바로 그들이 눈으로 보고 있는 그것이 아니겠나?

글라우콘 그렇습니다.

출처: 최현 역(1992). **플라톤의 국가론**. 서울: 집문당. 7장 이상국가 편, pp. 289-290.

사유하기 '동굴의 비유'는 무지에서 애지의 상태로 변하는 인간의 모습을 그리고 있다. 계발(unfoldment)로서의 교육의 의미를 생각해 보자.

1. 역사적 배경

1) 고대 그리스의 문화와 교육

고대 그리스 반도에는 헬라스(Hellas: 빛이라는 뜻)라는 이름을 가진 민족이 정착하면서 처음으로 철학을 연구하기 시작하였고, 도시국가라는 사회공동체를 구성해 나갔다. 그리스인들은 정착한 지방의 방언에 따라 이오니아인, 에올리아인, 도리아인 등으로 구분되었으며 100여 개 이상의 도시국가를 건설하였다. 기원전 11세기경 북쪽 발칸반도에서 남쪽으로 이주해 온 도리아 족이 건설한 스파르타와 지중해 남쪽에서 이주해 온 이오니아 족이 중부의 아티카에 건설한 아테네가 대표적인 도시국가이다.

고대 그리스인들은 지중해 연안의 에에게 문명을 계승하였고, 자민족의 뛰어난 지성을 바탕으로 오늘날 헬레니즘이라는 그리스문명의 초석이 되었다. 특히 아테네인들은 교육을 통하여 개인의 발달과 사회의 발전을 이룩하였으며, 인간성의 다양한 측면을 계발하기 위하여 자유를 존중하는 사회체제를 구성하려고 많은 노력을 기울였다.

고대 그리스인들이 추구하였던 교육적 인간상은 호머의 서사시《일리어드와 오디세이(Illiad and Odyssey)》에 잘 나타나 있다. 트로이 전쟁(1193 B.C.~1184 B.C.)을 배경으로 삼은 이 서사시에는 그리스민족의 신화와 함께 주변 민족을 정복한 초기 그리스인들의 영웅적인 모습이 아름답게 묘사되어 있다. 여기에 등장하는 아킬레스와 오디세우스는 실천인(the man of action)과 지혜인(the man of wisdom)의 전형이 되었으며, 그리스인들이 추구하였던 이상적인 인간의 모습이었다(Wilds, 1942: 82). 이들은 교육을 통하여 정신적인 앎의 측면과 실천적인 삶의 측면을 조화시키고 통일시키기 위해 많은 노력을 기울였다.

그리스인들은 사유와 행위가 결합된 인간을 교양인(well-educated person)이라고 불렀으며, 자유교양교육(liberal education)을 통하여 양성하려고 하였다. 그리스의 자유교양교육은 자유를 올바르고 유익하게 사용할 수 있는 능력을 길러주는 교육을 의미하며, 나아가서는 자유로 인해 인간을 가치 있게 만드는 교육을 말한다(Monroe, 1915: 28). 그리스인들은 인간을 이성적 존재로 간주하였으며, 인간의 가치를 이성적인 정도에 의해 측정된다고 보았기 때문에, 교양교육은 다른 교육보다 훨씬 지적이다.

특히 아리스토텔레스는 교양교육의 성격을 지적인 것으로 보면서, 그 자체로 목적적이어야 한다고 주장하였다. 만약 교양교육이 도덕이나 정치의 수단이 된다면 그것은 비굴한 것이 되고 열등한 것이 되지만, 교육이 다른 것의 수단이 아니고 그 자체를 위한 것이라면 그것은 교양적이라고 하였다(Brubacher, 1966: 445-447). 이를테면 교양교육은 자유시민이 수단으로 취급되는 노예가 아니듯이, 다른 것에 부수되는 것이 아닌 목적이 되는 것은 당연하다는 주장이다.

그리스에서 시작된 자유교양교육의 전통은 현대까지 이어지고 있지만, 그 의미와 성격은 시대와 장소에 따라 다르게 해석되고 적용되는 경향이다. 특히 현대 교양교육은 전문 기술교육과 대응하면서도 여전히 인간교육의 전 영역에 많은 영향을 미치고 있다.

2) 고대 로마의 문화와 교육

이탈리아반도 티베르 강변에 있는 일곱 언덕의 작은 마을에서 시작한 고대 로마는 왕정(753 B.C.~509 B.C.)과 공화정(509 B.C.~27 A.D.)을 거쳐 마침내 대제국을 건설하였다. 기원 후 27년에는 옥타비아누스에 의해 제정(27 A.D.~476 A.D.)이 선포되어 로마제국의 면모를 갖추게 되었다.

로마의 공화정 체제는 귀족과 평민 그리고 노예계급으로 구성되었으며, 귀족출신의 원로원과 평민출신의 민회가 정치조직을 양분하였다. 원로원에서 선출한 통령과 민회에서 선출한 호민관이 서로 견제하고 협력하면서 국가의 발전에 힘을 모았다. 로마의 공화정 체제는 군주제, 귀족제, 민주제의 요소들을 잘 통합하여 운영한 정치제도이다.

이런 사회체제를 갖춘 로마는 3차에 걸친 포에니전쟁(246 B.C.~146 B.C.)에서 강대국 카르타고를 물리치고 지중해 연안을 지배하면서 제국으로 발돋움할 수 있었다. 이 전쟁을 승리로 이끈 로마는 헬레니즘 세계에 대한 패권을 장악함으로써 지중해 연안의 문명세계를 통일하게 되었다. 로마는 당시의 지중해 주변세계를 세 번 통일하였다고 볼 수 있다. 그것은 먼저 제국의 성립이라는 통일과 세계적 종교로서의 기독교를 통한 통일 그리고 로마법을 가지고 세계를 통치했다는 의미에서의 통일이다. 로마는 그리스로부터 계승한 헬레니즘과 기독교로부터 이어받은 헤브라이즘, 그리고 로마의 소산인 로마법을 충실하게 활용하면서 중세 유럽에 계승시켜 나갔다.

로마인들은 군사조직, 정부조직, 법률구성, 토목사업 등과 같은 실제적인 분야에 있어서는 고대의 어느 민족보다 뛰어난 업적을 보였다. 하지만 정신문화에서는 헬레니즘과 헤브라이즘에 압도되어 그저 모방하고 추종하였다고 볼 수 있다. 예를 들면, 그리스인들은 사물의 조화, 통일, 합리성, 균형 등에 가치판단의 기준을 두었지만, 로마인들은 사물의 유용성과 효율성에 가치판단의 기준을 두었다. 그리고 이들은 그리스인들처럼 정신적 행복, 관조적인 삶, 미적인 즐거움, 지식행위 등과 같은 정신적인 면보다는 구체적이고 실제적인 면을 추구함으로써 현실생활의 질서를 잡아나갔던 것이다.

로마가 세계적인 제국으로 발돋움할 수 있었던 것은 실제적인 가치를 추구한 것 중에서도 특히 법률의 정비와 발달에 힘입은 바가 크다. 로마의 12동판법(the laws of twelve tablets)은 기원전 449년에 제정되었으며 농업사회를 규율하는 법으로 엄격한 형식주의를 채택한 것이다. 이 법은 원래 귀족들이 관습법을 악용하여 평민에게는 불리하게 적용하는 행위를 금지하기 위해 제정된 것이다. 평민에게도 민법상으로 귀족과 동일한 권리를 보장하였으며, 개인의 권리나 재산 행사에 관한 분명한 보장을 명기하고 있다. 이 법은 로마 사회의 골격을 이루고 있었으며, 로마인들의 삶의 의미와 교육의 구체적인 목표를 구현한 것이었다.

로마는 법률이 자기 사회의 통합을 가능하게 해주고 사회질서를 유지시켜 주는 것으로 생각하였으며, 자라나는 청소년들에게 법률을 배우고 익히도록 권장하였다. 이런 전통이 이어져서 로마는 법을 통한 지배, 즉 법치주의를 표방하였다. 로마인들은 다수민족을 통치하기 위해 법률을 존중하였고, 국가의 지도자를 양성하기 위해 웅변을 즐겼으며, 국가의 통합을 위해 애국심과 정의감을 강조하였다. 로마는 건국 초부터 이민족의 포섭과 협력을 통하여 국가를 유지 발전시켜 나간 세계성을 띤 공리적인 민족이었다.

2. 교육의 실제

1) 스파르타의 교육

스파르타는 강인한 기질의 도리아족이 비옥한 땅인 라코니아 지방을 정복하여 세운 도시국가이다. 사회조직은 농노(Helot), 반자유민(Perioikoi), 시민권자

(Spartiates) 등 세 계층으로 구성되었다. 시민권자들은 스파르타를 세운 도리아족의 후예들이며 시민으로서 자유를 누리는 계층이었다. 그러나 이들은 전체 인구의 5~10% 정도에 불과했기 때문에 인구의 절대다수를 차지한 농노나 반자유민의 반란을 경계하지 않을 수 없었다. 이들은 문화적으로나 인구 면에 있어서 우세한 원주민들을 통치하기 위하여 전체주의적인 통치체제를 엄격하게 시행해 나갔다. 스파르타의 교육은 이런 통치체제와 밀접하게 관련되었으며, 통제적인 사회체제에 의해 교육의 성격과 조직이 결정되었다.

도시국가에 충성 봉사하는 일이 곧 가치 있는 일이었으며 그것은 교육의 목적이 되었다. 스파르타의 교육은 국가가 교육을 통제하는 가장 전형적인 경우였으며, 사회 전체가 학교라고 할 정도로 사회기관의 교육적 기능이 크게 강조되었다. 이런 스파르타의 교육방식은 기원전 9세기경 스파르타의 통치자요, 입법자였던 리쿠르구스(Lycurgus)가 제정한 리쿠르구스법전을 통해 활발하게 이루어졌다.

전체주의 교육방식을 채택한 스파르타인들은 건강한 유아에게만 양육의 기회를 제공하였다. 특히 남자아이의 경우, 렉제(Lechse)라고 하는 국립검사장에서 신체검사를 받고 건강상태가 불량하면 타게투스 산 아포세타 동굴에 내다버렸다고 전해진다. 이후 건강한 7세 어린이는 바라크(Baracke)라는 국립훈련소에 입소하여 신체를 단련하고 정신력을 강화하는 기본적인 훈련을 받았다. 18세에는 본격적인 군사훈련을 받았으며, 19세에는 성년식을 거행하였다. 20세가 되면 10년 동안 군인으로 복무하면서 국토방위의 임무를 수행하였다. 스파르타의 남성들은 30세 이후 비로소 자유시민으로서 참정권을 얻었으며 사생활을 누릴 수 있었다.

스파르타의 여성들은 남성처럼 6세까지는 가정에서 교육을 받았고, 7세 이후에는 국가교육기관을 통하여 심신을 단련하는 건강교육을 받았다. 여성교육은 여성의 사회적 지위를 향상하기 위한 것이 아니라 건강한 어린이를 출산하고 양육하여 국가발전에 기여해야 한다는 의무감에서 비롯된 것이었다. 스파르타의 여성들이 남편이나 아들을 전쟁터의 보낼 때 권고하는 말에서 그들의 국가관을 엿볼 수 있다. "방패를 놓지 말고 당당히 싸워서 돌아오든지, 방패 위에 누워서 돌아오라

(Good & Teller, 1969: 20)."

스파르타의 교육은 개인보다는 국가에 충성하고 봉사하는 시민양성이 목적이었다. 개성의 발달보다는 집단의 구성으로서 믿음직한 군인이 되는 데 필요한 신체단련과 복종심 함양에 집중하였다. 그러므로 스파르타교육은 지적이고 심미적인 교육보다는 신체적이고 도덕적인 교육이 훨씬 우세하다고 볼 수 있다. 그리스 역사가인 플루타크(Plutach)는 "스파르타의 교육은 명령에 복종하면서 노동에 인내하고 싸우고 정복하기 위한 수단으로 이루어진 것이다."라고 하였다.

따라서 스파르타에서 음악이나 춤은 군인의 자질을 육성하기 위한 것이었고, 체육활동은 주로 전투적인 레슬링이나 사냥 같은 것이었다. 이런 까닭에 스파르타인들은 어떤 그리스인보다 더 강인한 불요불굴의 정신이나 기본적인 충성심을 갖추고 있었다. 그럼에도 불구하고 이들은 인생의 아름다움이나 고상함, 지식행위의 보람 같은 정신적인 것은 거의 살피지 못하였다고 볼 수 있다.

2) 아테네의 교육

아테네는 이오니아족이 아티카에 세운 도시국가이며 스파르타와는 달리 직접 민주정치체제를 유지하였다. 초기에는 왕정이었지만, 귀족과 평민 간의 갈등이 심화되자 기원전 594년 집정관 솔론(639 A.D.~ 559 A.D.)은 평민에게도 참정권을 부여하고 토지 소유를 허용하는 등 민주적인 사회체제를 유지하기 위해 일대 개혁을 단행하였다.

이후 아테네의 교육이나 정치, 경제, 사회, 문화 등은 솔론법전을 기반으로 발전하였다. 아테네는 시민(Demos)에 의한 통치(Kratia)가 이루어졌으며, 페리클레스시대에 이르러 민주주의가 절정에 이르렀다. 아테네의 교육은 이오니아 족의 온화한 기질과 따뜻한 자연환경의 영향으로 행동인보다는 지혜인을 중시하여서 개인의 자유를 허용하고 신체와 정신을 조화롭게 만들어서 교양인을 육성해 나갔다.

아테네인들은 교육의 책임과 중심을 가정에 두었다. 가정이 교육의 주도권을 쥐었으며, 가정은 인성을 발달시키기 위한 교육의 장으로 인식되었다. 아테네교육은 개별가정의 교육방식을 존중함으로써 국가에 의해 획일적으로 통제되는 스파르타의 교육보다 훨씬 다양하였다. 그리고 학교(school)라는 표현이 여가(schole: 한가롭다)라는 뜻에서 유래한 것으로 미루어 본다면, 아테네의 학교는 여유를 가진 자유시민들이 지적이고 심미적인 탐구를 위해 교양학문(liberal arts)을 가르치고 배우는 곳이었음을 짐작할 수 있다.

아테네의 학교교육은 7세부터 시작하였다. 지식인 노예인 교복들이 교사가 되어 주인집 어린이들을 체육학교나 음악학교에 데리고 다니면서 가르쳤다. 아테네의 청소년들은 체육을 통해 외적인 형식을 기르고 음악을 통해 인간의 내적인 형식을 길러서, 내외의 조화로운 인간이 되려고 노력하였다. '체육은 신체를 위하여 음악은 영혼을 위하여' 라는 아테네인들의 이상은 내적이고 정신적인 삶과 외적이고 실천적인 삶을 결합시키고 조화시키는 것이었다(Monroe, 1930: 90). 음악학교에서는 읽기, 쓰기, 셈하기를 익히게 한 후 음악을 가르쳤다. 당시의 음악은 넓은 의미의 시, 드라마, 역사, 웅변 등 인문학 전반에 걸친 것이었다. 그리고 체육학교에서는 체육을 통해 사고와 행동을 조정할 수 있는 능력을 길렀다. 이를테면 지각에 알맞은 행위, 행동에 적합한 표현 등을 사용할 수 있도록 가르쳤다. 이런 교육을 통해 기질을 통제하고 정열을 이성에 종속시킬 수 있는 능력을 함양하려고 한 것이었다.

아테네 청소년들은 16세가 되면 시민학교(Gymnasium)에서 신체를 단련하고 정치, 사회 등의 토론 프로그램에 참여하여 시민적 자질을 키워나갔다. 18세에는 시민으로 등록하고 아킬레스신전에 가서 에페베선서(Ephebe Oath)를 한 후, 군복무에 임하였다. 이들은 20세에 군복무를 마친 후 정식으로 시민권을 획득하여 참정권을 행사하였으며 자유로운 시민으로 자신의 삶을 영위하였다.

헬레니즘은 대부분 자유로운 민주정치체제를 발전시키고 교육을 통해 개성의 발달을 추구한, 아테네인들에 의해 조성되고 형성되었다. 그리스 사상의 특징을 조직적인 사회생활에 개인이 참여함으로써 자신의 인간적인 발달을 도모하고 실현한 것이었다고 한다면(Sterling, 1955: 37-38), 그것은 주로 아테네인들의 몫이었다.

아테네인들은 전체 사회와 개성의 관계를 스파르타인들과는 다르게 해석하였다. 스파르타인들이 전체에 대한 개성의 절대적인 복종을 강조하였다면, 아테네인들은 전체에 대한 복종을 개성적인 목적달성을 위해 필요한 것이라고 간주한 것이다.

3) 로마의 교육

교육사에서는 순수 로마교육기와 그리스화된 로마교육기로 구분한다. 전자는 로마교육이 자기 민족의 순수성을 반영하고 유지하였던 시대였고, 후자는 로마교육에 대한 그리스교육의 영향이 현저했던 제정시대였다. 로마인들은 대단히 공리적이어서 삶의 가치나 기준을 실제적인 유용성에 두었다. 로마인의 입장에서 보면 그리스인들은 비현실적인 이상주의자였으며, 그리스인들의 관점에서 보면, 로마인들은 인생의 참맛을 모르는 완고한 현실주의자들이었다. 그리스에서는 철학이 꽃을 피웠고, 로마에서는 법률이 발달한 것도 이상주의자 또는 현실주의자로서 성향이 달랐기 때문이다.

초기 로마시대는 가정이 교육의 중심이었다. 로마인들은 가정에서 자녀들을 건강하게 양육하였으며, 로마사회를 유지하고 발전시켜 온 신이나 부모와 같은 앞선 세대를 존경하고 로마를 지탱해 온 로마법을 존중하게 만들었다. 따라서 로마의 청소년들은 주로 가정을 통하여 로마에 충성할 수 있는 도덕적 성격을 함양해 나갔다. 이들은 부모로부터 로마의 신화나 역사 속에서 등장하는 위대한 인물들에 관한 이야기를 직접 들으면서 자랐다. 이들은 영웅전기나 위인전기를 통해 그 속에서 나타나는 훌륭한 행동을 교훈으로 삼거나, 자기 아버지의 모습을 직접 보고 배움으로써 인격을 형성해 나갔다.

역사상 로마인들만큼 전기(biography)를 교육의 수단으로 잘 활용한 민족은 드물다. 로마의 청소년들은 이런 방식으로 경건성, 근엄함, 용기, 남성다움, 신중함, 정직성, 존경심 같은 덕목을 배웠다. 이처럼 초기의 로마교육은 대단히 실제적이었다.

그리스문화의 영향으로 로마교육은 그리스화되기 시작하였다. 유희나 놀이라는 뜻을 가진 초등학교 루두스(Ludus)가 설립되었으며, 어린이들에게 읽기, 쓰기, 셈하기를 가르쳤다. 로마교육이 그리스화되면서 루두스에서는 12동판법을 더이상 교재로 사용하지 않았으며, 도덕적 격언과 함께 안드로니쿠스(Livius Andronicus, 284 B.C.~204 B.C.)가 라틴어로 번역한 《오디세이》를 발췌하여 교재로 사용하였다.

안드로니쿠스의 《오디세이》는 많은 학교에 소개되었으며, 종래의 교재들을 압도하였다. 뒤이어 많은 그리스 문헌들이 라틴어로 번역되면서 라틴문학이 발생하게 된 것이다. 이런 문학적 성장은 로마교육을 빠르게 발전시켰으며, 이런 발전에 기여한 학교가 바로 문법학교(school of grammaticus)였다. 그리스에서 도입된 문법학교는 중등수준이었으며, 문법학자라고 불리우는 교사가 그리스어문법을 학생들에게 가르쳤다. 뒤이어 기원전 1세기경 라틴어 문법을 가르치는 학교가 설립되면서, 그리스어문법학교와 라틴어문법학교가 서로 병존하게 되었으며 비로소 로마의 중등학교체제가 확립되었다.

특히 라틴어문법학교는 로마제국의 많은 지역에 설립되었으며, 리터라투스(Literatus) 또는 그라마티쿠스(Grammaticus)라는 교사가 상주하면서 라틴문법과 라틴문학을 교수하였다. 그리스나 라틴계의 뛰어난 작품들을 교재로 사용하면서 의사표현능력을 향상시켜 나갔다. 이외에도 문법학교에서는 고등교육의 예비과정으로서 중세 7자유교과(seven liberal arts)의 기초가 되는 문법, 수사학, 논리학, 대수, 기하, 음악, 천문학 등 다양한 교과들을 가르쳤다. 문법학교는 정부의 지원을 잘 받았으며 제정시대에는 그리스어문법이 로마의 동쪽지방에서 강조되었고 라틴어문법은 서쪽지방에서 활발하게 연구되었다(Butts, 1955: 87).

로마의 청소년들은 문법학교를 졸업한 후, 그리스로 유학하여 아테네의 철학학교나 수사학교에서 공부하였다. 로마교육은 대단히 실제적이었기 때문에 철학자보다는 웅변가가 존경을 받았다. 이런 사회적인 분위기로 인해 수사학교가 크게 융성하였다. 수사학교는 문법학교에서 올바른 표현능력을 배우고 익힌 학생들을 입학시켜서 장차 로마사회에 기여할 유능한 웅변가를 양성하였다. 16, 7세 정도의 청소년들이 수사학교에 입학하여 수사학을 비롯하여 그리스와 라틴어 고급문법, 인문학, 철학 등을 배웠다.

퀸틸리안(Quintilian, 35~95 A.D.)에 따르면, 웅변가의 자질은 다음과 같다. 문학에 정통함으로써 얻을 수 있는 사물에 관한 지식, 좋은 어휘력과 주의 깊게 말할 수 있는 능력, 인간의 감정을 파악하는 지식과 그것을 환기시킬 수 있는 능력, 우아한 태도, 역사와 법률에 관한 지식, 유창한 말솜씨, 뛰어난 기억력 등이 포함된다. 그럼에도 불구하고 누구라도 선하지 않으면 훌륭한 웅변가가 될 수 없다고 강조하였다.

이 당시 로마는 학교를 지원하고 도서관을 많이 건립하였으며 학자들의 연구활동을 장려하였다. 문법학자, 수사학자, 철학자들에게는 연구비를 지원했을 뿐만 아니라 재판권을 부여하고 병역을 면제해 주기도 하였다. 베스파시안 황제(Vespasian)는 수사학교 교사들의 봉급을 국고에서 지원하였고, 트라잔 황제(Trajan)는 극빈학생들에게 장학금을 지급하였으며, 하드리안 황제(Hadrian)는 아테네움(Athenaeum)이라는 학교를 설립하였다. 아우렐리우스 황제(Marcus Aurelius)는 아테네의 철학파에 많은 관심을 가지고 지원하였는데 특히 플라톤학파, 아리스토텔레스학파, 에피쿠르스학파, 스토아학파의 철학자 두 명씩 모두 여덟 명의 철학자들에게 급여를 지급하였다. 콘스탄티누스 황제(Constantin)는 학자들에게 모든 공무와 세금을 면제하라는 포고령을 내려 연구와 교수에 열중할 수 있도록 배려하였다.

3. 교육사상가 연구

1) 소크라테스(Socrates: 470~399 B.C.)

(1) 지덕합일

소크라테스는 우주론시대의 자연철학에 종지부를 찍고 폴리스에서 살아가는 인간존재와 삶에 관한 지식에 더 많은 관심을 가졌다. 당시 소피스트들은 감각적 인식론에 기초하여 상대적인 지식과 기술을 주장하였기 때문에 진리의 보편성을 논증하지 못하였다. 하지만 소크라테스는 이성론에 근거하여 보편적 진리를 인정하였고, "어떻게 살아야 할 것인가?"라는 명제를 보편적인 덕과 연결시켜서 탐구하였으며, 자신은 도덕적인 삶을 실천하기 위하여 노력하였다. 이런 까닭에 윤리적인 삶을 중시하는 교육은 소크라테스의 사상과 밀접한 관계를 가진다.

소크라테스의 교육사상은 '인간은 만물의 척도이다'(Man is the measure of all things)라는 프로타고라스의 기본 명제에서 시작한다.[1] 이것은 인간이 만물의 척도라면 마땅히 우리의 첫 번째 임무는 먼저 자기 자신을 아는 것이라는 말이다. 이에 소크라테스가 착안한 것은 델피신전의 기둥에 새겨진 '너 자신을 알라!'(gnothi seauton)라는 표어였다. 이것은 두 가지 의미로 해석될 수 있다. 첫째는 우리가 현재 지니고 있는 지식이 억견(doxa)에 불과하다는 사실을 자각하게 되며, 따라서 우리는 무지하다는 사실을 깨닫게 된다. 이를 통하여 우리의 억견은 부정된다. 둘째는 우리의 이성세계에 존재하는 진지를 자각하게 된다는 말이다. 이를테면 이성적인 앎에 도달하게 되는 가능성이 열린다는 주장이다.

1) 이에 관하여 프로타고라스(Protagoras)는 "인간은 만물의 척도이다. 있는 것에 관해서는 있다는 것의, 그리고 없는 것에 관해서는 없다는 것의 척도이다."라고 말하였다.

이처럼 소크라테스는 지식의 보편타당성을 강조하면서 나아가 지덕합일(Knowledge is virtue)을 주장하였다. 그는 단순한 의견이 가지는 개별적인 근거에 반대하면서 보편타당성을 지닌 지식을 참된 지식이라고 한 것이다. 그러므로 교육의 목적은 유창한 언변을 가지고 정보를 전달하는 일이 아니라 인간 스스로 사고하고 반성할 수 있는 사고능력을 발달시키는 일이 된다.

(2) 산파술

소크라테스는 근거 없는 억견과 참된 지식과의 차이를 인식하기 때문에 많은 문제에 대하여 회의적이었다. 그는 어떤 문제에 대해서도 논증의 필요성을 강조하였으며, 자신의 경험을 초월하는 문제이면 쉽게 의견이나 주장을 개진하려고 하지 않았다. 상대적인 억견을 절대적인 진지인 것처럼 선전하는 데서 사회질서가 혼란하게 된다고 보았기 때문이다. 따라서 소크라테스는 보편적인 진리를 발견하기 위한 노력을 개인의 일이 아니라 인류공동의 사업으로 보았다. 그는 인간이 원래부터 보편적인 진리의 싹을 내심에 지니고 있다고 하였다. 그런 사실을 우리는 깨닫지 못해서 그 싹을 가꾸지 못하고 있을 따름이라는 말이다.

따라서 우리가 보편적인 진리에 도달하자면 먼저 무지함을 깨달아야 하기 때문에, 소크라테스는 대화를 통하여 대화 상대방이 무지함을 깨달을 수 있는 방법을 택하였다. 이것이 바로 소크라테스의 산파술(maieutics: the art of giving birth to idea)이다. 그는 어떤 주제에 대하여 무지를 가장하고 다른 사람으로부터 그 주제에 관한 가장 충실한 지식을 유도해 내고 있다. 그는 이런 변증술(dialectic)의 방법을 지적인 산파술이라고 하였다. 그의 가정에 따르면, 어떤 사람이 불완전하고 그릇된 생각을 갖고 있을 때 그것을 대화를 통하여 점차적으로 교정해 줌으로써 스스로 깨닫게 하고 진리를 이끌어 낼 수 있도록 한다는 것이다. 그는 논점부정(elenchus)이라는 기술로 타인의 견해 뒤에 숨어있는 모순을 들추어 내곤 하였다. 그렇게 함으로써 그는 다른 사람이 잘못 알고 있는 억견을 포기하도록 만들었다(이광래, 2008: 72). 그는 되는대로 사는 삶이 무가치한 것처럼, 심사숙고하지 않는 생각 역시 소유할 가치가 없다고 보았다. 그는 독단적인 관념을 대화 상대방에게 불어넣기보다는 질서정연한 사유과정을 통하여 확실한 지식으로 인도하기를 원하였다.

소크라테스는 보편적 기준의 탐색을 끝없는 탐구의 과정이라고 생각하였다. 그는 일생 동안 결코 진지를 추구하는 행위를 끝냈다고 본 적이 없었다. 그러므로 그는 어떤 고정적이고 구체화된 도덕적 지식의 옹호자가 되지 않았다. 말하자면 도그마에 사로잡히지 않았다는 말이다. 비유적으로 말하자면, 그는 아테네라는 둔한 짐승을 자극하여 보다 성실한 성찰을 수행하게 하는 등에(gadfly)라고 불리었으며, 임산부 대신 지식을 탐구하는 청년을 보살피고 태아의 분만 대신 사상의 탄생을 도와주는 하나의 산파였다. 그는 인간이 미처 깨닫지 못한 보편적 진리를 대화자 각자의 영혼(psyche) 속에서 이끌어 내는 산파였다는 말이다. 소크라테스의 산파술은 스스로 지식인임을 자처하는 소피스트와 같은 사람들에게 오히려 무식자가 되게 하는 자기모순적 결과를 보여주기 때문에, 이런 현상을 소크라테스의 역설(the Socratic Irony)이라고 한다.

(3) 교육적 의의

소크라테스의 탐구과정은 많은 것을 함의하고 있다. 이런 탐구과정을 통하여 많은 사람들이 궁극적 진리에 도달하지 못한다고 하더라도 우리가 알 수 있는 것은, 지식을 추구하는 자는 이런 과정을 통하여 자기 자신을 더욱더 잘 알게 되며 자신의 역량과 한계를 분명하게 인식하게 된다는 점이다. 그는 스스로 많은 사람들로 하여금 윤리적 성찰을 성실하게 수행하도록 격려하는 일이 자기의 사명이라고 생각하였다. 그는 어떤 최종적인 결론을 우리에게 제시해 준 사람이 아니라 삶의 목적과 방법을 제시해 준 철학자요, 교육자였다.

교육과 관련된 소크라테스의 주장을 요약하면 다음과 같다. 첫째, 지식은 실제적이고 도덕적인 가치를 지닌 것으로서 그 본질은 개별적이라기보다는 보편적인 성격을 지니고 있다. 둘째, 지식의 습득과정은 객관적으로는 타인과 대화를 통하여, 주관적으로는 자신의 경험을 성찰하고 분류함으로써 이루어진다. 셋째, 교육은 스스로 참된 지식을 추구하는 사고력을 발달시키기 위한 것이지, 잡다한 기술 정보를 전달하기 위한 것이 아니다.

지와 행의 일치를 믿었던 소크라테스는 누구든지 참을 알면서 악을 행하지는 않는다고 보았다. 그러므로 우리는 윤리 도덕교육이 드러내는 한계점을 그의 교육방법을 통하여 극복하고 그 가능성을 모색해야 할 것이다. 앎과 삶의 일치 문제는 윤리 도덕교육의 큰 과제이기 때문이다. 무지의 자각을 통하여 보편적 진리에 도달할 것을 촉구한 소크라테스는 아테네의 법정에서 진지를 인식한 자는 도덕적 인간이라는 일관된 신념을 토하고, 반도덕성에 대한 경고의 행위로서 기꺼이 죽음을 맞이하였다.

2) 플라톤(Plato: 427~347 B. C.)

(1) 이데아론

플라톤은 소크라테스 사후 이집트, 이탈리아, 시리아 등지를 여행하였으며 많은 철학자들과 교류하면서 사상의 폭을 넓혀 나갔다. 특히 그는 유클리드(Euclid)와 필로라우스(Philolaus)로부터 피타고라스의 수학 원리와 사상을 익혔으며, 파르메니데스(Parmenides)로부터 영향을 받아 자신의 세계관을 형성해 나갔다. 이에 플라톤은 현상계에는 여러 가지 변화가 존재한다는 헤라클레이토스(Herakleitos)의 주장과 실재는 오직 하나이며 변화하지 않는다는 파르메니데스의 주장을 종합하였다. 플라톤은 세계를 감각경험과 변화에 의해 통제되는 현상계와 사유나 영원한 이데아에 의해 지배되는 이상계로 구분하였다. 그는 이원론적 세계관을 수립하여 실재에 관여하는 지식을 현상에 관여하는 단순한 의견과는 다른 차원의 것으로 인식하였다.

플라톤은 대화편에서 진지와 억견을 구별하였다. 억견은 개별적인 행위나 개별적인 사물에 대한 판단을 말하지만 진지는 이데아를 인식하는 것이다. 이데아는 개별적인 것과는 달리 지성으로만 알 수 있는 대상이며, 고정적이고 불변하는 것이요, 시간의 경과에 의해 손상되지 않는 것이며 영원한 것이다. 그러므로 플라톤에 따르면, 인간은 낯선 망각의 세계 속에 던져져 있기 때문에 이성적 수준의 학습이 최상의 과정이다. 그런데 그에 따르면, 모든 인간은 이 세상을 구성하고 있는 이데아에 대한 완전한 지식을 자기 마음속에 지니고 있다. 그러므로 참된 지식은 이데아의 세계를 회상함으로써 얻어지는 것이며, 내성 즉 자기분석에서 나오는 것이다.

이런 지식을 획득하기 위하여 우리 인간은 감각적 정보에서 벗어날 수 있는 능력을 키워야 한다. 플라톤의 형이상학적 주장에 의하면, 우리의 영혼은 신체 속에 들어가기 전에 모든 것을 알고 있었지만, 신체 속에 들어가자마자 영혼의 지식은 감각적 정보에 오염되기 시작한다는 것이다. 그러므로 모든 지식은 이데아계에서 행한 경험의 잔영 내지는 상기라고 할 수 있다. 플라톤은 지식을 생득적인 것으로 생각한 것이다. 그는 이런 지식을 이성을 통하여 사용가능하다고 보았기 때문에 대표적인 이성주의자이다.

(2) 덕의 교육사상

플라톤이 말하는 덕(Arete: excellence, virtue)은 죄없음을 나타내는 단순한 결백이나 악의 결여를 의미하는 것이 아니라 적극적인 탁월성의 성취요, 인간의 모든 능력이 이상적으로 발휘되어서 완성되는 것을 의미한다(Lamprecht, 1955: 34-35). 이런 덕의 완성은 국가라는 인간 공동체를 통하여 실현된다고 보았다. 플라톤은 개인이 조직적인 사회생활에 참여함으로써 자신의 인간적인 발달을 도모할 수 있다고 보는 그리스사상의 독특한 면을 대표하고 있다. 그는 국가도 인간과 같은 유기적 존재라고 하면서, 그것은 개인들의 단순한 집합체가 아니라 분업의 원리에 의하여 조직된 유기체라고 하였다.

플라톤이 구상했던 사회는 경제적 요인, 군사적 요인, 철학적 요인의 결합체이다. 개인은 자신의 욕구를 스스로 충족시킬 수 없기 때문에 사회생활을 영위할 수밖에 없다. 이런 사회적 삶은 행복을 위하여 분업과 협동을 바탕으로 전문화가 필요하다는 주장이다. 이런 구상은 그의 인간론을 바탕으로 이루어진 것이다. 플라톤은 인간의 본성, 즉 정신적인 의식구조는 욕망(appetite), 의지(will), 이성(reason)이라는 세 가지 요소로 구성되어 있다고 하였다.

첫째, 욕망은 인간의 행위를 이끌어 가는 감각과 육체적 욕구를 가리키는 것으로서 절제의 덕으로 표현된다. 생산자 계층은 자신의 욕망을 절제의 덕으로 이끌어야 한다. 둘째, 의지는 자기 주장적인 인간의 경향성이며 행위의 방향을 결정하는 능력이다. 이것은 용기의 덕으로 표현될 수 있으며, 군인계층이 지녀야 할 덕이다. 셋째, 이성은 종합적으로 이해하고 지도하는 기능이며, 지혜의 덕으로 표현된다. 플라톤은 그의 이데아론에서 욕망과 의지는 육체의 기능에 속하지만, 이성은 영혼의 범주에 속하는 것으로서 이데아의 세계에 이미 존재하였던 것으로 보았다(Eby & Arrowood, 1940: 354-355). 이처럼 욕망, 의지, 이성이 모여 인간을 형성하며 그것들은 곧 절제, 용기, 지혜를 통하여 덕으로 나타난다. 이렇게 성립되는 덕은 제각기 국가를 구성하고 있는 생산자계층, 군인계층, 통치자계층에 필요한 덕이 된다.

그런데 이런 세 계층이 이상국가의 형성을 위하여 제각기 자기 역할을 충실히 하려면 이 세 계층을 조정하고 조화시키는 위계적인 통합의 원리가 필요하게 된다. 플라톤은 이런 통합의 원리를 정의(justice)라고 하였다. 정의는 인간 개인이 모든 잠재력을 통일된 활동 가운데서 유감없이 발휘함으로써 내적인 부조화를 해소시킬 때 생기는 덕이다. 따라서 정의는 조화와 통합의 원리로서 다른 덕들이 함께 모여서 이루게 되는 절정의 것이다. 정의는 인간이 지닌 모든 덕을 하나로 조화시켜 완성해 나갈 때 생겨나는 것으로서 모든 사회계층을 통합시키는 원리로 작용한다.

플라톤에 따르면 절제와 용기 그리고 지혜는 인간을 형성하든 아니면 국가를 형성하든 반드시 필요한 덕이다. 그런데 덕은 원래부터 하나이다. 예를 들면, 용기와 절제는 지혜 없이는 있을 수 없고, 절제 없는 용기는 일종의 저돌적 도전이 되며, 용기 없는 절제는 맥 빠진 평범 밖에 되지 않는다. 이런 시각으로 보면, 국가도 인간과 마찬가지로 원칙적으로는 하나의 통일체이다.

이런 세 가지 덕을 키우기 위한 일은 교육의 주된 과제가 된다. 절제를 키우기 위해서는 음악이, 용기를 위해서는 체육이, 지혜를 위해서는 변증법이 필요하다. 그러므로 음악, 체육, 변증법은 좁은 의미의 교과교육을 형성한다. 먼저 음악은 그리스에서 뮤즈 신이 주재하는 예술 전반에 대한 명칭으로 온건한 태도, 감수성, 가치 있는 취미활동을 가능하게 하는 교과이며 영혼을 위한 과목이라고 하였다. 체육은 정신을 맑게 하고 씩씩하게 만들며 강한 기질과 굳센 의지를 북돋워 주는 등 도덕적인 목적을 위해 장려되는 교과이며 신체를 위한 교과라고 하였다. 변증법은 고도의 지적인 훈련을 통하여 보다 오묘하고 체계적인 지혜의 덕을 얻을 수 있는 과목이다.

(3) 교육적 의의

플라톤이 말하는 교육은 먼저 인간의 영혼이 세계에 상관하는 일에 관심을 가진다. 우리의 신체가 그렇듯이 영혼도 역시 필요한 영양분을 섭취하여야 생존할 수 있다. 그러므로 교육은 영혼이 활동하는 동안 정신적 삶에 필요한 영양분을 공급하기 위하여 필요한 것이다. 이런 교육은 영혼의 눈을 순수한 빛을 향하도록 도와주는 일이며, 도덕과 자기훈련을 통하여 점진적으로 지혜를 습득하도록 지원하는 것이다. 그러므로 교육은 영혼에 내재하는 능력을 현상보다는 이념을 향하여 방향을 잡도록 교도해 나가는 일을 말한다. 교육은 학습자가 자신의 내면에 존재하는 가치지향성을 올바르게 인식하고 실현하도록 도와주며, 또한 현실의 불완전성을 자각하고 자신의 영혼에 반성과 자각을 촉구하는 일, 즉 영혼의 전향술을 뜻하는 것이다.

이런 맥락에서 보면, 지식교육은 인간의 올바른 인식행위가 억견의 상태에서 벗어나 이성적 수준에서 심화되는 과정을 말한다. 따라서 이런 인식의 심화과정이 교육과정을 선별하는 기준이 되는 것이다. 음악과 체육을 통하여 어느 정도 지적 성숙을 이룩한 인간은 현상계에 대한 탐구에서 벗어나 확고하고 변치 않는 영원한 지식을 추구하게 된다. 이런 이유로 플라톤은 기하학과 대수학을 교육과정에서 중요하게 다루었다. 수학이 현상계의 관심에서 벗어나서 실재의 세계를 추구하도록 동기를 제공하기 때문이다.

플라톤은 《메논》에서 한 번도 학교를 다닌 적이 없는 노예소년이 기하학의 원리를 이해하는 장면을 보여준다. 여기에서 학습이란 외부에서 지식을 주입하는 것이 아니라 인간의 내부에 심어진 것을 깨닫게 하는 일이라는 점을 보여줌으로써 학습은 곧 상기(remembering)라는 사실을 증명하고 있다. 상기설로 표현되는 플라톤의 교육방법은 진리에 도달하려는 우리 인간의 진지한 노력이며, 이상세계를 직관할 수 있는 하나의 방법으로서 그 의미를 가진다.

3) 아리스토텔레스(Aristotle: 384~322 B.C.)

(1) 목적론적 세계관

트라키아지방의 스타게이라 식민시에서 출생한 아리스토텔레스는 마케도니아 왕의 시의였던 부친 니코마코스(Nicomachos)의 영향으로 어릴 때부터 실제적이고 실증적인 면에 많은 관심을 가졌다. 18세 되던 해에 아테네로 가서 당시 60세의 플라톤 밑에서 20년 동안 사사하였고, 플라톤이 세상을 떠난 후 "스승을 사랑해야 하지만 진리를 더 사랑해야 한다."라는 말을 하고서는 독자적인 사상을 펼쳐나갔다.

아리스토텔레스는 42세에 마케도니아에서 15세 소년 알렉산더 왕자를 7년 동안 가르쳤으며, 50세가 되던 해에는 아테네로 돌아와 리세움(Lyceum) 정원에서 학원을 열고 알렉산더대왕이 사망한 기원전 323년까지 12년 동안 학문을 연구하고 제자들을 가르쳤다. 그는 오전에 논리학, 자연과학, 형이상학을 강의하였고, 오후에는 변론술, 윤리학, 정치학 등을 강의하였다. 리세움 정원은 우거진 숲으로 둘러싸여 있어서 사색하기 좋은 장소였기 때문에 아리스토텔레스는 제자들과 함께 학문적 주제를 놓고 토론과 강의에 몰두할 수 있었다. 아테네인들은 이곳에서 학문을 탐구하였던 아리스토텔레스학파를 소요학파(Peripatetic)라고 불렀다.

르네상스기의 천재화가 라파엘로의 작품 '아테네의 대학'에서 보듯이 플라톤이 정열적인 성격을 지녔다면 아리스토텔레스는 냉철한 성격의 소유자였으며, 플라톤이 하늘을 가리키며 이데아를 흠모하던 사람이라면, 아리스토텔레스는 대지를 밟으면서 걸어가는 사람이었다. 그리고 플라톤이 인간문제에서 출발하여 자연을 단순히 인간의 이상 추구를 위한 배경으로 보았다면, 아리스토텔레스는 이와는 달리 자연에서 출발하여 인간을 자연의 일반적 진행 가운데서 드러나는 전형적이면서도 독특한 그리고 특수화된 하나의 경우로 보았다(Lamprecht, 1955: 55-56). 그러므로 아리스토텔레스는 경험적 관찰에 대한 호의적인 태도를 가지고 물질적인 현상이나 생득적인 현상에 대한 방대한 사실들을 수집하였다. 그에 따르면 감각적 인상은 지식의 시작이며 그것들 사이의 질서를 발견하려면 이런 인상들을 숙고할 수 있는 이성이 필요하다. 감각적 정보도 지식의 중요한 원천이지만, 그것만 가지고서는 경험세계를 지배하는 법칙을 알 수 없기 때문에 이성적 사고를 적극적으로 활용해야 한다는 말이다.

그러므로 아리스토텔레스는 플라톤과는 달리 이데아는 현상계에 내재한다고 주장하면서 경험세계를 실재하는 것으로 보았다. 그는 일원론을 내세우면서 이데아계와 현상계 간의 동적인 발전사상을 제시하였다. 그에 의하면, 세계는 형상(eidos, form)과 질료(hyle, matter)로 구성되어 있다. 질료는 장래에 형상으로 실현되는 가능태(dynamics, potentiality)이며, 형상은 질료가 목적으로 실현되는 현실태(energia, actuality)이다. 개체 간의 관계에 있어서 저차원의 것은 고차원의 것을 실현하는 수단이요, 고차원의 것은 저차원의 것이 지향하는 목적이다. 그러므로 모든 개체, 즉 전세계가 가능태에서 현실태로 발전하는 과정에 있으며 결코 고정되어 있는 것이 아니다. 이를테면, 식물적 부분이나 동물적 부분은 이성적 부분과 질료와 형상의 관계에 있는 것이다. 이 양자는 별개의 것이 아니라 수단과 목적의 관계에 있다는 말이다. 이것이 바로 아리스토텔레스의 유기적 목적론이라고 할 수 있는 주장이며, 존재를 형상과 질료의 비례적 결합으로 간주하는 목적론적 세계관이다(Lamprecht, 1955: 67-74). 그의 세계관은 긍정적이든 부정적이든 간에 서구사회의 세계관 형성에 많은 영향을 미치고 있다.

(2) 덕의 교육사상

아리스토텔레스에게 있어서 교육의 핵심은 '덕은 어떻게 획득되는가?' 라는 문제이다. 그는 덕을 이미 주어진 선천적인 능력이라기보다는 후천적으로 얻을 수 있는 것이라고 보았다. 우리가 덕을 계발하여 사용할 수도 있고 그렇지 못할 수도 있다는 말이다. 소크라테스와 플라톤은 덕을 곧 지식이라고 규정하여 지식의 의미를 확장시켰지만, 아리스토텔레스는 덕이 교육을 통하여 계발될 수 있다는 점에 주목한 것이다.

아리스토텔레스는 국가를 플라톤처럼 초지상적이고 이데아적인 삶을 위한 교육기관으로 규정하지 않고, 폴리스적인 동물이라는 인간의 본성을 현실적으로 완성시킬 수 있는 장소로 보았을 뿐이었다. 인간 스스로 사회적 삶의 규범이 되는 덕을 계발하여 행복을 누려야 한다고 주장한 것이다. 그러므로 이성을 통한 덕의 계발이 그에게는 핵심이 되는 교육의 과제이다.

아리스토텔레스는 영혼의 수준에 있는 인간의 정신을 식물적인 것과 동물적인 것, 그리고 이성적인 것 세 가지로 나누어서 인간의 정체를 규명하려고 노력하였으며, 이성을 통하여 인간존재의 수월성을 확인하려고 하였다. 먼저 식물적인 부분은 영양섭취와 생장적 기능에 관여하는 것이고, 동물적 부분은 한 단계 높은 것으로서 감성적 지각과 운동기능을 수행한다. 최상의 것인 이성적 부분은 우리 인간에게만 유일한 자족적이고 초월적인 기능을 수행하는 것으로 보았다. 이성적 부분은 다시 실천적 이성과 이론적 이성으로 나누어진다(Eby & Arrowood, 1940: 404-405). 실천적 이성은 영혼의 식물적 수준과 동물적 수준에서 작용하며 욕망에 사로잡힌 영혼의 행위를 적절하게 통제하고 방향을 제시하는 역할을 수행한다. 따라서 인간사회에서 도덕과 정치는 실천적 이성이 특별히 관여해야 하는 분야가 된다. 하지만 이론적 이성은 진리탐구 행위에 몰두하고 자기 자신의 순수한 행위, 즉 보편적 진리의 본질에 관심을 가지는 것으로 사색적이다. 이론적 이성은 자기목적적인 행위를 수행한다고 보는 것이다.

아리스토텔레스에 따르면, 인간의 독특한 수월성은 이성 능력에 있기 때문에,

지성의 계발은 행복을 성취할 수 있는 가장 중요한 덕이 된다. 그런데 실천적 이성은 도덕적이요, 정치적이지만 이론적 이성은 지적이다. 그러므로 자신의 순수한 행위에 집중할 수 있는 관조의 삶, 즉 이론적 이성을 사용하여 진리탐구에 몰두하는 삶이야말로 최고의 행복이 된다. 이런 관점에서 보면, 덕을 획득할 수 있는 길은 두 가지가 있다고 하겠다. 하나는 이론적 이성을 사용하여서 진리탐구에 몰두하는 일이고, 다른 하나는 실천적 이성을 사용하여 덕을 계발하는 일이다.

그런데 아리스토텔레스에 따르면, 행복은 교육의 목적이지만 국가의 목적이기도 하므로 덕은 시민교육의 주제가 되는 것이다. 그리고 시민교육은 실천적 이성의 영역에 속하는 것이기 때문에 정치학의 주요 분야가 된다. 실제로 아리스토텔레스는 그의 《정치학》에서 체계적인 교육이론을 제시하였다.

아리스토텔레스에 의하면, 실천적 이성의 영역에서 행복에 이르는 길은 중용이다. 덕으로서 중용은 욕망에 근거하는 행위가 지나침이나 모자람 없이 최상의 방식으로 적절하게 행해질 때 그것은 덕이 된다. 이를테면 중용의 덕은 상황에 따라서 가장 알맞은 행위를 이끌어 내는 일이므로, 활을 쏘아서 과녁에 적중시키는 것과 같다고 할 수 있다. 그러므로 중용은 산술적 평균이 아니다. 예를 들면, 용기의 덕은 비겁함과 만용의 중용이며, 관대함의 덕은 인색과 낭비의 중용이고, 우정의 덕은 무정과 아첨의 중용이다. 그리고 공정함의 덕은 타인에 대한 방자한 무시와 소심한 굴복과의 중용이요, 온화함의 덕은 냉담과 화급의 중용이고, 절제의 덕은 편협한 금욕과 방종한 탐닉과의 중용이다. 이처럼 인간이 지닌 충동이나 욕망의 수만큼이나 많은 형식의 도덕적 탁월성이 있다. 이런 중용의 덕을 성취하기란 용이한 일이 아니며 지혜를 바탕으로 장구한 훈련과 실천을 필요로 한다.

(3) 교육적 의의

아리스토텔레스의 지식이론은 플라톤과는 달리 법칙이나 형상 또는 우주는 그것들의 경험적 표현과 독립된 어떤 존재를 따로 두고 있지 않다. 그리고 모든 지식은 감각적 경험에 기초를 두고 있다고 주장한다. 따라서 아리스토텔레스의 경험연구가 현대 학습이론에 많은 영향을 미쳤다. 그는 구체적으로 자신의 경험주의적 견해를 정교화하여 결합법칙(law of association)을 만들었다. 말하자면, 한 가지 대상에 대한 경험이나 재생은 그와 비슷한 대상이 인출되며, 마찬가지로 반대 사상(寫象)이 재생되거나 원래 그런 사상과 함께 경험되었던 것이 재생된다. 아리스토텔레스는 두 가지 사상이 보다 자주 같이 경험될수록 하나의 대상에 대한 경험이나 재생은 다른 대상의 재생을 자극할 가능성이 높다는 점에 주목하였다. 그러므로 관념, 즉 이데아를 일으키는 것은 감각적 경험이라고 보는 것이다. 감각적 경험에 의해 자극되는 이데아는 유사성, 대비, 인접, 빈도의 법칙에 따라 다른 이데아를 자극한다. 철학의 인식론에서는 이런 법칙들을 이용하여 이데아들 사이의 관계를 설명하는 것을 결합주의(associationism)라고 부른다.

아리스토텔레스는 학자로서는 처음으로 심리학에 관한 저술을 하였는데, 현대 교육심리학에 함의를 제공하였다는 점에서 높이 평가할 수 있다. 하지만 아리스토텔레스 이후 경험과학의 발전에 걸었던 희망은 사라져 버렸다. 그리스문명의 몰락, 게르만민족의 발흥, 종세 기독교의 지식관 등이 경험과학적 탐구의 기회를 둔화시켜버렸다. 중세의 인간관은 인간을 일반적인 자연법칙과는 별도로 자유의지를 소유하고 있으며, 자의성과 신의 법칙에만 따르는 영혼을 가진 피조물로 생각하였다. 자유의지를 가진 이런 피조물은 과학적 연구의 대상이 될 수 없는 신성불가침의 것이라고 간주하였으며, 신체해부와 같은 실험대상으로는 결코 허용하지 않았다. 이런 이유로 경험과학에서 말하는 관찰연구방법은 발전할 수 없었다.

4) 키케로(Cicero, Marcus Julius: 106~43 B. C.)

(1) 교육적 인간상으로서 웅변가

로마의 정치가로 이름을 떨쳤던 키케로는 청년시절 아테네로 유학하여 아카데미학파와 스토아학파에서 수학하였다. 그의 학문적 공적 가운데 빼놓을 수 없는 것은 그리스어로

된 철학용어를 라틴어로 번역한 일이다. 현대어로 된 철학용어의 태반은 그의 라틴어 번역에 기초하고 있다. 그리고 그의 철학에세이 《호르텐시우스》는 로마시대와 중세에 철학의 입문서로 널리 사용되었으며, 특히 아우구스티누스(Augustinus)가 철학에 입문하는 데 결정적인 기여를 하였다.

그는 전통적인 도덕적 신념을 수용하면서 의무에 충실하고 자기도야를 강조하는 스토아철학과 소크라테스, 플라톤, 아리스토텔레스로 이어지는 덕의 사상을 계승하였다. 그는 《웅변론》을 통하여 그리스의 전통적인 가치와 이상을 라틴세계에 알린 그리스문화의 대변자였다. 이런 키케로의 영향으로 로마교육은 의사전달의 주요수단이 되는 대중연설의 기술을 증진시키는 일에 몰두하였으며, 웅변인 양성이 교육목적이었다.

따라서 그는 이런 목적의 실현을 위해 웅변가의 자질을 제시하면서 폭넓은 교양과 훌륭한 인간성을 갖추어서 선을 내세우는 토론에 능숙하게 임하며 공명정대한 대의를 부르짖는 자를 웅변가라고 하였다. 여기서 말하는 웅변가는 듣기 좋은 말만 택하거나 감정을 자극하는 언사를 펼쳐서 자신의 사욕을 채우는 담론가가 아니다. 웅변가는 학문에 정통하면서 선을 실현하는 교양인이라고 할 수 있다.

키케로가 내세우는 훌륭한 웅변가의 조건을 정리해 본다. 첫째는 수사학, 문학, 역사, 정치학, 법학, 철학 등 학문에 정통해야 한다. 둘째는 명예심, 애국심, 의무감, 자기도야 정신, 공공봉사정신 등 스토아철학의 가치들을 이해하고 실현해야 한다. 셋째는 자신의 의견을 피력할 경우, 장황함이나 과장됨을 피하면서 지나친 감정이나 과격한 표현을 삼가야 한다. 넷째는 진리를 명쾌하게 밝히기 위하여 균형 잡히고 정확한 문장을 사용할 줄 알아야 한다. 다섯째는 타인의 의견이나 관심사항을 존중하고 그들의 지적인 자유와 자기표현의 권리를 보호할 수 있는 관대한 사람이 되어야 한다. 여섯째는 논의의 여지가 있는 문제들에 관해서는 항상 다양한 견해를 살필 줄 알아야 한다.

이런 자질을 갖춘 웅변가는 자신의 근본적인 신념은 포기하지 않으면서도 항상 다양한 견해 가운데서 어떤 진실을 발견할 수 있으며, 어려운 문제에 부딪혔을 경우에는 합리적인 결론을 도출할 수 있는 자이다. 따라서 키케로가 말하는 웅변가는 그리스인들이 교육적 인간상으로 추구하였던 교양인과 같은 유형의 인간상이라고 할 수 있다.

(2) 철인정치의 실현

키케로는 웅변가가 정치지도자가 되어서 국가의 발전을 도모하고 이끌어 가야 한다고 보았다. 그는 로마에 적용 가능한 정치 형태로서 군주정치체제(monarchy)와 과두정치체제(oligarchy) 그리고 민주정치체제(democracy)를 들었다. 먼저 군주정치는 국민들에게 충분한 권리를 제공할 수 있는 현명한 군주를 만나지 못한다면 많은 사람들이 권리를 박탈당하게 될 것이라고 하였으며, 과두정치는 통치자들이 국민들에게 정의롭지 못한 부담을 안겨주면서 자유를 규제하기 십상이라고 하였다. 그리고 민주정치는 지혜나 기술, 성격 등의 측면에서 우수한 시민들은 그렇지 못한 시민들보다 더 좋은 대우를 받을 수 없는 부당한 정치라고 하였다. 그는 현명한 군주가 다스리는 군주정치체제를 선택하려고 하였지만, 교양을 갖춘 시민들은 실제적으로 앞의 세 가지 체제로부터 장점은 취하고 단점은 피하는 노력을 계속해야 한다고 충고하였다.

그는 현명한 군주라면 신중하고 합리적인 사람들이 수용할 수 있는 법률을 제정할 것이고, 현명한 행정가나 재판관들은 신중하고 합리적인 사람들이 수용할 수 있는 방법으로 법률을 해석하고 적용할 것이라고 하였다. 이런 방식으로 법률을 제정하고 적용한다면, 공평무사한 정책이나 결정이 나오게 되며 전체 공동체를 잘 보존하면서 개인들에게는 정의를 행할 수 있게 된다고 하였다. 시민공동체의 보존과 발전을 위하여 어느 누구도 권력을 남용해서는 안 된다는 경고가 담긴 키케로의 정치관과 법률관은 철인통치를 통하여 가능할 것이다.

5) 퀸틸리안(Quintilian Marcus Fabius: 35~95 A. D.)

(1) 대표적인 웅변교사

퀸틸리안은 변론의 형식화나 웅변교육의 타락에 대하여 많은 관심을 가졌으며 변론술의 회복과 웅변교육에 대단한 열정을 보였다. 그는 변론의 원리를 넓고 다양하게 연구하여 그리스시대 이래 변론술을 집대성하였고 웅변가의 양성을 위하여 키케로의 교육적 주장을 계승하였다. 말하자면 웅변이 지적, 도덕적, 언어적 교양의 결정체임을 강조하면서 변론의 기본과정을 무시한 당시의 교육풍토를 비판하였다.

그는 수사학교를 통하여 로마의 유명한 법관, 정치가, 군인들을 많이 배출하면서도 《웅변교수론》을 집필하는 등 저술활동에도 성실하게 임하였다. 이 문헌은 그가 20년간 교육경험을 배경으로 2년에 걸쳐서 완성한 것이며 12권으로 구성되어 있다. 제1권은 웅변가의 예비교육을, 제2권은 웅변가 양성과 변론술의 본질을 논하였는데 이 두 권은 공히 초중등교육의 방법과 교과교육과 학생 관리에 관하여 자세히 논하며, 또한 고등교육에 속하는 수사학의 제반 원리와 교수법을 논의하였다. 제3권에서 7권까지는 문장의 구상과 창작에 관하여, 제8권에서 11권까지는 암송이나 발음 등 웅변기술에 관하여 논의하였고, 제12권은 교육의 이상과 웅변가의 이상에 관하여 논하였다(안상원, 1989: 165). 이 문헌은 이론적이라기보다는 실제적인 성격을 지닌 것으로서 많은 수사학교에서 교과서로 사용되었다.

1416년 스위스 콘스탄츠 호수 곁에 있는 성 갈렌 수도원에서 이 문헌의 사본이 발견되어서 브라치올리니에 의해 새롭게 출판되었으며 문예부흥기 인문교육의 지침서로 널리 활용되었다. 에라스무스, 루터, 밀턴, 밀 등의 훌륭한 학자들이 이 문헌을 읽고서 퀸틸리안을 존경하게 된 것은 잘 알려진 사실이다.

(2) 웅변가 교육

퀸틸리안의 최초의 저술은 《웅변술 쇠퇴 원인론》이다. 여기에서 그는 웅변술이 형식주의로 타락하는 것을 한탄하고 그 원인을 진단하였다. 공화정에서 제정으로 변하는 과정에서 정치적 자유가 줄어들어서 언론의 기술이 되는 웅변술도 존재기반을 상실하게 된 것이다. 그리스시대부터 변론술은 의회변론, 법정변론, 의례변론으로 삼분되어 왔는데, 의회변론은 유명무실해졌고 법정변론도 자유롭지 못하게 되어버렸다. 웅변이 위험한 기술로 인식되었고 오히려 침묵이 미덕이 된 것이다. 변론의 주제는 인간의 삶에서 멀어지게 되면서 웅변술이 변론을 위한 변론으로 전락함으로써 형식과 기교만 강조하기에 이르렀다는 비판이었다.

퀸틸리안은 변론의 형식화와 웅변교육의 타락에 대하여 우려하였으며 변론술의 회복과 교육에 대하여 많은 노력을 기울였다. 그는 변론의 원리를 넓고 다양하게 연구하여 그리스시대 이래 변론술을 집대성하였고 웅변가 양성을 위하여 키케로의 주장을 수용하였다. 말하자면, 웅변술이란 지적, 도덕적, 언어적 교양의 결정체임을 강조하고 변론의 기본과정을 경시하였던 당시의 풍토를 비판한 것이다.

그는 인간이면 누구나 스스로 학습할 수 있는 능력을 선천적으로 지니고 있다고 하였다. 새는 날 수 있고 말은 달릴 수 있게 태어나는 것처럼, 인간은 이해할 수 있는 능력을 지니고 태어난다는 것이다. 이런 관점에서 그는 어린이의 선천적인 능력을 계발하는 일을 교육의 궁극적 목적으로 삼았으며, 웅변가 양성을 교육의 구체적인 목적으로 간주하였다. 그는 형식주의에 빠진 웅변술이나 기교만 내세우는 웅변가교육을 개혁하여 교양을 기초로 하는 선한 인간으로서의 웅변가를 양성하고자 하였다. 아래 글에서 퀸틸리안의 입장을 잘 살펴볼 수 있다(Robert, 1965: 40).

> 완전한 웅변가는 성실하고 정직하며 착한 사람이어야 한다. 그렇지 않으면 웅변가로서 자격이 없다. 우리들은 웅변가에게 웅변에 대한 재능뿐만 아니라 천부의 심덕을 바란다. 왜냐하면 성실하고 정직한 삶은 철학자에게만 국한된 것이 아니기 때문이다. 그리고 시민의 자격으로 활동하고 공적인 일을 처리할 수 있으며, 또한 자기 자신의 뜻으로 도시를 지배하거나

유지할 수 있고 자신의 판단을 통하여 도시를 개선할 수 있는 사람은 웅변가가 되지 않을 수 없기 때문이다. 웅변가는 학문의 능력이나 웅변에 필요한 자격뿐만 아니라 도덕적인 면에 있어서도 현자와 같은 사람이다.

퀸틸리안은 특히 어린이를 위한 학교교육을 지지하였다. 가정에서는 어린이의 나쁜 행동을 방관하기 쉽지만 학교에서는 어린이의 나쁜 버릇을 방지하고 고칠 수 있는 교사들을 채용하고 있으며, 학교에서는 대단히 효율적으로 교과를 가르칠 수 있기 때문이다. 그렇지만 그는 체벌을 반대하였다. 유능한 교사는 더 좋은 방법으로 학생들을 지도할 수 있다고 보았다. 체벌은 학생들에게 존경심보다는 증오심이나 불경심 또는 잔인한 감정을 심어주기 쉽다. 교사는 좋은 의지를 가지고 학생들이 당면한 문제나 학생의 발전에 관심을 가져야 하기 때문에 체벌보다는 다른 방법을 사용해야 한다는 주장이다.

연구 및 토의과제

1. 스파르타교육과 아테네교육의 공통점과 차이점을 토론해 보자.
2. 소크라테스, 플라톤, 아리스토텔레스의 공통된 인간관을 정리해 보자.
3. 소크라테스의 교육방법을 교실수업에 적용하는 방식으로 토론해 보자
4. 로마의 교육적 인간상인 웅변가의 특징을 토론해 보자.
5. 헬레니즘시대의 교양교육의 의미를 정리해 보자.

추천/도/서/

오인탁(2003). 파이데이아: 고대 그리스의 교육사상. 서울: 학지사.
임태평(2000). 플라톤철학과 교육. 서울: 교육과학사.
Cicero(1989). 키케로의 의무론: 그의 아들에게 보낸 편지. 허승일 역. 서울: 서광사.
Mason, Cora(1991). 소설 소크라테스: 끊임없이 질문을 던진 사람. 최명관 역. 서울: 서광사.
Plato(1992). 플라톤의 국가론. 최현 역. 서울: 집문당.

CHAPTER 07

중세사회의 교육

CHAPTER

07 중세사회의 교육

원 • 전 • 읽 • 기

그런데 사물 중에는 어떤 것은 즐기며, 어떤 것은 이용하며, 어떤 것은 여전히 즐기며 또 이용한다. 즐김의 대상이 되는 것은 우리를 행복하게 만든다. 이용의 대상은 행복하게 되려는 우리의 노력을 도우며 이를테면 뒷받침해서, 우리를 행복하게 만드는 것을 우리가 얻으며 거기에 안주하게 한다. 만일 우리가 이런 것들을 즐기며 이용할 때에, 이용해야 할 것을 즐기기 시작한다면, 우리의 전진에 방해를 받으며 심지어 바른 길에서 벗어나게 되는 때가 있다. 그래서 저급한 것으로 만족하는 데 빠져, 즐김의 진정한 대상을 얻는 일이 혹은 늦어지며 혹은 아예 막혀 버린다.

어떤 사물을 즐긴다는 것은 그것 자체 때문에 그것에 안주하는 것이다. 그와 반대로 이용한다는 것은 우리가 가지기를 원해도 합당한 것을 얻기 위해서, 마음대로 처분할 수 있는 것을 사용한다는 뜻이다. 합당하지 않는데 사용하는 것은 악용이라고 한다. 가령 우리가 타향에서 방랑하며, 고향을 떠난 생활이 행복하지 않으므로 이 방랑과 불행을 끝내기 위해서 고향에 돌아가기로 결심했다고 하자. 그러나 행복이 기다리고 있는 그 고향까지 가려면, 육로로 가든 수로로 가든 간에 교통기관이 필요하다.

그런데 우리가 통과하는 지방의 산천이 아름답고 여행 자체가 상쾌해서, 마음이 거기에 매혹되어, 이 여행을 속히 끝내고 싶지 않고, 이용해야 할 수단들을 도리어 즐기게 된다. 이런 가짜 기쁨에 빠져 우리는 고향의 진짜 기쁨을 잊어버린다. 이런 것이 이 죽을 인생에 처한 우리의 모습이다. 우리는 하나님을 멀리 떠나 방황한다. 하나님의 집으로 돌아가려면 우리는 이 세상을 이용하되, 즐겨서는 안 된다. 하나님이 지으신 만물들에 의해서 하나님의 보이지 아니하는 것들을 이해하며 분명히 보게 되어야 한다. 바꿔 말하면 물질적이며 일시적인 것들을 수단으로 삼아서 영원한 것들을 파악해야 한다.

출처: 성 아우구스티누스(1994). **기독교교육론**. 김종흡 역. 서울: 크리스챤다이제스트. 제1권 3, 4장 이용과 즐김에 관하여, pp. 31-32.

사유하기 '이용과 즐김의 교육철학적 의미를 통하여 교육의 수단적 의미와 교육의 목적적 의미를 파악할 수 있다. 이용과 즐김의 용례를 통하여 교양교육의 의미를 파악해 보자.

1. 역사적 배경

1) 중세사회의 문화와 교육

서구사회에서 중세를 정치사에서는 서로마제국이 멸망한 476년부터 동로마제국이 몰락하여 문예부흥운동이 일어나기 시작한 15세기까지 약 1,000년에 걸친 시기를 말한다. 문화사에서는 529년 유스티아누스 황제에 의해 아테네 대학이 폐쇄된 때부터 시작하여 15세기 유럽에서 문예부흥운동이 시작한 때까지를 말한다. 하지만 중세를 기독교사상과 분리시켜서 생각할 수 없으므로 기독교가 서구사회에 영향을 미치기 시작한 때부터 시작된 것으로 보는 것이 타당할 것이다. 교육사에서는 중세를 전후기로 나누어서 전기를 기독교시대(4C~10C)로, 후기를 세속시대(10C~14C)로 구분해서 논한다.

북방에서 남하한 게르만족이 라틴족이 이룩한 로마문화를 철저하게 소멸시켜 버렸기 때문에 중세를 암흑시대라고 부르기도 한다. 게르만족의 침입으로 고대 로마의 질서가 붕괴되었으며 중세사회는 새로운 질서가 필요하게 되었다. 기독교는 종교적인 측면뿐만 아니라 사회적으로도 중세사회의 안정과 질서에 기여하는 버팀목으로 작용하게 된 것이다.

기독교는 313년 콘스탄티누스 황제에 의해 공인받게 되면서 서구사회를 지배하는 세계적인 종교로 발돋움하게 되었다. 기독교사상은 창조개념을 전제로 성립되었다. 여기에서 말하는 창조는 만유, 즉 이 세상만물과 그것의 근원인 초월적인 신과의 관계를 통하여 성립된 것을 의미한다. 고대 그리스철학도 만물의 근원에 대하여 관심을 가지고 학설을 펼쳤지만, 기독교에서 말하는 '무에서의 창조' 라는 생각은 하지 못하였다.

중세사상이 기독교사상만으로 구성된 것은 아니다. 기독교사상을 바탕으로 그리스철학을 수용하면서 종합되고 융합된 사상이라고 할 수 있다. 중세사상은 계시에 의한 신앙적 진리를 절대 진리로 확인할 뿐만 아니라 이성에 의한 철학적 진리를 인정함으로써 양자의 필연적인 조화를 시도한 것이다. 따라서 중세 교육사상에 영향을 미친 철학은 교부철학과 스콜라철학으로 구분되는데, 전자는 기독교신학의 형성을 위해 교회를 육성한 교부들을 통하여 논의된 철학을 말하며 2세기에서 7세기까지 융성하였다.

기독교교리의 확립은 교부시대로 막을 내리고 그 이후에는 주로 교리의 학적인 체계화가 시도된다. 신학의 학문적 방법이 수립되면서 동시에 이성적 사고의 독자적인 능력이 발견되기 시작한 것이다. 이런 방법의 수립과 능력의 발견은 주로 교회나 수도원에 속한 스콜라(schola)라는 학교에서 이루어졌기 때문에 스콜라철학이라는 말이 생겨나게 된 것이다.

중세사회는 약 1,000년간 유지되었다. 흔히 평가하는 것처럼 암흑시대로 일관되었다면, 1,000년이라는 시간 동안 중세사회가 어떻게 지속될 수 있었을까라는 의문이 생기지 않을 수 없다. 중세는 나름대로의 가치와 의미를 지니고 있다고 보아야 한다. 그 가운데 중세를 근대사회의 준비기로서 의미를 찾을 수 있다. 중세는 고대와 근대를 연결시키면서 근대사회를 탄생시키기 위하여 특별한 문화와 사회를 구성한 시기로 볼 수 있다는 주장이다. 이런 의미에서 중세사회를 다음의 네 가지

요소를 가지고 개관해 본다(안상원, 1989: 171-172).

첫째는 기독교의 성립과 발달이다. 기독교가 로마세계로 전파되어 헬레니즘과 접촉하면서 기독교의 진리성을 철학적으로 해명하고 교회를 변호하게 된 것이다. 이를 통하여 미개한 게르만족을 교화시키게 되었고 교황권의 구축을 통하여 강력한 기독교문화가 형성된 것이다.

둘째는 유럽사회에 큰 충격으로 작용한 사라센문화와의 교섭이다. 십자군 원정을 통하여 근동지방에서 발흥한 사라센제국과의 인적 · 물적교류의 결과로 사라센문화를 알게 되었고, 그 결과로 새로운 학문적인 경향을 발전시켜 나가게 된 것이다.

셋째는 봉건국가의 성립이다. 서로마제국을 멸망시킨 게르만족의 일파는 프랑크왕국을 세웠으며, 이 왕국의 통치자 카알 대제(Charles Karl)는 민족을 결속시켜서 봉건국가를 성립시켰다. 정치적으로는 봉건제도(feudalism)가 만들어졌으며 경제적으로는 장원제도(manor system)가 이루어졌다.

넷째는 시민계급의 형성으로 세속교육이 확대되었다. 1096년부터 약 200년 동안 이루어졌던 십자군 원정이 실패함으로써 교황권이 실추되고 봉건제도가 몰락하게 되었다. 중세사회의 양대 계급이었던 성직자와 귀족의 권한은 약화되었으며, 상공업에 종사하는 시민들이 새로운 계급을 형성하게 되었다. 이들은 자본이라는 새로운 힘을 축적하여 자신들의 권한을 확대시켜 나갔으며, 세속교육의 확대를 통하여 자신들의 교육적 욕구를 충족시켜 나갔다. 결국 중세사회는 교회제도를 통하여 사회 · 윤리적 통솔의 근거를 마련해 나갔으며, 장원제도를 통하여 경제적 통솔의 근거를, 그리고 기사제도를 통하여 정치적 통솔의 근거를 마련해 나갔다고 볼 수 있다. 이런 세 제도가 중세사회를 오랜 시간 동안 잘 보존하고 유지시켜 주었다는 주장이다.

2. 교육의 실제

1) 수도원교육

(1) 수도원의 이상

기독교 수도원운동의 창시자는 이탈리아의 베네딕트(Saint Benedict, 480-543 A.D.)이다. 그는 부유한 집안 출신으로 529년 나폴리 근방 몬테카지노 산에 최초의 기독교 수도원을 창설하였다. 그는 73개 조에 달하는 계율을 만들어서 수도원 생활을 조직하고 관리해 나갔다. 이 계율에 의하면 수도원 생활은 순결, 청빈, 복종이라는 3대 이상을 실현하는 일에 의미를 두었다(Wild, 1944: 175). 먼저 순결의 이상은 가족을 포함한 모든 인간관계에서 발생하는 애착을 철저하게 단념하는 것을 뜻한다. 청빈의 이상은 모든 경제관계와 물질의 이익을 거절하는 것을 말한다. 그리고 복종의 이상은 모든 권력과 계급의 차별에 대한 부정과 오직 하나님에 대한 복종을 가리킨다. 이처럼 수도원 생활은 사회조직의 3대 분야인 가족관계와 경제활동 그리고 정치행위를 부정하면서 신앙의 순수성을 유지해 나갔다.

수도원의 하루 일과를 살펴보면 8회에 걸친 7시간의 기도, 7시간의 노동, 7시간의 수면, 1시간의 식사, 그리고 나머지 2시간은 명상이나 독서 또는 사필활동 등으로 이루어졌다. 특별히 수도사들의 사필활동은 교육사적으로 대단히 높이 평가된다. 고전의 대부분이 수도사들의 사필활동을 통하여 보존되었기 때문이다. 그리고 수도원에는 여러 방면에 뛰어난 기술을 가진 수도사들이 많아서 지방경제에 큰 도움을 주었다. 봉건 영주들은 이런 이유로 수도원을 자기 영지에 유치하려는 움직임이 많이 있었다. 중세의 수도원은 고전학문과 다양한 기술을 근대사회에 전할 수 있었다.

(2) 수도원학교의 교육과정

수도원학교에는 두 가지 교육과정이 있었다. 하나는 수도사를 양성하는 과정으로 내교(inner monastic school)라 하였고, 다른 하나는 일반 교양과정으로 외교(outer monastic school)라고 하였다. 내교에서 수학하는 자를 정원(intern)이라 불렀으며 5~6세에서 15세 정도까지 교육을 시켰고, 외교에서는 외원(extern)이라 하여 일반인의 자녀들을 교육시켰다.

이 두 과정은 모두 초등반과 고등반을 두었으며, 초등반에는 읽기, 쓰기, 셈하기 등 3R's를 가르쳤고 고등반에서는 7자유과(seven liberal arts)를 가르쳤다. 당시 고등학문 영역에 속하는 7자유과는 3학(trivium)과 4과(quadrivium)로 구성되며 3학은 문법, 수사학, 변증논리를, 4과는 산술, 기하, 음악, 천문학을 말한다.

7자유과는 고대 지식이 중세의 형식으로 만들어진 것이며 오랜 세월 동안 서구교육의 중심 교과로 그 권위를 이어나갔다(김재만, 1983: 95). 이런 고대의 학문을 교양교과로 엮어서 중세에 소개한 학자들 가운데 대표적인 인물은 아우구스티누스이다. 그는 7자유과를 교양교과로 확정하는 일에 결정적으로 기여하였다. 그리스에서 시작한 교양교육의 전통이 아우구스티누스를 거치면서 중세 기독교사회에서 확고한 위치를 차지할 수 있었다는 사실은 서구 지성사에서 그의 지위를 재론하지 않더라도 그의 영향력을 대변해 준다. 그는 교양교과로 문법, 수사학, 변증논리, 산술, 기하, 음악, 천문학 등을 제시하면서 교양교과의 발전에 직·간접적으로 영향을 미쳤다.

교양교과인 7자유과가 중세의 모든 수도원학교에서 교수되었던 것은 아니다. 일반적으로 문법을 중심으로 다른 교과들을 부가하여 가르치는 경우가 많았다. 대규모의 수도원학교나 본산학교에서 7자유과 전부를 교수하였으며 그외의 수도원학교나 본산학교에서는 3학을 교수하고 4과 가운데 일부를 교수하였을 뿐이다.

(3) 7자유과

7자유과가 교육과정의 역사에서 공식적으로 거론된 것은 5세기 초 수사학자였던 카펠라(Martianus Capella)가 바로(Marcus Terrentius Varro, 116~7 B.C.)의 책을 참고하여 저술한 《학문과 웅변의 결혼》에서부터이다(Boyd & Edmund, 1975: 93-94). 이 책은 서론 두 권과 7자유과를 다루는 일곱 권 등 모두 아홉 권으로 구성되었으며, 여러 출전에서 수집한 지식들을 환상적인 우화의 형식으로 배열해 놓은 것이었다. 카펠라는 이 책에서 교양교과를 일곱 개로만 구성된다고 소개함으로써 교양교과의 수에 관한 혼란스러운 주장을 잠재웠지만, 이 책이 풍기는 이교도적인 냄새 때문에 폭넓게 수용되지는 못하였다.

그러나 6세기에 카시오도루스(Cassiodorus)가 저술한 《성, 속학 교범》은 1부를 기독교 문헌에, 2부를 자유교양교과에 할애하면서 지식의 7중 구조를 새롭게 강조하였다. 여기서는 교양교과의 수를 성경의 잠언 9장 1절 "지혜가 그 집을 짓고 일곱 기둥을 다듬고"와 관련지으면서 기독교적인 의미를 부여하였다. 이때부터 교양교과의 수는 일곱 개로 확정되어 7자유과로 불리게 된 것이다.

7자유과를 3학과 4과로 분류하여 교양교과로 확정하는데 기여한 학자들은 보에티우스(Anicius Manlius Severinus Boethius, 480~525 A.D.)와 카시오도루스 그리고 이시도르(Isidore)를 들 수 있다. 유명한 《철학의 위안》 저자인 보에티우스는 4과를 "그 속에서 감각을 뛰어넘어 고양된 정신으로 여행하는 자를 지성의 높은 곳으로 이끌어 가는 것"(Curtis & Boultwood, 1975: 90)이라고 하면서 고등학문인 철학의 탐구로 이끌어 가는 도구과목으로 인식하였다.

먼저 3학 가운데 첫째가는 교과는 모든 학문의 문지기인 문법이다. 주요 교과서는 4세기경에 만들어진 도나투스(Donatus)의 문법 책이었다. 문법을 익힌 후에는 라틴어 강독이나 작시가 이루어졌다. 당시 널리 활용된 라틴 작품으로는 베르길리우스(Vergilius), 오비디우스(Ovidius), 카토(Cato), 아이소포스(Aisopos) 등의 것이었다. 하지만 문법교수는 성경이해를 돕는 것이 목적이었기 때문에 이런 작품들에 대하여 호의적이지 않았다. "우리는 성 시인으로 충분하다. 왜 베르길리우스의 집요한 현란 성으로 우리의 마음을 오염시키지 않으면 안 되는지 그 이유를 이해하기 어렵다."고 한 알퀸(Alcuin)의 말에서 중세인들의 태도를 엿볼 수 있다.

중세의 수사학은 그리스나 로마시대만큼 중요한 위치를 차지하지 못하였다. 당시 수사학은 편지나 기록을 위한 능력을 기르는 것이었으며, 부가해서 교회법과 민법에 관한 지식을 약간 교수했다. 수사학 교과서로는 키케로의 작품이 가장 널리 사용되었다. 아우구스티누스는 기독교의 진리를 옹호하고 주장하려면 수사학을 열심히 가르치고 배워야 한다고 다음과 같이 강조하였다.

> 그런데 수사 기술은 진리나 거짓을 주장하는데 효과가 있으므로, 진리를 옹호하는 사람이 대표하는 진리가 아무 무장도 없이 거짓과 대립하라고 누가 감히 말할 수 있는가? 예컨대, 거짓을 사람들에게 믿게 만들려고 하는 사람들은 듣는 사람의 마음을 호의적인 것으로 만들며, 귀를 기울여 배우게 만들도록 문제를 제시하는 방법을 알고, 진리를 옹호하는 사람들은 그런 기술을 모르라는 것인가? 전자는 진리에 반대하기 위해서 궤변적인 논법을 동원하는데, 후자는 진리를 옹호할 줄도 모르고 거짓을 논박할 줄 몰라도 좋은가(김종흡, 1994: 134-135)?

변증논리는 논리적 사고를 배양하여 개념의 조작을 명확하게 하는 데 목적이 있었다. 중세 후기에는 문법을 대신하여 7자유과 가운데서 가장 중요한 위치를 차지하였으며, 교리를 보호하는 도구적인 교과가 되었다. 당시 이단자에게는 박해의 불과 칼이 있었고, 이단설에 대해서는 변증논리가 있다고 할 정도였다. 변증법 교과서로는 아리스토텔레스의 저작에서 발췌한 보에티우스의 작품이 널리 사용되었다.

3학이 끝나면 4과로 나아갔다. 먼저 산술은 대단히 두려운 교과였다. 로마의 기수법에 의한 계산방식이 무척 어려웠기 때문이다. 13세기 초에 아라비아 숫자가 도입되어서 활용하기까지 수 계산은 쉽지 않았다. 산술은 교회력 계산에 불가결의 것이었기 때문에 특별한 취급을 당하였다. 교과서는 마우루스의 것이 많이 사용되었다.

천문학은 산술을 기초로 해서 교수되었는데, 일 년 가운데 교회 축일의 산정과 하루의 기도시간을 정하는 데 필요했기 때문에 등한시할 수 없는 교과였다. 하지만 이 당시 천문학은 천체를 관측하는 일 등의 연구에 본격적으로 활용되지는 못하였다. 기껏해야 점성술의 수준을 넘지 못하는 천문학이었기 때문에 고대인들이 성취했던 천문학 연구에는 별 관심을 두지 않았다.

음악은 초보 수준부터 매일 교수되었으며, 교회행사 진행을 위하여 중시되었다. 단순한 가창수준을 넘어서 산술과 관련시켜 정확한 리듬과 이론을 교수하였다. 보에티우스의《음악론》다섯 권이 많이 사용되었다. 오르간은 주전 2세기경에 만들어졌으며, 건반이 있는 오르간은 11세기 말에 만들어져서 사용되었다. 메트의 본산학교와 성 가렌 수도원학교는 음악교육의 중심지로 유명하였다.

4과 가운데서 가장 낮게 평가된 교과목은 기하학이었다. 중세 전기의 기하학은 지리학에 가까웠으며, 중세의 기하학은 박물학이나 의학도 포함되어 있었다. 서유럽에서 학문다운 기하학이 교수된 시기는 유클리드 기하학이 라틴어로 번역되었던 12세기 이후였다.

2) 스콜라철학과 교육

(1) 본산학교

중세의 교회학교는 문답학교(catechumenal school), 고등문답학교(catechetical school), 본산학교(cathedral school) 등이었다. 문답학교는 일반 대중과 이교도들을 기독교화하기 위하여 교리문답을 가르친 예비교육기관이었다. 문답교사학교라고도 한 고등문답학교는 문답학교 교사양성을 위한 교육기관이었다. 교육내용은 중급수준의 신학, 그리스철학, 수사학, 천문학, 문학 등이었다.

본산학교는 감독이 거주한 본산 소재지의 교회에 설립한 학교로서 주교학교(bishop school) 또는 감독학교(episcopal school)라고도 한다. 이 학교는 수준 높은 고등교육기관이었으며 교회의 지도자들, 즉 신학자나 성직자들을 양성하는 것이 목적이었다. 고등한 수준의 신학, 그리스철학, 문학, 예술 등이 교육내용이었다. 스콜라철학은 바로 본산학교의 교사(Scholasticus, schoolman)들이 중심이 되어 이룩한 것이다.

(2) 스콜라철학의 교육목적

11세기 초 십자군 원정을 통한 동서문화의 교류는 유럽 지성인들을 자극하였으며 기독교 신앙의 정당성을 입증하기 위한 학문적 움직임을 키워 나갔다. 이런 움직임을 통하여 조성된 것이 바로 스콜라철학이다. 그러므로 스콜라철학은 어떤 원리를 중심으로 이루어진 하나의 학문체계를 뜻하는 것이 아니라, 11세기부터 15세기까지 위세를 떨쳤던 지적인 삶과 교육의 형태에 붙여진 이름이다(Monroe, 1930: 128-129). 이렇게 성립된 스콜라철학은 대학의 형성과 발전에 큰 영향을 미쳤으며, 중세 3~4세기 동안 고등교육기관의 기능을 담당하였다.

스콜라철학의 창시자는 켄터베리의 대주교였던 안셀무스(Anselmus, 1033~1109)이다. 그는 아우구스티누스의 사상을 계승하면서 이성보다 신앙이 선행한다고 강조하였다. 그는 다음과 같은 명제를 내세웠다. "믿기 위하여 알려는 것이 아니고 알기 위하여 믿으려 하는 것이다. 따라서 나는 이렇게 믿나니 만일 믿지 않는다면 이해할 수 없을 것이다." 안셀무스는 사랑의 개념으로 위의 명제를 설명하였다. 말하자면, 무언가를 사랑하는 사람은 사랑의 대상을 알고 싶어 한다. 신을 사랑하는 사람도 역시 신을 알고 싶어 한다. 그러므로 우리가 믿음의 심오함을 이성으로 탐구하려고 하기에 앞서 그것을 믿을 것을 먼저 요구한다는 점을 명심해야 한다. 하나님에 대한 인식은 중립적인 앎이 아니라 하나님에 대한 무한한 관심을 집중시키는 통찰이라고 본 것이다. 따라서 신에 대한 인식은 신에게로 향한 사랑을 필요로 하며 바로 이 사랑이 곧 믿음이라는 말이다. 안셀무스는 "내가 믿지 않는다면 나는 결코 아무것도 이해할 수 없었을 것이다."라고 하였다.

스콜라철학은 지적인 힘을 개발하여 종교적인 삶과 교회를 강화하자는 목적을 가진 사조였기 때문에, 신앙과 이성의 일치를 구하는 일에 전력을 다하였다(최재희,

1) 스콜라철학은 안셀무스와 로셀리누스 사이의 논쟁에서 결정적으로 이루어졌다. 로셀리누스는 이성이 신앙에 선행하며 기독교신앙은 이성의 지지가 가능하다고 주장함으로써 1092년 스와송 회의에서 이단자로 배척당하였다. 스콜라철학의 진행과정은 다음과 같다. 초기(11~12세기)에는 보편실재론(universal realism)이 우세하였다. "보편, 즉 신은 개체의 진정한 본질이요, 개체에 선행해서 실재한다."는 안셀무스의 주장은 플라톤적 실재론의 부활이다. 중기(13세기)는 개념론(conceptualism)이 우세하였다. "보편

1980: 103-105).[1] 이론으로 신앙을 변호하고, 철학으로 교회를 옹호하며, 논리에 의해 이단을 없애자는 것이 스콜라철학의 임무였다. 스콜라철학자들은 이성적 능력을 계발하고 종교적 지식을 철학의 명제로 정리하여 신학을 하나의 학문으로 체계화시켜 나갔다. 그러므로 스콜라철학이 지향하는 교육의 목적은 신앙의 정당성을 지지하기 위한 이성적 능력의 계발과 기독교 지식의 체계화에 있었다.

(3) 스콜라철학의 교육방법

스콜라시대의 주요 관심사는 기독교 신앙의 정당화, 예정설, 삼위일체설, 자유의지, 성찬교리 등 교리와 관련된 것들이었다. 스콜라 문헌의 주요 내용은 교리를 적절한 철학적인 명제로 환원하여 조화로운 체계를 이루어서 정통 교회의 주장에 반대하는 의견에 해답을 제공하고 비정통적인 해석에는 논박을 가하는 것이었다.

그러므로 스콜라철학은 논리적으로 잘 정리된 교과를 사용하였다. 문법과 같은 입문교과에서부터 형식논리가 적용되었다. 실제 교육에 있어서 체계적이고 논리적인 형태가 아닌 지식은 배제되기 십상이었다. 따라서 교육방법은 논리적이고 분석적이었다.

신학교사들이 사용한 교수방법은 대체로 두 가지이다. 첫째는 분석적인 방법으로 논문이나 강의안을 주제, 부제, 항목 등으로 나누어서 고찰하였다. 둘째는 보다 자유로운 방법으로서 강의시간에 하나의 명제를 가지고 여러 해석을 가한 후 가장 좋은 것을 선택하는 방법이다. 이처럼 중세 스콜라철학은 논리의 사용을 기본적인 연구방법으로 생각하였다.

중세 논리학 연구는 아리스토텔레스 논리학을 이어받아서 발전시켰는데, 그것은 주로 언어철학과 양상논리에 관한 연구로 이루어진 것이다. 중세 논리학자들은

은 실재하지만 개체에 선행하는 것이 아니라 개체 안에 실재한다."는 아퀴나스의 주장은 아리스토텔레스적인 실재론의 부활이다. 이때 보편은 개체 안에 있는 보편, 즉 개념이 되기 때문에 개념론이라고 한다. 말기(14~15세기)는 유명론(nominalism)이 우세하였다. "보편은 개체 사이에 공통되는 것으로 생각되는 명목일 뿐이다. 실재하는 것은 오로지 개체이다."라는 말은 오캄(William of Occam)으로 대표되는 유명론의 주장이다. 이렇게 스콜라철학의 보편논쟁은 끝을 맺는다.

특히 어떤 용어가 가리키는 것에 관하여 말하기 위해 용어를 사용하는 것과 용어에 관한 표현, 즉 용어의 의미를 언급하거나 용어 자체를 말하는 것과의 차이를 엄밀하게 구분하였다.

스콜라시대의 교육은 논리를 개발하고 지식을 체계화하는 등 지적인 도야에 많은 기여를 하였지만, 때로는 논쟁을 위한 형식에 지나치게 집착하는 단점을 보이기도 하였다.

3) 중세대학의 성립

중세 후기의 지적 배경은 중세대학의 형성과 발전에 큰 영향을 미쳤다. 중세대학은 상인조직인 길드(guild)와 유사한 교수와 학생의 조합형태(Studium Generale)에서 시작되었으며 이후 대학으로 발전하였다. 이들의 조합활동은 대학도시 주민들로부터 또는 군주로부터 자율적 통제를 전제로 한 자치권을 획득함으로써 학문의 자유를 누리게 되었으며 독자적인 학사운영이 가능하였다. 중세대학의 형성과정에서 교수와 학생의 조합이 대학운영의 자치권을 획득한 것은 학문연구의 발전에 획기적인 전기를 마련한 것이며 대학교육의 역사에 커다란 의미를 부여한 셈이 된다.

중세대학이 자치권을 획득하면서 대학 교육과정이 제도화되기 시작하였으며, 교양교육과정이 확대되어 나갔다. 종래의 7자유과에 자연학, 윤리학, 정치학, 형이상학 등이 교육과정에 추가되었는데, 이들 과목의 추가는 아리스토텔레스의 업적이 새롭게 발견되었기 때문이다.

중세대학에서는 학위과정이 처음으로 도입되었다. 교육과정이 제도화됨에 따라 당시의 대학생들은 자유교양의 기초과정을 이수하여 인문학사의 학위를 받았으며 동시에 조교수의 자격이 갖추어진 것으로 보았다. 인문학사 학위 취득 후 자유교양의 고급과정과 아리스토텔레스 철학을 3년 이상 공부하면 석사학위를 받을 수 있었으며 동시에 주임교수로서의 자격을 얻을 수 있었다. 석사과정에서는 자기 논문에 대한 변론 과정을 거치도록 되어 있었으며, 박사학위는 나중에 만들어졌다.

중세대학의 학위제도는 길드조직이 가지고 있는 직업교육과정에 대항하기 위하여, 그리고 학문의 질을 높이기 위하여 만들어진 것이다. 학사학위를 대학졸업 시에 수여하게 된 것은 르네상스 후반기부터이다.

초기 영국 대학의 교육과정은 다른 중세대학들과는 약간의 차이가 있었다. 옥스퍼드대학에서는 개인교수(tutor)의 지도하에 4년을 공부하고 두 번의 시험에 합격해야 비로소 학위를 취득할 수 있었다. 1차 시험은 문법과 산술시험이었고, 2차 시험은 기하학, 천문학, 아리스토텔레스의 철학(자연학, 윤리학, 대수학) 시험이었다. 옥스퍼드대학과 같이 중세대학은 교육과정을 제도화하고 시험제도를 도입하였으며 학위나 자격증을 공식적으로 수여함으로써 대학구성원들의 질을 향상시켰다. 이처럼 중세대학은 사회적 지위도 확보하면서 수준을 높여나갔다.

중세대학에는 학생의 연령층이 매우 다양하였으며 그 가운데 청소년들이 많았다. 볼로냐대학보다는 파리대학에 15, 6세 정도의 젊은 학생들이 많이 모여들었다. 당시 파리 대학생들은 자신이 원하는 과목을 수강할 수 있었다. 담당교수에게 직접 수강신청을 하고 수강료를 지불하였으며 출석부에 자신의 이름을 올렸다.

이들은 하숙하면서 강의를 들었고 가운을 착용하여 지역주민들과 구별하였다. 당시 대학생들의 숙식문제나 생활의 건전성 문제는 매우 중요한 것으로 인식되었다. 칼리지(college)는 대학생들의 이런 문제를 해결하고 연구활동을 보호하기 위한 방안으로 만들어진 것이다.

옥스퍼드나 캠브리지대학에는 칼리지가 크게 융성하였다. 칼리지는 젊은 학생들과 가난한 학자들의 숙식문제를 해결하는 일부터 시작하여 도덕성 훈련과 교육기관의 기능을 수행하는 문제에 이르기까지 많은 역할을 담당하였다. 말하자면, 대학당국이 교수나 사감을 칼리지에 배치하여 도덕훈련과 학문연구를 독려하도록 제도화한 것이었다. 이 제도가 바로 기숙사를 겸비한 학사대학(boarding college)이다.

이런 제도는 영국의 대학에서 크게 성행하였으며, 미국 하버드대학의 설립 모형이 되었다. 학사대학은 나중에 자치제 대학(communal college)으로 발전하여 교육과

도덕훈련은 칼리지에서 행하고 학위수여는 대학에서 행하는 방식으로 전환되었다.

중세대학의 교수방법은 주로 강의, 반복학습, 토론의 형식이었다. 강의는 교수가 교재를 학생들에게 읽어주면서 논평을 보태는 방식이었다. 교수의 논평을 모아 놓은 것을 주해서(glosses)라고 불렀다. 반복학습은 강의내용을 복습하는 것이며, 토론은 특정한 논문을 규칙에 따라 논의하는 방식이었다.

중세대학에서 이루어진 엄격한 지식활동과 학문연구는 대학의 질적인 수월성을 형성하여 일반 대중의 존경을 이끌어 내었으며, 또한 그에 상응한 특별한 권리를 부여받았다. 마침내 중세대학은 당시 위대한 학문적 과업을 맡아 수행하는 기관이 되었으며, 학문의 근본 원리를 탐구하는 고전적 열의와 조화를 이루어 나갔다. 중세대학은 고대의 학문적 전통을 계승하면서 새로운 학문을 발전시켰고 훌륭한 교양인과 학자들을 많이 배출하였다.

3. 교육사상가 연구

1) 아우구스티누스(Augustinus, Aurelius: 354~430)

(1) 기독교 변증가

아우구스티누스의 사상은 기독교 신앙의 근본과 대립하는 이단사상과의 투쟁의 과정에서 완성되어 갔다. 개종 이전 그는 마니교의 선악이원론에서 내면의 갈등에 대한 설명을 구하였으나, 개종 이후에는 유일신에 의한 세계의 창조와 구원에서 설명을 구하였다. 악은 선의 결여에 지나지 않으며, 그것은 피조물이 불완전하기 때문이고 악은 본질적으로 선과 대립하는 것이 아니라고 주장함으로써 마니교의 이원론을 부정하였다.

그리고 아우구스티누스는 인간이 본래 선하며 자유의지에 의해 선을 행할 수 있다고 주장한 영국의 수도사 펠라기우스(Pelagius)에 대하여, 인간은 원죄를 이어받고 다만 악을 행할 자유밖에 가지지 못하였기 때문에 이런 입장에 처한 인간이 구원받으려면 하나님의 은총이 반드시 필요하다고 주장하였다. 그에게 있어서 하나님은 만물이 존재하는 근원이고 올바른 인식의 원리이며, 인간에게 있어서 최고선이요 절대규범이었다. 하나님은 모든 존재, 지식, 가치, 행동의 중심이 되는 것이다.

그러므로 아우구스티누스는 인간의 내면적 의지를 중시하면서 올바르게 살거나 죄를 범하거나 하는 것은 인간의 의지에 기인하는 것이라고 하였다. 하나님은 힘을 보지 않고 의지를 주시하기 때문에 도덕의 본질을 결과에 있다고 하지 않고 심정에 있다고 하였다. 따라서 인간의 덕은 지식에 있지 않고 의지에 있는 것이다. 그의 지식관이나 윤리관의 특징은 의지의 우월성에 있다.

그리고 아우구스티누스의 세계관은 그의 《신국론》에 잘 나타나 있다. 그는 먼저 도덕의 원리로서 하나님에 대한 사랑을 내세웠고 악의 본질을 하나님으로부터 멀어지는 것이라고 보았다. 인류는 2대 진영으로 나누어졌는데, 하나는 신을 사랑하는 자들이고 다른 하나는 자기 자신을 더 사랑하는 자들이다. 이 둘 사이에서 최종적으로 구분될 수 있는 것은 그들이 가지는 의지의 성격이고 그들이 가지는 사랑의 성격이다. 아우구스티누스에 따르면 인류의 역사는 이 둘이 대립하는 변증의 역사이다.

말하자면, 하나는 예루살렘의 도시를 형성하는 것이고 다른 하나는 바빌론의 도시를 형성하는 것이다. 이런 식으로 하나님의 나라와 지상의 나라가 구별된다. 하나님 나라의 실현은 교회의 최대목적이지만, 지상의 나라의 사명은 현세적 행복을 증진시키는데 있다. 전자는 절대적인 가치를 가지지만 후자는 상대적인 가치를 가진다. 아우구스티누스는 세계의 역사를 하나님의 의지가 실현되는 과정으로 해석하였다.

역사는 단순한 사실의 연속이거나 숙명 또는 유물론적 인과율의 발전이 아니라, 인간의 도덕적 의지에 자유로운 선택을 허용하면서 일체가 예정된 경로를 밟는다는 영적인 의미를 가진 사건의 연속이라고 하였다. 이런 의미의 역사에 눈을 뜰 때, 인간은 하나님과의 일치나 배반이냐, 하나님 나라와 지상의 나라 중 어느 쪽을 따르느냐 하는 것이 역사의 현실 속에서 요구된다고 하였다.

이런 아우구스티누스의 주장은 기독교에서 유래된 최초의 역사철학이며, 두 나라가 서로 대립하면서 역사가 발전한다는 그의 역사관은 중세는 물론이고 계몽주의 시대에 이르기까지 서구의 역사관에 근본적인 토대를 구축하게 되었다.

(2) 교육사상

① 행복론

아우구스티누스 행복론의 핵심은 진리의 인식에 있다. 진리의 인식이 어떻게 행복의 열쇠가 되는 것일까? 인간존재의 불완전성에서 이 문제를 풀어나간다. 인간은 자신의 부족함을 느끼면서 쉽사리 자기만족을 얻지 못한다. 자신이 부족하다는 것은 자기만의 충족이 안 된다는 증거이다. 그리고 우리 인간이 무엇을 욕구하고 원한다는 것은 자기의 어떤 결핍을 표현하는 것이며 자기 안에는 없는 것을 요구한다는 뜻이다. 따라서 욕구의 대상이 되는 것은 자기와 다른 것, 자기가 아닌 것, 자기를 넘어서는 그 무엇이다. 이같은 대상을 우리 인간이 확보하자면 무엇보다도 먼저 원하는 대상이 무엇인지, 그 대상을 소유한다는 것이 무엇을 의미하는 것인지를 알아야 한다.

행복을 원하는 경우가 바로 이런 것이다. 행복은 어떻게 이루어지는 것인지 그리고 진정한 행복이란 무엇인지 등을 분명하게 알아야 한다는 것이다. 많은 사람들이 추구하는 대상은 여러 가지이지만 그것은 나 아닌 그 무엇이다. 말하자면 재물, 권력, 높은 지위 아니면 인기, 명성, 건강, 미모 등이다.

아우구스티누스 행복론을 좀더 논의해 보자. 원하는 것을 가지지 못한 사람은 행복하지 않지만 그렇다고 해서 원하는 것을 가진 자라고 해도 모두 행복하지는 않다. 누구나 바라고 원하는 행복은 진정한 것이지만 우리가 갈망하는 행복의 대상은 그렇지 않기 때문이다. 그렇다면 행복의 대상이 되는 것은 무엇보다도 먼저 스스로 소멸하거나 없어지지 않는 것, 즉 영원불변한 것이어야 한다. 그 다음에는 행복 추구자의 의지와는 상관없이 우연히 사라지거나 상실되지 않는 것으로서 우리와는 필연적인 관계가 있어야 한다. 이런 조건은 우리 모두에게 적용되는 것이다. 그러므로 아우구스티누스가 조건 짓는 행복의 대상은 보편성과 불변성 그리고 필연성을 지녀야 한다.

이 세상 사물들은 모두 시간의 흐름 속에 있기 때문에 변화와 소멸을 면치 못한다. 이 세상 사물들은 엄밀한 의미에서 우리와 필연적인 관계에 있다고 할 수 없다. 절대자인 신만이 모든 것으로부터 독립된 영원불변한 존재이며 또한 만물의 창조자이고 모든 생명의 근원이므로 우리와 필연적인 관계를 가진다. 그러므로 누구든지 신을 소유할 수 있다면 그는 진정으로 행복할 수 있을 것이다.

아우구스티누스에 의하면, 진정한 행복은 신의 소유에 있고, 신의 소유는 지혜의 보유에 있고, 지혜의 보유는 진리의 인식에 있다. 이렇게 행복은 진리인식과 연결된다. 그렇다면 진리인식은 어떻게 가능한가? 아우구스티누스는 인식의 문제를 "우리는 확실한 것에 도달할 수 있을까?" 라는 회의가 아니고 "어떻게 하면 우리는 확실한 것에 도달할 수 있을까?" 라는 방법의 문제에 초점을 맞추었다.

그러므로 그에게는 확실성은 이미 주어진 것이므로 우리가 그것을 어떻게 인식하느냐라는 것이 문제가 될 뿐이었다. 여기에서 아우구스티누스는 인간의 내적 경험, 즉 자의식을 통하여 확실성에 도달할 수 있다고 보았다. 말하자면 이성적 인식행위로 진리인식이 가능하다고 본 것이다.

동물도 우리와 마찬가지로 감각기관을 가지고 인식이 가능하다. 그러나 인간은 유형의 사물들에 관한 이성적 지식을 가질 수 있고 또한 실제로 가지고 있다. 아우구스티누스도 지적하였지만 동물도 사물을 지각할 수 있고 기억할 수 있으며, 유익한 것을 찾아다니고 해로우면 피할 줄 안다. 하지만 이것들은 일부러 암기할 수 없고 임의로 생각해 내지 못하며, 특히 이성적 사고를 수반하는 어떤 추론도 수행하지 못한다. 따라서 이성적 앎뿐만 아니라 경험적 앎에 있어서도 인간의 지식은 본질적으로 동물의 그것보다 월등하다.

아우구스티누스의 이런 입장은 확실히 플라톤적이다. 다만 우리의 감각적 소재나 경험은 이성적 이데아나 지성적 본질을 인식하는 일에 있어서 하나의 계기로 작용할 뿐이라고 보았다. 감각은 그 성격상 이성에게 사물의 본질, 즉 이데아를 깨닫게 하는 길잡이 역할을 하고는 인식의 차원에서 탈락한다고 보는 것이다.

② 교육방법

아우구스티누스는 우리 인간이 하나님의 선물인 이성적 인식을 통하여 세계를 이해하고 나아가 진리를 인식할 수 있다고 보았다. 그는 이성적 인식을 지성의 빛이라고 표현하면서 새로운 인식론을 주장하였다. 태양의 조명 없이는 자연이나 사물을 제대로 인식할 수 없듯이 지성이라는 빛의 조명 없이는 진리를 제대로 인식할 수 없다. 이런 지성적인 빛은 선으로부터 나오는 것이며 우리의 마음을 조명해 주고 있다. 말하자면 선 그 자체인 그분 안에서, 그분에 의해서 그리고 그분을 통해서 우리에게 비쳐지는 지성의 빛이 온갖 사물을 보이게 한다는 주장이다. 이런 주장을 그는 조명설(illumination theory)로 정리하였다.

조명설은 아우구스티누스 학파의 공통된 주장이며 신플라톤주의적인 관점을 사용한 것이다(주영흠, 2007: 186). 그 연원을 거슬러 올라간다면 플라톤의 이데아론에서 말하는 선의 이데아와 비교해 볼 수 있다. 선의 이데아는 지성의 대상인 여타의 이데아를 태양처럼 비추어서 빛나게 한다. 플로티노스의 일자(一者), 즉 신은 바로 태양과 같은 초월적인 신이 되는 것이다. 하지만 조명설에서 말하는 빛의 비유는 시적인 은유(metaphor)를 말하는 것이 아니라 자연현상에서 볼 수 있는 사리에 맞는 유비(analogy)라고 할 수 있다. 사실을 보고 아는 대로 생각해 보면 그렇게 유추할 수 있다는 말이다.

자연의 질서 속에서 우리의 관심을 지적인 사물로 돌리게 되면, 창조자의 의향에 따라 마음은 지적인 대상들을 형태는 없지만 어떤 독특한 영적인 빛 속에서 보게 된다. 그것은 마치 태양이 비칠 때 눈으로 주변 사물들을 보는 것과 같다. 그러므로 조명은 햇빛이 사물을 육안으로 볼 수 있게 하는 것처럼 마음의 대상을 볼 수 있게 하는 것이다. 신의 조명이 영원한 진리를 우리 마음에 보이게 하는 것이다.

그런데 진리는 우리 마음보다 동등하거나 열등한 것이 아니라, 높은 것이며 훨씬 탁월한 것이다. 그러므로 우리는 우리의 마음을 초월하는 것을 감지하고 이해하고 깨닫기 위해서는 신의 조명을 필요로 한다. 빛의 조명이 진리를 비추어 줌으로써 변하는 시간 속에서 불변하고 영원한 진리의 속성들을 볼 수 있게 만드는 것이다. 우리의 마음은 우연적이고 가변적인 시간 속에 존재하기 때문에 참된 지식을 생산해 낼 수 없다. 진리는 우리 마음에 자신을 떠맡기지만 우리 마음을 주관하고 지배한다. 진리는 우리에게 의존하지 않는다.

우리가 진리를 인식할 수 있는 것은 홀로 필연적이고 불변하며 또한 영원한 신의 작용이 존재하기 때문이다. 신은 태양과 같아서 우리 마음을 비추어서 조명하는 존재이므로 우리 인간을 가르치는 유일한 스승이다. 우리 마음속에서 우리를 가르치는 내심의 교사이다. 이런 아우구스티누스의 주장에 따르면, 교육은 단순히 정보를 전하는 일이 아니고 새로운 삶의 태도와 지적인 통찰력 그리고 우주적 목적을 이끌어 가는 근본적인 변화와 관련된 일이다(Robert & Nathaniel, 1973: 43). 여기에서 우선적으로 생각할 수 있는 바는 교사의 역할이다.

교사는 학습자가 자신의 잠재된 인식을 논리적 과정을 통하여 명확하게 이해할 수 있도록 도와주는 존재이다. 지식에 대한 검증은 학습자의 마음에 진리의 빛을 비추어 주는 신의 조명을 통해서만 이루어진다. 그러므로 아우구스티누스의 관점에서 진정한 교사는 신이며, 완전한 교육은 신에 의한 것이다.

2) 아퀴나스(Aquinas, Thomas: 1225~1274)

(1) 대표적인 스콜라철학자

아퀴나스는 49년의 생애 중에서 후기 20년을 신학 및 철학교수로서 많은 저서를 남겼다. 그의 저술 방식은 당시의 학풍을 따라 스콜라적 방법을 택하고 있다. 예를 들면, 먼저 "신의 존재는 자명한가?"(《신학대전》 제1부 2장 1절)라는 문제를 제기한다. 이 문제를 긍정하는 논증과 부정하는 논증을 소개한다. 이런 긍정과 부정의 내용은 주로 성경과 교부들의 전승에서 인용하거나 권위 있는 철학자들, 특히 아리스토텔레스의 저서에서 많이 인용한다. 그리고는 대립하는 두 개의 논증을 보고 저자 자신의 견해를 제공한다. "나는 신의 존재는 자명하다고 본다."는 방식이다. 다음에는 신의 존재가 왜 자명한가를 논리적으로 전개하고 해명한다. 뿐만 아니라 신의 존재가 자명하지 않다는 주장에 대해서도 잘못되었다는 답을 제공한다.

이런 방식으로 이루어지는 스콜라적인 방법은 이론을 조화시키면서 종합하고 체계화하는 데는 훌륭한 것이지만, 독창적인 주장이나 창의적인 학설을 내세우는 방식으로는 적합하지 않다. 아퀴나스의 경우도 예외가 아니다. 그의 주장은 주로 성경이나 아우구스티누스와 같은 교부들로부터 인용된 것이며, 철학적인 문제는 대부분 아리스토텔레스에게 의존하고 있다. 그러나 아퀴나스의 사상은 토미즘(Thomism)으로 대변되며 구교의 지적인 활동에 큰 영향력을 행사하고 있다. 1879년 레오 13세에 의해 구교의 정통사상으로 선포되었다.

토미즘은 19세기 후반부터 서구 합리주의사상을 불신하면서 네오 토미즘운동으로 이어지고 있다. 교육사조에서도 현대 물질문명을 비판하고 불변의 지식을 강조하는 항존주의(perennialism)의 철학적 배경이 되어 현대교육에도 많은 영향을 미치고 있다.

(2) 교육사상

아퀴나스는 인간의 지성을 수동적 지성과 능동적 지성으로 구분하였다. 우리가 감각기관을 통하여 사물을 수용하게 되면 감각을 포함한 하나의 경험적 과정이 성립한다. 이때 작용하는 지성이 바로 수동적 지성이다. 이런 수동적 지성에 의해 성립하는 경험내용이 바로 지식이 되는 것은 아니다. 이것이 지식이 되려면 추리의 과정을 거쳐야 하는데, 여기에 작용하는 것이 바로 능동적 지성이다.

따라서 진리의 객관성은 인식의 대상이 되는 외부 사물과 내부의 사고가 얼마나 일치하느냐의 여부에 의해 결정된다. 하지만 인간의 지적인 사고가 진리 자체로 간주되지 않는다. 실재의 궁극적 형상은 모든 사물의 본질 속에 존재하는데, 인간의 능동적 지성이 가진 힘만으로는 사물의 본질과 완전히 일치하는 사고를 할 수 없다고 보기 때문이다. 아퀴나스에 의하면, 궁극적 진리는 다만 영원한 신성이 나타내는 지성 안에서만 존재할 수 있다.

아퀴나스에 있어서 진리의 인식은 수동적 지성과 능동적 지성의 조화 내지는 일치가 문제되는 것처럼 이성과 신앙의 조화 내지는 일치가 관건이다. 인간의 이성은 독자적으로 충분한 가치를 지닐 수 없다. 자연적 진리를 획득하는 이성이 중요하지만 분명한 한계가 있기 때문에, 확실한 진리 인식을 이루려면 계시의 도움이 필요하다고 주장한다.

아퀴나스는《진리에 관하여》제11장 '교사론' 제1절에서 "인간도 교사가 될 수 있는가? 그렇지 않다면 신만이 가르칠 수 있는가?"라는 문제를 제기하였다. 그는 아리스토텔레스의 논지에 따라 진리를 가능태와 현실태로 구분하면서 이 문제를 해결하려고 하였다.

신이 창조한 우주는 잠재적 가능성으로 이루어졌으며, 동시에 이런 잠재성을 현실화할 수 있는 수단을 신은 인간에게 마련해 주었다. 그러므로 진리는 완전한 형태로 영혼 속에 내재해 있는 것이 아니며 후천적으로 새롭게 획득되는 것도 아니다. 진리는 다만 가능태로 인간의 영혼 속에 잠재해 있다가 이성의 힘으로 현실태로 바뀌는 것이다. 여기서 이성은 신이 진리를 닮은꼴로 인간에게 부여한 것이 힘으로 작용한다.

아퀴나스에 의하면, 가능태에서 현실태로 넘어가는 지식을 획득하는 방법은 두 가지이다. 첫째는 발견(discovery)이다. 이것은 외부의 도움 없이 자신이 지닌 이성으로 지식을 얻는 방법이다. 둘째는 교수(instruction)의 방법이다. 이것은 이성의 작용 외 외부로부터 교사의 격려와 자극을 받아서 지식을 얻는 방법이다. 인간이 교사가 될 수 있는 이유는, 학생은 가능태의 지식을 가지고 있는데 반해 교사는 가르치는 주제에 대하여 이미 현실태의 지식을 가지고 있기 때문이다.

아퀴나스가 말하는 교수의 과정은 다음과 같다. 교사가 현실태로 가진 지식을 개념, 원리, 상징, 언어 등의 방식으로 학습자에게 제시하면, 그는 자신의 능동적 지성으로 그것을 받아들여서 막연하게 가졌던 인식을 분명하게 바꾸어 나간다. 그러므로 학습자의 인식이 가능태에서 현실태로 이행하는 과정에서 교사는 적극적인 기여를 할 수 있다.

이처럼 아퀴나스는 인간도 타인의 교사가 되어 교육을 행할 수 있다는 이론적 근거를 마련하여 자신이 제기한 질문에 대답하였다. 그는 초자연적 진리를 획득할 수 있는 내적인 교육과 자연적 진리를 획득할 수 있는 외적인 교육을 모두 인정한 것이다. 그럼에도 불구하고 아퀴나스가 주장하는 교사의 역할은 인간에 의한 교육보다는 신에 의한 교육에서 분명하게 드러난다. 전자보다는 후자가 우월하다는 아퀴나스의 주장은 아우구스티누스의 내심의 교사를 계승한 것이다.

연구 및 토의과제

1. 교양교과인 3학 4과가 우리의 교양을 어떻게 증진시킬 수 있는지 토론해 보자.
2. 스콜라철학의 교육방법이 현대교육에 기여한 바를 정리해 보자.
3. 아우구스티누스의 교육사상을 그의 행복론과 관련시켜 토론해 보자.
4. 아우구스티누스와 토마스 아퀴나스 교육사상의 공통점과 다른 점을 밝혀보자.
5. 스콜라철학의 보편논쟁이 주는 교육적 의미에 관하여 토론해 보자.

추 / 천 / 도 / 서 /

Saint Augustinus(2004). 고백록. 김광채 역. 서울: 기독교문서선교회.

주영흠(2007). 아우구스티누스 교육사상. 서울: 학지사.

Copleston, F. C. (1988). 중세철학사. 박영도 역. 서울: 서광사.

김동구(2005). 중세대학의 설립과 발전. 서울: 문음사.

김승호(2004). 스콜라주의교육목적론. 서울: 성경재.

CHAPTER 08

문예부흥과 종교개혁기의 교육

CHAPTER

08 문예부흥과 종교개혁기의 교육

원 · 전 · 읽 · 기

'알키비아데스의 실레누스'라는 경구 역시 유사하다. 알키비아데스는 소크라테스에 대해 말하기를 그는 아둔한 농부의 얼굴에 항상 콧물이 흐르는 납작코를 가진 실레누스처럼 보이지만 이 실레누스 안을 들여다 보면, 우리는 사람이 아니라 신을, 옥신각신하는 모든 인간들을 뛰어넘는, 모욕들에 초연한, 독약이 마치 포도주나 되는 것처럼 즐겁게 그것을 마시는 위대한 존재를 보게 된다는 것이다. "가장 비범한 실레누스는 바로 그리스도 안에서 발견되지 않는가? 그에 대해 선지자는 말하기를 '그는 고운 모양도 없고 풍채도 없은즉 우리의 보기에 흠모할 만한 아름다운 것이 없도다. 그는 멸시를 받아서 사람에게 싫어버린 바 되었으며'라고 말하고 있지 않은가?"라고 에라스무스는 말하고 있다. 그리스도는 왕들의 궁정에서, 바리새인들의 자리에서, 철학자들의 학교에서 나온 것이 아니라, 세리들의 식탁과 어부들의 그물에서 나왔다. 그렇지만 우리가 그의 안을 들여다 보면 말할 수 없는 보물을, 값을 매길 수 없는 진주를 발견하게 된다. 그런 비천함 속에 참으로 놀라운 숭고함이, 그런 치욕 속에 참으로 놀라운 영광이, 그런 노역 속에 참으로 놀라운 안식이, 그리고 그렇게 참혹한 죽음 속에 영원한 생명의 항구적 원천이 있는 것이다!"

그렇지만 에라스무스의 바보들은 또 다시 카이저스베르크의 가일러나 세바스티안 브란트와 같은 중세 설교가나 도덕주의자들에 의해 희화화된 그런 사람들이기도 한데, 그는 자신의 '바보들의 배'를 자신이 비꼬기로 결심한 그러한 사람들로 가득 채운다. 에라스무스의 우신의 변칙성은 우신 자신이 바보들을 꾸짖는다는 점이다. 그리고 나서 마지막에야 우신은 그리스도 안에서 바보를 의미한다는 것이 드러난다. 즉 그녀는 자신들의 어리석음 속에서 스스로를 현명하게 여기는 그러한 사람들에게만 바보처럼 보이는 것이다.

출처: Bainton, Roland, H. (2001). **에라스무스의 생애**. 박종숙 역. 서울: 크리스찬다이제스트. 제 4장 우신예찬 편에서, pp. 109-118.

사유하기 앞의 글은 학벌로 허세를 부리는 교육풍토를 빗댄 글이다. 외모보다는 속마음이 더 중요하다는 의미를 담고 있다. 현명함, 명철함, 지혜로움을 갖추기 위해서는 어떤 교육이 필요한지 생각해 보자.

1. 역사적 배경

1) 문예부흥기의 문화와 교육

문예부흥(Renaissance)이라는 말은 재생이라는 의미의 프랑스어이며 이탈리아어인 르나시타(Renascita)에서 유래하였다. 본래 종교용어로서 죽은 자의 재생이나 부활을 뜻하였으며, 15세기 이탈리아를 중심으로 일어난 서구의 문예부흥을 지칭하는 말로 사용되고 있다. 인문주의가 발전한 문예부흥기는 중세의 사고에서 벗어나 자연과 인간을 발견한 시대이다.

이탈리아의 지식인들은 로마의 재건을 사명으로 생각하면서 고전에서 새로운 정신문화를 발견하려고 노력하였다. 이런 노력은 15세기에 고전문학을 정리하고 발견하는 작업에서부터 시작되었다. 여기에서 인문주의가 부활하였으며 실제적인 인간의 삶에 주목하면서 참된 인간성을 발견하려고 노력한 것이다. 인문주의의 이런 인간관은 문예부흥기 전반에 큰 영향을 미쳤다.

따라서 간접적인 자료보다는 원전으로 그리스 로마의 고전을 연구하려는 풍토가 이탈리아를 중심으로 널리 퍼져나갔다. 그 결과 인간의 이성적 사고에 의한 판단이 높은 신뢰를 얻게 되었으며 인간 사고의 독립성을 확보하기 시작하였다. 인문주의는 사상과 예술의 모든 분야에서 개성을 발견하고 보호하는 일에 많은 관심을 두었다.

부르크하르트(Jacob Christoph Burckhardt)는 개인주의(individualism)의 유래를 르네상스문화에 두고 있다. 그는 《이탈리아의 르네상스문화》에서 개인존중은 르네상스로부터 유래하였다고 보았다. 그 이전에는 민족, 인종, 당파, 집단 등의 일원으로만 생각했던 사람들이 르네상스에 이르러서는 마침내 정신적인 개인이 되어 개별적 존재로서 자각을 하게 되었던 것이다(홍동선, 1989: 17-26). 그후 개인존중은 자본주의와 신교주의의 대두를 가져왔고 산업혁명이 일어나면서 자유방임주의와 연결되어 발전하였으며, 프랑스혁명 정신의 한 부분을 차지하게 되었다. 프랑스혁명을 통하여 선언된 권리가 인간과 시민의 권리였으며 그것은 곧 개인의 권리였다. 이런 과정을 거쳐서 서구 개인주의는 마침내 19세기 공리주의의 토대가 되었다. 교육사는 개인주의의 발달이 교육에 큰 변화를 가져왔다는 사실에 주목한다.

문예부흥의 주요 요인으로 외적 요인과 내적 요인을 생각해 본다. 먼저 외적 요인은 십자군 원정, 스콜라철학의 몰락, 동로마제국의 멸망, 인쇄술의 발달, 지리상의 발견 등을 들 수 있다. 특히 오스만 터키의 침략으로 콘스탄티노플에 있었던 많은 고전학자들이 플로렌스와 베니스 등 이탈리아로 이주해 옴으로써 고전연구에 불을 당기게 된 것이다. 당시 플로렌스에는 플라톤학원이 설립되어 고전연구가 활발하게 이루어졌는데, 이 학원이 529년에 폐쇄되었던 아카데미아를 계승한 셈이 되었다.

그리고 인쇄술의 발달과 지리상의 발견은 새로운 세계관을 형성하는 일에 크게 작용하였다. 말하자면 중세의 평면적 세계관을 입체적 세계관으로 전환시키는 데 큰 영향을 미친 것이다.

다음은 내적 요인으로 단테(Dante, 1265~1321), 페트라르카(Petrarca Francesco, 1304~74), 복카치오(Boccaccio, 1313~5) 등 선각자들의 새로운 사상을 들 수 있다. 단테는 《신곡》에서 종교적 열정을 표현하면서 인류의 구원을 열망하였다. 그는 중세적 사고를 넘어서서 인간 본래의 모습을 되찾고자 노력한 것이다.

민족의 통일과 국민의식의 함양은 근대사상의 특징 가운데 하나이지만 《신곡》은 이미 당시 이탈리아의 분열과 혼란을 염려하면서 조국의 통일을 염원한 것이다. 그리고 중세의 보편언어인 라틴어보다는 이탈리아 민속언어의 통일과 표준화를 이룩하고 새로운 민족정신과 문화의 발전에 공헌하였다고 볼 수 있다.

페트라르카는 단테와 같이 조국의 통일을 염원하면서 고대 로마의 용기를 부르짖었다. 《나의 이탈리아》라는 작품에서 그는 "내가 처음 밟은 땅이 아니었던가! 내가 자란 집이 아니었던가! 이탈리아야말로 우리 선조가 묻힌 충실한 조국 자애로운 어머니가 아니었던가!" 라고 하면서 민족의식을 고취시켰다. 그리고 그는 《서한집》에서 호머와 키케로에게 편지를 보내는 방식으로 대화를 시도하였다. 그는 중세적 학풍을 반대하고 고대문학과 인간들이 보여주는 순수한 자유를 동경하면서 고귀한 인간성을 회복하려는 경향을 드러내었다.

복카치오는 《데카메론》에서 세계 도처에서 경험한 인간의 위선과 타락한 모습을 비유와 풍자로 표현하였다. 그리고 그는 호머의 《일리어드와 오디세이》 등 그리스 고전들을 라틴어로 번역하여 일반인들이 그리스 문학을 접할 수 있도록 노력하였다. 그는 중세의 위선과 교권을 박차고 인간의 살아있는 모습을 대담하게 묘사하여 자연스럽게 호흡하고 실현하려는 산문학의 시조이다.

결국 문예부흥은 집단성을 강조하는 외부적인 권위와 형식의 구속에서 벗어나 순수한 인간 그대로의 모습으로 돌아가려는 하나의 해방운동이었다. 핵심은 개인주의이며, 지적이고 사회적인 측면에서 권위주의에 대항하여 개인주의를 보호한 운동이었다.

2) 종교개혁기의 문화와 교육

1517년 10월 31일 루터(Martin Luther, 1483~1546)가 비텐베르그(Wittenberg) 교회

의 문전에 95개조의 항의문을 게시한 사건을 계기로 서구사회는 백여 년에 걸쳐 종교적이고 정치적인 격동의 세월을 보냈다. 종교개혁운동이 급속하게 확산한 데에는 몇 가지 이유가 있다. 첫째는 14세기 이후 교회의 심각한 내분과 지나친 세금과 세로 민심을 잃었다. 둘째는 교회제도를 지탱해 주었던 봉건체제가 15세기 이후 상공업의 발달로 내부로부터 붕괴되면서 동시에 민족국가가 대두되었다. 셋째는 교회의 사상적 기반이 되었던 아퀴나스의 신학이 힘을 잃고 이성을 강조하는 오캄(William of Occam)의 사상이 세력을 얻게 되었다. 무조건적인 순종보다는 이성적 판단이 힘을 발휘하기 시작한 것이다.

그리고 에크하르트(Johannes Eckhart, 1260~1327)의 신비주의 사상과 에라스무스(Desiderius Erasmus, 1466~1536)의 인문주의 사상, 그리고 영국의 위클리프(John Wycliffe, 1324~1384)와 체코의 후스(John Huss, 1370~1415) 등 선구적인 인물들의 교회개혁운동이 종교개혁의 기운을 북돋아 주었다. 신비주의 사상은 신앙의 타율성과 형식성을 반대하고 내면의 체험을 통해서 신앙의 본질을 확보하려는 직접적인 신앙을 강조하는 사상이다. 자율성, 주관성, 체험성을 내세우는 신비주의 사상은 교회의 반성을 촉구하여 종교개혁의 기운을 북돋웠던 것이다.

영국의 위클리프에게서 나타난 종교개혁의 실마리는 독일의 후스에게 영향을 미쳤으며, 이들은 모두 교황지상권을 부정하고 민족적 요구를 내세우면서 로마 교회의 부패상을 공격하였다. 하지만 로마 교회의 공덕사상으로 표현된 면죄부 판매행위를 문제 삼은 루터의 반대운동이 종교개혁운동의 결정적인 도화선이 되었다.

독일에서는 1550년까지 전체 인구의 절반 이상이 로마 교회를 이탈하였고, 스위스에서는 쯔빙글리(Ulrich Zwingli, 1484~1531)가 로마 교회의 절대성을 부인하고 종교개혁운동을 이끌어 나갔으며, 칼빈(John Calvin, 1509~1564)은 제네바에서 신정정치를 내세우면서 《기독교 강요》를 저술하여 개혁주의 교회의 기본원리를 제시하였다. 칼빈의 사상은 남부 독일, 프랑스, 네덜란드, 영국 등으로 퍼져나갔으며, 특히 영국에서는 루터파와 칼빈파의 영향으로 영국 교회를 로마의 지배로부터 벗어나게 하였다.

이처럼 성공적이었던 종교개혁의 내적인 힘은 고전연구를 통하여 축적된 비판정신을 배양하고 판단할 수 있는 근거를 획득한 데서 비롯되었다. 인문주의적 문예부흥 이래 종교개혁운동의 본질적인 특징은 최초의 근원과 경험에 대한 호소인 관찰(observation), 비교(comparison), 비판(criticism)이라는 경향성으로 정리해 볼 수 있다. 그러므로 문예부흥이 자아의 자각을 통한 인간의 재생운동이라면, 종교개혁운동은 형식화된 교권주의에서 벗어나 오직 성경으로 복음을 가질 수 있다는 신앙의 해방운동이라고 할 수 있다.

그리고 문예부흥은 귀족적인 교양을 내세우면서 고전의 감상을 통한 인간성 회복을 중시함으로써 고등교육의 발달을 촉진시켰다고 볼 수 있다. 이에 반하여 독일을 중심으로 한 종교개혁은 평민적이면서도 도덕적이고 종교적인 각성을 통하여 일반 민중의 교양을 향상시키려고 노력하였다. 그러므로 종교개혁운동은 기초교육을 확대시키는 효과를 가져다 주었으며, 근대 초등보통교육제도의 기초를 닦았다고 볼 수 있다(Eby, 1964: 41-42). 19세기 프랑스 문화사가인 캠페이레(Campayre)는 신교가 초등학교를 낳았으며 종교개혁이 그 요람이라고 하였다.

문화사적으로 문예부흥의 성격을 개인적 인문주의(individual humanism)라고 한다면, 종교개혁운동은 도덕적이고 종교적 교양을 위한 사회적 인문주의(social humanism)라고 할 수 있다. 특히 루터는 발트부르그 성에서 10개월 동안 피신해 있으면서 독일어 성경번역을 착수하여 종교개혁의 기초를 닦아나갔다. 이렇게 번역된 성경은 독일인들의 의식과 독일어의 발달 그리고 독일문학의 진흥에 크게 기여하였다. 모국어에 대한 루터의 관심은 초등교육의 발전을 촉진시켰으며 동시에 근대 서구사회 의무교육제도의 기반을 이루는 데도 많은 도움을 주었다.

2. 교육의 실제

1) 인문주의교육

문예부흥은 인간성 회복이라는 인문주의에 기초한 운동이다. 그러므로 문예부흥기의 교육은 자기표현의 자유나 창조적인 예술활동을 지원하였으며 그리스 로마의 고전연구를 중시하는 인문주의교육이었다.

문예부흥기의 교육은 중세의 편협성을 탈피하고 풍부한 교육내용을 확보하였으며 교양에 도움이 되는 교육을 실천하려고 노력하였다. 따라서 교양교육의 폭을 넓혀서 중세의 기사교육 이외에는 찾아볼 수 없었던 체육을 발굴하였고 사회생활에 도움이 되는 새로운 도덕교육을 요청하였다. 문예부흥은 인간의 삶의 영역을 모두 포괄할 수 있는 교육을 실천하기 위하여 노력한 것이다.

베르게리우스(Paulus Vergerius, 1349~1428)는 그의 《고상한 도덕과 자유교육》에서 "우리는 자유인에 상응하는 교과를, 우리는 그것에 의해 지와 덕을 달성하며 실천하는 교과를 자유교과라고 부른다. 천부적인 몸과 마음의 능력을 단련하고 발달시킴으로써 인간을 고귀하게 하는 교육을 자유교육이라고 한다."라고 하였다. 교육사가인 몬로는 "자유교양교육은 독자적인 개성을 지니게 하는 것과 과거의 인간에 대한 폭넓은 지식과 현재의 삶에 필요한 것을 기초로 일상생활에 유능하게 참여할 수 있는 능력을 갖춘 자유인의 양성을 목표로 한다."라고 하였다(Monroe, 1915: 167-169). 이처럼 문예부흥기는 자유교양교육을 지향하고 실천하기 위한 인문주의교육이었다.

인문주의교육은 풍부한 교양이 목적이었고 고전어는 다만 수단이었다. 하지만 자유교양교육의 목적의식이 점차 쇠퇴하면서 고전어만 강조하는 수단적인 경향이 강해지기 시작하였다. 새로운 정신의 탐구수단이었던 고전어 연구가 목적으로 전도되고 만 것이다. 따라서 인문주의교육은 고전어, 고전문학의 학습만을 중요시하어 고전의 내용보다는 형식에 치중하는 잘못된 경향을 드러내게 되었다. 말하자면 교육의 의미를 우리의 삶 전체와 관련시켜서 생각하기보다는 언어중심의 교육으로 좁게 인식하게 된 것이다.

이런 고전어 학습경향은 타락한 언어주의(verbalism)를 말하는 것이다. 15세기 말, 16세기 초에는 이런 경향이 더욱 노골화되어서 키케로주의(Ciceronianism)가 형성되었다. 말하자면 서구의 고전작품 가운데서 키케로의 우아한 문장을 가장 우수한 것으로 보고 내용이나 의미보다는, 키케로의 문장이나 단어를 이용하여 자신의 생각을 표현하는 일이 교육에 있어서 하나의 유행으로 번져나갔다. 이런 협소한 경향성을 키케로주의라고 한다.

그럼에도 불구하고 비토리노(Vittorino da Feltra, 1378~1446), 에라스무스(Desiderius Erasmus, 1466~1536), 비베스(Jean Luis Vives, 1492~1540) 등의 교육사상가들이 활발하게 활동하면서 인문주의적인 경향이 크게 융성하였다.

2) 신교의 교육

신교도들은 네덜란드와 스코틀랜드에서 종교개혁을 바탕으로 교육개혁을 시도하였다. 네덜란드에서는 가톨릭을 신봉하는 왕족들과 칼빈주의자들인 국민파 간의 투쟁이 독립전쟁으로 비화하였으나 국민파가 승리하여 1575년 라이덴 대학을 설립하였다. 이 대학은 독립전쟁을 기념하기 위하여 설립된 것이며, 1559년 칼빈의 리브 칼리지를 모형으로 삼은 것이다.

스코틀랜드 신교도의 지도자 녹스(John Knox, 1505~1572)는 신교의 교육이념을 무상초등학교와 보통교육제도로 표현하였다. 그는 《훈련 제1서》와 《학교와 칼리지 규정》에서 모든 기독교인의 자녀들을 교육시킬 것과 정부는 교구마다 학교를 세워 모든 어린이들을 의무적으로 취학시킬 것을 주장하였다.

이런 제안이 바로 실현되지는 못하였지만, 1646년 '전 교구에 학교를 설립할 법령' 이 공포되면서 서서히 실현되기 시작하였다. 이 법령은 지방자치단체에 의한 학교의 설치 및 유지와 시설에 필요한 재정을 세금으로 지원 가능하도록 하였다.

종교개혁운동이 교육에 미친 가장 큰 영향은 "모든 국민에게 교육이 이루어져야 한다."는 근대 보통교육 이념의 배아를 마련한 것이다. 이런 교육이념은 종교개혁운동의 두 줄기인 루터파와 칼빈파의 노력으로 제도화되기 시작하였다. 그것은 계몽군주에 의해 이루어진 고타(Gotha)교육령과 시민들의 노력으로 이루어진 매사추세츠(Messachusetts)교육령이다.

(1) 고타교육령

독일지방의 소국 고타공국의 영주 에른스트공(Duke Ernst the Pious of Gotha)은 루터파의 신교도로서 종교개혁정신을 이어받아 교육제도를 정비해 나갔다. 그는 1642년에 고타교육령을 공포하였고 여러 차례에 걸쳐 수정하면서 취학의 의무, 학급관리, 학교관리, 교과과정, 교수방법 등을 체계적으로 관련 조문에 규정해 놓았다.

이 교육령은 전문 16장 45조로 구성되어 있으며, 제2장 49-54조는 취학의 의무에 관하여, 제13장 361-365조는 부모의 의무에 관하여 규정해 놓았다.

제49조, 모든 지역의 남녀 어린이는 예외 없이 학교에 다녀야 한다.

제51조, 어린이는 5세가 되면 취학해야 한다.

제53조, 어린이는 매년 일정한 시기를 정해서 학교에 입학해야 한다.

제361조, 문자를 해독하지 못하는 12세 이하 어린이의 부모는 자기 자녀를 취학시키지 않으면 누구라도 벌을 받는다.

제362조, 부모는 자녀들이 병을 앓지 않는 한 학교를 하루라도, 한 시간이라도 결석하게 해서는 안 된다. 또 언제나 지각하지 않고 등교할 수 있도록 엄중히 주의해야 한다.

이처럼 어린이에 대한 취학의 의무를 규정하고 부모는 반드시 자녀를 취학시켜야 한다는 취학의 강제성을 규정한 고타교육령은 세계 최초의 근대적 교육령이다. 에른스트공에 의한 교육개혁작업은 고타공국의 농부는 다른 어떤 나라의 귀족보다 더 많이 교육받았다고 할 정도로 고타공국을 유럽에서 가장 번창한 나라로 만들었다.

(2) 매사추세츠교육령

영국에서 크롬웰 정권이 무너지자 청교도들은 윈스로프(John Winthrop)의 지도 하에 아메리카 신대륙으로 건너가서 매사추세츠에 정착하였다. 이들은 칼빈주의에 입각하여 교육제일주의를 표방하였다. 신앙의 기초를 확립하기 위해서는 교육이 필요하며, 그런 교육은 국가의 책임이라고 인식하고 구체적인 교육령, 즉 매사추세츠교육령을 마련하였다.

이 교육령은 지방자체단체는 자기 구역의 교육에 책임을 져야 하며, 학부모, 고용주, 어린이들을 감독하여 교육받을 권리를 가진 어린이들이 교육받을 수 있도록 규정하였다. 그러므로 부모나 고용주는 감독자에게 복종해야 하며, 이를 어기고 자녀나 어린 노동자의 교육을 소홀히 하는 자는 벌금을 부과한다고 규정하였다.

1642년에 공포된 이 교육령은 학교의 설치에 관한 규정이 없었기 때문에 다음과 같이 1647년 제2차 매사추세츠교육령을 공포하였다.

첫째, 50호 이상의 마을은 즉시 읽기, 쓰기 교사를 채용하고 급료는 마을의 의결을 통하여 학부모나 고용주들의 부담 여부를 결정한다.

둘째, 100호 이상의 마을에서는 라틴 문법학교를 설치한다.

이처럼 매사추세츠교육령은 간단한 문장으로 소박하게 표현되어 있다. 그러나 다음과 같이 현대적인 공교육제도의 원리를 내포하고 있다. 첫째, 부모나 고용주의 교육 의무를 규정하고, 둘째, 지방자치단체의 학교 설치 의무와 교육감독권을 인정하며, 셋째, 세금과 같은 공공재정에 의한 무상교육제도의 길을 열었다.

종교개혁은 직접적으로는 종교적 모순이나 타락에 대한 개혁이었지만, 간접적으로는 사회문화운동이었으며 교육개혁운동이었다. 원시기독교의 순수한 신앙으로 되돌아가기 위해서는 현실적으로 타락한 교권과 부패한 성직자들과 대항하지 않으면 안 되었다. 이들과 대항하는 합리적 수단으로 교육된 인간의 지성과 의지에 호소하지 않을 수 없었기 때문에, 신교주의자들은 교육사업에 힘썼던 것이다. 그것은 위에서 아래로의 개혁이라기보다는 아래에서 위로의 개혁이었다.

따라서 종교개혁은 신에 대한 올바른 믿음을 알리기 위해 특권층뿐만 아니라 일반 대중의 지력을 증진시켜야 하는 필요성 때문에 대중교육운동을 전개해 나갔다. 이것이 바로 보통교육의 이념을 실현시켜 나가는 계기가 된 것이다.

3) 구교의 교육

신교의 종교개혁운동에 자극을 받아서 로마 가톨릭교회가 일으킨 각성운동이 바로 대응종교개혁운동(counter reformation movement)이다. 1545년에서 1563년까지 매년 계속된 트리엔트(Trient) 종교회의가 이 사실을 단적으로 보여주고 있다. 1545년의 종교회의에서는 교황의 신성, 교회 전통의 존중, 성직자의 자숙 등을 요망하고 나아가 신교도의 근절을 선언하였다. 특히 신교의 교육운동이 크게 성공한 것에 자극을 받은 교황은 대응종교개혁운동의 하나로 교육의 보급에 힘쓰기 시작하였다.

가톨릭교회를 증진시키고 또한 교육의 보급을 통하여 대응종교개혁운동을 조직적으로 전개한 예수회(the Society of Jesuit)가 대표적인 교단이었다. 이 교단은 1534년 스페인의 군인이요 귀족이었던 로욜라(Ignatius of Loyola, 1491~1556)에 의해 창설되었으며 1540년 교황 바오로 3세가 정식 인가하였다.

이 교단은 "신교도에 대항하여 가톨릭교회의 선양에 노력한다." "모든 것은 신의 영광을 위하여"라는 신조를 가지고 행동하고 교육하는 하나의 조직으로 군대식으로 운영되었다. 그러므로 예수회의 교육내용, 교육방법, 교육조직은 모두 엄격한 훈련과 경쟁을 이용한 방식이었으며 계급적이고 전투적인 체제로 이루어졌다. 교황이 가톨릭의 교육개혁을 이 교단에 위임하였기 때문에, 이 교단에 의한 교육은 널리 보급되었다.

특히 주목할 점은 신교국가들은 주로 초등교육의 발전에 주력하였는데 비해 이 교단은 "특히 청년을 중심으로 하는 교육"이라는 주장에서 볼 수 있듯이 중등교육에 주된 관심을 가졌다. 그리고 예수회는 좋은 교육을 위해 교사양성에 많은 노력을 기울였다. 당시 교사의 직위는 교수, 조교, 득업생, 시보의 4단계로 구분되어 있었다. 예수회의 교육개혁은 이런 교사양성제도를 통하여 이루어졌다고 해도 과언이 아니다.

예수회는 1552년에 이르러 교황 유리우스 3세에 의해 세계 어느 곳에서든지 학교 설립과 학위수여권을 인정받게 됨으로써 교육운동이 크게 융성하였다. 로욜라 사후 150년 이후인 18세기 초에는 전세계에 612개의 중등학교와 157개의 사범학교, 24개의 대학, 그리고 2백여 개의 전도학교가 있었다. 그러나 1773년에는 교황 클레멘스 14세에 의해 교단이 해산당하는 수모를 겪었으며, 40년 후인 1814년에 교황 피우스 7세에 의해 재건되었지만 이전의 세력을 회복하지 못하고 오늘에 이르고 있다.

예수교단의 교육이 성공한 이유는 훌륭한 조직, 무상의 교수, 우수한 교사양성, 체계적인 교수방법에 있었다. 특히 교수방법으로는 구두 교수, 기억중심, 복습, 훈육 등을 잘 활용한 것이었다.

3. 교육사상가 연구

1) 에라스무스(Erasmus, Desiderius: 1466~1536)

(1) 기독교신앙과 고전학문의 통합

북구 최고의 인문주의자였던 에라스무스는 네덜란드의 로테르담에서 주교의 아들로 태어났다. 그는 1488년 수도사가 되어서 히브리어, 그리스어, 라틴어 등의 고전어 공부에 몰두하여 수많은 고전들을 섭렵하였으며 평생을 고전연구와 인문주의교육에 바쳤다. 그는 고전연구를 통하여 많은 지식과 비판능력을 얻었으며, 중세의 종교적 권위와 신앙의 형식화에는 대단히 회의적이었다. 노년의 에라스무스는 저작활동에 몰두하다가 1536년 7월 12일 바젤에서 세상을 떠났다. 그의 유해는 바젤 대학생들에 의해 운구되어 바젤성당에 안치되었다.

기독교 신앙과 고전학문의 연합은 오래전부터 아우구스티누스, 아퀴나스 그리고 단테(Dante Alighieri)와 같은 기독교 인문주의자들에 의해 시도되었지만, 에라스무스는 이 작업을 새롭게 인식하여 기독교와 인문학의 변증법적 종합을 꾀하였다. 그는 인문주의적 관점을 바탕으로 그리스와 로마의 고전에 대한 관심을 기독교 신앙과 연결시키려고 노력하였다. 르네상스의 대표적인 교양인으로서 에라스무스는 인문주의와 신학을 종합한다면 서로가 서로를 좀더 풍성하게 해줄 것이라고 생각하였으며, 바로 이 점을 평생의 과업으로 삼았다.

그는 《엔크리디온: 그리스도병사의 단검》에서 기독교인들이 당시 사회의 악한 문제들에 대해 어떻게 대처하고 싸워나가야 하는가를 제시하면서, 사회문제는 많은 경우 무지와 무교육에서 비롯된다고 보았다. 그는 사회를 개선하고 기독교인들이 참된 청지기 역할을 수행할 수 있도록 도와주는 일은 궁극적으로 교육의 과제이며, 교육이 사회를 개선할 수 있는 열쇠와 같은 기능을 한다고 주장함으로써 교육적 세계관을 내세우는 선구자가 되었다(라은성, 2002: 181). 이처럼 그는 균형과 조화 속에서 인문주의적 사고와 신학적 사고 모두 깊은 애착과 정열을 가지고 있었으며 이를 하나로 통합시키려고 노력하였다. 그의 사상 전반에 나타나는 이런 특징은 그의 교육사상에도 잘 드러난다.

에라스무스는 이성적 존재로서의 인간과 완전을 향하여 성장해 나가는 인간에 대한 확신과 믿음을 가지고 있었다. 인간은 이성적 동물이지만 이런 이성이 출생 시 완전한 형태로 주어진 것이 아니라, 하나의 배아처럼 인간성 속에 심어져 있어서 바르게 교육되고 계발되어야 하는 것으로 생각하였다. 그러므로 이성적 존재로서 인간이 되어가는 과정에서 교육은 필수불가결한 것이다. 그에게 있어서 인간은 교육을 통해서만 인간이 되며, 필연적으로 교육작용을 통해서만 인간이 된다. 에라스무스는 도덕교육을 통해 인간이 도덕적 존재가 되도록 도와주어야 하듯이, 경건교육을 통해 참된 기독교인이 되도록 도와주어야 한다고 주장하였다.

따라서 에라스무스에게 있어서 교육이란, 신앙에 입각한 경건한 삶과 교양을 통해 형성되는 지성이라는 두 가지 요소를 조화롭게 통일시키는 작업이다. 그는 이 둘을 균형 있게 갖추며 조화롭게 연결시키는 일을 가리켜서 삶의 의무를 준비시키는 것이라고 하였다. 그러므로 성경의 가르침과 교부들의 고전을 배움으로써 새로운 도덕적인 사회를 건설할 수 있다고 보았다. 이를 위해 그는 경건성과 학문성을 겸비한 교양인 양성을 교육의 목적으로 제시하였다.

(2) 교양교육사상

에라스무스의 교육사상은 서구의 사유에 있어서 두 기둥을 이루고 있는 진리의 종교적 측면과 정신적 측면을 종합하려는 시도에 근거하고 있다. 그러므로 그의 교육이념은 고전적 개념인 후마니타스(humanitas, 인간성)와 기독교적 개념인 피에타스(pietas, 경건성)를 중심으로 삼고 있다. 그리고 피에타스에서 드러나는 기독교적 덕목이 후마니타스를 더욱 풍성하게 만들어 주기 때문에, 이 두 가지 차원은 모두 후마니타스 안에서 만난다고 본다. 에라스무스가 중시한 후마니타스의 교육사적 의미는 고대 그리스에서 찾아볼 수 있다. 고대 그리스인들은 처음으로 철학, 역사, 문학 등을 연구하면서 파이데이아(Paideia)라는 서구교육을 창안하였으며, 기원전 4~5세기경 아테네에서 파이데이아의 이름 아래 그리스학문들을 체계화하였다. 이렇게 성립된 파이데이아는 다음과 같은 네 가지 특징이 있다(Jaeger, 1965: 286).[1]

첫째, 7자유과를 통하여 인간의 지식을 체계적으로 통일하였다. 7자유과는 서구 중세사회에서 대학교육과정의 원형이 되었다.

둘째, 7자유과를 바탕으로 파이데이아는 의사소통능력, 지적 정확성, 변증법적 사고력을 증진시켜서 책이 없는 세계에서 교수와 토론의 능력을 마련해 주었다.

셋째, 교육이 인간성을 계발할 수 있다는 서구문명의 위대한 가설의 근거를 마련해 주었다.

넷째, 파이데이아가 발달시키고자 하는 인간의 수월성 개념을 강조하였다. 이 말에는 공적인 삶에서 역할을 수행하는 데 필요한 설득력과 지도력이라는 자질이 포함되어 있다. 그리스인들에게 이런 자질은 없어서는 안 될 인간성의 요소이다.

이런 그리스 로마의 전통은 그리스와 라틴어 원전으로 고대 세계의 철학, 역사, 문학을 가르치는 인문학(the humanities)이라는 학문을 형성시켰으며, 19세기 말까지 서구사회의 교육에 큰 영향을 미쳤다. 고대 그리스와 로마 그리고 르네상스시대에는 '휴머니즘'(Humanism)이라는 말이 알려지지 않았다. 15세기 말 이탈리아 학생들이 사용하던 표현은 우마니스타(Umanista), 즉 휴머니스트(Humanist)였다. 이것은 고전어와 문학을 가르칠 때 쓰던 은어였고, 법학을 가르치는 교사를 레지스타(Legista)라고 부르는 경우와 같았다. 우마니스타들이 가르치는 과목을 르네상스시대에는 인문

1) 파이데이아는 어린이를 뜻하는 그리스어 Pais 또는 Paides에서 유래하였으며, 기원전 4세기경 그리스에서는 어린이 양육이라는 말로 처음 사용하였다. 로마제국의 헬레니즘시대에는 그 내포를 계속 확대시켜서 인간이 성취할 수 있는 덕(arete)과 연결시켰다. 이때부터 파이데이아는 지적이고 정신적인 문화 속에서 정신과 신체의 이상적인 성장과 결합이라는 개념으로 사용되었다. 좁게는 교수(institutio)와 훈련(displina)을 의미한다고 볼 수 있으며, 교육학(Pedagogy)이라는 말과 같은 어원에서 유래한 것이다. Werner Jaeger, Paideia: the Ideals of Greek Culture(1)(Oxford: Basil Blackwell, 1965), p. 286 참조.

학으로 번역되는 '스투디아 후마니스타티스(studia humanistatis)라고 불렀다. 이런 15세기의 인문학은 문법, 수사학, 역사, 문학과 도덕철학 그리고 그리스 원전의 라틴어 번역본을 비롯하여 고대 라틴어 원전과 그리스 원전을 연구하는 것으로 구성되었다.

에라스무스가 내세우는 교양교육 이념은 후마니타스의 역사성에 기초하고 있다. 인간의 이성, 즉 수월성을 계발하는 교육적 방안이라는 파이데이아의 의미를 반영하는 후마니타스는 인간의 존엄성에 그 기반을 둔 것이다. 그러므로 인간이 되게 하고자 기능하는 교양교육은 고전과 성경연구를 통하여 이루어지는 것이다. 피에타스는 후마니타스를 풍부하게 만들어 주기 때문에 기독교적 지성인은 실현 가능한 교양교육의 목표가 되는 것이다.

고대 그리스인들은 정신적인 앎의 측면과 실천적인 삶의 측면을 통일시키고 조화시키기 위해 많은 노력을 기울였다. 이들은 사유와 행위가 결합된 인간을 이상적인 존재로 보고 교양인이라고 불렀으며, 자유교양교육을 통해 이런 인간을 양성하려고 하였다. 이렇게 드러나는 그리스시대의 교양인과 에라스무스가 바라보는 기독교 교양인은 매우 유사하다고 볼 수 있다.

에라스무스에 따르면 인간은 영혼과 육체로 구성되어 있으며, 창조 시에는 영혼이 육체를 지배하고 육체는 영혼의 요구에 충실함으로써 서로 조화를 이루었다. 하지만 인간의 타락으로 영혼과 육체 사이에 투쟁과 불일치가 생겨나게 된 것이다. 따라서 에라스무스는 참된 경건을 바탕으로 한 교양교육을 통해 다시 영혼과 육체의 조화를 이룰 수 있다고 믿는 것이다. 여기에서 교육이야말로 하나님의 선물인 이성의 능력을 사장시키지 않고 일깨워서 실제의 삶 속에서 인간을 책임 있는 존재로 만들 수 있는 통로라고 본 것이다. 그러므로 이성을 계발시키는 교양교육 없이는 인간을 인간답게 만들지 못한다는 주장이 설득력을 얻게 된다.

에라스무스의 교양교육론은 자연스럽게 어린이교육에 관심을 가진다. 신체적으로는 열등하지만 인간정신의 생동성을 계발하기 위해서는 무엇보다도 어린이에 관한 이해가 선행되어야 할 것이다. 어린이를 발견하지 못한 시대에 살았던 에라스무스이지만, 어린이교육의 가능성과 필연성을 고려한 체계적인 교육방법을 내놓았다. 자연(nature)과 훈육(discipline) 그리고 실천(practice)이라는 세 가지 교육방법은 교양교육의 핵심인 어린이의 잠재력과 창의력을 계발하는 일에 충실하게 기능할 수 있는 에라스무스식의 교육방법이다.

자연은 인간의 내면에 깊이 뿌리박고 있는 선해지려는 능력이며, 훈육은 가르침에 따르는 지식행위를 의미하고, 실천은 자연의 선한 성향이 훈육을 통하여 성숙해지는 행위를 뜻한다. 그러므로 자연은 훈육을 필요로 하고, 실천은 훈육 없이는 자칫 잘못이나 위험에 빠질 수 있다. 자연이 훈육으로 나아가고, 훈육이 실천을 통해 완벽해지도록 서로 잘 결합되어야 한다. 그렇지 않고 인간을 태어난 그대로 방치한다면 참된 인간이 될 수 없다는 주장이다. 이 세 가지 요소 중 자연과 실천을 중개하는 훈육이야말로 이성을 가진 인간에게만 가능한 것이며, 따라서 교육은 인간을 인간답게 하는 가장 중요한 일이 된다.

2) 루터(Luther, Martin: 1483～1546)

(1) 교육개혁자

루터는 독일의 작센주 아이스레벤에서 한스 루터의 아들로 태어났다. 1501년 인문학으로 유명한 에르푸르트대학에 진학하여 법학을 공부하였으나, 어느 날 동행하던 친구가 낙뢰로 급사하는 장면을 목격한 후 큰 충격을 받아 1505년 7월 아우구스티누스파의 수도원에 들어가서 수도사가 되었다.

종교개혁 이후 올바른 삶을 강조하는 프로테스탄트(protestant)[2)]의 입장에서는

---

2) 프로테스탄트라는 말은 1529년 독일에 있는 신성로마제국의 슈파이어 의회에서 처음으로 사용되었다. 1529년 4월 19일 독일의 14개 자유도시와 6명의 루터파 제후들이 신성로마제국의 황제 칼 5세가 가톨릭 계통의 제후들과 함께 루터 추종자들에게 허락했던 관용정책을 무효화한 것에 대한 항의서를 발표하였는데, 이런 항의서를 발표한 사람들에게 프로테스탄트라는 이름을 사용하였다. 이 말은 항의한 사람들이 사용한 것이 아니라 반대자들이 사용한 것이며, 점차 독일 밖에서 저항하는 자들에게 적용되었다.

사회적인 삶과 종교는 분리될 수 없는 것이며, 도덕적이고 종교적인 품성을 기르는 교육은 교회의 책임일 뿐만 아니라 국가나 사회의 책임이었다. 이런 교육은 올바른 신앙생활을 통해 참된 인간이 되게 하는 길이었기 때문에 사회계층이나 성별에 관계없이 보편적이고 의무적으로 제공되어야 하는 것으로 보았다. 루터는 교육이 기독교 복음과 마찬가지로 누구에게나 무상으로 제공되어야 한다고 강조한 것이다.

이런 주장의 근거는 루터의 두 왕국론이다. 이것은 하나님의 도성(civitas Dei)과 지상의 도성(civitas terrena) 사이의 갈등과 투쟁을 다룬 아우구스티누스의 신국론을 모형으로 삼은 것이다. 하지만 루터는 두 왕국을 서로 다른 두 개의 영역으로 생각한 것이 아니라, 항상 하나님의 이중적인 지배방식을 하나님의 창조섭리와 관련하여 문제 삼았다.

하나님의 도성에 타당한 것은 오직 은총과 의와 신앙이지만, 지상의 도성에서 타당한 것은 율법, 선행, 이성, 징벌과 보상이다. 루터에 따르면, "현세적인 검을 사용하는 것은 이 세상의 지배자들에게 속한 것이며 결코 영적인 지위를 가진 자에게 속하지 않는다. 그리스도의 검은 쇠로 만든 것이 아니라 성령의 검이며, 바울이 말한 것처럼 하나님의 말씀과 명령이다(박정진, 1983: 68)." 따라서 세속사회에서 인간은 시간적 안녕을 위해 염려해야 하며, 그리스도의 왕국에서 하나님은 영원한 구원을 위해 염려해야 한다. 이것은 하나님이 인간세상과 관계를 가지는 데 있어서 사용하는 두 가지 통치방식이다.

이처럼 두 왕국의 구별은 분명한 것이고 질적인 차이가 있지만 두 왕국은 모두 하나님에 의해 통치된다는 점에서 서로 내적인 연관성을 가지고 있다. 인간은 행위로서 세속인격을 가지고 신앙으로는 그리스도의 인격을 가지기 때문이다. 그러므로 기독교인들은 그리스도의 인격과 세속인격을 동시에 가지며, 두 왕국의 통치 아래에 있으면서 율법과 복음을 동시에 요구하는 시민이 되는 것이다. 루터에게 있어서 두 왕국이 나타내는 상황은 하나이며, 그런 하나의 상황 안에서 두 왕국은 합쳐진다.

그러므로 루터는 그리스도의 나라에서 경건한 신학자와 성실한 설교자를 하나님의 사자, 구원자, 예언자, 종, 교사라고 하듯이 경건한 법관과 학자는 세속의 나라에서 예언자, 제사장, 사자 및 구원자가 된다고 하였다(Luther, 1983: 353). 그러므로 세속의 군주나 공직자들은 법률에 따라 시민을 위하고 보살피는 역할에 충실해야 함을 역설한 것이다. 따라서 정부의 기능은 국방과 교육을 통한 복지추구라고 하면서 다음과 같이 주장하였다(Luther, 1983: 297).

> 그러므로 시의회와 당국은 마땅히 젊은이들에게 최대의 관심과 주의를 기울여야 합니다. 전 시의 재산, 명예 및 삶이 그들의 신실한 관리에 맡겨져 왔으므로 만약 그들이 가능한 수단을 다하여 주야로 그 시의 복지와 향상을 추구하지 않는다면 그것은 하나님과 사람 앞에서 그들의 의무를 이행하지 않는 일이 될 것입니다. 그런데 한 시의 복지는 막대한 부를 축적하고 강력한 성벽과 웅장한 건물을 지으며 많은 총과 무기를 생산해 내는 데만 있는 것이 아닙니다. 실상 그와 같은 것들이 풍부한 가운데 경솔한 바보들이 그것들을 관리할 경우에 사태는 훨씬 더 악화되어 시는 막대한 손실을 입게 되는 것입니다. 한 시의 최선 및 최대의 복지, 안전, 힘 등은 오히려 그 시가 얼마나 많은 유능하고 학식 있고 현명하고 존경할 만하며 잘 교육받은 시민들이 있느냐에 달려 있습니다.

이처럼 루터는 국가의 발전에 있어서 교육받은 인력이 국방력처럼 필수적이라고 하면서 시민교육을 종래와 같이 사적인 관심이나 자연적인 추세대로 방치할 수 없다고 주장한 것이다. 그것은 이제 세속국가의 임무라는 말이다.

근대 이후 국가가 관리 감독하고 지원하는 의무교육의 원리는 취학의 법적 강제성, 기초교육성, 재정 경영의 공공지원성, 정치적 중립성이다(김정환, 1984: 114). 이런 원리들은 현대사회에서도 계속 다듬어져서 수정되고 보완되고 있지만 그 원형은 루터의 교육적인 주장에서 잘 나타나고 있다. 말하자면 그는 교육재정의 공공지원성이라는 측면에서 당시로서는 한층 진보된 제안을 하였다(Luther, 1983: 292-293).

나의 친애하는 의원님들, 만일 우리가 매년마다 도시의 현세적 평화와 번영을 위하여 무기, 도로, 다리, 댐 및 허다한 유사한 사항들에 거액을 소모해야 한다면, 저 소홀히 여겨지는 불쌍한 젊은이들에게 훨씬 더 많은 투자를 해야 하지 않겠습니까? 적어도 유능한 한두 명의 젊은이를 학교교육에 종사시키기에 충분할 만큼 자금은 써야 할 것입니다. 더욱이, 모든 시민은 다음과 같은 사실을 깊이 명심해야 할 것입니다. 이전에 그는 의무적으로 면죄부, 미사, 밤 예배, 기부, 유물, 기념제, 탁발수사, 형제단, 순례단 및 이와 유사한 허망한 일들에 막대한 돈과 재산을 허비해야 했습니다. 이제 하나님의 은혜로 그와 같은 약탈과 강제 기부가 제거되었으므로, 그는 하나님에 대한 감사와 하나님의 영광을 위하여 그 금액의 일부를 불쌍한 자녀들의 훈련을 위해 학교에 기부해야 할 것입니다. 그것은 훌륭한 투자가 될 것입니다.

루터는 이에 그치지 않고 교육비는 수익자부담이라는 원칙과 부유한 자들의 장학재단을 언급하였고, 시의회와 당국의 투자와 교회재정의 부분적인 교육비 전용을 주장하였지만, 기본적으로는 시민 전체가 교육비 부담을 공유해야 한다고 다음과 같이 역설하였다(Roland, 1982: 374).

여러분, 비텐베르그 사람들은 이제 학교와 병원의 부담을 덜게 되었습니다. 모두 공동기금으로 처리되고 있지요. 여러분에게 4페니씩 요구하는 이유는 이렇습니다. 이 돈은 목사들, 학교교사들, 교회 관리인들을 위한 것입니다. 첫 번째 사람들은 여러분의 구원을 위해 일하면서 복음의 값진 보배를 여러분에게 전해주고, 두 번째 사람들은 자녀들을 훈련시켜서 훌륭한 공무원, 재판관, 목사를 만들고 있습니다. 지금까지는 공동기금으로 이들을 보살폈지만 이제 여러분에게 이 보잘 것 없는 4페니를 요구한다고 해서 여러분은 들고 일어납니다. 이것은 복음전파, 자녀교육, 가난한 자녀에 대한 도움을 여러분이 원치 않는다는 얘기가 아니고 무엇이겠습니까?

세금과 같은 공공재정에 의한 교육의 지원은 공교육의 중심과제이며 교육평등권을 실제적으로 가능하게 하는 기반이 된다. 루터는 종교개혁을 통하여 시민의 교육적 욕구를 국가가 수용할 것과 국가는 시민 전체의 교육문제를 국가적 차원에서 다루어야 할 복지문제로 인식할 것을 강조한 것이다.

(2) 교육사상

루터는 '자녀들을 학교에 보내야 할 부모들의 의무에 관한 설교' 에서 부모는 자녀를 학교에 보내야 할 의무가 있으며, 정부는 국민에 대하여 그 자녀들을 취학시키도록 강제할 의무가 있다고 주장하였다. 특히 자기 자녀에 대한 부모의 취학 의무에 대해서는 "부모가 그 아들을 교육시키는 것은 예루살렘이나 로마를 순례하는 것보다 훨씬 하나님의 뜻에 가깝다."라고 역설하였다.

정부의 의무에 대하여 그는 "만약 정부가 전쟁 시에 국민들에게 총, 칼을 들고 종군할 것을 강제할 수 있다면, 그와 똑같이 국민들에게 자녀들을 취학시키도록 강제할 수 있으며, 당연히 강제해야 한다."라고 주장함으로써 교육에 대한 국가의 책임을 강조하였다.

'시의회 의원들에게 그리스도교 학교를 건립 운영하도록 호소한 글' 에서 그는 "영혼이나 천국, 지옥이 없어진다고 하더라도 여전히 그리스와 로마의 역사를 가르치는 학교는 이 지상의 일을 처리하기 위하여 반드시 필요하다. 이 세상은 교육받은 남자와 여자가 필요하다. 결국 교육받은 남자는 이 나라를 적절히 다스릴 것이며 교육받은 여자는 자녀를 잘 양육하고 가사를 잘 보살필 수 있을 것이다(Monroe, 1915: 196)."라고 하면서 학교의 중요성을 역설적으로 강조하고 있다.

루터는 좀더 구체적으로 학교교육의 필요성을 다음과 같은 세 가지 이유를 들어 설명하고 있다. 첫째, 보통의 부모는 자녀를 교육시킬 정도의 재력을 가지고 있다 하더라도 교육시킬 만한 경건심과 성실성을 기대할 수 없다. 둘째, 대부분의 부모들은 불행하게도 자녀들을 제대로 공부시킬 방법을 모르고 있다. 셋째, 부모가 교육방법을 알고 있거나 흥미 있게 가르치고 싶어도 다른 일 때문에 시간과 장소를 확보하기 힘들다. 따라서 학교는 반드시 필요하며, 학교의 설치와 유지는 국가나 자유시의 책임이라고 하였다.

당시 루터는 교수방법에 대해서도 진보적인 사고를 가지고 있었다. 이를테면,

"언어는 문법보다는 실용과 연습을 통해 배워야 한다."든지, 우리가 어린이를 인도하려면 먼저 우리 자신이 그들과 함께 어린이가 되어야 한다. 그리고 "몽둥이와 주먹으로 어린이들을 억누르려고 한다면 좋은 결과를 얻지 못한다." 등과 같은 주장이다. 이런 표현은 "어린이는 신의 선물이다."라고 하여 어린이의 인격을 존중한 루터의 교육관에 기초한 것이다.

특히 그는 교수행위에 있어서 매질과 같은 체벌을 극력 반대하고 어린이의 자유로운 성장을 장려하였다. 학교는 어린이가 매질을 당하는 지옥이나 연옥이 아니며, 과도한 학습목표나 체벌은 어린이에게 아무것도 가르칠 수 없게 만든다고 하였다.

루터는 교직의 중요성과 고귀함을 강조하였다. 루터에 따르면, 교직은 성스러운 것이어서 금전으로 보상할 수 없는 것이라고 하였다. 그는 교직을 성직과 동등한 것으로 보고 그 중요성을 누누이 강조하였다. "만일 내가 성직자가 아니었더라면 나는 반드시 교사가 되었을 것이다. 내가 목사직을 그만두고 다른 직업에 종사하게 된다면 교사보다 더 좋은 직업은 없으리라."라고 하였다.

루터는 결국 종교개혁운동의 성공 여부를 교육에다 두고 교육의 확대를 위해 열심히 노력하였다. 루터와 칼빈을 지지하는 곳에서는 현대 공교육제도를 만든 기초가 마련되기 시작한 것이다. 루터를 비롯한 신교의 종교개혁자들은 의무교육제도의 초석을 닦았고 남녀 평등한 교육을 주창하였으며, 세속학문을 인정하고 국가적인 교사양성체제의 확립을 역설하였다.

근대시민사회의 성립조건이 성숙하여 시민이 교육을 하나의 권리로 인식하고 국가가 재정지원 및 관리를 담당하고 교육체제 중 일부를 의무교육으로 채택한 대중교육의 확대가 공교육운동의 시작이라고 본다면, 그것은 법률에 의한 대의정치체제의 발달과 밀접한 관계가 있다. 16세기 종교개혁의 결과로 신장된 것은 개별국가의 주권, 개인권리의 신장, 대의정부의 대두, 공평한 참정권의 확대, 교회와 국가의 분리원칙, 종교의 자유보장, 공립학교의 성립 등이다(Roland, 1956: 84-88). 이를 위해 기여한 자가 바로 루터이다.

그는 무엇보다도 먼저 로마교회의 세속직에 대한 성직의 우월권이나 성경해석에 대한 교황의 절대성 및 신자 공동체인 공의회 소집에 대한 교황의 유일한 권한이 철폐되어야 한다고 주장하였다. 루터는 영적 계급이 세속 계급보다 우위에 있다고 주장하는 로마교도들이 쌓은 담을 위선이라고 지적하면서 다음과 같이 그 근거를 들고 있다(Luther, 1983: 142).

> 교황, 주교, 사제, 수사들을 영적 계급이라고 부르고 군주, 영주, 직공 및 농부를 세속적 계급이라고 부르는 것은 전혀 조작된 것이다. 실로 이것은 순전한 거짓과 위선이다. 아무도 여기에 놀라서는 안 된다. 이것은 말하자면 모든 크리스천은 참으로 영적 계급에 속하며 그들 가운데는 직무상의 구별 이외에는 아무것도 없다. 이것은 바울이 고린도전서 12장에서 '우리는 다 한 몸이나 모든 지체가 다른 지체를 섬기기 위하여 각기 자기대로의 임무를 가진다.'(12장 12절 이하)라고 말하는 것과 같다. 그것은 우리가 다 한 세계와 한 복음과 한 신앙을 가지고 있고 또 같은 크리스천들이 되게 하기 때문이다.

연구 및 토의과제

1. 15세기 인문주의의 특징을 열거하면서 토론해 보자.
2. 현대판 키케로주의를 학교교육에서 살펴보고 비판적인 관점에서 토론해 보자.
3. 에라스무스의 교육목적을 교양교육의 관점에서 해석해 보자.
4. 루터의 교육사상이 현대 공교육제도의 배아가 된다는 점을 토론해 보자.
5. 문예부흥과 종교개혁을 가능하게 만든 힘이 무엇인지 토론해 보자.

추천도서

연세대학교 교육철학연구회 편(1996). **위대한 교육사상가들 (Ⅰ)**. 서울: 교육과학사.

Bullock, Alan(1989). **서양의 휴머니즘 전통**. 홍동선 역. 서울: 범양사.

Calvin, John(2003). **기독교강요**. 원광연 역. 서울: 크리스챤다이제스트.

Bainton, Roland H. (2001). **에라스무스의 생애**. 박종숙 역. 서울: 크리스챤다이제스트.

CHAPTER 09

실학주의와 계몽주의시대의 교육

1. 역사적 배경

2. 교육의 실제

3. 교육사상가 연구

CHAPTER

09 실학주의와 계몽주의시대의 교육

원 • 전 • 읽 • 기

이런 길을 통해, 그 밖에도 같은, 이미 개척되어 있는 길과 전혀 반대인 길을 통해 젊은 청년의 마음속으로 파고들어, 거기에 자연의 최초의 움직임을 자극하여 그와 똑같은 인간 위에 마음을 열게 하고 펼치게 함이 좋을 것이다. 게다가 그런 마음의 움직임에는 될 수 있는 한 개인적인 이해관계를 관련시키지 않도록 하라고 말해둔다. 특히 허영심, 경쟁심, 명예심 등 우리를 다른 인간과 비교케 하는 감정을 야기시켜서는 안 된다. 그러한 비교는 우리들 자신의 평가에 지나지 않는다 하더라도 우리와 우열을 다투는 사람들에 대한 반감을 반드시 수반하게 마련이기 때문이다. 그렇게 되면 맹목적이 되거나 초조해지거나 하여 심술쟁이나 바보가 되고 만다. 이런 일은 다 피하기로 하자. 그런 위험한 정념은 하여간 언젠가는 생길 것이 아니냐고 사람들은 나에게 말한다. 나는 그것을 부정하지 않는다. 모든 것에는 그 시기가 있다. 다만 나는 그런 정념이 생기는 것을 도와주게 되는 일은 하지 말아야 한다고 하는 것이다. 이것이 취하지 않으면 안 될 방법의 정신이다.

그러나 우선 생각해 주기 바란다. 자연의 인간을 만들고 싶다고 해도 그 인간을 미개인으로 하여 숲속 깊은 곳으로 쫓으려는 것은 아니다. 사회의 소용돌이 속에 휘말려 들어가도 정념에 의해서나 사람들의 의견에 의해서 끌려다니는 일이 없다면 그것으로 되는 것이다. 자기 눈으로 물건을 보고, 자기 마음으로 물건을 느끼면 된다. 자기 이성의 권위 외에는 어떤 권위에도 지배당하지 않으면 되는 것이다. 그런 상태에 있으며 그의 눈에 뜨이는 무수한 것, 그가 계속 느끼고 있는 감정, 그의 현실의 필요를 채우기 위한 갖가지 수단이 다른 상태에서는 절대로 지니게 되지 않는 많은 관념 또는 그렇게 빨리 얻을 수 없는 많은 관념을 그에게 주게 됨은 뻔한 일이다. 정신의 자연의 발걸음은 빨라진다. 그러나 그 방향이 반대가 되는 일은 없다. 숲속에 있으면 언제까지나 어리석은 채로 있어야 할 인간도 도회지에서 한낱 관찰자가 되면, 이성적인 분별 있는 인간이 될 것이다. 미치광이 같은 짓을 보면서 그 동료에 끼지 않는 일만큼 그 인간을 현명한 인간으로 하기에 적당한 일은 없다. 또한 그 동료가 된 사람도 그 일에 속지 않고 미치광이 짓을 하고 있는 자들의 뒤숭숭한 마음을 지니지 않는다면 배우게 되는 것이다.

출처: Rousseau, J. J. (1976). 에밀. 정병희 역. 서울: 동서문화사. 제4편, pp. 337-384.

사유하기 루소의 자연교육은 자율성을 길러주는 교육이다. 강제와 상호의존성을 당연시하는 사회 속에서 자유인 양성을 목적으로 하는 자연교육이 과연 교실수업에 적용 가능한지 생각해 볼 필요가 있다. 어떻게 활용하면 자연교육의 방법을 수업에 적용할 수 있을지 생각해 보자.

1. 역사적 배경

1) 17세기 실학주의시대의 문화와 교육

17세기는 근대과학이 시작된 시기라 하여 과학의 세기라고 부른다. 근대 과학혁명이 최초로 큰 성과를 올린 것은 1543년 폴란드의 천문학자 코페르니쿠스(Copernicus Nicolaus, 1473~1543)의 《천구의 회전에 관하여》가 출간되면서부터이다. 고대 학자들 가운데 일부는 지구가 공중에 떠 있다는 사실이나 태양의 주위를 돌고 있다는 사실을 확신하였다. 하지만 이런 확신은 톨레미(Ptolemy)가 주장한 지구중심설의 권위에 눌려서 오랫동안 빛을 보지 못하였다.

코페르니쿠스는 지구도 하나의 유성이며 다른 유성과 같이 태양의 주변을 돌고 있다는 학설을 옹호하였으며 태양중심설의 정당성을 밝히기 위해 여러 가지 근거를 제시하였다. 예를 들면, 어떤 운동을 관찰할 경우 그것은 관찰자의 위치에서 보면 상대적이므로 공간 안의 어떤 점도 중심으로서의 특권을 가지지 않는다. 그러므로 어떤 점을 하나의 표준점으로 선택하는 것이 타당하며 단지 그렇게 하는 것만이 계산을 쉽게 할 수 있다는 중요한 견해를 표명하였다.

코페르니쿠스의 태양중심설은 물리적인 우주의 크기가 중세인들이 생각했던 것보다 훨씬 광대하다는 사실을 보여주었다. 그의 학설은 지구와 인간의 지위를 우주의 중심에서 주변으로 전락시켜 버렸다. 그것은 다른 천체들을 장식물이나 부속물로 거느리고 있었던 지구와 함께, 으뜸가는 지구주민으로서 자랑스러운 인간의 지위를 단지 미미한 존재로 만들어버린 것이다.

이어서 나타난 독일의 천문학자 케플러(Johannes Kepler, 1571~1630)와 이탈리아의 물리학자 갈릴레오(Galileo Galilei, 1564~1642)는 자연계에 있어서 수학적으로 나타낼 수 있는 관계들을 탐구해 나갔다. 특히 갈릴레오는 자연과학의 혁명을 역학의 분야로 끌어들여 운동의 법칙을 발견하였다. 그는 피사의 사원 천장에 매달린 샹들리에 등이 흔들리는 것을 보고 진동 한 번에 필요한 시간을 자신의 맥박으로 측정하였다. 부주의한 관찰자가 겉으로 보기에는 불규칙하게 경험되는 것 가운데서 숨어있는 규칙성을 발견한 것이다. 그는 많은 종류의 운동을 관찰하여 마침내 서투른 감각기관에게는 혼돈으로 밖에 보이지 않는 것에서 수학적인 일제 성을 발견해 냈다.

16세기 중엽부터 17세기 중엽에 이르는 동안 과학혁명은 당시까지 우세했던 신플라톤사상이나 아리스토텔레스사상을 극복해 나갔다. 이를테면 존재는 계층적 체계에 의해 이루어진다는 생각, 그리고 이와 유사하게 천상은 완전하고 질서정연하지만 지상은 무질서하거나 불완전하다는 생각이 점차 허물어져 갔던 것이다. 과학은 자연세계를 수학적 표현으로 정확하게 기술할 수 있는 한 묶음의 공통된 자연법칙의 지배 아래 있다고 보았다(Lamprecht, 1965: 219). 따라서 과학혁명이 근대철학에 큰 영향을 미친 것은 문제를 새로운 각도에서 다르게 조명한 연구방법론에 있었다. 이에 대하여 근대철학자들은 과학의 성공적인 방법에 자극을 받아 새로운 관점을 가지게 된 것이다.

이런 배경으로 나타난 것이 프랑스를 중심으로 한 대륙의 합리주의와 영국의 경험주의이다. 먼저 합리주의적 사고를 모아서 하나의 사조를 형성한 철학자는 데카르트(Rene Descartes, 1596~1650)이다. 그의 철학사상은 회의론(skepticism)에서부터 출발하는데, 그것은 갈릴레오의 방법을 연구하면서 채택한 것이다. 데카르트에 의하면, 학문의 확실성을 확립하려면 평생에 한 번은 일체의 것을 뿌리째 뽑아버리고 최초의 토대에서 다시 시작하지 않으면 안 된다. 그러므로 조금이라도 의심나는 것이 있으면 철저하게 의심해야 한다. 그렇게 함으로써 자기 존재에 관한 확신에 도달할 수 있다. 따라서 그는 스스로 제기할 수 있는 가장 철저하고 가장 극단적인 회의 가운데서 마침내 자기 자신이 존재하지 않고서는 회의조차 할 수 없다는 사실을 깨닫게 된 것이다.

이를테면, 내가 보고 있다고 믿는 것은 한갓 착각일지 모른다. 하지만 그런 착각을 하기 위해서도 나는 존재해야 한다. 그리고 논리학이나 수학의 원리에 의존한 나의 추리가 잘못인지도 모른다. 그러나 잘못하기 위해서라도 나 자신은 존재해야 한다. 그렇다면 사고하는 일은 어떤가? 사고는 나에게서 떠날 수 없다. 꿈과 생시를 구별하지 못한다는 이유로 의심하는 생각이 작용하고 있는 나의 존재를 의심할 수는 없는 것이다. 따라서 '나는 생각한다. 그러므로 나는 존재한다.'[1]는 이 명제가 바로 의식의 자명성을 통해 근대 합리주의를 이룩한 데카르트의 깨달음이다.

17세기 철학에 큰 영향을 미친 또 다른 인물은 경험주의 철학자인 베이컨(Francis Bacon, 1561~1626)이다. 그는 《신기관 Novum Organum》에서 인간의 지식행위를 방해하는 마음의 우상을 논하였다. 여기서 우상은 우리 인간을 거짓으로 이끌어 가는 마음의 모든 경향성을 말한다. 베이컨은 이런 우상을 네 가지로 구분하고 규정하면서 특별한 이름을 붙였다.

1) 데카르트는 이것을 방법서설에서는 프랑스 말로 'Je pense, donc je suis' 이라고 표현하였고, 성찰에서는 라틴어로 'Cogito er go sum' 이라고 표현하였다.

첫째는 종족의 우상(the idol of tribe)이다. 이것은 인류라는 종족이 보편적으로 지니고 있는 선입견을 가리키는 것이며, 우리 인간을 오류에 빠트리는 위험한 충동을 통틀어서 일컫는 말이다.

둘째는 동굴의 우상(the idol of the cave)이다. 이것은 개개인들이 지니고 있는 개별적인 편견을 말하는 것이다. 각자가 지니고 있는 성향, 습관, 지식의 정도 등으로 인해 빠지기 쉬운 오류가 여기에 속한다.

셋째는 시장의 우상(the idol of the market)이다. 이것은 우리 인간의 불완전한 언어사용 때문에 기만당하기 쉬운 경향성을 말한다. 이를테면 행운이라는 말을 듣고 그것을 경험적 실재로 착각하거나, 행운의 여신이라는 말을 듣고 그것을 실재하는 신으로 간주하고 숭배하는 경우가 여기에 속한다.

넷째는 극장의 우상(the idol of the theater)이다. 확실한 근거 없이 우리 인간의 판단을 흐리게 만드는 사상이나 이데올로기 또는 미신이나 여론 등이 여기에 속한다. 베이컨은 이를 두고 '일반이 승인하고 있는 체계는 모두 연극무대에 불과하며, 사실과 관계없이 연극같이 꾸며진 작가들의 창작세계에 해당하는 것이다.' 라고 하였다.

베이컨은 위와 같은 부정적인 사고를 이겨낼 수 있는 방법으로 제시한 것이 바로 경험주의적 방법론인 귀납법(induction)이다. 싸리나무 가지들을 묶지 않고서는 마루를 깨끗하게 청소할 수 없듯이 우리는 단편적인 견해만 가지고서는 자연을 충분히 탐색할 수 없다. 자연계의 여러 사물은 단순한 성질의 여러 조합으로 이루어져 있기 때문에, 이런 단순 성질을 포착할 수 있다면 이들을 여러 가지로 조합하여 무수히 많은 것으로 만들어 낼 수 있다고 하였다. 그러므로 귀납법이 중시되어야 한다는 주장이다.

베이컨은 자연이 주가 되고 인간이 종이 되었던 이전의 종속관계를 떨쳐버리고 인간의 의지로서 자연을 극복하고 이용할 수 있는 입장이 되기 위해서는 귀납법을 사용해야 한다고 강조하였다. 베이컨의 귀납법은 구체적인 체계와 법칙을 찾아서 자연현상을 해석하며 그럼으로써 자연을 인간의 의지 아래 두는 인간의 자연지배를 강조한 것이다.

철학의 문제를 해결하기 위해 제기된 합리주의와 경험주의의 방법은 교육의 문제해결에도 많은 도움을 주었다. 과학적인 방법과 철학적인 방법의 결합은 학문 전반에 긍정적인 영향을 미쳤으며, 특히 교육의 발전에 크게 기여하였다. 예를 들면, 지식은 인간의 경험에 기초한다고 논증함으로써 전통적인 관념론의 사고방식을 불식시키고 근대 학습이론의 실마리를 제공하였다. 베이컨에 따르면, 정신작용은 먼저 지식의 도구를 이해하는 데서 시작하고 경험활동에서 좌우되는 것이며 인지작용에서 자료가 나온다. 그리고 정신작용은 계속해서 특수한 개별에서 보편적인 지식으로 연결되어야 한다고 주장하였다. 따라서 학생은 먼저 자연을 경험하면서 인지되는 자료들을 서로 관련되는 지식으로 체계화시켜야 한다고 보았다.

이런 사상적 배경을 통해 이루어진 17세기의 교육사조는 실학주의 교육사상이다. 교육에서의 실학주의(realism in education)는 철학이나 예술, 문학 분야의 실재론이나 사실주의와 대비될 수 있다. 실학주의는 교육의 이론이나 실제에 있어서 관념적인 사고방식보다는 실물 그 자체를 중시하면서 자연과학적 사물교과에 많은 관심을 기울이는 교육사상이다. 그러므로 실학주의는 전통적인 언어학습이나 문학수업보다는 사회적인 삶이나 자연현상을 연구대상으로 삼으며, 현실생활에 대한 구체적이고 실제적인 학습이 핵심이 되는 실질도야를 존중한다.

독일의 교육사상가인 라트케(Wolfgang Ratke, 1571~1635)는 실학주의 교육사상을 실제에 적용시킨 인물이다. 그는 자연의 질서에 복종할 것과 모국어를 적극적으로 활용해야 한다는 주장을 내세웠다. 그는 사물 그 자체를 충실하게 고찰하고 난 후 그것을 정확한 방법으로 설명해야 한다고 하면서 모국어를 통한 경험학습을 주장하였고 권위에 의한 교수방법을 배격하였다.

17세기의 실학주의는 인문주의의 소극성과 편협성에 반발하면서 나타난 교육사조이다(Good & Teller, 1969: 166). 15세기의 인문주의자들은 개별적인 성향이 강해서 문학적이고 심미적인 목적달성에만 관심을 가졌고, 16세기의 종교개혁자들은 사회적인 성향이 강해서 종교적이고 도덕적인 목적달성에만 열중하였지만, 17세기의 실학주의자들은 비개인적이고 비사회적인 성향이 강했기 때문에 모든 현실에 새로운 객관적인 의미를 파악하는 일에 많은 노력을 기울였다.

2) 18세기 계몽주의시대의 문화와 교육

18세기에 나타난 계몽주의의 목적은 초자연적인 폭력의 지배로부터 인간의 정신을 해방시키고, 종교와 사회형식과는 독립된 개인의 도덕적인 인성을 수립하면서 인간의 지적인 자유와 능력을 입증하는 일이었다. 말하자면 그것은 감정을 지배하는 폭력주의와 사상을 지배하는 절대주의, 행위를 규제하는 전제주의를 분쇄하는 일이었다. 칸트(Kant)는 계몽을 "인간이 타인의 의견에 굴종하는 자세에서 벗어나 자기 자신의 독립된 이성을 사용할 수 있는 마음의 준비를 가지는 것"이라고 정의하였다(Lamprecht, 1965: 254-255). 그러므로 이 시대에는 사회전통의 영향을 받지 않고 모든 의문을 스스로 결정하고 판단하는 권리가 개인의 특권이 된다는 심오한 믿음이 널리 퍼져 있었다.

따라서 계몽주의는 인간의 지적인 삶과 비과학적인 생활태도, 그리고 인간의 무기력함을 강요하는 주장 속에 널리 퍼져 있는 모든 형태의 중세적 사고방식에 대항하여 강력하게 항의한 사조이다. 이런 항의에는 새롭게 발견되는 제 과학이론과 이성에 대한 확고한 신념이 바탕을 이루고 있다. 이런 이유로 18세기 계몽주의자들은 인간사회의 무한한 진보와 개혁가능성을 확신하였다. 인간이 이성을 사용하면 종교적 권위주의와 정치적 절대주의 그리고 사회적 불평등과 엄격한 계급구분을 타파할 수 있다고 생각한 것이다.

계몽주의의 핵심 개념은 자연, 이성, 진보이다. 먼저 자연이라는 말은 뉴턴의 인과관계와 같은 것으로서 보편적인 법칙에 지배되는 합리적인 질서를 의미한다. 그것은 당시 사회에 만연해 있었던 기존의 특권, 독점경제체제, 비합리적 사회조직 등으로 대표되는 비자연적인 것과 대립되는 것이다. 이런 의미의 자연은 과학적 세계관으로부터 빌려온 것이며, 인간 세상에 적용되는 표준이었다. 이를 반영하는 대표적인 세계관은 뉴턴의 《자연철학의 수학적 원리》이다. 계몽주의자들은 다수의 사람들을 배제시킴으로써 특권이 유지되는 세습집단의 권리보다는 자연법칙이나 인간의 자연권을 우위에 두고 그것에 호소하였다. 새로운 과학적 세계관으로부터 차용된 자연이라는 개념은 인간의 모든 영역에 적용되었다.

둘째로 이성은 하나의 도구로 간주되었는데, 말하자면 자연법칙이라는 기준을 우리의 삶에 적용하기 위한 도구라는 말이다. 계몽주의자들은 이성을 모든 사물이나 현상의 차이를 살피는 일과 고착된 전통을 반성하거나 편견을 해소하는 일, 그리고 잘 드러나지 않는 실체를 파악하는 일에 적용시켰다. 인간이 이성적 존재가 되면 자연적인 관계나 합리적인 제도 그리고 원리 등을 발견할 수 있으며, 따라서 인간사회는 행복하게 된다고 믿었던 것이다. 이런 믿음은 역시 인간의 삶의 질이, 지식이 무지를 대신하고 이성이 편견과 대체될 때 인간사회는 진보할 수 있다는 사고에 기초한 것이다. 계몽주의자들은 진보를 역사의 기본 법칙으로 간주하였으며, 세계는 끊임없이 향상되고 미래는 과거보다 훨씬 좋아질 것이라는 희망을 확신하였다.

셋째로 진보는 18세기 지성인들의 세계관에 많은 영향을 미쳤다. 그것은 이신론(deism)이라는 세계관이다. 볼테르로 대표되는 이신론자들은 뉴턴의 과학적인 세계해석을 수용하면서 전통적인 유일신론을 거부하였다. 세계는 자연법칙에 따라 움직이는 거대한 기계이며 신은 제일원인일 뿐이다. 신은 더이상 세계를 창조하고 간섭할 수 있는 인격적인 존재가 아니며, 물리적인 세계의 배후에 있는 거대한 정신으로만 간주된다. 그러므로 신은 단지 세계를 질서 있게 그리고 합리적으로 창조하였을 뿐이며, 창조된 세계가 자연법칙에 따라 잘 운행되고 있기 때문에 더이상 간섭하지 않는다. 신은 우주의 질서 있는 작용을 위하여 되도록 간섭을 최소화한다는 말이다. 이신론자들은 기계적인 세계관에 입각하여 과학적 탐구와 수학적 엄밀성, 그리고 인간의 이성이 동의하고 설명할 수 있는 것들만 받아들였다.

18세기의 계몽주의는 인간의 냉철한 이성을 모든 삶의 기준으로 삼았으며, 전제주의가 권위를 신봉하는 것 이상으로 이성의 법칙을 신뢰하였고 그 영향력을 맹신하였다. 계몽주의자들은 이성의 능력이 분명하게 드러나는 자연과학의 연구방법을 배워서 그것을 인간사회에 적용하게 되면 마치 유토피아가 곧 실현되는 것으로 착각하였다. 이처럼 이성의 무한한 신뢰에서 출발한 계몽주의는 그것이 지닌 이기적인 우월의식 때문에 이내 한계를 드러내게 된다.

계몽주의 사조는 사상과 신앙에 있어서 형식주의와 종교나 정치의 절대주의에 대한 반작용이었다. 그리고 당시 엄격한 계층구분과 전제정치, 사상에 있어서 미신과 무지, 그리고 도덕적 위선에 대한 반란이었다. 하지만 한편으로 계몽주의가 자유를 잘못 추구한 대가로 사회질서에 대항하는 무정부주의, 사상에 있어서 회의주의, 도덕에 있어서 방종 등이 나타나게 된다. 인간의 이성에 의존하여 사상과 정치, 도덕과 교육 등에 만연된 부조리를 공격하던 계몽주의의 초기운동이 한계를 드러낸 것은 18세기 후반부터였다.

18세기의 반항운동은 크게 두 가지로 나누어진다. 첫 번째 전기의 운동은 지성인들이 절대주의의 억압에 대항하였던 계몽주의운동이며, 두 번째 후기의 것은 일반인들의 권리를 쟁취하기 위하여 대중의 각성운동으로 나타난 낭만주의운동이었다. 전자는 비교적 소수의 지식인들이 권위를 가지고 사회환경을 조성하면, 조정하는 계몽된 자들이나 조정당하는 무지한 자들이나 모두 행복해질 것이라고 믿는 자들이 중심이 된 운동이었다. 그러므로 계몽주의자들은 소수의 이성적 지배를 합리화하는 사실상의 권위주의자들이었다. 그러나 후자는 현존하는 사회의 부조리를 분쇄하고 극복하며 완전한 사회적 환경을 조성하는 일에 모든 사람들이 자발적으로 협력하게 될 것이라고 믿는 자들이 중심이 되었다. 따라서 후자는 다수의 감성적 공감대를 형성하고자 하는 낭만주의자들이었다. 볼테르(Voltaire, 1694~1778)는 뛰어난 지적인 능력 때문에 계몽주의운동의 지도자가 되었으며, 루소(Rousseau, 1712~1778)는 주정주의와 시민에 대한 깊은 신뢰 때문에 낭만주의운동의 지도자가 되었다.

결국 계몽주의운동은 대단히 합리적이었지만 교육과 경제적 부에 의한 새로운 귀족주의와 형식주의라는 피상성 때문에, 자연적이며 실제적인 인간의 삶의 유형에 접근할 수 있는 모든 길을 봉쇄해 버리는 잘못을 범하게 된 것이다. 계몽주의자들은 지성을 핑계로 우월성을 행사하였고, 서민성의 징표인 단순함과 자연성을 외면해 버린 것이다. 따라서 계몽주의는 이타주의의 감정보다는 계몽된 이기주의의 효능을 더 많이 신뢰하였으며, 그 영향력을 과신하였다고 볼 수 있다.

루소는 계몽주의의 냉소적인 성향에 실망하여서 낭만주의의 지도자가 되었다. 루소는 특정한 소수의 상속 권리로 인식되었던 이성이나 대중을 희생시켜서 가지게 되는 이성은 모두 비자연적인 것이며 그러므로 이것들은 모두 변화되어야 한다는 신념을 가지고 있었다. 이런 이유 때문에 루소는 인간의 자연성 속에서 순수한 감정이나 이성을 계발하기 위한 자연교육을 주장한 것이다.

2. 교육의 실제

1) 17세기 실학주의교육

실학주의의 대표적인 명제는 '말보다는 사물이 앞선다.'(thing before word)이다. 본래 말은 사물에서 나온 것이므로 말에 얽매이기보다는 직접 사물을 관찰하거나 경험함으로써 학습이 이루어져야 한다는 주장이다. 실학주의자들은 우리의 직접 경험이 교육의 기초가 된다는 점을 강조한 것이다. 따라서 언어교수는 회화나 작문과 같은 실제적인 방법으로 이루어졌으며 현장학습, 관찰, 실험, 실습, 교구학습, 여행 등이 새로운 교육방법으로 활용되었다.

당시의 문법학교와 라틴어학교 등의 인문계학교나 대학은 실학주의의 교육방법을 쉽게 수용하지 않았지만, 실학주의의 체계적이고 과학적인 교육방법이 개발됨으로써 인정하게 되었다. 당시의 실학주의는 인문적 실학주의(Humanistic Realism),

사회적 실학주의(Social Realism), 과학적 실학주의(Scientific Realism)로 구분된다.

(1) 인문적 실학주의

15, 16세기의 인문주의교육은 17세기에 이르러 많은 비판을 받았다. 단순히 고전연구와 고전어학습에만 매달린 인문주의자들은 실제적인 삶의 유익성을 간과한다는 것이다. 고전적 인문주의와 인문적 실학주의는 모두 고전어와 고전문학을 학습의 주요 수단으로 삼았다는 점과 고전을 인간정신이 이룩한 최고의 문화유산이라는 주장에 대해서는 서로 공감하지만 목적의식에 있어서는 다르다. 고전적 인문주의자들은 단순히 그리스나 라틴문화의 재생에 목적을 두었지만, 인문적 실학주의자들은 고전연구를 통하여 사회적인 삶을 유익하게 만드는 일에 목적을 두었다.

그러므로 고전연구 자체가 교육의 전부가 아니라는 주장이다. 인문적 실학주의자들이 고전문학을 강조한 이유는, 고전문학을 충실하게 이해한다면 우리의 삶을 잘 이해할 수 있을 뿐만 아니라 인생의 훌륭한 안내자가 된다고 보기 때문이다. 밀턴(John Milton, 1608~1674)이 대표적인 인물이다. 밀턴의 《교육론》은 1644년에 저술되었으며 인문적 실학주의의 입장을 잘 나타내고 있다. 그는 당시의 교육방식에 대하여 형식적인 문법을 통해 주제에 접근하는 것과 고전문학의 내용이나 정신에는 관심을 두지 않고 형식적인 면만 숙달하는 경향을 비판하였다.

하지만 그는 그리스와 로마의 언어와 고전이 중요하다는 점을 강조하였으며, 라틴어와 그리스어는 고전의 내용을 숙달하면 자연스럽게 배울 수 있다고 하였다. 밀턴이 내세우는 좋은 교육은 평상시든 전시든 그리고 공적이든 사적이든 간에 무슨 일이든 공평하고 유능하게 그리고 관대하게 처리할 수 있는 인간을 양성하는 교육이다.

인문적 실학주의는 당시의 인위적이고 피상적인 삶의 방식에 대항하였다. 실제성이 결여된 언어중심의 교육보다는 실제적인 요소를 중시하는 교육을 강조하였다. 모든 교육은 일단 서적을 통해 이루어지지만, 교재의 내용을 숙달하는 데만 그쳐서는 안 되고 삶을 증진시킬 수 있는 교육이 되어야 한다고 하였다.

(2) 사회적 실학주의

사회적 실학주의자들은 신사를 양성하기 위해 편협한 인문주의적 교양에만 매달려서는 안 된다고 하였다. 사회적 실학주의자인 몽테뉴(Michael de Montaigne, 1533~1593)는 이 점에 대하여 다음과 같이 말하고 있다. “만약 교육에 의해 정신이 함양되지 않고 판단력이 길러지지 않는다면, 학생은 테니스를 치면서 시간을 소비하는 편이 오히려 나을 것이다. 15년~20년을 학교에 다닌 학생들을 보라. 그들은 더이상 무능할 수 없으며 눈치도 없고 친구들과 잘 어울리지 못하며 자신이 맡은 일을 제대로 수행하지 못한다. 그들이 얻은 것이라곤 고작해야 라틴어와 그리스어인데 이것 때문에 도리어 그들을 이전보다 더 거만하게 그리고 바보로 만들고 있다.”

말하자면 이들은 너무 형식적이거나 행동이 문란한 사회생활에 대하여, 교육이 사회인으로서 실제적이고 유익한 그리고 행복한 삶을 영위할 수 있도록 준비시켜야 한다고 보았다. 이들은 특히 실제적인 삶의 경험을 교육의 주요한 자료로 생각하고 장려하였다. 몽테뉴는 여행의 교육적 가치를 다음과 같이 말하고 있다(한기언, 1988: 169~170).

> 나는 어린이를 해외에 보내는 것이 좋다. 이 넓은 세계는 그 가운데 사는 우리들의 존재방식을 알게 하는 참된 거울이다. 요컨대, 나는 이 광대한 세계를 젊은 신사가 주의를 기울여 연구해야 할 서적으로 삼고 싶다. … 이런 실례를 통해서 사람이 안다는 것은 무엇인가? 용기, 절제, 정의란 무엇인가? 공명심과 탐욕, 속박과 해방, 자유와 방종은 어떤 차이가 있는가? 무엇을 증거로 사람이 진실하다는 것을 알 수 있나? 어느 정도까지 죽음이나 고통 그리고 불명예를 두려워하거나 염려해야 하나? 어느 정도까지 곤란을 피하거나 참아야 하는가? 우리를 움직이고 있는 숨은 동인은 무엇이며, 우유부단하게 만드는 것은 무엇인가? 우리가 알아야 하는 원리 가운데서 첫째는 우리의 태도를 지배하며 우리의 감각을 이끌어 가는 원리, 즉 자기 자신을 알게 하고 어떻게 살고 어떻게 생을 마쳐야 하는가를 가르치는 원리이어야 한다. 우리를 자유롭게 만드는 교양교과(liberal studies)를 선택하도록 하자. 우리의 삶을 고양시키지 않는 것은 배울 필요가 없다. 그와 같은 목적에 부합되는 것을 배우도록 하자.

몽테뉴의 교육에 관한 저서는 《현학론》, 《어린이 교육론》, 《어린이에 대한 아버지의 사랑》 등이 있다. 그는 학문이 있음을 뽐내는 현학적 태도를 신랄하게 비판하였다. 그는 계속해서 지식과 교육에 대한 그릇된 사고방식을 다음과 같이 비판하였다(Monroe, 1915: 223~224).

> 우리는 흔히 키케로가 이렇게 말했다든지 이것이 플라톤 사상이라든지 또는 이런 것은 아리스토텔레스가 말한 그대로라든지라고 말한다. 앵무새도 그 정도는 지껄일 줄 안다. 하지만 우리 자신의 것에 대해서는 무엇이라고 말하는가? 무엇을 할 수 있나? 우리는 어떻게 판단하는가? 그 지식은 모조화폐와 같아서 셈할 때 대용으로 밖에는 쓸 수 없는 것이요, 카드 놀이할 때 늘어놓는 것 이외에는 아무런 가치도 효용도 없는 것이다. 풍부한 지식이 있어도 사용이 그르치면 쓸 수 없는 것이 되고 만다. 세계에 있는 모든 추리와 판단을 모두 쌓아 놓아도 그것으로 도움을 받을 수 없다면, 그 분별은 여전히 졸렬함을 면할 수 없을 것이다.

몽테뉴는 고대 그리스 · 로마인들과 마찬가지로 건강한 신체는 건전한 정신의 기초가 된다고 믿었다. 그는 교육의 목적을 덕의 함양에 두면서 교사는 어린이가 실제적으로 덕을 쌓는 방법을 배울 수 있도록 가르치는 것이 중요한 임무라고 하였다. 그리고 교육내용으로 어린이들이 실제적으로 유용한 것을 학습할 수 있는 내용이 채택되어야 한다고 주장하였으며, 교육방법에 대해서도 사회적 실학주의자로서 면모를 잘 드러내었다. 이를테면 어학교육에 대해, 암기하고 있는 것은 결코 아는 것이 아니라고 하면서 그것은 단지 기억한 것을 보유하고 있을 뿐이라는 말이다. 무엇을 안다는 것은 서적이나 타인에게 의뢰함이 없이 스스로 이해하거나 처리할 수 있다는 뜻으로 보아야 한다는 말이다. 그러므로 실제적인 능력을 함양하는 방법을 활용해야 한다는 주장이다.

(3) 과학적 실학주의

감각적 실학주의라고도 한다. 여기서 감각적이란 지식은 원래 감각을 통해 이루어진다는 경험주의의 기본 신념에서 나온 것이다. 교육은 단순한 기억활동이 아니며 감각기관을 통한 지각훈련에 기반을 둔다는 주장이다. 감각적 실학주의의 이런 아이디어는 교육과학운동의 초기 형태라고 볼 수 있다. 과학적 실학주의자들은 지식의 원천으로서 자연현상에 관심을 가지고 교육을 인위적인 작용이라기보다는 자연적인 과정(natural process)을 통해 이루어지는 것이라고 주장하였다. 교육이 따라야 할 법칙이나 원리는 자연 속에서 발견가능하다는 것이다.

이런 경향은 교육방법의 변화를 가져왔다. 그것은 새로운 목적에 합당한 귀납적인 방법을 정립하면서 새로운 교재를 확보하려는 노력이었다. 베이컨의 위대함은 초기 실학주의자들 가운데 아무도 포착하지 못했던 귀납적인 새로운 방법을 수립한 점에 있다. 이후 실학주의자들은 모두 교육의 어려운 문제를 해결하기 위한 열쇠로서 귀납법을 채용하였다.

과학적 실학주의자들은 귀납법을 사용하여 지식을 통합하고 정리하고 분류한다면, 비교적 단순한 형태로 지식을 체계화할 수 있다고 보았다. 그리고 새로운 교육방법과 모국어를 사용하면 필요한 모든 언어에 능통할 수 있으며 종래의 언어교육 방식에서 사용하는 시간과 노력만으로도 많은 나라의 언어에 능통할 수 있다고 하였다. 이전에도 모국어 사용을 강조한 학자들이 있었지만, 과학적이고 철학적인 근거를 가지고 주장한 것은 과학적 실학주의자들이 처음이다.

과학적 실학주의자들의 교육사상을 이해하려면 17세기의 지적 풍토를 살피는 것이 좋다. 이들의 사상이 이 시대의 열망을 공유하면서 새로운 교육의 가능성을 선도해 나갔기 때문이다. 이들은 지식인의 고전연구와 종교개혁의 성과가 사회개혁을 위해 가시적이지 못한 데 실망하면서 새로운 교육을 통해 인류의 보편적인 증진을 희망하였다. 이런 경향은 코메니우스가 주도한 범지운동(the pansophic movement)으로 구체화되었다.

인간의 삶과 자연에 대한 보편적인 지식을 새로운 방법을 통해 널리 보급한다면, 과거 소수의 사람들만이 이룩했던 높은 삶의 수준으로 우리 인간사회를 고양시킬 수 있다고 본 것이다. 모든 사람이 습득할 수 있는 통일되고 체계화된 지식을 바탕으로 인류는 발견이나 발명을 그리고 자기 증진의 길을 계속해 나갈 수 있다. 이런 보편적인 교육내용과 교육방법을 가지고 그들은 첫째, 통일된 언어를 희망하였으며, 둘째, 통일된 언어를 통해 수없이 상이한 종교단체를 대신하는 통일된 종교를 원하였고, 셋째, 통일된 정치조직을 희망하였다. 그리고 이 모든 것이 권위보다는 합리성에 의해 이루어져야 한다고 보았다.

대표적인 과학적 실학주의자인 베이컨은 근대 귀납법의 창시자이며 과학적인 방법을 논리적으로 체계화한 선각자이다. 그의 주저는 《학문의 진보》와 《신기관》이다. 그는 은퇴 후 5년이 지난 어느 날 병아리에게 차가운 눈을 넣어서 냉장시키는 실험을 하다가 감기에 걸려 사망하였다. "아는 것이 힘이다." 라는 명언은 베이컨이 학문의 진보에서 기술한 말이다.

그는 과학적인 사고방식을 가진 많은 철학자들 가운데 최초로 연역법에 대하여 귀납법의 중요성을 강조한 사상가이다. 그는 단순 예거 귀납법보다 우수한 귀납법을 발견하려고 노력하였다.

인간 지식의 향상을 위한 베이컨의 경험적 방법론은 크게 두 부분으로 나누어진다. 하나는 사람들을 종종 그릇된 판단으로 이끌어 가는 위험한 요소들을 지적하는 부정적인 측면과 다른 하나는 과학자들이 따라야 할 올바른 방법의 윤곽을 제시한 긍정적인 측면이다. 베이컨의 탁월함은 그가 지적한 부정적인 측면에 있다. 그의 다음과 같은 주장을 음미해 볼 필요가 있다(Lamprecht, 1955: 269~270).

> 내가 주로 과학의 저술과 과학의 활발한 분야에 종사하고 있음은 사실이다. 나는 추수 계절을 기다리되, 이끼를 떼거나 푸른 곡식을 거두어들이려고 덤비지 않는다. 왜냐하면 올바른 일반 공리가 발견된 다음에는, 그 공리는 연구를 전체적으로 이끌어 가는 동시에 여기서 하나 저기서 하나 산발적인 열매를 맺지 않고 한꺼번에 많은 열매를 맺는다는 사실을 잘 알고 있기 때문이다. 그리고 마음이 조급한 나머지 손에 닿은 첫 열매를 따려고 덤비는 것은 시기상조요 미숙하기 짝이없는 성급한 태도를 나는 전적으로 비난하고 배격한다. 그것은 경주의 장애물이 된 '아타란타의 사과' 같은 것이기 때문에…… 인간은 자연의 하수인이요, 해석자

인 까닭에 자연의 진행을 사실에 있어서 또는 사유에 있어서 관찰하는 한계 안에서만 행위하고 이해할 수 있다. 이 한계를 넘어 서서는 인간은 아무것도 모르고 아무 일도 못한다.

베이컨은 위의 글에서 우리가 너무 조급한 나머지 사실을 곡해하고 오직 우리 자신의 선입견만을 주장하는 일이 없도록 경고하고 있다. 이런 부정적인 경고 가운데서 베이컨을 더욱 유명하게 만든 것은 그의 '우상의 비유' 이다.

2) 18세기 계몽주의교육

(1) 영국의 교육

18세기 영국에서 이루어진 초등교육기관 설립은 국가보다는 종교단체나 자선단체에 의해 주도되었다. 레이크스(Robert Rakes)의 일요학교(Sunday School)와 오웬(Robert Owen)의 유아학교(Infant School) 그리고 벨(Andrew Bell)과 랭카스터(Joseph Lancuster)의 조교학교(Monitorial System School) 등이 민간단체에서 설립한 대표적인 초등교육기관이었다.

교육의 보급과 관련된 영국 사회의 변화는 교육의 자원적 개념(voluntary conception of education)으로 설명할 수 있다. 이 말은 프랑스의 혁명정부에 의해 주도된 교육의 복지개념과 대조를 이룬다. 말하자면 프랑스는 모든 시민들의 복지를 개선하기 위하여 모든 어린이에 대한 국가교육제도를 수립한 데 비해, 영국은 종교단체나 자선단체가 하류계층과 교육을 필요로 하는 자들에게 자선적 수단으로 교육기관을 설립하는 방식을 택하였다.

(2) 프랑스의 교육

18세기 프랑스의 계몽주의자들은 정치혁명과 교육혁명을 동시에 수행하였다. 주요 내용은 다음과 같다. 첫째, 교육혁명의 전초전이라고 할 수 있는 예수회를 추방시켰다. 둘째, 1789년 이후 혁명의회에 의한 국민교육제도 수립을 위한 노력이다.

셋째, 루이 필립(Lewis Philip)왕정시대에 만들어진 초등교육법이다. 넷째, 2월 혁명에 의해 만들어진 제3공화국 교육법이다. 프랑스는 18세기 중엽부터 19세기 중엽에 이르기까지 약 1세기 동안 근대적 국민교육제도를 수립하기 위해 노력하였다.

프랑스 교육혁명의 주요 인물은 샤로테(Louis Reno de la Chalotais, 1701~1785)와 롤랑(Rolland d' Erceville, 1734~1793)이었다. 법관이었던 샤로테는 1761년 12월 7일과 1762년 1월 7일 두 차례에 걸쳐서 예수회에 관한 보고서를 작성하였다. 그는 "국가보다 수장, 조국보다는 그들의 종교단체, 국가의 법률보다는 그들의 교리를 중시한다면 국가적인 인물이 양성될 수 없다."라고 하면서 예수회의 교육이 부당함을 지적하였다. 이런 비판을 통해 샤로테의 국민교육론(1763. 3. 24.)이 만들어졌다. 그는 교황지상주의 교육에서 국가를 위한 국민의 교육이 이루어져야 한다고 주장한 것이다. 이것은 국가의 통제에 의한 국민의 교육이 구체적으로 표현된 공교육 이념이라고 볼 수 있다.

롤랑도 샤로테와 함께 교육계에서 예수회를 추방한 선구자였으며, 교육재건안(1768)을 제안하였다. 그는 "어떤 계층이나 시민이라 할지라도 교육의 혜택을 받을 수 있도록 교육의 기회는 확대되어야 한다. …… 모든 사람이 적절한 교육을 받을 수 있도록 교육이 이루어지지 않으면 안 된다."라고 하면서 교육의 평등성을 주장하였다.

콩도르세(Marquis de Condorcet, 1743~1794)는 '공교육에 관한 5개의 각서' (1790~1791)를 발표하면서 근대 공교육의 원리를 제시하였다. 이 각서는 첫째, 공교육의 본질과 목적, 둘째, 아동교육론, 셋째, 성인교육론, 넷째, 직업교육론, 다섯째, 과학교육론 등 다섯 편으로 구성되었다. 특히 제1각서에서 "공교육은 시민에 대한 사회의 의미이다."라고 하여 근대 시민사회에 있어서 공교육제도의 이론적 근거를 밝혀주었다. 그의 이런 주장은 1792년 혁명의회에 제출된 '공교육의 일반조직에 관한 보고 및 법안' 의 기초자료가 되었으며 무상교육을 원칙으로 하는 프랑스 공교육제도의 원리로 활용되었다. 콩도르세가 제시한 공교육의 원리는 자유의 원리와 평등의 원리 두 가지이다.

(3) 독일의 교육

프로이센의 군주 프리드리히 빌헬름 1세(1620~1688)는 국가의 발전을 위해 교육을 국가의 책임하에 두어야 한다고 주장하였다. 이에 부응하여 프로이센은 1713년과 1717년에 '의무취학령'을 발표하여 5세에서 12세까지 어린이를 의무적으로 취학하게 하고 가난한 어린이의 수업료 면제와 학교시설이나 교사의 봉급을 국고에서 지원할 것을 규정하였다.

프로이센의 교육개혁에 기여한 인물은 경건파 교육사상가 헥커(Johann Hecker, 1707~1768)이다. 그는 18세기 독일의 대표적인 초등교육시행령인 1763년의 '프로이센의 학교규정'을 성립시켰다. 이 법령의 주요 내용은 다음과 같다. ① 취학의무연령을 5세에서 13세로 규정하였다. ② 학교시설 및 개학기간을 명시하였다. ③ 교재와 수업내용을 규정하였다. ④ 수업시간제를 정하였다. ⑤ 수업료 면제 규정을 두었다. ⑥ 학교감독권에 관한 규정을 두었다. ⑦ 교사의 자격과 직무 등 학사규정을 다양하게 설정하였다.

1794년 프리드리히 빌헬름 II세에 의해 제정된 '일반지방법'에는 교육에 대한 종교적 통제를 지양하고 국가에 의한 교육이 이루어져야 한다고 명시되어 있다. 여기에는 "누구든지 타 종파를 이유로 공공의 학교에 입학을 거부하지 못한다."(11조)라고 규정하여 교육의 국가통제를 선언하였다.

(4) 미국의 교육

식민시시대의 미국교육은 영국의 본토교육을 이식하는데 주력하였다. 동부 연안에 선교단체나 자선단체에서 설립한 초등교육기관이 많이 있었다. 하지만 매사추세츠 주에서는 일찍부터 공교육체제를 정비하여 초등학교와 중등학교를 설립하여 시의 재정으로 학교를 운영하였다.

1749년 직업준비를 위한 실용과정으로 아카데미(Academy)가 설립되었는데, 이 학교는 미국 공립중등학교의 전형이 되었다. 아카데미는 라틴어문법학교를 대신하여 영어와 같은 실용성 있는 교과를 가르쳤으며 프랭클린(Benjamin Franklin,

1706~1790)에 의해 필라델피아에 설립되었다. 그는《펜실베니아 청년교육에 대한 제언》(1749)을 발표하고 아카데미 건립을 위해 노력한 끝에 1753년 주정부로부터 설립인가를 받았다. 아카데미는 종래 중등교육의 결점을 보완하고 근대적 교과를 가르쳤으며, 대학진학을 준비하는 과정과 직업준비를 위한 실용적 과정을 병용하였다.

식민지시대 미국대학은 대부분 종교기관에 의해 설립되었다. 하버드대학은 1636년 매사추세츠 주에서 설립되었고, 예일대학은 1701년 조합파가 설립하였으며, 프리스턴대학은 1746년 장로교파가 설립하였고, 콜롬비아대학은 1754년 영국국교회가 설립하였으며, 브라운대학은 1764년 침례교파가 설립하였다. 식민지시대 미국의 대학은 주로 고전을 연구하고 신학을 옹호하며 성직자를 양성하는 일이 주된 목적이었다.

독립 후 미국은 주정부 단위로 교육체제를 정비해 나갔다. 독립을 선언한 주정부들은 헌법을 제정하면서 교육에 관한 규정을 명시하였다. 1780년에 제정된 매사추세츠 헌법에는 다음과 같은 규정이 있다. "국민 사이에 널리 퍼져 있는 지식과 도덕은 그들의 권리와 자유를 보장하기 위하여 빼놓을 수 없는 것이다. 모든 계층의 국민들 사이에 어떻게 교육의 기회를 널리 보급할 것인가 하는 문제는 대단히 중요한 것이므로 이것을 위한 모든 학교의 육성은 공화국의 입법부와 행정부의 책임이어야 한다."

3. 교육사상가 연구

1) 코메니우스(Comenius, John Amos: 1592~1670)

(1) 교육적 생애

코메니우스는 1592년 3월 28일 모라비아의 니브니츠(Nivnitz)에서 태어났다. 16세에 라틴학교에 입학하여 암기식 방법으로 라틴어를 배웠던 그는 당시의 비효율적이고 빈약했던 교수방법의 결함을 깊이 인식하였다. 그리고 그는 19세에 실험적인 방법을 강조하고 모국어로 수업을 진행한 헤르본대학(Herborn College) 예과에 입학하였고, 여기에서 라트케의 교육개혁안과 백과전서파인 알스테드(Alsted) 교수의 사상에 감명을 받고 열심히 공부하였으며 새로운 교육사상에 많은 관심을 가지게 되었다. 그는 암스테르담과 하이델베르그 대학에서도 수학하였다.

코메니우스는 1616년 목사 안수를 받고 폴네크 교회에서 목회하던 도중에 30년 전쟁을 맞았으며, 1628년부터 리싸(Lissa)에 정착하여 김나지움 교장으로 12년간 봉직하였다. 그는 신교도이지만 루터파와 칼빈파에 속한 학자들 간의 논쟁에 관심을 가지기보다는 에크하르트(Johannes Echart)나 쿠자누스(Nicolaus Cusanus)의 신비주의 사상에 더 많은 관심을 가졌다. 이런 연유로 그의 교육사상은 낙천적이고 범지적인 경향이 짙다. 그는 인간이나 일체의 자연이 선의 정신을 받아들이는 것으로 보는 일원론적 사고방식을 가지고 모든 만물의 가치를 인정하였다. 그리고 베이컨의 경험주의적 방법론도 기꺼이 수용하였다. 그는 만일 신이 인간과 자연 양자를 그의 정신의 산물로 창조한 작품이라면, 인간의 영혼뿐만 아니라 자연 속에서도 신의 영원한 법칙을 발견할 수 있으리라는 가정을 믿었던 것이다.

코메니우스는 1650년에서 1654년까지 헝가리 동쪽에 있는 사로스 파타크(Saros Patak)에 체류하였다. 이 기간이 교육개혁자로서 코메니우스의 생애 가운데 대단히 중요하고 알찬 시기였다. 그가 설립한 사로스 파타크 학교는 당시의 대표적인 신교육기관으로서 코메니우스의 교육이론을 실제로 실험해 본 유일의 학교이다. 학교개혁의 원리와 강령을 서술해 놓은 《범지학교》, 어학입문을 연극 식으로 꾸며놓은 《유희학교》, 세계 최초로 사물을 그림으로 설명한 교과서 《세계도회》 등은 모두 사로스 파타크 학교를 위해 출간된 것이다.

코메니우스는 일생 동안 신 · 구교 사이의 격렬한 싸움에 휘말려서 불행한 삶을 살았지만, 언제나 절망하지 않고 자신의 종교적 신념과 교육사상을 펼쳐나갔다. 그의 세계주의 정신은 뿌리 없는 막연한 것이 아니라 국가나 모든 인류가 함께 유기적인 기독교문화의 불가결한 부분으로 포용하는 사랑과 이해의 결실로 추구한 것이었다. 그는 30년 전쟁의 어려움 속에서도 마음에 간직한 열망은 창조주의 무한한 힘과 인간성의 권위를 믿는 것과 함께 장차 이룩될 이상사회의 실현이었다. 그리고 그는 17세기를 대표하는 시대정신을 가진 자로서 교육개혁에 대한 불굴의 정신을 확산시켜 나갔다. 코메니우스는 1670년 11월 15일 78세의 일기로 암스테르담에서 위대한 생애를 마쳤다.

(2) 교육사상

코메니우스는 《대교수학》을 통해 자신의 교육원리를 체계적으로 설명하였다. 이 책은 교육목적과 관련된 인간의 존재성, 교육방법과 관련된 자연의 원리, 구체적인 교육방법, 학교조직 등 네 부분으로 구성되어 있다. 그는 삶의 원리에서 교육목적을 끄집어 내었고 이런 목적을 성취하기 위해 보편적인 방법을 고안하였다. 특히 그는 자신의 교육방법을 자연에 따르는 방법이라고 하였다. 그는 자신의 교육원리를 다음과 같이 표현하고 있다(차석기, 1990: 26-27).

> 우리의 자연은 이 삶이 우리에게 충분하지 않다는 것을 보여준다. 왜냐하면 우리는 이곳에서 세 단계의 삶을 이루고 살기 때문이다. 그것은 식물적, 동물적, 지성적 혹은 영적인 삶이다. 첫째 것의 행위는 육체에 국한되어 있고, 둘째 것의 행위는 감각의 작용을 통해 대상물

에게 연장시킬 수도 있다. 셋째 것의 행위는 육체와 분리되어 이루어질 수 있다. ……영원을 위한 세 단계의 준비가 있다. 첫째는 자신과 만물을 아는 것이고, 둘째는 자신의 자아를 지배하는 것이고, 셋째는 자신을 하나님께로 향하게 하는 것이다. 이를 위해 인간은 첫째 만물과 친숙해야 하고, 둘째 만물과 자신을 제어할 수 있어야 하며, 셋째 기꺼이 자신과 만물을 하나님께 연결시킬 줄 알아야 한다. 하나님은 모든 것의 원천이 되신다. 인간은 만물을 잘 알아야 하며, 윤리적이고 종교적이어야 한다. …… 배움과 덕, 경건의 씨앗은 이미 우리 속에 심어져 있다. 자연스럽게 인간은 지식을 갈망하고 교육을 통해 그것은 채워진다. 그러므로 교육은 보편적인 것이며 일반적인 것이다. 교육받을 시기는 어렸을 때이다. 가르침의 정확한 순서는 자연에게서 빌려와야 한다. 장애물이 있어서는 안 된다.

코메니우스는 교육목적을 설정하면서 피조물 중에서 가장 고귀하고 가장 우수한 인간에게 초점을 맞추었고, 인간의 궁극적 목적이 우리의 삶 저편에 있다는 것과 영원을 위한 준비로서 살아야 한다는 점을 대단히 강조하였다. 인간은 이성적인 창조물이므로 사물을 바르게 하는 지적인 가능성을 지녔다고 본 것이다. 그리고 인간의 완성은 사물과 자기를 지배하는 도덕적 가능성을 통해 신에게 귀의하는 종교적 가능성에서 이루어지는 것이다. 인간은 본래 앞과 같은 세 가지 요소의 가능성을 지닌 신의 창조물이기 때문에 그런 가능성을 통해 이성적, 도덕적, 종교적인 자연 상태를 실현시켜야 하는 것이 바로 교육이라는 것이다.

그러므로 교육은 이 땅에서 하늘나라를 실현할 수 있는 하나의 방법이 된다. 이를 위해 그는 교육목적으로 지성, 덕성, 경건성을 내세웠다. 그리고 이런 교육목적은 자연의 질서에 따라 성취된다고 하였다. 즉, 만물을 정확하게 인식하는 지성이 출발점이 되어 덕성과 경건성의 단계로 나아가야 한다는 것이다. 그가 제시한 교육방법은 창조의 질서에 속하는 것이어야 한다는 점에서 '자연에 따라서'(according to nature)이다.

코메니우스는 그의 교육학을 범교육(Pampaedia)이라고 불렀다. 이 말은 보편적이라는 pam과 교육이라는 paideia가 합쳐진 것이다. 그런데 pam은 교육의 의미를 심화시키면서 인간의 지식과 행위의 목적이 만물의 기원인 선에 있다는 것을 말한다. 그리고 그것은 교육의 길이 임의로 만들어지는 것이 아니라 만물이라는 전체 그 자체로부터 나오는 것임을 말한다. 코메니우스는 전체의 교육을 범교육학에서 그 의미를 밝히고 있다(정일웅, 2003: 15-16). 그것은 다음의 글에서 알 수 있지만 모든 사람에게 모든 사물을 포괄적인 모든 방법으로 가르쳐져야 한다는 뜻이다(Omnes-Omnia-Omnino).

> 범교육학은 전 인간 세대의 각 개인과 관련된 돌봄을 생각한 것이다. 그것은 방법적으로 전체를 지향하며, 인간을 그의 본질의 완전함으로 안내하는 일이다. 그리스어에서 교육이란 가르침과 훈육을 뜻하는 것이었다. 교육을 통하여 인간들은 미숙한 불완전의 상태에서 이끌어 내진 것이다. pam이란 전체에 대한 관계를 뜻한다. 그러므로 전 인류에게 전체의 모든 것을 포괄적으로 가르쳐져야 한다는 것이 여기서 중요한 내용이다.

코메니우스는 자신의 전 생애 동안 고향도 없이 방황했다고 말하였는데, 이는 그의 실제 삶뿐만 아니라 그의 사상적인 편력을 말해주는 것이다. 그에게 이 세계는 고향이 될 수 없고 단지 영원을 준비하는 장소였다. 그에게는 이 세상의 복잡한 다양성 속에서 통일성, 즉 신을 발견하는 일이 가장 중요한 일이었다. 그의 궁극적인 목적은 영원성을 준비하는 일이었다. 그의 교육사상도 역시 이런 목적을 위한 것이었으며, 이런 맥락에서만 그의 사상을 올바르게 이해할 수 있다. 그는 다가오는 하늘나라를 가기 위한 준비로 계획적인 도움이 필요하다고 믿었다. 그리고 실제적이면서도 일반적인 지혜의 단계를 준비하고 도달하기 위해서는 범지학(Pansophy), 즉 모든 것을 포괄하는 학문이 필요하다고 생각하였다.

범지학은 가시적인 것과 비가시적인 것을 모두 포괄하는 것이며, 마치 야곱의 사다리처럼 가시적인 것에서 비가시적인 것으로 나아가는 것으로서 마침내 영원에 접근하는 것이다. 그러므로 범지학은 구체적으로 모든 사물의 질서를 반영하는 명제를 내세워서 교육을 통하여 우리를 인간 정신의 명료함, 단순함, 그리고 통일성으로 인도해 나갈 수 있다. 코메니우스에 따르면, 이와 같은 목적을 달성하기 위해 첫째는 빛의 불꽃으로서 보편성을 띤 교과서와 사전이 필요하고, 둘째는 빛의 받침대로서 학교가 필요하며, 셋째는 빛의 관리자로서 교사의 강의가 필요하다. 넷째는 빛을 위한 기름으로서 통일된 언어가 필요하다.

17세기 이전의 어떤 사상가도 코메니우스처럼 학교교육의 중요성을 인식하지 못하였다. 그는 학교가 현세적인 의미뿐만 아니라 바로 인류의 구원을 위하여 대단히 중요한 역할을 한다고 믿었다.

2) 루소(Rousseau, Jean Jacques: 1712~1778)

(1) 교육적 생애

루소는 1712년 6월 28일 스위스 제네바에서 아버지 아이작 루소와 어머니 수잔 베르나르 사이에서 태어났다. 어머니를 일찍 여읜 루소는 고모인 수잔 루소 밑에서 생활하였으며, 바랑 부인의 후원으로 청년시절을 보냈다.

루소는 1750년 디드로를 만나러 가는 길에 디종 학술원의 논문 현상공모를 보고 《학문예술론》을 준비하게 되었고, 이 논문이 당선되면서 그의 학문적 역량은 높은 평가를 받게 되었다. 그는 이 일을 계기로 자신의 삶을 변화시키기로 결심하고, 타인의 도움을 받거나 고용당하는 일에서 벗어나 자립할 것을 결심하였다. 사치스러운 생활보다는 청빈한 삶을 선택한 것이다. 이로부터 3년 후 그는 두 번째 논문인 《인간불평등기원론》을 발표하면서 사상가로서의 입지를 굳히게 되었다.

1754년 루소는 제네바로 돌아와서 시민권을 회복하였으며 다시 개신교도가 되었다. 그는 1756년부터 파리 근교인 에르미따즈(Hermitage)에 은거하면서 저술활동에 전념하였다. 《신 엘로이즈》, 《사회계약론》, 《에밀》은 이 시절의 작품이다. 《사회계약론》과 《에밀》은 1762년에 불과 몇 주 사이에 각각 출판되었다. 여기서 루소가 《사회계약론》을 통하여 정치교육을 시도하였고 《에밀》을 통하여 인간교육을 시도하였음을 알 수 있다. 특히 《에밀》은 루소가 프랑스를 떠나 스위스에서 살아야 할 만큼 큰 저항을 불러일으켰다.

프랑스에서 추방당한 루소는 5년 동안 피해의식에 시달렸으며, 1766년 흄(David Hume)의 초청을 받아 영국에 가서 《참회록》을 저술하였다. 흄과의 의견대립으로 그는 더이상 영국에 머물지 못하고 프랑스로 돌아왔다. 1770년부터 그는 다시 파리에 정착하여 남은 생애를 보냈다.

1778년 봄 그는 의사의 권유로 파리에서 20마일 떨어진 에르므농빌(Ermenonville)로 옮겨 생활하였는데, 6월 초순 자신의 논적인 볼테르의 사망소식을 듣고 "나의 존재는 그에게 결부되어 있다. 그가 죽은 지금 나도 그를 따라 가야만 한다."라고 하였다(차석기, 1990: 43). 루소는 같은 해 7월 2일 집을 나서다가 쓰러져 숨을 거두었다. 루소의 죽음을 지켜 본 사람은 그의 동반자요, 실질적인 부인이었던 떼레즈였다. 루소는 7월 4일 밤 11시에 그가 좋아하던 에르므농빌의 호수에 있는 작은 포플라 섬에 묻혔다.

15년 후 프랑스대혁명이 일어나자 누구보다도 영향력이 컸던 루소의 시신은 시민들의 환호와 축포 속에 혁명정부에 의해 파리로 옮겨졌으며 위인들만 안치되는 팡테옹(Pantheon)에 묻혔다. 비문에는 루소의 삶을 예리하게 풍자하는 글이 적혀 있다(차석기, 1990: 44).

> 장 자크 루소는 제네바에서 태어나 파리에서 생각하고, 몽모랑 시에서 책을 썼으며, 여러 곳에서 스스로 괴로움과 고통을 겪었다. 그의 몸은 에르므농빌에, 머리는 《에밀》에, 그리고 마음은 줄리와 《사회계약론》에 남겨놓았으며, 후세에 끝없이 그의 정신을 전하였다.

계몽주의자인 볼테르는 문명의 유익성을 강조하였지만, 낭만적 자연주의자인 루소는 원시생활의 순수성을 동경하였다. 그리고 볼테르는 진보를 신뢰하였지만, 루소는 그것을 환상으로 보았으며 문명생활이 오히려 인간을 퇴보시켰다고 하였다. 교육관의 차이는 더욱더 분명하다. 볼테르는 교육을 인간정신을 계몽시키는 일이라고 하면서, 인간이 교육을 통하여 과거를 이해해야만 과거의 잘못을 되풀이하지 않는다고 하였다. 그렇지만 루소는 교육을 정신의 계몽보다는 어린이가 심정의 지혜에 의존하도록 도와주는 일이라고 하면서, 이런 교육이 이루어져야만 사회의 거짓된 기준에 의해 타락하지 않는다고 하였다. 이런 루소의 교육사상은 19세기를 거쳐 현대교육에 이르기까지 많은 영향을 미치고 있다.

(2) 교육사상

① 어린이의 발견자

루소의 정신사적 의미는 무엇보다도 그가 계몽주의의 토대를 뒤흔들어 놓았다는 점이다. 그는 계몽주의자들이 말하는 이성에서 차갑고 메마른 이해력을, 형식에서는 경직된 태도를, 진보의 개념에서는 환상을, 외치는 자유에서는 감추어진 노예상태를 보았다. 계몽주의자들도 역시 동일한 사회형식을 강조하고 다르지 않는 사회적인 태도를 요구하며 변치 않는 관습을 내세운다는 것이다. 그들은 현재의 사회상태를 개혁하기 위해 노력한다고 하면서도 인간존재의 참모습을 생각하지 않으려 한다고 보았다. 차별이 정당화되는 신분사회에서 나타나는 평균화와 인위적인 공존 속에서는 모든 근원적인 것과 자연적인 것이 소멸하고 만다는 것이 루소의 비판적인 시각이다.

루소는 어린이의 발견자이며 교육과학운동을 시작한 교육사상가이다. 그는 사회적 조건에 의해 구속당하고 제약받고 있는 인간을 문명인이라고 부르고, 사회적 제약에서 벗어나 완전히 자기 자신을 위해 살아가는 자기목적적인 인간을 자연인이라고 불렀다. 이렇게 독립적이고 자율적인 자연인을 형성하는 것을 그는 새로운 교육목적으로 삼았다.

그는 기존 교육의 가정, 즉 어린이는 이상적으로 제도화된 환경 속에서 전문가들의 보살핌을 받아야 한다는 주장에 도전하였다. 그리고 수많은 정보와 지식 또는 사회적으로 신성시된 규범들을 어린이가 반드시 습득해야 한다는 신념과 어린이들이 책임있는 성인으로 성장하기 위해서는 교사로 대표되는 성인들에 의해 이루어지는 주조, 형성, 지도가 필요하다는 가정에도 도전하였다.

루소에 따르면, 어린이교육은 사회에 의해 인위적으로 규정된 교육방식과는 조화를 이룰 수 없으며, 오히려 어린이의 자발적인 동의에 의해서만 의미를 가질 수 있다. 그러므로 루소는 어린이의 자연적인 발달과정에 부응하는 '자연에 따르는 교육'을 주장하였다. 이런 주장은 교육을 어린이의 보편적인 권리로 인식하면서 중세적인 교육방식과는 확연히 구별되는 새로운 교육방법으로 이해하도록 만든 것이다. 그는 어린이를 순수한 존재로 보고, 아동기를 인간발달에 있어서 가장 자연스럽고 가치 있는 시기로 보았다. 루소는 이 시기를 가능한 한 오랫동안 즐기고 음미해야 하는 시기라고 하였다.

그는 《에밀》을 모두 다섯 편으로 구성하여 유아기, 아동기, 소년기, 청년기, 그리고 여성교육 편인 소피의 교육으로 나누어서 논하였다. 인간의 발달과정에 대한 루소의 기본원리는 출생에서 성인에 이르기까지 어린이의 성장과정을 인류의 발전과정과 동일하게 보았다. 말하자면, '개체발생은 계통발생을 되풀이한다.'는 생물학의 기본원리를 원용한 것이다. 그는 개인의 발달이 단계별로 진행되며 각각의 단계는 독특한 고유의 특성을 지니고 있기 때문에 저마다 구별된 교육행위가 요구된다고 보았다. 루소가 구분한 어린이의 발달단계를 정리하면 다음과 같다.

첫째, 유아기(0~2세): 신체발달기(the age of growth) – 필요성의 법칙(the law of necessity)이 지배함 – 교육의 핵심개념은 운동성(mobility)이다.

둘째, 아동기(3~12세): 감각발달기(the age of sensation) – 필요성의 법칙(the law of necessity)이 지배함 – 교육의 핵심개념은 감수성(sensibility)이다.

셋째, 소년기(13~15): 이성발달기(the age of reason) – 유용성의 법칙(the law of utility)이 지배함 – 교육의 핵심개념은 지성(mentality)이다.

넷째, 청년기(16~20): 정념발달기(the age of passion) – 사랑의 법칙(the law of love)이 지배함 – 교육의 핵심개념은 도덕성(morality)이다.

어린이는 자신이 정치적인 세계, 사회적인 세계, 도덕적인 세계에 살고 있음을 알지 못할 뿐만 아니라 정치, 사회, 도덕과도 무관하게 살고 있다. 어린이는 단순히 물리적인 세계, 즉 자연과 사물의 세계에 살고 있다는 사실만을 인식할 따름이다. 그러므로 어린이가 알 수 있는 유일한 법칙은 필요성의 법칙이다. 어린이가 무엇을 욕구한다는 것은 그것을 필요로 한다는 사실을 뜻하기 때문에 어린이는 그것을 취해야 한다. 이것이 루소가 말하는 필요성의 법칙이다.

루소가 소개하는 필요성의 법칙은 물리적인 세계에서 통용되는 것으로서 약자들은 항상 강자의 처분에 달려 있다는 말로 설명될 수 있다. 따라서 교육의 상황에서는 절대강자인 자연을 반드시 고려해야 한다. 인간의 자기보존본능에서 일어나는 모든 행위는 건전하게 표현될 수 있도록 격려되어야 한다. 그리고 연약한 어린이는 성인의 도움이나 처분에 달려 있음을 알아야 한다고 루소는 강조하였다. 루소가 말하는 성인의 처분이란 되도록 인간의 간섭이 배제되는 교육, 즉 소극교육을 지향하기 위한 배려를 뜻한다. 어린이들은 필요성의 법칙만을 유일하게 인식할 수 있는데 이런 법칙은 어린이에게 얻을 수 있는 것만 원하고 즐겁게 하는 것만 행하도록 가르칠 것이다.

바로 이런 이유로 루소는 '어린이는 순종하므로 행하는 것이 아니라 단지 필요하기 때문에 욕구하고 행동한다.' 라고 하였다. 그러므로 어린이에게 순종이나 명령이라는 단어는 제거되어야 하며, 도덕적인 의무와 같은 말로 어린이를 강요해서는 안 된다고 하였다. 어린이는 짐승이 되어서는 안 되겠지만, 조숙한 어른이 되어서도 안 된다. 어린이는 어디까지나 어린이라야 한다고 보는 것이 루소의 관점이다(Rousseau, 1979: 85).

루소가 보는 발달단계는 각각 고유한 내면적 능력과 경향성을 지니고 있으며, 발달과 성장의 정도는 제각기 다른 기준에 의해 평가될 수 있다고 본다. 루소는 어린이의 발달과정을 내적인 성장의 관점에서 구분함으로써 이후 교육과학운동의 터전을 마련하였다. 그리고 루소의 발달단계구분은 18세기 당시의 사고방식, 즉 인류는 여러 발달단계를 거쳐 왔다는 문화발달이론(the cultural epoch theory)을 통해 이루어진 것이다. 《에밀》에서 말하는 인간발달의 체계적인 부분은 단순한 연령발달의 단계적인 처리가 아니라 인간형성의 기본구조를 어떻게 파악하느냐에 관한 문제이다.

루소는 자연의 선함에 대한 자신의 신념을 교육과정의 원리가 되는 교육의 소극성과 조화시켰다. 루소의 소극교육은 우리 인간의 기관들이 우리에게 올바른 이해를 전해주기 전에 우리의 이해기관들을 완성시키기 위해 노력하는 교육을 말한다. 그러므로 소극교육은 나태함을 뜻하지 않는다. 그것은 덕을 강권하는 것이 아니라 악을 방지하며, 진리를 가르치는 것이 아니라 타락하지 않게 보호하는 교육이다. 소극교육은 어린이가 진리를 이해하게 될 때까지 기다리면서 그를 진리로 인도하는 교육이다.

그러므로 교육은 폭넓은 의미에서 자연과 인간 그리고 사물로부터 이루어진다. 자연의 교육은 우리의 내면적인 능력과 기관들의 발달을 가리키며, 인간의 교육은 그와 같은 발달을 우리가 어떻게 사용해야 하는지에 관하여 배우는 것이다. 그리고 사물의 교육은 자연과 사물을 통해 경험을 얻는 것을 말한다. 그러므로 우리는 저마다 세 가지 종류의 교사들에 의해 형성된다고 볼 수 있다.

하지만 문제는 이들 세 교사의 조화문제이다. 만약 세 교사의 가르침이 서로 일치하여 공동의 목표를 추구할 수 있다면, 어린이는 자신이 목적하는 바를 향해 나아가게 되며 자신과도 조화롭게 살아갈 수 있을 것이다. 말하자면 자기충족적인 인간이 될 수 있다는 말이다. 따라서 세 교사 중에 자연의 교사가 항상 먼저 고려되어야 한다.

② 인간교육과 시민교육

루소의 《에밀》은 사회적 모순에 의해 왜곡되고 변질되어 있는 아동관을 바로잡는 논리적 개념으로서 인간의 자연본성을 체계적으로 추구하고 그 진행과정에 따라서 교육의 보편적인 원칙을 제시한 것이다. 그러므로 루소에게서 드러나는 문제는 사회적으로 사악한 현실에 빠져있는 인간의 모순을 어떻게 하면 바르게 자연본성의 흐름에 따라 해결할 수 있을까 하는 것이며, 그러므로 인간본성의 존재방식이 문제가 되는 것이다.

기본적으로 루소는 사회제도의 개선보다 인간의 지적인 발달, 도덕적인 발달을 우선시하였다(Rousseau, 1984: 165). 본질적으로 사회제도는 자유로운 개인들의 동의에 의해 성립되는 사회계약에 의해 이루어지는 것이기 때문에, 시민사회의 수립은 시민으로서 자격을 갖춘 인간교육에 달려 있는 것이다. 그러므로 시민교육은 자유롭게 사회 속에서 자기의 의지를 행사하고 표현할 수 있는 인간을 양성하는 교육을 의미하며 시민사회의 완성은 인간교육을 통한 시민교육에 전적으로 의지하고 있음을 알 수 있다. 루소는 인간교육을 통해 인간사회를 개선해야 함을 분명히 하였다. 이를 두고 밀러(Miller)는 루소사상의 특성을, 정치학을 교육의 매개물로 취급하는데 있다고 하였다.

시민을 양성하기 위한 교육은 사회 속에서 자유롭게 살아가는 자연인을 양성하는 교육과 동일한 것이다. 물론 자연인은 미개인이 아니고 사회 속에서 자신의 의무와 권리에 충실한 시민을 가리키는 말이다. 루소가 보는 시민은 사회에서 필요한 것을 발견하고 유익한 것을 만들어 내면서 이웃과 함께 사는 인간이다. 그리고 사회의 소용돌이 속에서도 타인의 의견에 끌려 다니지 않으면서 직접 자기의 눈으로 사물을 보고 자기의 마음으로 사물을 느끼는 인간이다. 루소가 말하는 시민은 자신의 이성적인 판단 이외에는 어떤 권위에도 지배되지 않는 인물이다. 루소는 이런 인간의 모습을 자연 상태의 인간에게서 찾았으며, 그것을 교육의 전형으로 삼았다.

루소가 주장하는 시민교육은 인간교육의 테두리 안에서 이루어지는 것이다. 그는 사회의 요구나 지위에 적합한 교육보다는 우선적으로 인간의 지위에 적합한 교육을 강조하였다. 특정한 지위에 알맞은 교육을 받은 사람은, 그 지위를 얻지 못하거나 벗어나게 되면 아무 쓸모없는 인간이 될 가능성이 많다. 이런 까닭에 루소는 우리가 무엇을 하든지 언제 어디서나 절대로 잃어버릴 염려가 없는 그런 지위를 얻을 수 있는 교육이 이루어져야 한다고 주장한 것이다. 그는 인간에게 어울리는 인간교육을 실천해야 한다고 역설하였다(Rousseau, 1984: 194).

루소에 따르면, 교육의 궁극적인 목적은 사회의 한 가운데서 살아가는 자연인, 즉 시민을 양성하는 일이다. 교육에 있어서 인간을 만들기 위한 교육인가 아니면 시민을 만들기 위한 교육인가 하는 문제는 단순히 사교육과 공교육의 차원이 아니라 더욱 근본적인 교육의 본질에 관한 문제이다. 루소는 "만일 우리에게 제기된 두 가지 목적을 하나로 통일시킬 수 있다면, 인간의 모순은 제거되고 우리는 행복을 가로막는 커다란 장애물을 제거할 수 있을 것이다."라고 하면서 교육의 과제를 제시하였다.

따라서 《에밀》에서 추구하는 자연인의 인간상은 사회로부터 고립되는 인간이 아니라 원시적인 자연 상태에서 간직하고 있을 것으로 보는 자유 평등한 인간의 존재상을 의미하는 것이다. 이런 자연인은 사회라는 형식으로 보장되는 시민국가를 담당해 나갈 시민사회의 실현자로 인식된다. 그리고 이런 존재는 사회계약론에서 나타나는 정치적인 권리를 실현하는 인간이다. 루소는 《에밀》로부터 교육적인 측면을, 《사회계약론》에서는 정치적인 측면을 강조하여 새로운 이상사회, 즉 계약사회를 이룩하려고 노력하였다. 루소의 자연교육은 사회의 변혁을 책임질 수 있는 시민을 양성하는 것이다.

루소의 교육사상에 많은 영향을 받은 사상가로는 바제도우(Basedow), 잘쯔만(Salzman), 칸트(Kant), 페스탈로치(Pestalozzi), 헤르바르트(Herbart), 프뢰벨(Froebel), 엘렌 케이(Ellen Key) 등을 들 수 있다. 바제도우는 《에밀》을 읽고 감동을 받아 1768년 '범애주의자에게 고함' 이라는 논문을 써서 기금을 모아 범애학교를 설립하였으며 잘쯔만과 함께 범애주의 교육운동을 전개하였다. 그리고 칸트는 《에밀》을 읽고 깊은 인상을 받아 산책시간도 잊어버렸으며, "《에밀》을 통해 인간성을 배웠다."라고 고백할 정도로 자신의 인간관에 많은 영향을 미쳤음을 인정하였다. 페스탈로치, 헤르바르트, 프뢰벨로 이어지는 신교육사상은 루소의 낭만적 자연주의 교육사상의 계보에 속한다고 볼 수 있다. 《아동의 세기》의 저자인 엘렌 케이는 루소의 아동교육관과 자유주의적 교육사상을 이어받은 루소주의자라고 할 수 있다.

연구 및 토의과제

1. 사실존중의 문화가 근대교육에 미친 영향을 토론해 보자.
2. 경험주의 철학의 인식론이 실물교수와 어떻게 관련되는지 토론해 보자.
3. 코메니우스의 교육방법이 교실수업에 어떻게 적용될 수 있는지 토론해 보자.
4. 루소의 발달단계에 적합한 교육이 어떻게 자연교육이 되는지 토론해 보자.
5. 계약사회를 주도해 가는 시민양성을 위한 교육이 어떤 교육인지 토론해 보자.

추천도서

김영래(2003). **칸트의 교육이론**. 서울: 학지사.

주영흠(2003). **자연주의 교육사상**. 서울: 학지사.

Comenius, J. A. (2002). **대교수학**. 정일웅 역. 서울: 창지사.

Rousseau, J. J. (1997). **루소의 교육론 에밀**. 안인희 역. 서울: 서원.

Rousseau, J. J. (1989). **사회계약론**. 최현 역. 서울: 집문당.

CHAPTER 10

19세기 신인문주의시대의 교육

1. 역사적 배경

2. 교육의 실제

3. 교육사상가 연구

CHAPTER

10 19세기 신인문주의시대의 교육

원 · 전 · 읽 · 기

어버이와 군주 사이, 무거운 생활고를 짊어진 빈민과 이들보다 더 무거운 근심에 허덕이는 부자 사이, 무식한 아낙네와 소문난 학자 사이, 게으르게 조는 자와 온 세계를 독수리 같은 힘으로 흔드는 천재 사이에는 큰 거리가 있다.

그러나 제아무리 높은 자리에 있을지라도 만일 그에게 인간성이 결핍되어 있다면 어두운 그림자가 그를 둘러싼다. 그러나 잘 싹 틔어진 인간성은 오막살이에 사는 사람에게도 그 순수하고 드높고 완연한 인간의 위대성을 스스로 발휘하게 한다.

그러므로 높은 지위에 있는 군주가 제아무리 현명하고 공정한 법률을 죄수를 위해 선포할지라도, 그것은 황금이 가득 찬 주머니를 현상금으로 헛되이 버리는 결과밖에 가져오지 못한다. 이와는 달리, 만일 군주가 군법회의에서나 수렵국, 세무서 등에서 자신의 귀한 인간성을 발휘하고 또 자신의 사생활에서도 순수한 어버이 마음을 발휘하면, 그는 이 일을 통해 죄수의 재판관이나 교도관을 어질고 착하게 교육시키는 결과를 낳는다.

그렇지 못하다면, 아름다운 법률조항도 이웃을 사랑합네 하고 말로만 되뇌이는 무정한 사람의 입에 오르내리는 빈 소리와 조금도 다를 바 없다.

군주여, 아마도 그대는 그대가 갖추어야 할 이 진리의 복에서 멀리 떨어져 있지나 않는지 살필지어다.

그러나 군주여, 그대의 발아래 티끌 속에 사는 뭇 어버이들은 그 말썽 많은 자녀들을 슬기롭게 기르고 있다. 군주여, 밤에 잠 못 이루며 흘리는 그들의 눈물 속에서, 또 낮에 무거운 짐을 지고 수고하는 그들의 괴로움 속에서, 지혜를 배워 그것을 그대들의 죄수를 이끄는

데 베풀어라. 그리고 이같은 길에서 지혜를 갖추게 된 사람에게 삶과 죽음을 다스리는 권한을 주어라. 군주여, 이 세상의 모든 복은 도야된 인간성에서 나온다. 그리고 슬기롭고 지혜로운 법률이 가져오는 내면적 행복의 힘은 모두 이 인간성의 힘을 통해서만 드러난다.

출처: Pestalozzi, J. H. (2001). **숨은 이의 저녁노을**. 김정환 역. 서울: 박영사. 제1장, pp. 13-14.

사유하기 세속사회의 지위는 본질적이지 않다는 페스탈로치의 주장을 담은 글이다. 군주일지라도 인간성을 갈고 닦는 교육이 필요하다는 점을 강조하고 있다. 참된 인간성에 내재되어 있는 좋은 능력을 길러내는 교육은 어떤 교육인지 생각해 보자.

1. 역사적 배경

17~18세기 유럽의 왕권은 제국주의적 형태로 강화되어서 근대국가의 면모를 갖추기 시작하였다. 19세기 영국, 프랑스, 독일, 이탈리아, 러시아 등 서구열강은 자국의 정치력과 경제력을 확장하기 위해 부국강병의 근대화 정책을 택하여 경제시장의 확장과 식민지 확보에 혈안이었다. 그리고 산업혁명의 영향으로 농업과 수공업에 의존하던 경제체제가 근대적 산업구조로 탈바꿈하여 시민들의 생활방식에 큰 영향을 미치기 시작하였다. 특히 서구의 자본주의는 천민자본주의로 변질됨으로써 제국주의와 결탁하여 아시아, 아프리카 등지의 약소국을 침략하는 행위를 서슴지 않았다.

19세기 이전의 서구사회에는 국민이나 국가라는 개념이 역사적으로는 실재하였지만, 문화, 언어, 종교, 관습, 지역 등에 의해 조건 지어진 정치제제로서의 국가나 국민은 존재하지 않았다. 말하자면 세계 언어로서의 라틴어, 세계종교로서의 기독교, 세계국가로서의 로마제국 등은 실재하였지만 국민국가는 존재하지 않았다는 말이다. 민족통일에 의한 국민과 정치권력의 집결로 이루어진 국가는 교육에 의해 성립된 문화적 소산으로서의 의미가 있다. 그러므로 19세기에 나타난 국가주의교육관은 교육사에 있어서 매우 중요한 의미를 갖는다.

국가주의교육관은 단순히 자국의 존속과 번영을 목적으로 하는 것이고 자기 사회나 국민들의 자각과 단결의 필요성이 일차적 목표이지만, 그것은 부국강병책과 결합하여 제국주의적 영토확장이나 자국의 경제적 이익증대를 위한 인재양성에 투자를 아끼지 않았다. 그러므로 공교육이나 의무교육제도와 같은 근대교육제도는 양면성을 지니는 것으로서, 역사적으로는 계몽주의를 통한 개인의 권리신장과 함께 부국강병을 꾀하려는 국가주의교육관을 통해 이루어졌다고 볼 수 있다.

19세기는 사상적으로 다양한 근대사상이 복합적으로 발흥한 시기이다. 서구사회에서 근대화가 이루어지기 시작한 19세기는 단순히 외면적이고 현실적인 분야에서만 변화가 나타난 것이 아니라, 내면적이고 이념적인 영역에서도 큰 변화가 이루어졌다. 이런 내면적이고 이념적인 영역의 변화에 큰 영향을 미친 사상이 바로 신인문주의(New-Humanism)이다.

신인문주의란 19세기 사조 가운데 철학이나 문학에서 낭만주의와 교육에 있어서 새로운 인문주의로 나타난 교육사상적 체계를 통칭해서 가리키는 말이다. 이렇게 나타난 교육사상은 18세기의 냉소적인 계몽주의의 반동으로 일어난 사상체계이다. 계몽주의가 냉철한 이성과 지성을 가지고 인간의 삶이나 사회를 비판적으로 해석하는 경향인데 반하여 신인문주의는 이성으로 해명될 수 없는 인생의 비밀을 감성적이고 심미적인 태도로 탐구하려는 학문적 태도를 말한다.

그러므로 신인문주의는 계몽주의가 인간을 기계적이고 형식적으로 해석하는 데 대한 반발로서 인간의 정의적인 측면을 무시하지 않으며 또한 인간성의 원만한 발달을 추구하는 경향으로 나타난 것이다. 이런 경향은 먼저 문학이나 철학에 있어서 낭만주의운동으로 전개되었으며, 이후 교육사조로서 신인문주의로 발전된 것이다.

신인문주의를 대표하는 사상가로는 프로이센의 정치가이고 교육사상가인 베를린대학의 창시자 훔볼트(Wilhelm von Humbolt), 《인류의 교육》의 저자인 레싱

(Lessing), 역사철학자 헤르더(Herder), 대문호 괴테(Goethe), 철학자로는 칸트(Kant), 헤겔(Hegel), 슐라이에르마허(Schleiermacher), 피히테(Fichte) 등을 들 수 있다. 교육사조로서 신인문주의를 대표하는 사상가로는 페스탈로치, 헤르바르트, 프뢰벨 등이다.

19세기의 낭만주의는 여러 예술과 문학 분야에서 나타났지만 반드시 똑같은 경향성을 보이지 않은 것처럼, 신인문주의도 학문적 성향이 일치되는 것은 아니었다. 그럼에도 불구하고 신인문주의의 공통된 주장을 정리해 보면 다음과 같다.

첫째, 교육을 인간의 여러 가지 능력을 조화롭게 발달시키는 행위로 규정하였다.

둘째, 인간의 개성과 민족국가의 역사를 존중한다.

셋째, 교사와 학생의 관계, 즉 교육은 사랑의 관계를 통하여 발생한다고 본다.

신인문주의는 교육에 있어서 인간의 지정의라는 제 영역에 걸쳐서 이루어지는 지속적이고 폭넓은 발달을 지향하였다. 이를 기반으로 하는 신인문주의의 특성을 다음과 같이 정리해 볼 수 있다.

첫째, 인간성을 존중한다.

둘째, 인간성의 조화로운 발달을 지향한다. 자연성과 이성이 복합적으로 구성되어 있는 인간성을 균형 있게 통합시켜서 조화롭게 발달시키는 것이 교육의 목적이다.

셋째, 심미적 가치를 지향하였다. 인간성의 조화로운 발달을 추구한 결과 나타나는 아름다움은 단순한 미가 아니라 도덕적 선을 포함하는 심미적 가치로 드러난다고 본다.

넷째, 비합리적인 태도를 취한다. 합리주의에 반하는 비합리주의가 아니라 합리성만으로는 이해하지 못하는 삶의 측면을 무시하지 않는다는 뜻이다. 이런 자세는 삶에 있어서 자연성을 존중하고 유기적 인생관을 중시하는 태도이다.

"신과 자연은 법칙 이상이다."라는 표현에서 살펴볼 수 있듯이 인간을 기계적이고 이해타산적인 존재로 파악하지 않고 그 이상의 존재로 보는 것이다. 이런 주장은 "인간의 생명이나 감정은 이성이나 지식보다 훨씬 더 근본적이다."라는 말과 일맥상통한다.

19세기의 신인문주의자들은 감성적 측면을 통한 직관이나 관조를 대단히 중요하게 생각하였다. 이런 시각은 낭만주의의 주장과 일치하며 루소에게서 그 연원을 찾을 수 있다. 루소를 계몽주의의 반역자라고 부르는 까닭이 바로 여기에 있다.

2. 교육의 실제

1) 근대 심리학의 영향

19세기는 어린이에 관한 과학적 탐구와 교육적 배려가 동시에 실현된 시대였다. 심리학 연구를 통한 인간이해와 복지적 차원에서 이루어진 초등교육운동이 바로 그것이다. 먼저 심리학의 발달은 어린이교육의 학문적 기초가 되었으며 페스탈로치, 헤르바르트, 프뢰벨 등이 이런 심리학 연구에 힘입어서 교육의 이론과 실제에 크게 기여하였다. 19세기는 어린이를 위한 시대였으며, 인간정신의 여러 활동과 인간발달에 관한 지식을 얻기 시작한 것이다. 17세기부터 교육에서 사용한 자연이라는 개념은 19세기에 이르러 인간의 본성이나 정신을 의미하게 되었다.

19세기에 나타난 심리학적 경향은 자연주의교육의 원리를 더욱 구체화시켰다. 자연주의는 교육을 언어나 문학의 형식성을 부여하거나 관념화된 지식을 나누어주는 인위적인 과정이 아니고 인간성 속에 깃들어 있는 제 능력을 계발하는 일이라고 본다. 심리학은 이런 교육사상을 과학적인 형태로 표현하였으며 나아가 학교교육의 실제에 도움이 되는 구체적인 방안을 제공하려고 시도한 것이다.

그러므로 19세기의 신인문주의교육은 노력의 교육(the education of effort)으로 대변되는 구교육과 흥미의 교육(the education of interest)으로 대변되는 신교육을 조화시키고 통합시키려고 시도하였다. 하지만 구교육은 신교육에서 강조하는 방법이나 학습활동의 추진력이 될 수 있는 흥미의 중요성을 이해하지 못한 채 종래의 방식을 고집함으로써 구교육은 신교육과 대립하는 경우가 많았다. 이 두 가지 교육방식을 조정하기 위하여 페스탈로치, 헤르바르트, 프뢰벨 등 신인문주의 교육사상가들은 많은 노력을 기울였다.

신교육은 당시 철학이나 과학에서 밝힌 인간본질에 관한 새로운 사실들을 적극적으로 수용해 나갔다. 인간본성에 관한 보다 과학적인 해석이 가능하다고 보았기 때문이다. 그러므로 신교육사상가들은 19세기 중엽부터 관찰과 실험을 통하여 심리학의 원리들을 과학적으로 검증해 내려고 노력하였다. 이런 노력을 통하여 보다 적절한 교육개념과 교육과정의 원리가 밝혀지게 된 것이다.

교육에 대한 과학적 탐구는 다방면에 영향을 미쳤지만, 특히 교실의 분위기와 교수방법, 교사훈련프로그램 등을 개선시키고 교육의 본질에 관한 폭넓은 이해를 가능하게 하였다. 기존의 학교는 어린이에 관한 연구를 새롭게 시도하였으며 이해의 폭을 넓혀 나갔다. 따라서 19세기 교육은 주된 관심을 종래의 구교육이 가졌던 중등교육이나 고등교육이 아닌 초등교육에 집중하였다. 서구교육에 있어서 인문주의자나 실학주의자나 초기의 교육개혁가들은 라틴어 등의 외국어와 문학에 대한 학습을 교육의 주된 과제로 삼았으며, 초등교육에는 별도로 관심을 기울이지 않았다. 그렇지만 19세기 교육개혁가들의 주된 관심은 초등교육에 있었다.

19세기 교육사상가들이 심리학 연구를 통하여 얻은 교육의 근본개념은 "교육은 개인의 발달과정"이다. 이런 사고는 교육을 개인이 지닌 모든 능력을 조화롭게 발달시키는 것(the harmonious development of all the powers of the individual)이라는 페스탈로치의 주장으로 대변되었다. 개인적 존재로서 인간의 발달과정이라는 교육의 개념은 사회학적으로 대단히 중요한 의미를 가진다. 왜냐하면 교육을 인위적이라기보다는 자연적인 과정으로 보기 때문이다. 여기서 자연적 과정이란 모든 인간들이 보편적으로 경험하는 과정이고 또한 유익을 얻을 수 있는 과정이라는 뜻이다.

19세기 교육심리학운동은 두 가지 측면으로 전개되었다. 첫째는 실제적이고 구체적인 성격으로 실험을 통하여 교육의 원리를 밝히려고 하였다. 둘째는 형이상학적인 성격으로 교육의 논리를 구성하려고 노력하였다. 페스탈로치, 헤르바르트, 프뢰벨 등 교육사상가들은 칸트, 피히테, 슐라이에르마허, 헤겔 등의 철학사상을 교육에 비판적으로 반영시켜 나간 것이다.

2) 근대과학의 영향

신인문주의교육은 심리학적인 경향을 수렴하였을 뿐만 아니라 과학의 성과도 수렴하였다. 19세기에 이르러 서구사회는 물리학과 생물학을 비롯한 자연과학이 발달함으로써 인문학만으로는 근대적인 삶에 적절하게 대응할 수 없음을 느끼기 시작한 것이다. 당시의 과학적인 풍토는 교육에 있어서 자연현상에 대한 지식의 중요성을 일깨워 주었고, 귀납적인 교육방법이 대단히 효과적이라는 사실을 깨닫게 만들었다. 그리고 자연과학의 현저한 발달은 지식인들로 하여금 실제적으로 유효한 지식을 구하게 만들었다. 이에 영향을 받아서 교양교육의 범위 안에 실제적으로 삶을 영위할 수 있는 지식을 포함시켰다. 따라서 새로운 과목설정의 필요성이 생겼고 교육과정의 원리가 만들어지게 되었다. 자연과학 관련 교과들은 학교의 교육과정 속에 포함되었고 이에 따른 새로운 교수방법이 필요하게 되었다. 감각인식의 중요성을 강조하는 페스탈로치의 실물교수는 교수방법의 개선에 현저한 영향을 미쳤다.

자연과학이 교육과정에 도입되기 시작한 시기는 실제적으로 17세기부터이다. 실학주의운동이 일어나면서 대학에서부터 도입되었지만, 교육과정 개선의 속도는 빠르지 않았다. 미국의 아카데미, 영국의 인문학교 그리고 독일의 실과학교 등과 같은 중등학교에서 과학을 교육과정에 편입시켰다. 지리교과는 19세기 초에 초등교과에 편입되었고, 생리학은 19세기 중엽, 근대적인 형태의 자연교과와 초급 물리학은 19세기 말에 초등학교 교과로 채택되기 시작하였다.

사회학적인 관점에서 보면, 교육은 사회의 안정과 발전을 확보하는 수단이다. 19세기부터 대중화되기 시작한 학교교육과 관련하여 교재는 개인이 올바른 사회생활을 영위하는데 필요한 주요 수단으로 간주된다. 교재의 적절한 선택은 사회적으로 중요한 의미를 가진다. 이런 점에서 19세기 교육사상가들은 교육을 사회개혁의 주요 수단으로 강조함으로써 교육의 발전에 크게 기여하였다. 이들은 과학적인 성과에 부응하는 교육과정을 도입할 것과 교육은 근대적인 삶에 적절하게 대응해야 한다는 점을 역설함으로써 교육의 사회적 의미를 부각시켜 나갔다.

사회학적인 관점에서 보는 교육의 임무는 지식의 보급이다. 그리고 교육의 기능을 사회통제의 한 형식으로 보는 것이다. 가장 나중에 나타난 해석은 교육을 이전 세대의 유익한 경험을 다음 세대에 전달하는 과정으로 보는 것이다. 이런 해석은 교육을 사회발전의 주요 수단으로 생각하고, 인간의 후천적 특질의 비유전성을 부정하고 과거의 누적적인 경험을 후속하는 세대에 전달하는 수단으로 간주한다. 19세기의 교육은 이처럼 사회적인 의미를 내포하면서 발전하였다.

19세기에 이르러 대중교육이 시작되자 학교교육의 확대와 교육시설의 정비는 두 단계를 거치면서 이루어졌다. 자선적이고 종교적인 동기에 의해 학교가 설립된 것이 먼저이고, 정치적이고 경제적인 이유로 공립학교가 설립된 것이 그 다음이다. 공교육체제로서 국민교육제도가 확고한 형태를 갖추기 시작한 시기는 19세기 초였으며, 학교의 유지와 감독은 정치적인 목적에 의해 이루어지는 경우가 많았다.

3. 교육사상가 연구

1) 페스탈로치(Pestalozzi, Johann Heinrich: 1746~1827)

(1) 교육적 생애

페스탈로치는 1746년 안과의사인 아버지 요한 밥티스트(Johann Baptist)와 경건한 어머니 수잔나 호스(Sussana Hoss)

사이에서 태어났다. 부친이 일찍 세상을 떠남으로써 페스탈로치의 양육과 교육에 많은 영향을 미친 사람은 가정부 바벨리(Babeli)였다. 페스탈로치의 교육소설인 《린하르트와 게르트루트》, 《게르트루트는 어떻게 그의 자녀를 가르치는가》 등은 바벨리를 모델로 해서 모성의 위대한 교육적 힘을 찬양한 것이다.

낮은 신분의 한 여인에게서 나타난 위대한 인간의 힘이 페스탈로치에게 인간성에 대한 위대한 체험을 하게 만들었으며, 일생에 걸쳐서 빈민아동을 위한 교육에 헌신하게 만들었던 것이다. 페스탈로치 자신은 "한 미천한 여인이 죽을 때까지 평생 나에게 사랑을 베풀었던 것처럼 나도 죽음에 이르기까지 빈민에게 사랑의 손길을 뻗치자."는 것이 자기 평생에 교육적 노력의 원천이었다고 술회하였다.

페스탈로치에게 큰 영향을 미친 또 한 사람은 시골목사였던 그의 조부였다. 그는 방학마다 찾아오는 손자에게 농민들의 삶을 세심하게 살펴보도록 권유하였다. 이때 페스탈로치는 편견에 찬 학교교육 때문에 농촌 아이들이 정신적으로 얼마나 위축되어 있으며 또한 가혹한 노동으로 신체발달이 얼마나 저해되었는지를 유심히 관찰하였다. 조부의 세심한 교육적 배려로 페스탈로치는 훗날 '눈에 보이지 않는 하나님'을 사랑하는 방법으로 '눈에 보이는 형제'를 사랑하는 빈민교육의 길을 택하였다.

그는 취리히대학에서 고전을 공부하고 카로리아대학에서 신학을 공부하면서 독립정신, 자선, 희생, 사랑 등의 개념에 눈을 뜨게 되었다. 그는 보드머 교수가 조직한 애국단체에서 활동하였으며, 루소의 《에밀》과 《사회계약론》을 읽고 큰 감동을 받기도 하였다. 페스탈로치는 노이호프(Neuhof), 슈탄츠(Stanz), 부르크돌프(Burgdorf), 이베르당(Ifertan) 등지에서 교육실천가로서 업적을 쌓아나갔다.

그는 현실적인 어려움을 이겨내면서 일생 동안 일관되게 자신의 교육사업을 추진해 나갔으며, 그의 교육사상에 공감하고 추종하는 많은 사람들에게 감명을 끼쳤다. 그의 명성과 교육적 성과가 널리 알려지게 되면서 페스탈로치의 학교는 유명학교로 변질되고 말았다. 그가 본래 원했던 학교가 아니라 부잣집 상인이나 유명인사의 자녀들을 위한 학교가 되어버린 것이다. 농민의 자녀 대신 귀족의 자녀들이 판을 치는 학교, 생활을 통해 서로 부딪치는 교육 대신에 눈앞의 효과만 노리는 인기 있는 교육방식이 판을 치게 된 것이다.

보금자리같이 아늑하고 좋은 분위기였던 학교가 유럽의 계몽군주들이 보낸 유학생들과 유명 인사들이 시끄럽게 다녀가는 소위 말하는 명문교가 되고 만 것이다. 페스탈로치는 이런 모습을 개탄하고 새로운 출발을 위해 항상 자신을 일깨워나갔다. 말년의 페스탈로치는 노이호프에서 생활하면서 《백조의 노래》를 집필하였고, 《운명》을 탈고할 무렵인 1827년 2월 17일 부르크에서 세상을 떠났다.

(2) 교육사상

페스탈로치는 《인류의 발전에 있어서 자연의 과정 탐구》(1797)에서 "나는 누구이며 인류는 무엇인가? 나는 무엇을 해왔으며 인류는 어떻게 발전해 왔는가?" 라는 질문을 던지면서 인간에 대한 근원적인 문제를 제기하였다. 그는 인간성을 자연적 상태, 사회적 상태, 도덕적이고 종교적인 상태라는 세 가지 단층으로 구성된 유기적인 복합체로 파악하였다. 인간은 자연적 상태에서 사회적 상태로, 다시 도덕적이고 종교적 상태로 나아가면서 질적인 도약을 거듭하는 존재라고 역설하였다. 이를 간단하게 정리하면 다음과 같다.

첫째, 자연적 상태이다. 인간성의 가장 낮은 단계로서 동물적 수준과 근본적으로 다르지 않다. 이런 존재상은 거칠지만 선한 충동을 지니고 있으며, 자기보존본능에 치중하는 이기적인 경향성과 함께 사육본능처럼 호의적인 경향성도 함께 지니고 있다. 이 두 가지 본능이 자연의 질서를 따를 경우 그것은 선이 된다. 하지만 선한 상태는 짧은 순간에 불과하며 대부분의 인간은 과도한 이기심에 사로잡혀서 자연성을 파괴하거나 자연에서 이탈하여 타락하고 만다.

둘째, 사회적 상태는 이기심으로 고양되는 인간의 폭력적 행위를 법률로 규제하는 상태이다. 인간이 지닌 자연적 욕구를 마음대로 충족시키려는 데서 오는 무질서를 막기 위하여 관습으로서의 법을 만들어서 이를 준수하게 만드는 것이다. 법에 의하여 구성되는 사회적 행위가 공공복리를 위한 것일지라도 그것만으로는 인간의 내면적 욕구를 충족시켜 주는 도덕적인 것은 되지 못한다. 그러므로 사회적 상태에서 성립되는 사회적 정의는 도덕적 정의와는 다른 것이며, 다만 자연적 욕구를 본능적으로 충족시켜 주는 동물적 정의에 지나지 않는다. 페스탈로치에 의하면, 사회적 상태에서 이루어지는 관습으로서의 법은 강자에게 유리하며 약자의 권리는 무시되거나 함부로 취급되기 십상이다.

셋째, 도덕적이고 종교적인 상태는 철저하게 인간의 내면에서 나타나는 영혼의 갈구를 충족하기 위하여 독자적인 결단으로 사회적 상태의 수렁에서 벗어나서 판단하며 그것에 대하여 책임지는 상태를 말한다. 페스탈로치가 말하는 도덕성은 공리주의자가 말하는 공공복리를 위하여 동원되는 도덕성이라기보다는 칸트가 추구하는 양심을 자극하는 정언명령과 같은 것이다. 그러므로 이런 상태에서 드러나는 도덕성은 인간과의 수평적 관계에서 나오는 것이라기보다는 하나님과의 직접적인 관계에서 우러나오는 수직적인 것이다.

이런 페스탈로치의 인간관은 그의 교육사상의 기반이 되는 것이다. 그리고 그의 인간관이 함의하는 바는 욕구충족을 위한 교육이 필요하고 원만한 사회생활을 영위하는 일에 도움이 되는 사회성 계발교육도 필요하지만, 영혼의 세계를 통하여 한 인간으로서 인격, 주체성, 양심 등에 눈을 뜨게 하는 도덕적이고 종교적인 교육이 대단히 중요하다는 점이다.

페스탈로치가 이런 인간관을 바탕으로 제시한 것이 바로 기초도야의 이념이다. 교육은 특정한 학문이나 교리, 기술 등을 익히는 것이라기보다는 머리, 가슴, 몸을 고르게 도야하여 하나의 인격으로 길러내는 일이다. 지육, 덕육, 체육의 조화로운 발달을 기하는 인격도야 과정이 바로 페스탈로치가 주장하는 교육의 본질이다. 이런 아이디어가 다듬어져서 기초도야의 이념으로 발전하였으며, 다음과 같이 세 가지 삼위일체론으로 표현되었다.

첫째, 지육, 덕육, 체육의 삼위일체이다.

둘째, 수(Zahl), 형(Form), 어(Sprache)의 삼위일체이다. 이것은 교육내용 가운데 가장 기본이 되는 것으로 논리적 사고력을 익히는 수의 교육, 직관력과 공간감각을 길러주는 도형의 교육, 사고하고 느낀 바를 올바르게 표현하는 언어교육을 고르게 배우고 가르쳐야 한다는 주장이다.

셋째, 직관, 언어, 사고의 삼위일체이다. 이것은 우리의 인식과정을 자연스럽게 정리한 교수방법이다. 먼저 직관적으로 사물을 파악하고, 다음은 파악된 사물을 언어로 정확하게 표현하며, 끝으로 다듬어진 언어표현을 통하여 논리적 사고력을 함양한다는 것이다.

이것들은 각각 교육의 이념, 교육의 내용, 교육의 과정을 말하는 삼위일체론이며 페스탈로치의 교육실천을 통하여 이념, 내용, 과정으로 다듬어진 것이다. 페스탈로치는 만년에 제창한 '생활이 도야한다.' (Das Leben bildet.)는 원리에 앞의 삼위일체론을 통합시켰다.

페스탈로치의 교육학 체계는 사회적 지향성을 지니고 있다(한국교육학회 교육사연구회 편, 1987: 177-179). 이런 지향성을 지닌 그의 교육사상은《린하르트와 게르트루트》와《민중교육과 산업》에 잘 나타나 있다. 빈민의 인간성을 계발하면서 그들의 경제적 자립을 기하고 또한 그들이 개인적으로 행복하고 사회적으로 보람된 인간이 되게 도와주는 교육, 이것이 페스탈로치가 생각하는 사회교육의 이념이다.

그는《은자의 황혼》서두에서 "왕좌 위에 앉아 있으나 초가의 그늘에 누워 있으나 인간으로서의 본성은 다 같다."라고 하면서 보편적 인간성을 추구하였다(김정환, 1981: 38). 이것이 그의 교육사상 전반에 퍼져있는 인간에 대한 기본적인 시각이다. "인간은 자기가 태어난 계층에 알맞은 교육을 받아야 할 것인가, 그렇지 않으면 만인에게 평등한 인간교육을 받도록 해야 할 것인가?"라는 문제는 페스탈로치가 평생을 두고 생각한 것이다. 그가 추구한 교육의 목적은 특정한 신분이나 직업에 얽매여 있는 기계적 인간보다는 폭넓은 교양을 통하여 인간성을 스스로 계발해 나가는 인간존재였다.

2) 헤르바르트(Herbart, Jahann Friedrich: 1776~1841)

(1) 교육적 생애

헤르바르트는 독일 올덴부르그에서 1776년 5월 4일 법률가의 집안에서 태어났다. 예나대학 법학부에 입학하였지만 철학에 더 많은 관심을 가지고 연구하였다. 1802년 괴팅겐대학에서 철학박사 학위를 받아 강사 자격을 얻었으며 교육학과 철학을 강의하기 시작하였다. 괴팅겐 시절인 1806년 교육학 주저인 《교육목적으로부터 연역된 일반교육학》이 출판되었으며, 《실천철학》이 완성되었다. 1809년 헤르바르트는 쾨니히스베르그대학에서 칸트가 담당했던 철학 강의를 맡게 되면서 24년을 교육학 연구에 몰두하였다.

헤르바르트는 쾨니히스베르그대학에서 교육학 세미나를 개설하였으며 실험학교를 설립하여 교육의 이론과 실제를 검증하기 시작하였다. 교육의 실제와 관련된 교육이론을 비판적으로 검토하였던 교육학 세미나는 많은 성과를 거두었으며 대단한 영향력을 발휘하였다. 프러시아의 교육부장관이었던 훔볼트가 이 세미나를 지원하였으며, 헤르바르트를 고등교육위원으로 지명하였다.

교육학자요, 철학자인 헤르바르트는 자신의 철학을 교육학에 종속시켰다. 그는 교육학을 철학의 본질적인 부분으로 간주하였으며, 인간에게 도덕적으로 영향을 미치는 윤리학과 정신적 활동을 밝혀주는 심리학이 교육학을 통해 증명될 수 있다고 믿었다. 그의 진지한 교육학 연구는 대학의 학과를 만드는데 성공하였으며, 과학적 학문으로 교육학을 성립시키는 데 크게 이바지하였다.

그의 제자인 스토이(Volkmann Stoy), 질러(Tuiskon Ziller), 라인(William Rein)은 대학교수로서 헤르바르트학파를 형성하여 스승의 교육학이론을 정교하게 발전시켰다. 헤르바르트학파는 두 가지 학문적 경향을 지니고 있었다. 하나는 정통적인 입장으로 헤르바르트의 교육이론을 그대로 따르는 경향이었고, 다른 하나는 진보적인 입장으로서 헤르바르트를 과학적인 연구의 출발점으로 보는 경향이었다. 전자는 헤르바르트의 입장을 고수하는 스토이가 대표자였으며, 후자는 헤르바르트의 학설을 독자적으로 발전시켜 나간 질러가 대표자였다. 라인은 이 두 가지 경향을 공히 계승하면서 통합시킨 제자였다.

헤르바르트는 1833년 괴팅겐대학으로 돌아와서 죽을 때까지 교육학을 강의하였다. 그는 자신의 교육학 체계가 완성되는 것을 보면서 살았던 행복한 교육사상가였다. 그는 1841년 8월 11일 마지막 강의를 하였으며, 같은 달 14일에 사망하였다.

(2) 교육사상

헤르바르트는 페스탈로치가 교육을 관찰과 실험으로 발전시킨 것을 이성과 비판으로 이론화시켰으며, 페스탈로치가 교실의 경험에서 교육원리를 이끌어 내는 데 반해 대학교수로서 이론적 검증을 통해 교육학을 발전시켰다.

헤르바르트는 어린이이가 지닌 선천적인 능력과 재능의 조화로운 발달을 지향하는 페스탈로치의 교육목적을 비판적으로 점검하였다. 그는 인간의 정신을 하나의 통일체로 작용한다고 보면서 여러 가지 능력으로 분리될 수 없다고 보았다. 헤르바르트가 강조한 것은 분열되지 않는 인격의 발달과 사회적인 도덕성 계발이었다. 도덕적인 품성의 도야, 즉 덕의 계발이 헤르바르트의 교육목적이다.

헤르바르트는 루소처럼 좋은 교수는 어린이의 흥미(interest)와 함께 시작한다고 믿었다. 그리고 인간의 흥미는 다양하다는 사실과 그런 흥미들은 주로 두 가지 원천에서 나타난다는 사실을 발견하였다. 하나는 인간과 사물과의 관계에서 나타나고, 다른 하나는 인간과 인간의 사회적 관계에서 드러난다는 것이다. 이렇게 나타나는 흥미는 두 가지 유형으로 우리에게 다가온다.

첫째, 자발적 흥미이다. 어린이가 자연스럽게 자기의 관심과 일치하는 것에 주의를 기울이는 경우에 발생하는 흥미이다.

둘째, 강제적 흥미이다. 타율적으로 흥미가 발생하도록 유인하여 주의를 기울일 경우에 발생하는 흥미이다.

학습은 주로 장애를 극복하려고 시도할 때 일어난다. 장애가 크면 클수록 학습자에게는 더 많은 노력과 탐구활동이 요구된다. 학습에는 어린이의 흥미가 필수적이지만 학습이 용이하거나 즐겁기만 하다면 별 가치가 없다. 따라서 헤르바르트는 장애가 큰 학습상황에서 어린이의 흥미가 부족하다면 새로운 흥미를 가지도록 유도하는 일이 교사의 역할이라고 하였다. 헤르바르트의 교육이론은 흥미이론에 기초하고 있다.

헤르바르트는 교육학을 목적을 규정하는 윤리학과 방법을 규정하는 심리학을 기초로 체계화하였다. 그는 교수행위를 교육적 교수와 비교육적 교수로 구분하였다. 비교육적 교수는 단순히 지식과 기능의 전달만을 목적으로 하는 데 비해 교육적 교수는 그런 일에만 머무르지 않고 의지를 도야하여 도덕적 품성을 형성하는 일을 목적으로 한다. 올바른 교육은 교육적 교수를 통해야 한다.

헤르바르트의 교육학은 필연적으로 철학적 교육학이다. 교육의 목적은 철학 특히 인간의 행위를 문제 삼는 또는 덕을 문제 삼는 윤리학으로부터 제시될 수밖에 없다. 따라서 헤르바르트는 교육의 유일하고도 최고의 목적을 도덕성에 두기 위하여 종래의 좁은 도덕개념을 넘어서 확장을 시도하였으며, 도덕이 관념의 차원에서만 의미를 가지는 것이 아니라 현실적으로 가능할 수 있는 조건을 찾아야 한다고 주장하였다. 이런 아이디어는 그의 일반 실천철학에서 구체화된다. 종래의 윤리학에서 제1의 원리로 고려하였던 선과 덕 그리고 의무는 의지에 기초한다. 그러므로 헤르바르트는 의지만이 도덕적으로 가치있는 것이라고 생각하였다.

헤르바르트는 교육사에 있어서 두드러진 업적을 남겼다. 왜냐하면 그의 심리학이 이론적 타당성이나 성공적인 연구결과 때문이 아니라, 그의 심리학이 교수론을 학술적으로 기초 지우려고 하였기 때문이다. 그는 심리학적 통찰 없이는 어떤 교육도 이해할 수 없다고 하면서 교육이 심리학적 기능에 의존해야 함을 강조하였다.

헤르바르트 교육학 체계의 중심개념은 덕이다. 그가 의미하는 덕은 인격 가운데서부터 견고한 현실에 이르기까지 발전한 내면적 자유의 이념이다. 그런데 의지가 오성에 따라서 자기를 방향 잡을 수 있을 때 비로소 인간은 내면적으로 자유로울 수 있다. 그러므로 헤르바르트 교육학의 과제는 의지와 오성이 일치하도록 오성을 형성하는 일이다. 그것을 가능하게 하는 것이 바로 교육적 교수이다.

헤르바르트는 도덕적 품성도야라는 교육목적을 다면적 홍미를 발달시킴으로써 성취할 수 있다고 하였다. 그는 교육학이 철학에만 의지한 채, 도덕성을 선험적 능력 속에만 안주하게 만들 것이 아니라 현실적인 다양한 홍미와 관리수단을 추구함으로써 도덕성을 실현시켜야 한다고 보았다. 그는 교육목적을 도덕적 성격형성과 도덕적 이념을 의지를 통해 구현해 나가는 인간도야에 두었으며, 그것에 도달하는 중간단계로서 다면적 홍미라는 것을 교수의 직접적인 목적으로 삼았다.

헤르바르트는 덕의 계발이라는 교육목적을 달성하기 위하여 세 가지 교육방법을 내세웠다. 그는 관리(Regierung), 교수(Unterricht), 훈련(Zucht)이라는 넓은 의미의 교육방법을 제시하였다.

관리는 초기의 사회화로서 교사의 통찰에 의해 학습자의 의지를 규정하는 일이다. 어린이의 맹목적인 충동이나 조잡한 행위를 통제하고 일정하게 질서를 잡아나가는 교육방법이 관리이다. 그런데 적극적인 관리는 일정한 과업을 제공하여 어린이의 활동을 격려하는 것이지만, 소극적인 관리는 위협, 감시, 금지, 명령, 처벌 등의 외형적 수단을 동원하여 충동을 억제하는 방법이다. 이런 관리방식은 다음에 오는 교수와 훈련의 효과를 높이기 위해 학습자의 행위를 의도적으로 통제하고 질서를 잡아나가는 것을 목적으로 한다.

교수는 질서 잡힌 사상권과 다면적 홍미의 육성으로서 여러 통찰과 질서 잡힌 사상권을 창조하고 성장하는 의지에 영향을 미친다. 그렇지만 교수는 경험을 통해 표상을 획득했을 때에만 시작될 수 있다. 그러므로 교수는 사고권을 형성하고 확장하여 감정과 의지를 일으키면서 도덕적 성격을 형성하는 방법이다. 이처럼 도덕적 성격의 형성에 이바지하는 교수를 헤르바르트는 교육적 교수라고 하였다.

헤르바르트는 다면적 홍미의 발달을 교수의 직접적인 목표라고 하였는데, 이런 홍미들을 발달시키는 순서에 따라 기존의 표상과 새로운 표상을 결합시키는 방법으로 고안해 낸 것이 바로 교수단계설이다. 그는 기존의 표상과 새로운 표상의 유화조건, 즉 흥미발생 조건으로 전심(Vertiefung, concentration)과 숙고(Besinnung, correlation)를 제시하였다.

먼저 전심은 자기를 비우고 대상에 주의를 집중시키는 작용이다. 교재를 공부할 때, 일시적으로 다른 모든 것으로부터 사고를 멀리하고 개개의 대상에 집중하여 그것을 명확하게 파악하는 심적 상태를 말한다. 숙고는 전심에서 파악한 대상들을 반성을 통해 통일하는 작용이며, 전심에 의해 얻어진 개별적 표상들을 올바른 관계로 결합하여 통일하는 작용이다. 그런데 전심과 숙고는 서로 다른 대상들을 배제하기 때문에 동시에 이 둘은 함께 존재할 수 없고 교호적으로 작용하는 것이다. 이처럼 전심과 숙고는 무한한 상호작용을 통하여 교수의 직접적인 목적인 다면적 흥미의 기반을 구축한다.

헤르바르트는 전심과 숙고가 정적인 것과 동적인 것 두 가지 상태가 있는데 그것들을 적절하게 배치하여 교육적 교수의 순서로 삼았다.

첫째는 정적인 전심이다. 전심이 개개의 사물에 미친 상태를 말하며, 대상 하나만을 순수하게 보면서 개별적 요소를 명료(Klarheit)하게 파악하는 일을 말한다.

둘째는 동적인 전심이다. 명료함에 이어서 전심이 하나의 대상에서 다른 대상으로 이행하는 활동이 일어나 새로운 표상과 낡은 표상과의 연합(Assoziation)이 이루어진다.

셋째는 정적인 숙고이다. 전심의 결과가 숙고에 의해 수집되어 하나의 체계를 이룬다. 풍부한 숙고가 일정한 질서(System)를 가능하게 한다.

넷째는 동적인 숙고이다. 정적인 숙고에서 얻은 체계를 기존의 지식 속에 편입시키는 작용으로서 방법(Methode)이 된다.

교육적 교수에서 기대되는 것은 어린이의 의욕적이고 자율적인 자아의 모색과 자아실현을 위한 기반으로서의 다면적 흥미의 도야이다. 이를 통하여 강고한 도덕적 품성도야가 가능해진다. 위의 교수단계설은 질러와 라인에 의해 더욱 정교하게 다듬어지고 발전되었다. 라인은 헤르바르트의 교수방법을 5단계 교수법, 즉 예비

(preperation), 제시(presentation), 연합(association), 종합(system), 응용(application)으로 체계화하였다.

세 번째 교육방법인 훈련은 교수행위처럼 교재를 매개로 하지 않고 직접적으로 어린이의 심정을 도야하며 도덕적 품성을 기르고자 하는 교육활동이다. 훈련은 교수처럼 지식이나 기능의 전달을 통해 목적을 달성하려고 하지 않고 직접적으로 어린이의 심정을 도야하여 목적을 성취하고자 하는 점에서 교수와 다르다. 그리고 훈련은 관리처럼 일시적인 교정에 의해 단편적인 효과를 노리지 않고 영속적인 도야를 목적으로 한다는 점에서 관리와도 다르다.

훈련은 강고한 의지의 도야이다. 훈련 시에 교사는 더이상 교육자가 아니며 친밀한 원조자가 된다. 훈련은 근본적으로 개인적인 행위이므로 평등한 인간관계하에서 성립되는 것이 훈련이다. "훈련의 기술은 첫째로 인간과 사귀는 기술의 변용 바로 그것이다."

3) 프뢰벨(Frö bel, Friedrich Wilhelm August: 1782~1852)

(1) 교육적 생애

유아교육의 아버지 프뢰벨은 1782년 4월 21일 독일의 삼림지대인 튜링겐의 오벨바이스바하에서 태어났다. 프뢰벨은 출생한 지 9개월 만에 어머니가 병사하였고 루터파 목사였던 아버지의 재혼으로 외롭게 자랐으며 숲속에서 자연을 벗 삼아 뛰어놀기를 즐겨하였다. 그는 어릴 때부터 대자연 속에서 신비로운 경외심과 종교적인 감정을 키우면서 사색하고 자랐기 때문에 낭만주의적인 정서가 풍부하였다.

프뢰벨은 1779년 10월 예나대학에 입학하면서 쉘링, 슐레겔, 노발리스 등 낭만주의 교수들을 만나 많은 영향을 받았다. 그는 이곳에서 낭만적 자연에 대한 이상주의적인 사고방식을 기를 수 있었다. 그후 1811년에는 괴팅겐대학에서, 1812년에는 베를린대학에서 수학하였다.

프뢰벨은 1805년 프랑크푸르트에서 페스탈로치의 제자이며 모범학교 교장인 그뤼느(Grüner) 박사를 만나게 되면서 교육사상가의 꿈을 키울 수 있었다. 그는 그뤼느 박사의 충고를 받아들여서 교사가 되었으며 곧 이베르당의 페스탈로치를 방문하였다. 프뢰벨은 교사로서 수업 첫날의 인상을 형 크리스토프에게 다음과 같이 적어 보냈다. "나는 나 자신이 몰랐던 그리고 오랫동안 잊어버렸지만 동경하고 있었던 것을 발견하였으며, 마침내 내 생명의 요소를 발견하는 것과 같은 생각이 들었습니다. 나는 물을 만난 물고기처럼 하늘을 나는 새처럼 행복합니다."

이베르당에서 페스탈로치와의 운명적인 만남은 그를 교육자로 살아가야겠다는 결심을 더욱 굳게 만들었다. 프뢰벨은 아른트(Ernst M. Arndt)의 《인간도야에 관한 단장》이라는 글을 읽고 감명을 받았으며, 당시의 유아교육에 대한 비판적인 생각을 정리하기 시작하였다. 그는 아른트의 글에서 생명과 인간을 유기적인 통일 속에서 포착하는 낭만주의적인 경향에 강한 인상을 받았다. 그리고 그는 페스탈로치의 계몽주의적인 성향과 자신의 낭만주의적이고 관념론적인 사유와의 기본적인 차이를 인식하게 되었다.

프뢰벨은 1816년 처음으로 '일반독일교육원'(Allgemeine Deutsche Erziehungsanstalt)을 그리스하임에 창설하였으며, 다섯 어린이를 상대로 교육활동을 시작하였다. 1817년에는 이 학원을 카일하우의 조그만 농장으로 옮겼으며, 페스탈로치가 강조한 합자연의 교육을 중심으로 어린이들과의 접촉, 자연과의 공감, 농작물 재배, 마당 가꾸기, 동식물 관찰활동, 어린이와의 공동작업 등을 주요 교육프로그램으로 삼았다. 1826년에는 카일하우 학원이 어려운 시기였는데도 불구하고 불후의 명저《인간교육》을 발간하였다.

프뢰벨은 1836년 블랑켄부르그에서 '자기교수와 자기교육으로 이끄는 직관교수의 학원'(Anstalt fur Anschaungsuntrricht sum Selbstuntrricht und zu Selbsbelehung)이라는 긴 이름의 학원을 설립하였다. 이 학원은 프뢰벨이 자신의 이념으로 설립한 최초의 유아교육기관이었으며, 20여 종의 놀이기구를 이용하여 독자적인 교육방법을 활용하였다. 1839년 6월에는 블랑켄부르그에 6세 이하의 어린이 40명을 모아 놀이유아원을 만들었는데 이름을 '작은 어린이 작업소'(klein Kinder Beschaeftigungs anstalt)라고 하였으며, 후일 프뢰벨 유치원의 전신이 되었다.

프뢰벨은 1840년 어느 날, 숲속을 산책하던 중 눈앞에 펼쳐진 광경을 보고 '어린이의 화원'(Kindergarten)이라는 말이 떠올랐다. 같은 해 5월 1일 그는 '작은 어린이 작업소'를 '킨드가르텐'으로 개명하였다. 요즘 사용하는 유치원이라는 명칭은 프뢰벨의 '킨드가르텐'을 번역한 것이다. 그는 1840년 6월 28일 '일반 독일유치원'(Der allgemeine Deutsche Kindergarten)을 설립하였다. 이날이 바로 전세계 유치원의 창설 기념일이다. 이후 프뢰벨은 도시와 농촌을 순회하면서 유아교육의 중요성을 홍보하였으며 저술활동을 통하여 유치원 보급에 힘을 쏟았다. 1844년에는 유아교육을 위한 어머니들의 바이블인《어머니의 노래와 사랑의 노래》를 발간하였다.

1851년 8월 프러시아 정부는 프뢰벨의 유치원이 어린이들을 무신론과 사회주의로 교화시킨다는 이유로 폐쇄령을 내렸다. 프뢰벨은 이에 반대하는 취지의 성명을 발표하고 폐쇄령의 철회를 탄원하였지만 수용되지 않았으며, 폐쇄령은 프뢰벨 사후인 1860년까지 계속되었다. 그는 1852년 6월 21일 70세의 일기로 세상을 떠났지만, 오늘날 유치원교육의 아버지로 칭송받고 있다. 슈나이버에 있는 그의 묘비에는 생전에 그가 애용하던 "오라, 우리의 어린이들과 함께 살지어다!"(kommt lasst uns unsern Kindem leben!)로 시작하는 글귀가 새겨져 있다.

(2) 교육사상

프뢰벨은 교육목적으로 천명을 실현하는 통일의 원리(the law of unity)와 자기활동의 원리(the principle of self-activity)를 내세웠고, 교육방법으로는 은물을 통한 놀이의 원리(the principle of play)를 체계화하였다.

첫째, 교육목적으로서 통일의 원리이다. 신과 인간, 그리고 자연과의 관계는 루소, 페스탈로치, 프뢰벨 삼자에게 모두 공유되는 사상이었다. 그럼에도 불구하고 루소는 자연성에, 페스탈로치는 인간성에 중심을 두는데 반하여 프뢰벨은 신성에 중심을 두었다. 그의 교육사상은 만유재신론(pantheism)에 기초하고 있다.

프뢰벨은 세계가 외관상으로는 여러 가지 복잡한 양상을 보이고 있지만 본질은 하나라고 하였다. 만물의 근저에는 모든 것을 통일하는 존재로서의 신이 있다는 말이다. 신은 만물에 내재하기 때문에 만물은 존재할 수 있으며, 우리가 인식하는 모든 것은 신의 모습을 반영한 것이다. 이런 이유로 프뢰벨은 신을 우주를 지배하는 영원한 법칙의 주체라고 하였다. 이처럼 그는 정신계와 자연계 그리고 인간과 사회 사이에는 분할할 수 없는 하나의 통일체로서의 세계를 생각하고 그런 세계를 움직이는 근본이 되는 힘, 즉 절대적인 신이 존재하고 있다고 믿었다.

그러므로 프뢰벨은 자연과 정신을 근원적으로 분리되거나 대립하는 것으로 보지 않고 하나로 통일될 수 있다고 보았다. 우주 전체를 조화롭게 통일되는 하나의 유기체로 보고 그 중심을 신이라고 하는 프뢰벨의 사상체계는 낭만주의적 세계관에 근거하고 있다. 따라서 만물은 모순, 분열, 투쟁에 의해 나누어지는 것이 아니라 조화, 통일, 융합이라고 하는 목적을 달성하기 위해 존재한다고 보는 것이다. 이에 프뢰벨은 전일적인 구조로서의 인격을 발전시켜서 신성을 발현하는 것을 교육의 목적으로 삼았다. 인간성 속에 내재된 신성을 충실하게 계발하는 일이 교육의 본질이다.

프뢰벨이 말하는 신성은 어린이의 창조성, 활동성으로 나타난다. 어린이의 성장은 이런 신성의 발현에 지나지 않는 것이다. 그러므로 신성은 자유로운 교육, 그리고 자기활동에 의한 노작교육을 통하여 실현되는 것이다.

둘째, 자기활동의 원리이다. 프뢰벨은 신성을 계발하고 이를 실현시키기 위하여 일체의 외부적 속박을 배제하고 생명의 내부로부터 자유로운 교육이 이루어져야 한다고 역설하였다. 그는 규제가 심하고 타율적인 교육방식을 거부한 것이다. 여기에서 페스탈로치의 직관의 원리는 자기활동의 원리로 바뀌게 된다. 프뢰벨은 어린이의 자기활동성을 가장 중요하게 생각하여 이를 유아교육의 근본원리로 삼았다.

프뢰벨이 보는 자기활동이란 자기 자신의 동기와 흥미로부터 나타나고 결정되며, 자기 자신의 힘에 의해 지지되는 활동이다. 그리고 자아(the self)는 행위를 소유하는 것이 아니라 행위 그 자체이다. 이런 행위를 통하여 자아가 실현되며 자기세계를 구축하고 자기를 의식하게 되고 자기운명을 산출하게 된다. 자기활동은 개인이 자기본성을 실현하는 것이고 자기의 외부세계를 구축하는 것이기 때문에, 그것은 이 두 가지를 조화롭게 통일시켜 나간다. 그러므로 우리는 먼저 자기활동을 통해 객관적인 세계를 인식하고, 다음은 자기 자신의 본성을 인식하며, 마지막으로 자연과 인간의 일부가 되는 과정을 인식하게 된다. 이런 순서로 우리는 자신과 세계를 인식한다.

어린이의 경우도 마찬가지이다. 어린이의 천부적인 본성은 행위와 연결될 뿐만 아니라 자기를 드러 내기 위하여 사물에 대한 자기의 개념을 인식하는 자발적인 노력을 한다. 어린이는 이런 방식으로 사고의 세계와 외부세계를 조화시켜 나간다. 자기활동으로 주위의 다른 세계나 삶에 참여하면서 자신의 정체성(self-identity)을 발견하고 지식을 구성하게 되는 것이다. 이렇게 본다면 지식과 행위, 이론과 실제 사이의 간격이나 갈등은 존재할 수 없다. 자기활동만이 어린이들의 심성을 발달시킬 수 있고 그것만이 교육의 목적이 될 수 있다.

이런 이유로 프뢰벨은 교육의 과정을 창조적인 자기발달의 과정이라고 하였다. 이런 발달은 내면적 자기계발로 드러나며 자발적인 자기활동을 통해 실현된다. 프뢰벨식으로 표현하면, 어린이의 발달은 "속에 있는 것을 밖으로 나오게 할 때" 이루어지는 것이다.

따라서 프뢰벨이 말하는 인간교육은 어린이의 신성을 연속적으로 자기발달을 통하여 완성시키는 일이다. 인간의 삶이 보여주는 각각의 발달단계는 끊임없는 연속의 과정이며 단절이나 비약이 없기 때문이다. 이런 관점에서 프뢰벨은 인간발달의 출발점인 유아기의 교육을 가장 중시하였다. 그는 "학교의 어린이로부터 뉴턴과 같은 성인에 이르기까지의 진보보다 영아에서 말할 줄 아는 유아에 이르기까지의 진보가 훨씬 크다."라고 한 독일의 어느 학자의 말을 곧잘 인용하였다.

프뢰벨의 이런 연속적 발달관은 교육에 있어서 어린이의 현실적인 삶을 존중하는 아동중심교육의 원리가 되었다. 장래 생활을 위한 준비 때문에 현재의 생활을 희생시키는 것이 아니라 오히려 현재생활의 충실함이 그대로 미래생활의 준비가 된다는 것이 프뢰벨의 교육적인 입장이다.

셋째는 교육방법이 되는 놀이의 원리이다. 어린이의 신성을 계발하는 과정에서 드러나는 가장 전형적인 활동은 놀이와 작업이다. 놀이는 어린이들이 본래부터 가지는 특유한 활동이기 때문에 가장 훌륭한 교육의 수단이 된다. "놀이는 어린이들이 내적인 세계를 스스로 표현한 것이며, 자기의 내적인 본질의 필요와 요구에 의해 내적인 세계를 외적인 세계에 표현한 것이다. 놀이는 아동기의 가장 순수한 정신의 산물이며 인간생활 전체의 모범이라고 할 수 있다. 그러므로 놀이는 기쁨과 자유와 만족, 자기 내외의 편안함과 세계와의 화합을 만들어 낸다(안인희 편, 1984: 358)." 이처럼 프뢰벨은 놀이 속에서 어린이의 자발적이고 창조적인 활동이 자연스럽게 나타난다고 보았다.

프뢰벨이 말하는 놀이에는 두 가지가 있다. 운동적 놀이와 작업적 놀이이다. 바깥에서 하는 술래잡기, 달리기, 공놀이, 무용 등은 전자에 속하고 장난감, 즉 은물(gifts)을 가지고 여러 가지 모양을 만드는 놀이는 후자에 속한다. 운동적 놀이도 필요하지만, 프뢰벨이 관심을 가지는 놀이는 작업적 놀이이다. 교육적으로 반드시 필요한 놀이는 작업적 놀이이다.

프뢰벨은 은물을 통하여 놀이와 작업이라는 유아교육의 두 가지 원리를 이끌어 내었다. 신성이 깃들어 있는 은물은 놀이의 교육적인 가치를 실현하고자 그리고 어린이의 창조력을 길러주고 완전하게 발달시키기 위해 고안해 낸 것이다. 어린이들은 은물을 통해 감각기관을 훈련하고 우주의 이치를 깨달으며 신성을 인식하게 되는 것이다. 프뢰벨의 은물 속에는 하나와 많은 것, 부분과 전체, 잡다한 것과 통일된 것 등의 원리가 포함되어 있다. 그는 은물을 가지고 이루어지는 놀이는 실제로 어린이에게 인식의 형식, 미의 형식, 생활의 형식을 다루게 함으로써 어린이로 하여금 직접 자기 자신을 표현하게 한다고 보았다.

프뢰벨이 창설한 유치원(Kindgarten)의 근본적인 생각은, 어린이 자신이 스스로 표현하고 발달할 수 있도록 어린이를 돕는 것에 있다. 유아교육은 이런 일을 위해 어린이의 자연적인 관심과 경향성에서부터 시작되어야 한다. 유치원은 전적으로 자기활동에 근거해야 하며, 자기활동의 과정에서 얻어지는 관념이나 지식을 통하여 자기발달이 충실해질 수 있는 것이다. 교육의 수단으로서 은물과 작업은 대단히 중요하다. 여기서 은물은 자료를 말하고 작업은 활동을 가리키는 것이다. 물론 이 두 가지는 프뢰벨 교육사상의 핵심이 되지만, 은물보다 작업이 더 강조되었다.

연구 및 토의과제

1. 19세기 교육심리학 운동이 교육방법에 미친 영향을 토론해 보자.
2. 페스탈로치의 '기초도야의 이념'을 교실수업에 적용할 수 있는지 토론해 보자.
3. 헤르바르트의 5단계 교수법을 활용하는 방안에 대하여 토론해 보자.
4. 프뢰벨의 놀이가 보여주는 교육적 의의를 정리해 보자.
5. 입시위주교육이나 주입식교육을 극복할 수 있는 방안을 토론해 보자.

추/천/도/서/

곽노의(1996). **프뢰벨 생애와 교육**. 서울: 양서원.

Herbart, J. F. (2006). **헤르바르트의 일반교육학**. 김영래 역. 서울: 학지사.

Liedtke, Max. (1997). **페스탈로치**. 이온화 역. 서울: 한길사.

Pestalozzi, J. H. (1989). **페스탈로치가 어머니들에게 보내는 편지**. 김정환 역. 서울: 양서원.

Pestalozzi, J. H. (2001). **숨은 이의 저녁노을**. 김정환 역. 서울: 박영사.

PART 03

교육철학

들어가며: 교육철학이란 무엇인가

우리가 어떤 학문을 처음 배우고자 할 때 가장 먼저 해야 할 일은 과연 그 학문이 무엇인지 아는 것이다. 산을 오르려면 먼저 그 산의 전체적인 모습을 한번 조망해 보는 것이 좋을 것이다. 교육철학(敎育哲學: philosophy of education, educational philosophy)은 교육심리학, 교육사회학, 교육행정학 등 다른 영역과 같이 교육학의 하위영역이면서 동시에 법철학, 언어철학 등 철학의 응용 분야라고 할 수 있다.

우리가 한 학문을 독립된 영역으로 보기 위해서는 그 학문의 독특한 연구대상과 연구방법을 찾아야 한다. 교육철학은 교육현상(연구대상)을 철학적으로(연구방법) 접근하는 학문이라 하겠다. 교육은 교사, 학생, 교육내용 및 교육과정, 학교, 사회, 교육목적, 교육평가, 가르침(teaching), 배움(learning), 교육제도 및 행정 등의 요소들이 복합적으로 연결되고 상호작용하는 종합적인 현상이다. 따라서 이 종합적인 현상을 보기 위해선 각각의 요소뿐만 아니라 이 요소들 간의 관계 및 상호작용 방식을 철저히 탐구하여야 할 것이다.

철학적인 접근이란 첫째, 분석적인 방법을 의미한다. 이것은 각 개념의 의미를 애매모호하지 않게 명확히 밝히며 여러 진술들에 담긴 전제와 근거, 논리적 연결방식을 검토하는 것이다. 분석적 탐구는 교육과 관련된 다양한 개념, 진술의 의미와 논리성을 검토한다. 둘째, 규범적인 방법이다. 이것은 가치지향적인 탐구방법으로 무엇이 과연 올바르고 바람직한 것인가를 탐구한다. 예를 들어, 규범적 탐구는 좋은 교육이란 무엇이며 좋은 교사는 어떠해야 하는지 등을 고찰한다. 셋째, 사변적인 방법이다. 이것은 다양한 개념, 주장, 논의들을 비교 · 대조하면서 이들을 평가하고 종합하면서 대상의 본질과 당위를 논의하는 방법이다. 교육철학은 사변적 방법을 통하여 교육과 관련된 다양한 개념, 주장, 논의들을 비교하고 종합하면서 교육의 본질 및 바람직한 교육을 고찰한다.

교육현상에 대하여 철학적으로 접근한 사상가들은 역사상 무수히 많다. 그들은 대상을 보는 시각에 따라 관념론(Idealism), 실재론(Realism) 등 다양한 사조로 분류되기도 한다. 이러한 사상가 및 사조들을 폭넓게 살펴보아야 교육철학을 보다 깊고 풍성하게 이해하리라 믿는다. 그러나 책 한 권에 이 모든 것들을 소개하는 데는 한계가 있고 현대 이전의 교육사조들은 앞의 교육사 파트에서 소개되었기에 이하에서는 현대의 주요한 교육철학으로 프래그머티즘, 실존주의, 분석철학, 비판이론, 포스트모더니즘을 살펴보겠다.

CHAPTER 11

프래그머티즘

1. 기원 및 배경
2. 주요 사상가
3. 프래그머티즘의 공통 특징
4. 프래그머티즘의 주요 개념
5. 프래그머티즘의 교육적 함의

CHAPTER

11 프래그머티즘

원·전·읽·기

'민주주의와 교육' 중에서

그러나 교육과 관련하여 내가 여기서 끌어내고자 하는 가장 중요한 교훈은, 만약 학습이라는 것을 다른 사람들이 집어넣어 준 내용을 차곡차곡 쌓아두는 것이 아니라 발견을 뜻하는 것으로 생각하도록 학교교육이 개선되면, 교사의 일이 훨씬 쉬워질 것이라든지, 또는 아이들이나 청년들에게도 각자 자신의 지적 재산의 기쁨을 줄 수 있다든지 하는 것이 아니다. 물론 이런 것들도 있고, 또 중요하기도 하다. 그러나 내가 더 중요하다고 생각하는 것은, 어떠한 사고나 아이디어도 한 사람에게서 다른 사람에게 아이디어로서 전달될 수 없다는 것이다. 그것을 말로 해주면, 그것은 그 말을 들은 사람에게는 또 하나의 주어진 사실일 뿐이며 아이디어는 아니다. 언어에 의한 사고는 상대방으로 하여금 스스로 질문을 깨닫게 하고 비슷한 아이디어를 생각해 내도록 자극할 수도 있지만, 또한 지적 관심을 파괴하고 사고를 하려는 노력의 싹을 짓밟을 수도 있다. 그러나 어쨌든, 이 경우에 그 사람이 '직접' 받아들이는 것은 아이디어가 아니다. 오직 문제의 상황과 직접 부딪혀 씨름을 하고 자기 자신의 해결책을 모색, 발견할 때에만 우리는 사고를 한다. 부모나 교사가 사고를 자극하는 상황을 만들어 주고, 학습자와의 공동 경험에 들어가서 학습자의 활동에 대하여 공감을 가졌다면, 학습의 상대 역으로서 학습을 일으키기 위하여 해줄 수 있는 일은 다 해준 것이다. 그 이외의 나머지는 학습을 하는 당사자의 일이다. 만약 학습자가 자신의 해결책을 찾지 못하면(물론, 완전히 따로 격리되어서가 아니라 교사나 다른 학습자와 의견을 교환하면서), 백퍼센트 정확하게 정답을 외울 수 있다 하더라도 그는 학습한 것이 아니다. 우리는 수천 명의 학생들에게 이미 나와 있는 '아이디어'를 줄 수 있고 또 실제로 주고 있다. 통상 우리는 학습자가 자신에게 의미있는 사태에서 자기 자신의 활동을 통하여 아이디어(즉, 의미와 관련의 지각)를 생성하고 지지하고 유지하도록 하는 데에 별로 신경을 쓰지 않는다. 이렇게 말하는 것은 교사가 멀찌감치 떨어져서 방관해도 좋다는 뜻이 아니다. 기성의 교과를 제공해 주고 그것을 얼마나 정확히 재생하는가를 확인하는 것에 대한 대안은 가만히 있는 것이 아니라 학습자의 활동에 참여하면서 활동을 같이 하는 것이다. 그러한 공동의 활동에서 교사는 학생이면 학생은, 비록 의식하지는 못한다 하더라도 교사이다. 그리고 전체적으로 말하여 양편에 모두 가르침을 주고받는다는 의식이 없으면 없을수록 교육은 더 잘된다.

출처: 존 듀이 저(1916). **민주주의와 교육**. 이홍우 역, 파주: 교육과학사. 12장 교육에 있어서의 사고 중에서, p. 257.

사유하기 윗글에서 듀이가 제시하는 좋은 교사의 역할은 무엇일까? 수업 상황에서 좀 더 구체적으로 예를 들어 본다면 어떤 것이 있을까?

1. 기원 및 배경

우리가 프래그머티즘이란 무엇인가를 알기 위해선 먼저 이것이 어디서 왔는가를 이해하는 것이 좋을 것이다. 프래그머티즘(Pragmatism)은 그리스어의 'pragma'에서 유래된 것으로 이것은 '행동'을 의미한다. 그리스어 'pragma'는 영어 'practice'로 변천되어 '실천 또는 실제'의 의미가 되었다. 따라서 프래그머티즘은 어원적으로 볼 때 행동, 실천, 실제 등을 강조하는 개념임을 알 수 있다. 교육과 관련시켜 본다면, 교육의 이론은 추상적인 논의가 아니라 반드시 교육의 실제 상황(가르침, 배움, 교사, 학생, 교육내용, 교육방법) 등에 초점을 두어야 한다는 것이다.

프래그머티즘의 철학적 기원은 멀게는 지속적인 변화를 역설한 고대 그리스의 헤라클레이토스와 사상과 지식은 감각적 체험에서 온다고 주장한 근세 영국 경험론에서 찾을 수 있다. 또한 프래그머티즘은 교육의 실제를 강조했던 근세 유럽 사상가들의 영향을 받았다. 아동의 자발적인 경험을 통한 배움을 강조한 루소의 자연주의 사상이나 전인교육(3H교육: Head, Heart, Hand), 노작교육 등을 강조한 페스탈로치나 가르침의 과정 및 실제적 방법을 논의하고 제시하였던 헤르바르트 등의 주장과 연결된다. 그러나 프래그머티즘은 실제 상황 및 실천을 강조하지만 행동이나 실천 그 자체보다는 지식과의 연결을 더욱 중요시한다. 특히 이것은 행동 결과의 철저한 과학적 검증을 중요시한다. 칸트는 지식과 행동이 분리되어 있는 경우를 "실제적"(practical)이라고 하였고 지식과 행동이 밀접하게 연결되어 있는 경우를 "실용적"(pragmatic)이라고 묘사하였다. 퍼스는 바로 이러한 칸트의 설명에 입각하여 프래그머티즘이란 용어를 처음 사용하게 되었다(Peirce, 1995: 252). 즉, 프래그머티즘은 행동 및 실천의 중요성과 함께 행동과 지식의 긴밀한 연관, 상호작용을 의미하는 개념에서 발달한 것이다.

프래그머티즘의 역사적 · 사회적 배경은 20세기 미국이다. 프래그머티즘이 받은 세 가지 영향은 다음과 같다.

첫째, 미국의 개척정신의 영향을 받았다. 동부 해안지대에 이주해 온 청교도들은 서쪽으로 계속 이동하였고 이러한 이동은 변화하는 환경에 대한 대응을 필요로 하였다. 바로 여기서 프래그머티즘의 가장 중요한 특징인 '변화' 및 이 변화에 대한 대응의 개념이 발달한 것이다. 거친 자연환경 및 원주민과 어울리고 때로는 투쟁하며 살아남고 새로운 문명을 개척해야 하는 상황은 추상적인 생각보다는 '결과'를 중시하는 기풍을 발달시켰다.

둘째, 프래그머티즘은 20세기에 접어들면서 과학기술의 급속한 발달에 영향을 받았다. 과학기술의 발달은 형이상학적인 사변보다는 구체적인 실증을 중시하는 기풍을 발달시켰다. 프래그머티즘의 주요 원리인 문제해결방법(problem solving method)은 실제 상황에서 문제가 무엇인지를 식별하고 이 문제의 해결을 위한 대안들을 찾고 이 대안들이 가져올 결과를 검토하여 최선의 해결책을 모색한다. 이는 실험과 같은 과학적 추론과정과 상당 부분 유사하다. 바로 이러한 과학적 탐구를 통해 어떤 고정불변의 진리를 전제하지 않고 지속적으로 실험하고 반성하여 기존의 것을 수정하고 보완해 나가는 기풍이 발달한 것이다.

셋째, 프래그머티즘은 19세기 후반에서 20세기 초반에 걸쳐 일어난 미국의 진보주의 개혁운동과 연관된다. 이 운동의 요점은 정치, 경제, 사회, 문화 등 여러 방면의 문제들을 해결하기 위해선 잘못된 구습이나 형식을 타파하고 새로운 질서를 모색하여야 한다는 것이다. 교육 분야도 마찬가지로 주입과 암기, 정해진 교과 및 교재 위주의 수업 등 그릇된 구습에서 벗어나 루소, 페스탈로치, 프뢰벨 등이 주장하였던 아동(학습자)중심 교육을 과감하게 시행하자는 것이다. 이에 따라 모든 교육의 목적을 학습자의 전인격적 성장(지성, 감성, 덕성 등의 균형적 발달)에 두고 교육의 실제를 아동의 관심과 필요에 입각하여 구성할 것을 제시하였다. 특히 진보주의 교육운동은 교과를 통합하고 특정한 교재 없이 프로젝트식 방법, 현장학습 등 구체적인 체험활동을 통한 혁신적인 학습방법을 주장하였다. 이러한 진보주의 교육운동과 맥을 같이 하여 듀이는 "체험을 통한 학습"(learning by doing)을 강조하였고 학교를 "작은 사회"(small society)라 하여 민주주의적 성향을 체험하고 함양시켜 나갈 수 있는 공간으로 만들자고 주장하였다.

2. 주요 사상가

1) 퍼스(Peirce, Charles Sanders: 1839~1914)

프래그머티즘은 퍼스, 제임스, 듀이에 의해 체계적으로 발달하였고 루이스, 미드, 쉴러, 퍼트남, 콰인, 번스타인, 로티 등은 이 사조를 다양한 각도에서 연구하였다. 퍼스(1839~1914)는 자연과학과 논리학, 수학을 연구하였으며 프래그머티즘이란 용

어를 처음으로 사용한 사람이다. 그는 자신의 학문적 배경을 토대로 과학적 탐구를 통한 지식을 주장하였다. 탐구는 기존에 가졌던 믿음이 새로운 환경의 변화에 대응하여 수정되는 과정이다. 믿음이 생기는 방법은 개인적인 고집, 권위에 대한 순응, 직관과 의지 등이 있는데 이들은 오류를 수정하지 못하고 독단과 편견에 빠질 위험이 있다. 이와는 달리 과학적 탐구는 사실을 관찰하고, 관찰에 입각하여 예측하며, 이 예측을 실험이나 경험을 통해 검증하고, 이 검증을 통해 결론에 도달하는 방법이다. 이러한 과학적 탐구는 관찰, 실험, 경험을 통해 편견과 오류를 발견하고 지속적으로 수정할 수 있다는 장점이 있다. 퍼스는 개념은 결과의 차이에 따라 결정된다고 주장한다. 만약 두 개념의 실제적인 결과가 같다면 그 의미도 같다는 것이다. 이와 같이 퍼스는 과학적 탐구, 지속적인 수정, 결과의 중요성 등의 특징을 가진 프래그머티즘이란 사상을 처음으로 발달시킨 사상가이다.

2) 제임스(James, William: 1842~1910)

제임스(1842~1910)는 프래그머티즘을 한층 더 체계화시키고 대중화시키는 데 큰 공헌을 하였다. 그는 의학을 전공하였으며 젊은 시절에 겪은 우울증을 스스로 극복하면서 인본주의적 경향이 강한 프래그머티즘을 발달시켰다. 제임스는 철학적 논의를 통해 일반 대중에게 유익한 행위 양식을 제시하고자 하였다(Dewey, 1984: 8). 그는 모든 교육에서 가장 중요한 일은 습관을 형성시키는 것이라고 주장하였다. 습관은 각자의 본분에 합당한 역할과 태도를 습득시켜 사회의 질서를 유지시키며 어려움을 이겨내는 힘을 만든다. 또한 습관은 행위를 수월하게 하여 정신을 자유롭게 한다(James, 1980: 122). 전통적 교육은 정신을 신체보다 강조하였고 당시 학교에서도 인지적인 교육과정 위주로 수업이 진행되었는데 제임스의 이러한 주장은 교육에 있어서 신체와 감성의 중요성을 제시한 것이다.

제임스는 서양사상에서 전통적으로 강조되었던 영원불변의 본질을 부인하고 본질이란 목적론적으로 결정되는 것으로 각자가 무엇을 중요시하는가에 따라 정해지는 것이라고 주장한다. 이러한 주장은 교육에 있어 어떤 절대적인 목적, 내용, 방법이 없으며 개개인(학습자)의 필요, 관심, 의도의 중요성을 제시하는 것이다. 제임스는 프래그머틱한 방법은 특정한 종착점이 없이 항상 개방된 것으로 각 대상의 실제적인 결과와 실용적 가치를 찾고 이를 경험을 통하여 적용시키는 것이라고 주장한다. 즉, 관념적으로 이것이 옳다, 저것이 옳다고 논쟁하지 말고 현실 상황에서 어떤 결과를 초래하며 그 결과는 어떤 가치를 가지는지를 평가하여 대책을 결정하여야 한다. 또한 방법을 실제 상황에 적용하여 직접 체험해 봄으로써 그 유용성을 알 수 있게 된다. 이러한 제임스의 주장은 교육에 있어서 개방성, 실제적 성취도, 적용능력, 체험의 중요성을 제시하는 것이다.

3) 듀이(Dewey, John: 1859~1952)

듀이(1859~1952)는 프래그머티즘을 종합적으로 완성시킨 인물로 미국의 가장 영향력 있는 철학자이자 교육자로 불려왔다. 그의 사상은 한국에도 큰 영향을 주어 한국 학자들은 그의 사상을 실용주의, 도구주의, 경험주의, 진보주의 등 다양하게 해석하였고 교육과정에 그의 이론을 적용하였다. 듀이는 철학, 사회학, 심리학 등 다양한 학문 분야를 폭넓게 연구하였고 다윈의 진화론에도 관심이 깊었다. 그는 또한 고등학교 교사로서 라틴어, 대수학, 자연과학 등을 가르쳤다. 철학자로서 듀이는 처음에는 그의 지도교수였던 모리스의 영향을 받아 헤겔을 연구하였는데 점차 그의 형이상학적인 접근에서 벗어나 실용적인 접근으로 방향을 바꾸었다. 그러나 정신과 신체(감성), 일(학습)과 놀이 등의 개념을 이분법적으로 보지 않고 조화 · 종합하려는 그의 사상적 특징은 바로 헤겔의 영향이라 할 수 있다. 듀이는 프래그머티즘을 교육현장에 적용해 보려는 시도로서 시카고대학에 실험학교를 세우고(1896~1904) 학생의 자발적인 관심과 경험을 토대로 학생 상호 간에 협동적으로 문제를 해결하는 학습풍토를 조성하였다. 이러한 협동학습을 통해 학교가 하나의 작은 사회로 기능하여 학생들이 여기서 민주주의적 태도를 익혀 장래 민주주의적 사회참여능력을 함양시키고자 하였다.

듀이는 제임스와 같이 보편적이고 절대적인 진리를 부인하고 우리의 사고를 지속적으로 검증하며 이 검증된 사고를 실제 활용해 볼 것을 주장한다. 듀이는 정신과 신체를 분리하고 영원한 속성을 지닌 영혼(정신)을 한시적인 속성을 지닌 신체(감성)보다 우위에 놓는 서양철학의 전통에 도전하였다. 듀이는 인간의 경험은 사고와 행동이 연속적으로 상호작용함으로써 이루어지며, 지식은 바로 이러한 사고와 행동의 상호작용을 통해 습득된다고 주장한다. 그는 다윈의 진화론에서 영감을 받아 유기체(개인)가 환경과의 상호작용을 통해 성장한다고 보았다. 개인은 자연, 사회적 규범, 예술 작품, 언어, 책 등으로부터 영향을 받고 그 의미를 생각하고 환경에 대응하여 행동함으로써 지식이 생성되며 발달한다. 예를 들어, 아이들은 주변 사람들의 행동 및 대화 방식을 보고 어떻게 행동하여야 할지를 생각하게 된다. 이러한 사고에 기초하여 특정한 행동을 하게 되고 이때 주변 사람들의 반응을 살펴 자신의 행동방식을 확신하거나 다시 바꾸게 된다. 이러한 환경의 영향-관찰-사고-계획-실행-결과의 반성을 통해 지식이 습득되며 이러한 과정은 지속적으로 진행되는데 이러한 유기체와 환경의 교류(transaction), 사고와 행동의 교류를 통한 지식의 발달과정을 통해 성장이 일어나게 되는 것이다.

진리란 인간의 내부(정신)에 있는 것도 아니요, 외부 세계에 있는 것도 아니다. 듀이에게 진리가 있다면 그것은 개인이 외부 세계와 지속적으로 교류함으로써 구성되는 것이다. 그리고 그것은 한순간 절대적으로 종결되는 것이 아니라 끊임없이 재구성되는 것이다. 이와 같이 교류적이며 임시적인 특성이 듀이 프래그머티즘의 요체이다. 바로 이러한 측면에서 듀이는 교육은 경험의 지속적인 재구성 과정으로 보았다. 듀이의 사상은 프래그머티즘의 주요 개념 부분에서 좀더 살펴보기로 하고 다음에서는 여러 사상가들의 주장에 공통된 프래그머티즘의 특징을 정리해 보자.

3. 프래그머티즘의 공통 특징

퍼스, 제임스, 듀이 등 프래그머티즘을 발달시키고 주장한 학자들의 관점은 다양하지만 그들의 공통된 특징을 찾아보자면 다음과 같다.

첫째, 프래그머티즘은 실제적인 결과와 실천을 강조한다. 대상의 개념과 가치는 그 대상이 초래하는 결과에 달려 있다. 전통적인 철학사조들이 대개 실제 상황에 대한 적용과는 거리가 먼 추상적인 사변이나 관념 간의 대립을 추구하였던 반면, 프래그머티즘은 현실 상황에서의 실제적 결과의 검토 및 실천을 주장한다. 어떤 관념이 실제적인 가치가 없다면 무용지물이고, 두 가지 관념이 실제 결과에서 아무런 차이가 없다면 그런 논변은 불필요한 말싸움인 것이다.

둘째, 프래그머티즘은 절대적, 보편적, 항구적 진리를 부인하고 지속적으로 검증되고 수정되며 재구성되는 지식을 추구한다. 세계는 변화하며 어떠한 법칙들이나 원리들도 모든 시간과 장소를 초월하여 완벽할 수 없다. 그것들은 또한 잘못된 것일 수 있다. 따라서 기존에 당연하게 받아들여졌던 것도 현 상황에서 개개인이 과학적으로 검증하는 것이 필요하다. 지구가 평평하고 태양이나 다른 별들이 지구 주위를 돈다고 당연히 믿던 때가 있었다. 이것은 사람들이 그 주장에 대해 오류가능성을 인정하지 않고 절대적인 진리로 여겼기 때문이다. 주위 환경이 바뀌었는데 계속 기존의 방식이 진리인 것처럼 고수하려는 자가 있다. 이는 환경의 변화를 관찰하고 이에 상응하여 대응전략을 바꾸지 못하기 때문이다. 고정적이고 폐쇄적인 이러한 예와는 달리 프래그머티즘은 환경의 변화에 개방적으로 대응하여 기존의 관점을 지속적으로 갱신·보완·수정할 것을 주장한다. 또한 이러한 개방성은 개인의 세계관이 절대적일 수 없음을 의미하므로 타인에 대한 열린 자세, 협력적 탐구를 제시한다.

셋째, 프래그머티즘은 이분법적인 대립을 넘어서 조화와 상호작용을 추구한다. 개인과 세계, 관념과 실재(reality), 정신과 신체, 사고와 행동, 이론과 실제(practice), 일과 놀이, 교육과정과 학생 등은 대립적인 개념이 아니라 서로 연결되어 상호작용하는 실체이다. 개인은 세계(환경)의 영향을 받아 사고하며 행동을 통해 환경에 반응한다. 개개인의 반응에 따라 환경은 변화하며 환경의 변화는 다시 개인에게 영향을 준다. 개인은 행동과 그 결과를 통해 자신의 사고를 반성하게 되고 사고의 변화는 다시금 행동의 변화를 초래한다. 우리의 정신은 몸의 느낌과 활동에 영향을 주며 다시 몸의 느낌과 활동은 우리의 정신에 영향을 준다. 이론은 실제 상황을 관찰, 분석, 해석함으로써 발달하며 그렇게 발달된 이론은 실제 상황에 적용·활용되고, 실제 상황의 변화 양상에 따라 이론은 다시금 변화하는 것이다. 일을 통해 즐기며 즐겁게 놀면서 무엇인가를 성취해 낸다. 교육과정은 학생의 관심과 필요에 따라 구성되며, 학생의 관심과 필요를 통해 교육과정이 운영되는 것이다. 이와 같이 프래그머티즘은 기존에 대립적으로 여겼던 많은 개념들은 실제에서는 홀로 독립하여 있을 수 없고 반드시 상호 연관되고 지속적으로 교류하는 연결된 실체임을 주장한다.

4. 프래그머티즘의 주요 개념

1) 유기체와 환경의 상호작용

프래그머티즘은 다윈의 진화론의 영향을 받아 인간도 다른 유기체와 마찬가지로 환경의 변화에 적응하여 성장해 간다고 본다. 인간은 내부에 지성, 감성, 의지 등을 가지고 환경에 대응하여 자신의 삶을 모색한다. 환경은 인간의 삶을 풍요롭게 하기도 하고 위협하기도 한다. 인간은 자신의 활동과 의도를 방해하는 문제상황에 직면하여 이를 해결하고자 한다. 인간은 문제상황을 해결할 수 있는 대안들을 찾고 이를 실행해 봄으로써 합당한 해결책을 발견한다. 이러한 문제해결과정을 통하여 인간은 새로운 지식을 구성해 가며 이를 통해 성장하는 것이다. 특히 이 환경은 자연환경뿐만 아니라 사회적 환경을 포함하는 것으로 공동체에 속하여 다른 구성원과 아이디어를 교환하고 협력적으로 문제해결을 하는 과정에서 인간은 성장한다고 본다.

2) 경험

듀이는 유기체(인간)와 환경 간의 상호작용 혹은 교류를 경험이라고 본다. 아이들은 불에 손을 대면 뜨겁다는 사실을 알게 되고 다음에는 불에 함부로 손을 대지 않는다. 등산을 많이 해본 사람은 등산할 때 어떻게 걸어야 쉽고 효과적인지를 안다. 이처럼 경험은 외부 환경의 상황에 대응하여 적절한 행동방식을 조성하게 되고 이것은 후속되는 경험에 영향을 미친다. 이와 같이 경험은 연속성과 상호작용이란 두 가지 원리를 가진다. 연속성이란 하나의 경험은 반드시 그 이전의 선행 경험으로부터 영향을 받고 그 이후의 후속 경험에 영향을 준다는 것이다. 상호작용이란 인간 내부의 지성, 감성, 의지와 외부 환경의 영향이 필연적으로 교류함으로써 경험이 발생한다는 것이다.

3) 경험의 재구성(성장)으로서의 교육

듀이는 교육을 경험의 지속적인 재구성 과정으로 본다. 이는 선행 경험과 후속 경험이 연결되고 기존의 지식 · 기술 · 태도가 지속적으로 수정 · 갱신 · 보완되면서 인간이 성장하는 과정을 의미한다. 듀이는 여러 경험들 중에 특별히 교육적인 경험은 선행 경험이 후속 경험에 능력과 흥미를 불러일으키는 것이라고 하였다. 예를 들어, 수학을 배운 학생은 문제를 논리적인 순서에 따라 해결하는 능력을 가지게 되고, 이를 토대로 이후에 논술이나 다른 논리적 과제를 수행하는 능력에 영향을 주고 또한 이러한 논리적 문제해결에 관심을 가지게 된다. 다른 예로 달리기를 즐겨하는 학생은 근력, 지구력, 순발력 등의 기초 체력을 기르게 되어 이후 어떤 운동 종목을 하더라도 도움이 된다. 또한 달리기를 잘하는 학생은 대개 축구와 같이 달리기를 바탕으로 한 여러 스포츠에도 큰 관심을 갖게 된다. 이에 반해 비교육적인 경험은 지속적인 성장에 도움을 주지 못하거나 이를 막는다. 예를 들어, 친구로부터 컨닝 기술을 배운 학생은 시험에서 좀더 나은 성적을 거둘 수 있을지는 모르지만 이는 여타의 지적, 인격적 성장에 전혀 도움이 되지 않고 오히려 부도덕한 태도를 조성하여 인격적 성장을 막는다. 프래그머티즘에서 보는 교육은 선행 경험이 후속 경험에 능력과 흥미를 불러일으켜 지적, 인격적 성장을 초래하는 경험의 지속적인 재구성 과정이라 하겠다.

4) 과학적 탐구 및 문제해결과정

프래그머티즘에서 지식은 실험적으로 구성되는 것으로 과학적 검증 또는 탐구의 과정을 거쳐 얻어진다. 과학적 검증은 문제상황에서 문제가 정확히 어떠한 것인지 그 의미를 파악하고, 이를 토대로 문제해결에 필요한 수단과 대안을 고안하며, 각 대안이 가져올 결과를 예상하여 가설을 만들고, 구체적인 실행계획에 따라 실행한 후, 그 결과를 평가하는 일련의 과정을 거쳐 이루어진다(Dewey, 1916: 117-118).

문제상황 ➡ 문제인식 ➡ 해결 수단 및 대안 모색 ➡ 대안의 결과 예측(가설 설정) ➡ 실행 ➡ 결과 평가

이러한 과정은 자연과학의 실험과정과도 유사하여 프래그머티즘이나 듀이의 사상을 실험주의(experimentalism)라고도 부른다. 듀이는 이 과정을 완전한 사고의 활동이라고 보았다. 인간은 이러한 과정을 거쳐 지적 능력이 고양되며 더 나은 선택을 할 수 있기 때문이다. 그런데 이 과정에서 특별히 중요한 점은 일련의 단계와 최종 결론 등이 고정되어 있지 않고 유동적이며 잠정적이란 점이다. 인간사회에서 많은 절차들은 형식적으로 고정되어 있고 마지막 단계를 마치면 종결되는 형식적 성격을 가지고 있다. 이와는 달리 프래그머티즘의 과학적 탐구과정 혹은 문제해결과정은 매 단계가 엄밀히 고정되어 있지 않고 앞의 단계를 다시금 반복할 수도 있고 두 단계를 동시에 수행할 수도 있다. 특히 실행 후에 대안이 적절치 않다면 문제 인식에서부터 다시금 이 과정을 반복하여야 한다. 바로 이런 측면에서 프래그머티즘의 사고과정의 특징은 반성적(reflective)이다.

5) 반성

듀이에 의하면, 반성이란 어떤 믿음이나 지식을 그 근거와 결과에 비추어 신중하게 고려하는 활동이다(Dewey, 1938: 9). 반성은 네 가지 준거를 지닌다.

첫째, 반성은 지속적으로 새로운 의미와 목표를 구성해 나가는 것이다. 개인은 선행 경험과 후속 경험의 관련성을 인식하고 선행 경험의 아이디어와 기술을 토대로 후속 경험을 수행해 나가며 후속 경험을 통해 선행 경험의 지식을 변화시키고 심화시킨다.

둘째, 반성은 충동적으로 일어나지 않고 계획적이며 체계적으로 진행되며 신중하게 다양한 가능성을 평가한다.

셋째, 반성은 공동체 내에서 협력적으로 수행된다. 개인의 독자적인 목적을 위해 홀로 생각하는 것은 반성이 아니다. 반성은 공동체의 목적을 위해 공동체 구성원 간의 상호 아이디어의 교류를 통해 이루어진다.

넷째, 반성은 개인적인 성장과 공동체의 발전을 낳는다. 아무런 변화를 보이지 못하는 반성은 반성이 아니다.

5. 프래그머티즘의 교육적 함의

1) 흥미

듀이는 흥미 개념을 설명하면서 먼저 관람자와 참여자를 대비시킨다. 관람자는 감방에 갇힌 죄수가 밖에 비오는 것을 보는 것과 같이 상황이 어떠하든 자신과는 무관하다. 이에 비해 참여자는 소풍가는 학생이 창밖에 비오는 것을 보고 소풍을 갈 수 있을지 염려하는 것과 같이 자신의 문제와 직접 관련된다. 흥미 또는 관심(interest)은 바로 참여자의 경우와 같이 어떤 사태가 자기에게 직접 관련됨을 의식하여 이와 관련하여 기대하거나 염려하고 나아가 자기가 의도하는 방향으로 사태를 조정하고자 하는 것이다(Dewey, 2009: 98−99).

이러한 흥미 개념의 핵심은 목적의식과 참여의식이다. 교육의 실제 상황에서 보자면, 학생 자신이 수학, 언어와 같은 과목을 '왜' 배우는지, 그 교과 학습이 자신과 어떤 관련이 있는지 분명히 인식하지 못하면 흥미가 발생할 수 없다. 단지 선생님의 매가 무서워, 엄마의 잔소리가 듣기 싫어 억지로 하는 공부는 절대 흥미를 느낄 수 없다. 시험문제 틀린 개수대로 때리고 1등 하면 피자 사주는 식의 쾌락과 고통으로 조정하는 교육을 듀이는 경계한다. 그 대신 교육과정을 학생의 현재 능력과 관련된 활동으로 구성하여 학생이 여기에 참여하도록 하는 방법을 제시한다. 흥미의 어원은 사이에 존재하는 것(inter-esse)이다. 교육상황에서 흥미는 바로 학생과 교과 사이에 존재한다. 학생이 해당 교과가 자신의 필요, 의도, 능력과 관련된다고 생각하면 흥미가 발생하고 그렇지 않으면 흥미는 발생하지 않는다. 또 학생이 생각하는 그 관련성의 정도에 따라 더욱 강력한 흥미가 발생한다.

학생의 현재 능력, 필요, 의도 ➡ 흥미 ➡ 교과(교사의 목적)

교사는 해당 교과로부터 학생이 무엇인가를 성취할 것을 목적으로 삼을 것이다. 이러한 교사의 목적을 학생이 공감하고 동참하기 위해선 다양한 수단이 필요하다. 교사의 설명, 예시, 학습자료, 학습활동 등이 그것이다. 바로 이러한 수단들을 통하여 학생이 해당 교과가 자신의 삶에 필연적으로 관련됨을 이해시키고 학습활동에 적극 참여하게 해야 한다. 음식을 먹어 본 사람이 그 음식의 맛을 알 듯이 흥미의 핵심은 참여하여 활동함으로써 발생한다는 것이다. 그리고 그 참여는 학생의 능력, 필요, 의도와 밀접히 관련된 교과 내용이 구성될 때 극대화되는 것이다.

2) 목적과 수단의 교류

학생이 흥미를 가지고 학습을 하는 상황은 학습(learning)=일(work)=놀이(play)가 되는 상황으로 볼 수 있다. 일은 무엇인가를 성취해 내기 위한 수단적 측면이 강하다. 우리는 열심히 일하여 돈을 벌어 생계를 꾸려 나가고 하고 싶은 일을 한다. 마찬가지로 학생은 장래 사회에 참여하고 원하는 직업에서 일하기 위해 공부하는 것이다. 그런데 이러한 수단적 의식만 가지고 공부하는 데는 한계가 있다. 공부를 더욱 효과적으로 하려면 공부 자체를 즐겨야 하는 것이다. 공부를 즐기는 것은 여타의 무엇을 위해서라기보다 그 자체가 목적인 것이다. 아이들이 개울가에서 친구들과 수영하는 것은 그 수영 자체를 즐기는 것이다. 그런데 그냥 내키는 대로 수영하면 그 재미는 한계가 있다. 다양한 유형으로 하고 잠수도 하고 다이빙도 하며 좀더 빠르게 하려면 수영기술을 배워야 한다. 수영기술을 익히면 진정 즐기면서 더욱 깊이 배우고 나아가 수영의 달인이 되는 것이다. 즉, 그 자체를 즐기면서(놀이) 무엇인가를 배우고(학습) 배우면서 무엇인가를 이루기 위한 준비를 수행하는 것(일)이다. 이것은 달리 표현하면 목적이 수단이 되고 수단이 목적이 되는 것이다. 교육은 궁극적으로 개개인이 사회에 참여하여 각 분야에서 자신의 과제를 수행하며 다른 구성원과 민주주의적으로 상호작용하도록 성장하게 하는 데 그 목적이 있다. 그런데 이러한 목적을 위하여 학생들은 학습활동에서 다른 학생과 협력적으로 문제를 해결하는 경험을 한다. 이때 이 학습활동 자체가 민주주의적 상호작용이기 때문에 결국 민주주의라는 목적을 위해 민주주의적으로 상호작용함으로써 수단이 목적이 되고 목적이 수단이 된다.

3) 계승(보수)과 재건(진보)의 조화

프래그머티즘에서 보는 교육목적은 한편으로는 전통적인 문화유산 및 현 사회에 필요한 지식, 기술, 태도를 익히는 것이고, 다른 한편으로는 전통과 기존의 문화를 과학적으로 검증하여 더 나은 새로운 질서를 재건하는 것이다. 각 사회마다 그 사회의 전통, 언어, 규범, 관습 등이 존재하며 미성숙한 아이들은 이것들을 배워 사회에 적응할 필요가 있다. 교육은 이같이 문화적 유산과 사회적 양식을 전수하는 중요한 수단으로 기능한다. 학습자는 이러한 사회화 과정을 통해 해당 사회의 문화와 규범을 보존한다.

그러나 프래그머티즘은 사회가 고정불변하지 않고 끊임없이 변화한다고 보기 때문에, 이러한 변화하는 사회환경에 적절히 대응하려면 기존 전통을 그대로 답습하고 보존하기만 해서는 안된다. 따라서 교육에서는 학습자로 하여금 기존의 문화유산을 배우는 것을 넘어서 변화하는 환경에 맞게 이를 창조적으로 재건할 수 있는 역량을 키워주는 것이 필요하다. 이러한 역량은 선행 경험과 후속 경험을 연관시켜 경험을 지속적으로 재구성하는 방법, 문제를 파악하고 대안을 생각하며 실행을 통해 검증하는 문제해결식 방법 또는 과학적 검증 방법을 배움으로써 키울 수 있다. 즉, 프래그머티즘에 입각한 교육의 핵심은 특정한 내용을 전수하는 것보다 사고하고 대응하는 방법을 익히게 하는 데 있다. 듀이는 학교가 단지 특정 사회집단의 제한된 시각을 전수하기보다는 다양한 문화를 접하게 하고 학생들이 장차 보다 넓은 사회에 대응할 수 있는 능력을 함양할 것을 강조한다. 이러한 주장은 특히 전세계가 왕성하게 교류하고 다문화사회로 변모하는 현 시점에서 특별히 중요한 교육목적이라 하겠다.

4) 학습자 주도적 교육방법

프래그머티즘에 입각한 교육방법에 따르면, 교사와 교재 위주의 전통적 교육방법에서 탈피하여 학습자가 주도적으로 학습 과제를 수행하며 교사는 이를 안내하는 역할을 한다. 모든 학습활동은 학습자가 스스로 과제에 관심을 가지고 목표를 설정하고 자료를 수집하며 학습자 상호 간 협력하여 아이디어를 나누고 직접 실험하고 경험함으로써 이루어진다. 교사는 단지 학습자의 주도적 학습이 곤란에 직면할 때 필요한 안내를 해주거나 다른 학습자에게 방해되는 행동을 통제하는 선에서 개입한다. 학습자가 과제 해결을 위한 방법 자체를 스스로 찾아나가는 것이 핵심이다. 만약 교사가 직접적으로 학습에 개입하여 그 목표, 내용, 방법 등을 지시한다면 학습자는 자발적 동기를 상실하게 되고 스스로 해결하는 능력을 키울 수 없게 된다. 이러한 교사의 직접적 지시는 학습자에게 과학적 검증과정, 문제해결과정의 각

단계를 거쳐 엄밀하게 사고하지 않고 쉽게 해답(결론)만을 찾으려는 태도를 야기한다. 교사는 학생으로 하여금 실수를 경험하게 하고 자신의 행동 결과를 반성하도록 기회를 주어야 한다. 그러나 행동 결과가 학생 자신에게나 다른 학생에게 위험한 경우엔 교사가 전문적 식견을 가지고 조언하는 것이 필요하다.

5) 통합적 교육내용 및 교육과정

프래그머티즘에 입각한 교육내용 및 교과는 각 교과목별로 엄밀하게 분리되어 있기보다는 문제(과제)에 따라 서로 연결, 통합되는 방식을 추구한다. 듀이는 학습자의 경험의 유형은 서로 연결되고 통합되어 있는데 교과목은 서로 분리되어 있기에 학습자가 흥미를 가지지 못함을 지적한다. 학생들이 만들고 노래하고 이야기하는 것들 안에 음악, 미술, 언어, 수학 등의 교과내용이 내재되어 있다. 따라서 학생의 현재 경험과 나아가 장래의 사회활동과 관련하여 교과내용이 구성되어야 한다.

듀이는 세 영역의 통합적 교과내용을 제안한다.

(1) 만들어 실행하기

학생의 직접적인 경험에 기초하여 다양한 재료들을 활용하고 조작해 보는 활동을 뜻한다. 이를 통해 학생은 문제해결을 위한 기능적 사고능력을 발달시킨다.

(2) 역사 및 지리

이것은 기존의 형식적인 역사 또는 지리 교과와는 달리 보다 폭넓은 지적 영역을 다룬다. 가정, 학교 등 학생의 주변 환경으로부터 시작하여 지역사회와 국가, 세계로까지 생각의 지평을 넓혀가는 과정이다. 가령, 셰익스피어의 작품이나 김소월의 시를 읽으며 당시의 시대상이나 지역상황과 학생의 현재 사회적 환경을 비교하여 사고하는 학습이 여기에 속한다. 이를 통해 공간적, 시간적으로 사고의 지평을 확장하여 자신이 속한 특정 환경을 넘어서 더 넓은, 변화하는 세계에 창조적, 능동적으로 대응하는 능력을 함양한다.

(3) 과학 과목들의 연결학습

학생들은 해당 과제(문제) 해결을 위해 다양한 과학 지식들을 활용하여 문제상황을 인식하고 가설을 설정하며 이를 검증한다. 이러한 접근은 각 교과목을 문제해결을 위해 상호 연결시키는 방법을 제시한다. 예를 들어, 사회가 어떻게 유지, 발전하는가의 문제에 대하여 학생들이 생물학에서 유기체가 환경으로부터 양분을 흡수하고 소화시켜 배출하는 과정을 적용하여 사회 유지를 위해 다양한 물적, 인적 자원, 정보와 기술 등을 확충하고 이를 내부 상황에 맞게 변용하고 발전시켜 후세대에 그 유산을 물려주는 원리를 생각한다면, 상기한 교과목 간의 연결 · 통합학습이 이루어지는 경우로 볼 수 있다. 이러한 연결학습은 장차 학생들이 사회에서 부딪히는 다양한 문제들에 대하여 다양한 지식과 정보를 활용하여 해결할 수 있는 종합적 성찰능력을 함양하는 것이다. 분절된 교과목의 단편적인 정보를 달달 외운 학생들에겐 이러한 문제해결능력의 함양은 어려울 것이다.

연구 및 토의과제

1. 다음 개념에 대하여 설명하시오.

   ① 유기체와 환경의 상호작용(교류) ② 경험의 재구성 ③ 과학적 탐구과정 ④ 반성

2. 프래그머티즘의 주요 특징을 논하시오.

3. 프래그머티즘의 관점에 따를 때 교육목적, 교육내용, 교육방법은 무엇인가?

4. 듀이의 문제해결과정(과학적 탐구과정)을 응용하여 한 시간의 수업계획서를 만들어 보시오.

추천도서

Dewey, J. (2007). 민주주의와 교육. 이홍우 역. 서울: 교육과학사.

Dewey, J. (2001). 존 듀이의 경험과 교육. 엄태동 역. 서울: 원미사.

Louis, M. (2001). 프래그머티즘의 길잡이. 김동식 외 역. 서울: 철학과 현실.

김동식(2002). 프래그머티즘. 서울: 아카넷.

심승환(2007). 프래그머티즘의 시각에서 본 배움의 의미. 교육문제연구, 28.

정해창(2005). 퍼스의 미완성 체계. 서울: 청계.

조상식(2005). 윌리엄 제임스 교육론. 서울: 문음사.

정건영 외(1995). 듀이 교육론의 이해. 서울: 문음사.

CHAPTER 12

실존주의

1. 기원 및 배경
2. 주요 사상가
3. 실존주의의 공통 특징
4. 실존주의의 교육적 함의

CHAPTER

12 실존주의

원·전·읽·기

'나와 너' 중에서

그러나 사랑은 하나이다. 감정은 '소유' 되지만 사랑은 생겨난다. 감정은 사람 안에 깃들지만 사람은 사랑 안에서 살아간다. 이것은 비유가 아니라 현실이다. 즉 사랑은 '나'에 집착하여 '너'를 단지 '내용'이라든가 대상으로서 소유하는 것이 아니다. 사랑은 '나'와 '너' '사이'에 있다. 이것을 모르는 사람, 곧 그의 존재를 기울여 이것을 깨달은 사람이 아니면 비록 그가 체험하고, 경험하고, 향수하고, 표현하는 감정을 사랑에 돌린다 하여도 그는 사랑을 모른다. 사랑이란 하나의 우주적인 작용이다.

그러므로 사랑 안에 있으며 사랑의 입장에서 보는 사람에게는 모든 사람들이 그들의 분주한 삶의 혼란에서 해방되어 선한 자나 악한 자, 슬기로운 자나 어리석은 자, 아름다운 자나 추한 자, 모두가 잇따라 산 현실로 나타나며, 그들 하나하나가 모두 자유로운 독자적인 존재로서 '너'가 되어 그 사람과 마주 서게 된다. 놀랍게도 그때마다 배타성이 나타나지만 – 그때야 비로소 사람은 활동하고 도와주고, 고쳐주고, 키워주고, 높여주고, 구원해 줄 수 있다. 사랑이란 한 사람의 '너'에 대한 한 사람의 '나'의 책임이다. 이 점에 그 어떤 감정에도 있을 수 없는 것, 곧 모든 사랑하는 사람들에게 있는 한결같음이 있다.

그리고 이 한결같음은 지극히 작은 사람으로부터 지극히 큰 사람에 이르기까지, 또한 사랑하는 사람의 삶 가운데에 자신의 삶이 보호되어 행복하게 살고 있는 사람으로부터 한 평생을 이 세상의 십자가를 지고 가면서도 '〈사람들을〉 사랑한다'고 하는 엄청난 일을 할 수

있으며, 또 감히 하려고 마음먹는 사람에 이르는 모든 사랑하는 사람에게 한결같이 나타나는 것이다. 〈중략〉

관계는 상호성이다. 내가 나의 '너'에게 영향을 주듯이 나의 '너'는 나에게 영향을 미친다. 우리의 제자들이 우리를 가르쳐 주며 우리의 작품들이 우리를 세워 준다. '악한 자'라도 저 성스러운 근원어에 접하면 그의 진실을 드러내게 된다. 참으로 우리는 어린이들이나 동물들에게서도 배울 것이 있다! 우리는 도도히 흐르는 '일체-상호성' 가운데 신비하게 포괄되어 살고 있는 것이다.

출처: 마르틴 부버 저(1958). **나와 너**. 표재명 역. 문예출판사. 제1부 근원어 중에서, pp. 24-25.

사유하기 교직을 흔히 성직(목사, 신부, 스님 등)에 비유한다. 윗글에 담긴 사랑 및 관계의 의미를 깊이 음미하면서 교사는 학생에게 어떠한 자세로 접근해야 할지 생각해 보자.

1. 기원 및 배경

실존주의(existentialism)라는 용어를 처음 사용한 사람은 프랑스 철학자 마르셀(Gabriel Marcel, 1889~1973)이다. 실존주의는 멀게는 아우구스티누스, 데카르트에서 그 기원을 찾아볼 수 있고 가까이는 파스칼, 키에르케고르, 니체, 도스토예프스키 등의 사상에서 비롯된다. 이 사조는 양차 세계대전을 거치며 고통받는 세계 속에서 인간 삶의 의미를 찾고자 하는 역사적 배경에서 등장하였다. 또한 산업화, 대중화되는 시대적 추세에 항거하여 개개인의 정체성과 주체성을 찾으려는 노력으로부터 발달하게 되었다.

사상적, 철학적 배경을 보자면 실존주의는 전통철학의 형식적이고 사색적인 접근방식에 반발하면서 발달하였다. 실존주의 철학자들은 후설(Husserl)의 현상학의 방법론을 수용하여 철학은 현상을 분석하는 방법이 되어야 한다고 주장하였다. 어떤 보편적인 진리를 발견하는 것이 아니라 사물들과 사건들이 개개인에게 어떤 의미를 주는가를 자각하는 것이 핵심이다. 전통철학의 사색적 접근방식이 보편성, 진리, 형식을 강조하는 데 반하여 실존주의는 주관적 탐색, 불확실성, 자유 등을 강조하면서 발달하였다.

20세기의 전쟁, 테러, 빈곤 등의 사회적 문제는 객관적 진리를 추구하며 인류의 보편적인 번영을 바라보던 과학과 산업의 장밋빛 꿈에 질문을 던졌다. 실존주의는 바로 이러한 사회적 맥락에서 본격적으로 발달하고 대중적 지지를 얻게 된다. 그래서 실존주의는 '위기의 철학'으로 불린다. 그러나 이것은 문제에 대한 해결책이나 위기에 대해 어떻게 대처하라는 처방책이 아니다. 이것은 위기의 상황에서 개개인이 자신의 삶의 의미를 성찰하는 데 초점이 있다. 그런데 이 삶의 의미를 발견함에 있어 실존주의는 형이상학과 논리에 의존하지 않고 개개인의 실존적 자각에 의존한다.

데카르트의 "나는 생각한다. 그러므로 나는 존재한다."라는 명제에 대하여 실존주의는 "나는 존재한다."라는 사실이 그 어느 것보다 가장 먼저임을 역설한다. 데카르트가 그렇게 말하는(생각하는, 표현하는) 것은 바로 그가 존재하고 있기 때문이다. 의미는 내부의 관념에서 오는 것도 아니고 외부의 객관적인 실재에서 오는 것도 아니며 명제들의 논리적 전개로부터 오는 것도 아니다. 인간과 세계의 의미는 바로 개개인이 존재하고 있다는 주체적 자각으로부터 비롯된다. 이처럼 실존주의는 어떤 확연히 구분되는 내용을 주장한 한 학파라기보다는 기존 접근방식에 대항하여 발달한 하나의 철학적 접근방식으로 볼 수 있다.

2. 주요 사상가

1) 키에르케고르(Kierkegaard, Soren Aabye: 1813~1855)

키에르케고르는 1813년 덴마크의 수도 코펜하겐에서 태어났는데 아버지의 영향을 많이 받았다. 그의 아버지는 농노 출신의 가난한 환경에서 자랐으나 독실한 기독교(개신교)인으로 근면하고 성실하게 일하여 나중에는 부유한 상인이 되었다. 키에르케고르가 공부할 수 있도록 뒷바라지 해주고 신학을 전공하여 목사가 된 것은 아버지의 영향이 컸다. 그러나 그의 아버지의 영향은 물리적인 것보다 정신적, 철학적인 것이었다. 아버지의 삶과 아버지와의 관계를 통해 키에르케고르는 많은 것을 생각하게 되었고 이것이 바로 그의 실존철학을 발달시키는 밑거름이 되었다. 아버지는 한때 유트란트라는 곳에서 양들을 방목하다가 심한 폭풍우를 맞은 적이 있었다. 이때 먹지도 못한 채 꽁꽁 얼어붙는 큰 역경을 겪으면서 하나님을 저주하였다. 아버지는 아들 키에르케고르에게 이 아픈 경험을 솔직하게 털어놓았고 예민한 그는 극심한 내적 충격으로 가출하게 되었다. 그에게 충격을 준 사건은 이것만이 아니었다. 아버지는 전처가 죽은 후 얼마 안 되어 파출부였던 륜과 폭력적으로 성관계를 맺었고 그 사이에서 태어난 아들이 바로 키에르케고르였다. 아버지는 이같은 일들로 큰 죄책감에 시달렸고 이를 회복하기 위해 아들을 매우 엄격하고 종교적으로 훈육하였다. 이 과정에서 키에르케고르는 그리스도의 수난이 사람들의 죄(자신의 죄) 때문임을 철저히 배우게 되었다.

이처럼 키에르케고르는 어려서부터 죄의식을 강하게 가지고 있었고 죄에 대한 참회와 속죄로 그의 삶을 하나님을 위해 살아야 한다고 생각하였다. 이것은 그의 아버지의 생각이기도 하였다. 그는 17세에 코펜하겐대학 신학부에 들어가 신학뿐만 아니라 그리스어, 라틴어, 역사, 수학, 물리학, 철학 등을 폭넓게 공부하였고 최

우수 성적으로 신학국가시험을 통과하게 되었다. 그러나 불과 3년 사이 어머니와 형제들을 잃고 키에르케고르는 방황하게 된다. 바로 이같은 방황을 보고 아버지는 그에게 자신의 모든 어두운 경험들을 들려주면서 아들이 죄에 대해 다시금 철저히 상기하여 하나님 앞에서 올바른 삶으로 전환하기를 바랐다. 그는 아버지의 고백에 처음엔 큰 충격을 받았으나 점차 죄에 대한 각성과 진정한 참회의 의미를 깊이 깨닫게 된다. 바로 이러한 종교적 깨달음은 "미적(쾌락적) 단계 ⇨ 윤리적 단계 ⇨ 종교적 단계"라는 인간 실존의 발달단계를 성찰하는 계기가 되었다. 특히 키에르케고르의 죄에 대한 반성은 당시 덴마크의 자유주의 교회의 타락을 비판하는 발판이 되었다. 기독교는 십자가의 종교이며 금단의 종교이고 심판의 종교인데 키에르케고르가 보기에 당시 덴마크 교회는 세속적인 삶과 다를 게 없었고 오히려 여러 악행을 저지르고 있었다. 당시 교회는 그리스도의 죽음의 의미를 잊고 부, 명예, 권세를 얻는 데 몰두하고 있다고 보았다. 목사들이 재산 모으기에 열심이었고 미녀들을 탐하였으며 오직 안정만을 추구하였다. 키에르케고르는 이것은 그리스도의 죽음을 팔아 돈을 버는 것이라고 비판하였다. 참다운 기독교는 강단에서만 설교하는 것이 되어서는 안된다고 비판하였다(Fischl, 1987: 41).

키에르케고르는 유신론적(종교적) 실존주의를 창시한 자로 평가된다. 키에르케고르는 진정한 크리스천은 신학적이고 철학적인 논쟁과 증명에 의해서가 아니라 개인적인 결단과 회심을 통해 하나님을 영접하여야만 된다고 주장하였다. 키에르케고르는 완벽한 사상의 체계를 만들고자 하는 헤겔의 관념론을 비판하였다. 헤겔은 보편적인 정신으로서의 "절대적 실재(Absolute Reality)"가 국가의 형식에서 구현된다고 보았다. 키에르케고르는 이러한 보편적이고 이상적인 접근은 개개인이 스스로 자신의 의미를 성찰하고 자각하는 길을 막는다고 보았다. 헤겔의 접근은 우선 추상적이라는 데 문제가 있다. 추상적인 사고는 병, 불안, 우울함, 절망과 같은 구체적인 삶의 문제를 도외시한다. 또한 헤겔의 접근은 객관적인 이상에 집중하면서 개인적인 정열, 증오, 사랑, 고통, 관심 등을 소홀히 하였다는 데 문제가 있다. 자신의 이념은 자신의 개인적인 삶에서 나와야 하고 바로 여기서 실현되어야 하는 것이다.

키에르케고르에게 실존이란 본래의 자기를 자각하고 실현하려는 계속적인 노력이자 생성과정이다. 이 실존의 과정은 미적 단계 → 윤리적 단계 → 종교적 단계를 거쳐 이루어진다. 이 세 단계는 질적으로 구별되며 한 단계에서 다른 단계로의 이행은 점진적으로 이루어지기보다는 내면적 각성과 결단에 의해 비약적으로 일어난다. 첫째, 미적 단계의 인간은 감각적 본능에 따라 움직이며 자신의 욕구를 충족시키고 쾌락을 누리고자 한다. 이 단계의 인간은 자신의 삶과 이 세계에 대한 진지한 생각을 권태롭게 여기고 끊임없이 신선한 자극을 추구한다. 가지고 노는 사물에 금방 싫증을 내듯이 자신이 하는 일이나 인간관계에서도 싫증나면 언제든지 내던지고 유혹적인 다른 것을 찾는다. 그러나 이러한 감각적 욕구 충족은 찰나적인 만족만을 주며 결국에는 허망함을 느끼게 된다. 계속해서 더욱 신선하고 자극적인 것을 추구하지만 그럴수록 공허함과 절망감은 커진다. 이때 인간은 헛된 자극에 속박된 노예상태인 자아를 발견한다. 감각적 욕망에 억눌려 있던 양심이 살아나고 이 양심을 통해 자기 상태에 대한 자각과 반성이 일어나면서 다음 단계인 윤리적 단계로 이행한다.

둘째, 윤리적 단계의 인간은 순간적인 욕망에 의해 움직이는 현재의 자아를 그대로 유지하려는 심미적 단계의 인간과 달리 현재 상태를 반성하고 더 나은 미래를 추구한다. 윤리적 단계에 들어서면 자아가 마치 엄한 아버지 혹은 입법자의 위치에서서 자신의 행동과 태도를 심판한다. 윤리적 자아는 과연 무엇이 옳은 것인가를 판단한다. 자신의 과거와 현재를 반성하며 자신이 추구했던 부, 명예, 권력, 쾌락과 같은 조건이 본래의 진정한 자아를 위해 아무것도 아닌 헛된 것임을 알게 된다. 또한 윤리적 단계의 인간은 자기가 전체 사회의 일원임을 자각하고 자신의 행동이 사회의 번영을 위해 기여해야 한다는 의무감과 책임감을 갖게 된다. 가정생활이나 직업활동도 사회의 번영을 위한 것임을 깨닫는다. 그러나 윤리적 단계의 인간은 필연적으로 갈등에 직면한다. 자신의 이상적이고 엄격한 양심에 비추어 볼 때 자신의 행동은 늘 그 기준에 크게 못 미쳐 있기 때문이다. 엄격한 양심의 심판에 따른다면 자신의 죄는 죽어야 마땅한 것이다. 자신의 내면에는 동물적인 속성이 있어 아무리

의지적으로 올바름을 추구한다고 하더라도 그 의지만으론 결코 완벽할 수 없다. 양심이 추구하는 보편적이고 영원한 이상과 현실의 유한한 자신의 모습 사이의 깊은 갈등에 또 한 번의 절망을 겪게 되고 여기서 바로 종교적 단계로 넘어간다.

셋째, 종교적 단계의 인간은 양심과 의지에 따른 삶이 한계가 있음을 깨닫는 데서 출발한다. 즉, 자신은 유한한 존재이며 절대적인 존재에 의지함으로써만 완전해질 수 있음을 깨닫는 단계이다. 그런데 이 종교적 단계는 다시 두 단계를 거치는데 하나는 절대자의 절대적 지혜가 자기의 내면에 존재한다고 믿는 단계이며, 다른 하나는 절대자가 외부에 존재한다고 믿는 단계이다. 전자는 그리스 철학, 종교일반, 휴머니즘적 접근이요, 후자는 바로 기독교적 관점이다. 전자에서는 내부에 있는 진리를 상기하거나 참선 등을 통해 죄를 깨닫고 회심하여 순전한 존재가 될 수 있다고 본다. 그런데 여기서 문제는 윤리적 단계와 유사하다. 즉, 절대적인 존재에 의존하기는 하지만 그것이 여전히 자기의 내면에서 비롯되기에 내면의 절대적 기준과 불완전한 현실의 행위 간의 괴리에서 오는 큰 죄책감을 가지게 된다. 이러한 죄책감에 빠져 있는 한 인간은 본래의 완전한 자아를 찾을 수 없다. 따라서 본래의 자아를 찾기 위해선 결국 외부의 초월적 존재, 곧 하나님의 절대적 은총과 사랑을 믿고 의지하는 것이 필요한 것이다. 바로 이것은 모든 인간(자기 자신)은 불완전한 죄인이며 하나님이 인간이 되어(예수 그리스도) 십자가에 못 박혀 죽음으로써 그 모든 죄를 씻겨 주었다는 사실을 믿음으로써 가능하다. 바로 윤리적 단계와 종교 일반의 단계가 양심과 이성에 의존한다면 이 최종 단계는 오직 믿음으로만 도달할 수 있다. 즉, 성육신이나 십자가 사건, 부활과 같은 사실은 이성적으론 결코 이해할 수 없는 것이다. 이해할 수 없는 이 역설을 믿음으로써 인간은 비로소 죄책감에서 벗어나 완전한 자기를 찾을 수 있다. 인간의 죄는 결코 자신의 양심과 의지, 이성으로 극복할 수 없고 오직 하나님의 절대적 사랑과 은총을 믿고 의지함으로써만 완전히 극복할 수 있는 것이다.

인간이 이러한 단계를 거쳐 본래적(참된) 자아를 찾기 위해서는 깨달음과 삶의 변화가 필요하다. 그런데 키에르케고르에 따르면 이러한 깨달음은 관계를 통해 이루어진다. 이 관계는 자아와 자아의 관계, 자아와 타자의 관계, 자아와 신의 관계를 포함한다. 이중 특히 교육과 관련되는 관계는 자아와 타자의 관계이다. 키에르케고르는 개인의 깨달음을 돕는 교육방법을 '간접전달'이라고 본다. 이 간접전달은 직접적으로 지식이나 기술을 전달하는 직접전달과 반대로 전달하는 자는 전달하는 내용을 단지 암시하고 피전달자가 스스로 그것을 생각하고 깨닫는 것이다. 이것은 소크라테스의 대화법 또는 산파술과도 유사한 것으로 학습자가 이미 진리를 내면에 가지고 있음을 전제하고 교육자는 단지 질문이나 예시 등을 통해 학습자가 스스로 오류를 찾고 올바른 방향을 선택하도록 돕는 방법이다. 이러한 간접전달은 대개 두 가지(혹은 그 이상의) 상충되는 관점들을 함께 제시하고 그 해답은 개인이 스스로 찾는 방식을 취한다.

이 간접전달의 교육방법을 취할 경우, 학습자는 지식을 자기의 것으로 내면화할 수 있게 된다. 교육자가 특정한 정보를 하나의 해답으로 학습자에게 주입할 경우 학습자는 그것이 자신에게 과연 어떠한 의미를 지니는지 알지 못한다. 학습자는 그 정보를 하나의 객관적 사실로 인식할 뿐 자기와 관련된 것으로 깨닫지 못하고 이러한 지식은 행위의 변화를 이끌지 못한다. 반면, 간접전달에 의해 여러 가지 측면에 대해 자기의 관점으로(자신의 실존과 연결하여) 진지하게 숙고하고 판단하여 선택한 경우 이 지식은 자신의 관심과 열정으로 동기화된 것으로 행동과 태도의 변화, 삶의 변화를 초래하게 된다. 간접전달의 방식은 또한 교육자와 학습자가 대등한 대화자로서 함께(동시에) 서로 가르치고 배우는 관계를 의미한다. 일반적인 교육상황에서는 교육자가 학습자보다 지적으로나 인격적으로 상위의 수준에 있고 교육자가 학습자에게 그 상위의 지식이나 인격적 태도를 일방적으로 전달하는 방식을 취한다. 이와 반대로 간접전달에서는 교육자가 설령 실제로는 학습자보다 지적, 인격적으로 상위에 있다고 하더라도 이를 감추고 학습자와 똑같은 수준에서 함께 여러 대안들을 탐색하는 것이다. 윤리적 단계에 있는 교육자는 미적 단계에 있는 학습자에게 윤리적 수준의 행동노선을 알려주는 것이 아니라 그들에게 미적인 태도와 윤리적인 태도를 함께 제시하고 그들과 함께 고민하며 올바른 길을 찾는 것이다. 이렇게 함으로써 학습자는 피동적으로 주어지는 객관적 지식이 아니라 자기가 발견하고 자기에게 관련된 내면화된 지식을 얻게 되며 교육자는 학습자와의 공동 탐색과 반성을 통해 스스로도 배우고 성장하는 것이다(표재명, 1998: 233-257).

2) 니체(Nietzsche, Friedrich Wilhelm: 1844~1900)

키에르케고르와 함께 니체는 실존주의를 기초하고 발달시킨 중요한 철학자로 평가된다. 니체는 1844년 독일 작센에서 목사의 아들로 태어났다. 그의 할아버지는 교구감독까지 지냈던 종교지도자였고 아버지는 루터교 목사로서 집안 분위기가 엄숙하고 경건하였다. 또한 아버지는 음악과 예술에 관심이 많아 니체는 이러한 가정 분위기에서 경건하며 생각과 감수성이 깊은 아이로 자라났다. 아버지는 그가 다섯 살 때 뇌질환으로 죽고 니체는 할머니와 어머니 밑에서 자랐다. 그는 친구 아버지로부터 괴테에 대하여 소개받고 이후 문학에 많은 관심을 보여 열 살 때부터 창의적이고 비판적인 시와 산문들을 창작하기 시작하였다. 니체는 소년시절부터 하루도 빠지지 않고 일기를 쓰며 이를 통해 고민들을 해결하려고 노력했고 글쓰기와 사고능력을 발달시켰다.

그는 명문고인 슐포르타에 입학하여 주로 고전 중심의 교육을 받았다. 이 학교의 엄격한 방식의 고전 공부는 학문의 본질에 대한 사유 능력을 깊게 하였으나 자유로운 비판정신을 키우는 데는 부족했다. 이에 니체는 친구들과 함께 문학과 예술을 나누는 모임을 만들어 작품을 창작하고 이에 대해 서로 토론하고 비평하면서 비판적인 사고를 발달시켰다. 이러한 비판적인 정신의 발달은 니체로 하여금 기존에 가졌던 신념체계에 대한 회의, 특히 종교적 신념에 대한 회의를 갖도록 이끌었다. 니체는 본 대학과 라이프치히대학에서 계속적으로 고전문헌학을 연구하는 한편 자신의 이러한 비판적인 정신을 한층 성숙시켜 나갔다. 그리하여 대학생 시절에 이미 아리스토텔레스의 저작을 비판적으로 연구한 논문을 발표하였다.

대학시절, 특히 그는 쇼펜하우어의《의지와 표상으로서의 세계》를 읽고 큰 감명을 받았다. 여기서 니체는 삶의 기쁨과 절망을 생각하며 자기 자신을 돌아보는 계기가 되었다. 특히 이 책을 읽고 철학적 사유에 깊은 관심을 가지게 되었고 기존의 신념에 대한 회의, 비판정신을 발달시키며 자신만의 독자적인 사상을 갖게 되는 결정적인 기회가 되었다. 이 책에서 쇼펜하우어는 이성을 인간본질로 보는 칸트 철학을 비판하며 인간과 세계의 본질은 의지라고 주장하였다. 그러나 이 의지는 본능적인 욕망의 충족을 추구하고, 이것은 결코 완전히 충족될 수 없으므로, 여기서 인간은 고통을 받게 된다. 미적 세계를 구현한 예술은 이러한 욕망으로부터 자유롭게 해줄 수 있으나 이것도 영원히 그 욕망과 고통에서 해방시켜 주지는 못한다. 이보다 상위의 해결수단으로 타인을 동정하는 것은 자기의 이기적인 욕망을 극복하는 좋은 방법이긴 하나 인간은 타인을 무한히 동정할 수 없고 타인을 동정한다고 그들을 모두 구제할 수도 없으며 더욱이 타인을 동정하면서 자기우월감에 빠질 수 있다. 쇼펜하우어의 이같은 지속적인 비판과 회의의 정신은 니체에게 강력한 영향력을 주었는데 니체는 쇼펜하우어의 염세주의적인 태도에 그대로 머물지 않고 이러한 한계를 넘어 자기를 초월하는 의지를 가진 초인의 이념을 구상하게 된다.

니체는 당시 음악의 대가인 바그너와 교제하며 음악(예술)을 통해 인간이 자기와 세계를 이해하고 자기의 욕망을 초월하는 의지를 실현하리라는 생각을 갖게 된다. 그는 지도교수인 릿츨 교수의 추천으로 바젤대학의 교수가 되지만 병이 깊어져 사임하고 병 치료와 함께 오직 저작활동에만 전념하였다. 니체는《인간적인, 너무나 인간적인》,《차라투스트라는 이렇게 말했다》,《반(反) 그리스도》,《권력에의 의지》와 같은 유명한 저작들을 남기고 1900년에 세상을 떠난다.

니체의 철학은 우선 근대의 이성 중심적 세계관에 대한 회의에서 출발한다. 이성 중심적 세계관은 변화와 다양성을 부인하고 고정불변의 절대 진리를 추구한다. 따라서 이것은 회의와 비판적 검증을 막아 독단으로 흐를 위험을 가진다. 또한 이성중심주의는 추상적이고 형이상학적인 사변을 추구하기에 현실의 구체적인 문제와 인간의 감정과 의지의 복합적 작용을 도외시한다. 특히 시민혁명을 거치며 절대적인 가치로 대두된 '평등' 은 모든 인간을 동일화하고 군중의 독재를 형성함으로써 차이와 다원성이 무너지는 결과를 초래할 것으로 보았다.

니체가 이성중심주의를 비판한 이유는 그의 인간관과 관련된다. 그는 인간의 본질을 이성이라고 보지 않고 오히려 감정과 의지로 보았다. 인간의 본질은 이성, 정신, 영혼에 있지 않고 동물성, 육체성, 물질성에 있다. 인간은 본래 지극히 열등한 존재이다. 이러한 열등성은 인간이 참된 자아를 만들어 가기 위해 극복하여야 할 조건이다. 인간은 가장 추악한 동물이지만 동시에 가장 강한 동물이며 특수한 동물이다. 즉, 인간은 본래 열등한 동물이지만 스스로 자신을 극복시킬 수 있는 특수한 존재이다. 인간은 결정되지 않은 존재로 무엇인가로 되어가는 과정에 있다. 니체는 인간을 "동물과 초인 사이에 놓인 밧줄" 로 표현한다(Nietzsche, 2000: 16). 즉, 인간은 결정되지 않았기에 항상 자기고양의 가능성을 내재하고 있지만, 동물로 남을 것인지, 초인이 될 것인지는 그 자신에게 달려 있다. 인간이 참된 자아를 실현하기 위해선 동물성을 극복하여 위대한 인간(초인)으로 나아가야 한다. 위대한 인간(초인)은 자신의 행위에 충분한 논리를 가지며, 세상의 세태와 명성, 일시적인 감정에 휘말리지 않는 강한 의지와 냉정한 결단력을 지닌다. 그는 다른 사람들과 관계하며 그들로부터 무엇인가를 이루어 내려고 하며 늘 내면의 자아와 대화하며 반성한다. 그는 외부의 칭찬과 질책을 의식하지 않고 스스로의 양심에 비추어 생각한다. 니체도 이성의 중요성을 지적하지만 니체의 이성은 플라톤이나 데카르트가 말하는 육체로부터 독자적인 자립적 이성이라기보다는 육체와 영혼을 포괄한 종합적 개념으로, 이것은 인간 주체를 고양하고 인간의 열악한 조건을 극복하는 데 기여한다. 과거와 현재를 반성하면서 미래를 발전적으로 계획하는 사유를 통해 인간은 참다운 인간이 된다.

니체가 보는 초인은 지속적으로 창조하며 자기를 극복하는 존재이다. 초인은 기존의 관점을 지속적으로 반성하고 더 나은 방향으로 성장하고자 노력한다. 니체는 이러한 노력을 "힘을 향한 의지(will to power)"라고 표현한다. 이것은 정치적 권력을 획득하고자 하는 권력욕, 야심을 의미하는 것이 아니고 참된 자아, 더 나은 자아를 만들고자 하는 지속적이고 강력한 의지이다. 힘을 향한 의지는 외부에 의해 타율적으로 움직이는 타율성을 극복하고 자기가 주인이 되어 자신의 삶을 스스로 개척해 나가는 자율적인 힘을 추구한다. 이러한 의지를 지닌 인간은 스스로 삶의 의미와 목적을 찾고 이를 위한 적절한 길을 선택하여 행동하며, 자신이 선택하고 행동한 결과에 대해 철저히 자기 자신이 책임을 진다.

3) 부버(Buber, Martin: 1878~1965)

부버는 1878년 오스트리아 비엔나에서 태어났다. 그의 부모는 평범한 중산층 유태인이었다. 부버가 세 살 때 부모는 이혼하였고, 그는 할아버지 집에서 14세 때까지 자랐다. 할아버지 솔로몬 부버는 히브리어 학자이면서 성서 해석과 관련된 히브리문학의 권위자였다. 또한 그는 종래 성서에만 의존하던 것에서 탈피하여 세속적인 지식과 이에 근거한 개혁운동을 꾀하던 유태인들의 계몽운동인 하스칼라 운동을 이끌었던 학자였다. 부버는 조부모의 정신적, 학문적 영향을 받고 자랐다. 특히 히브리어뿐 아니라 여러 외국어를 강조하던 조부의 영향으로 부버는 독어, 프랑스어 등을 공부하게 되었다.

어머니를 그리워했지만 만나지 못한 부버는 만남의 상실을 체험하면서 오히려 이를 계기로 진정한 만남을 추구하게 된다. 어린 시절 부버는 유태인들의 하시딕 공동체 행사에 참여했는데 여기서 유대인 교사, 짜딕의 인격적인 리더십과 공동체 구성원과 짜딕이 형성하는 강력한 인간관계에 감명을 받게 된다. 짜딕이 어려움에 처한 사람들에게 진정한 해답을 던져 주며 사람들을 순간적으로 만족하게 하기보다는 내면에 신성한 불꽃을 이끌어 내는 것을 보며 세계는 바로 이러한 교사를 필요로 한다고 생각하게 된다. 그러나 부버는 이후 다양한 지식에 관심을 가지면서 하시디즘을 멀리하고 정신적 방황을 하게 된다. 스스로 20세까지 자신은 혼란의 세계에 살며 인간성과 신성함 없는 변덕스런 정신 상태에 있었다고 한다.

이러한 혼란의 세계로부터 탈피하게 된 계기는 바로 시오니즘이다. 시오니즘은 관계 회복과 공동체의 부활을 추구한 사상이다. 이 사상의 영향으로 부버는 유대교를 재발견하며 히브리어와 하시디즘에 다시금 관심을 가진다. 이를 계기로 20대 후반부터 50여 년을 하시디즘 연구에 몰두하게 된다. 부버는 비엔나대학, 라이프치히대학, 츄리히대학, 베를린대학을 거치며 철학, 문학, 미술, 심리학을 공부하며, 괴테, 톨스토이, 도스토예프스키 등의 문학에 심취하였다. 이들은 인간의 내면적 분열에 관심을 두며 당시 정신적 퇴조를 공격한 작가들이었다. 부버는 이들의 관점에 공감하며 아울러 철학적으로는 칸트, 키에르케고르, 포이에르바하, 니체 등으로부터 영향을 받았다. 키에르케고르와 니체의 인간 실존에 관한 철학에 큰 관심을 가졌고 포이에르바하의 전인 개념에 특히 주목하였다. 이 전인은 고립된 인간이 아니라 타자들과의 관계 속에 있는 인간으로 부버는 이를 수용하여 그의 인간관계이론으로 발전시켰다.

또한 부버는 딜타이의 정신과학의 접근방법에 주목하였다. 딜타이는 정신과학과 자연과학은 인식의 방식이 다르다고 주장하였다. 정신과학은 인식 주체가 인식 대상과 거리를 둔 관찰자(자연과학)가 될 수 없고 스스로 그 대상에 참여해야 한다. 이러한 인식론적 방법이 부버의 연구방법론에 영향을 주었다. 부버는 1923년 그의 철학적, 인간학적 이론을 집대성한 《나와 너》를 출간하였다. 그는 1923년부터 1933년까지 10년간 프랑크푸르트대학에서 종교철학 및 종교사를 강의하였다. 1933년 나치집권 후 추방된 후에는 1938년부터 예루살렘 히브리대학에서 사회철학을 강의하며 정년퇴임하였다. 퇴임 후에도 정부의 요청으로 성인교육에 전념하여 1965년에 죽을 때까지 많은 학문적, 사회적 활동을 하였다(강선보, 2003: 15–59).

부버에 따르면 현대사회에서 인간은 한편으로 극단적인 집단주의에 빠져 인간 개개인의 고유성을 상실하고 다른 한편으로는 극단적인 개인주의에 빠져 타인의 존재를 인격적으로 존중하지 못하는 상황에 빠져 있다. 이러한 상황에서 인간 개인의 고유성을 회복하는 동시에 타인의 인격을 배려할 수 있는 길은 바로 나와 너의 만남과 대화를 통한 것이다. 인간은 세계에 대해 두 가지 태도를 지닌다. 하나는 '나-그것' 으로 이것은 경험과 인식과 이용의 대상이 되는 세계이다. '나-그것' 에서 나는 그것을 소유하고 이용할 뿐 직접적인 관계를 맺지 않는다. 반면, '나-너' 의 세계에서 너는 여러 성질로 분해할 수 없는 전체가 하나로 된 전존재이다. '나-너' 는 서로 전존재를 기울여 참 인격으로 관계한다. 이러한 관계는 직접적이며 상호적이고 근원적이다. 나무를 볼 때 잎, 색깔, 크기, 모양 등으로 분석하여 보는 것이 바로 '나-그것' 의 세계인 반면, 나무 전체를 하나의 주체로 대면하는 것이 바로 '나와 너' 의 관계이다. 인간관계에서도 저 사람의 얼굴, 키, 나이, 성격, 취미, 성별, 직업, 가정환경 등으로 분석하여 대하는 것이 '나-그것' 의 입장이라면 그 사람 전체, 한 인간으로서 관계를 맺고자 하는 것이 바로 '나-너' 의 관계이다.

인간은 관계를 통하여 자신의 참다운 존재를 찾아간다. 이 관계는 자연과 인간과 영적 존재의 세 가지 차원에서 맺게 된다. 첫 번째 영역의 관계는 아직 불완전하며 언어가 통하지 않는다. 즉, 우리가 다가가도 그들이 적극적으로 우리에게 다가오지는 못하며 우리가 말을 건네도 상대방이 우리에게 말하지 못한다. 둘째, 인간과 인간의 관계에서는 말이 통함으로써 상대방을 부를 수도 상대방이 나를 부를 수도 있다. 셋째, 인간과 영의 관계는 구체적인 말로 표현되지 않는다 해도 영적으로 교감하게 된다. 이러한 세 가지 차원의 만남들을 통하여 영원한 너, 곧 하나님과의 관계로 나아갈 수 있다. 나-너의 관계는 영원히 지속되지 못하고 순간순간 나-그것의 관계로 바뀐다. 우리가 상대방을 전존재, 인격적으로 관계하다가도 때로는 분석하고 이용할 수 있다. 그러나 "나-영원한 너" 의 관계는 "그것" 이 될 수 없고 항상 "너" 로 존재한다.

나-너 관계의 특성은 첫째, 상호성이다. 인간은 홀로 실존할 수 없고 다른 인간과의 공존적 관계 안에서 실존한다. 나-너 관계는 일방적이지 않다. 나는 너를 선택하여 다가가며 너는 나를 선택하여 다가간다. 나는 너와의 접촉을 통해 나의 인격이 나타난다. 내가 상대방에게 영향을 미치며 상대방은 나에게 영향을 미친다. 교사가 학생에게 영향을 주며 학생은 교사에게 영향을 준다. 우리는 작품을 만들지만 작품 또한 우리를 만든다. 사람이 책을 쓰지만 그 책이 또한 사람을 만드는 것이다.

나-너 관계의 두 번째 특징은 직접성이다. 나-너 관계 사이에 어떠한 의도나 선입견도 개입되지 않는다. 저 사람을 통해 어떤 목적을 달성해야지 하는 마음이나 저 사람은 저런 사람이라는 나의 일방적인 판단이 개입되지 않는다. 오직 상대방의 입장에서 상대방의 전존재를 수용하고 관계한다. 세 번째 특징은 현재성이다. 현재성은 다른 곳이 아닌 바로 나와 너의 사이에 존재하며, 과거도 미래도 아닌 그 사이에서 이루어지는 바로 "지금 그리고 여기"의 시점에서 실현된다.

네 번째 특징은 강렬성이다. 외부의 어떤 개입이나 관여를 완전히 배제함으로써 나타나는 절대적인 관계의 힘, 즉 상호 간의 연대를 향한 노력과 열정으로 나-너 관계는 나의 전존재를 건 행위이다. 다섯 번째 특징은 표현 불가능성이다. 관계의 내용은 어떤 객관적 지식이나 대상에서 얻는 결과물로 표현될 수 없다. 만남은 은혜와 의지를 통해 이루어지며 만남의 순간을 분석하고 설명할 수 없는 존재 간의 교감이다. 이러한 나-너 관계는 너의 독특함, 관계의 개별성을 특징으로 한다. 모든 관계는 독특하며 결코 일반화할 수 없는 성질을 지닌다(Buber, 1998: 7-25).

부버는 나-너 관계를 대화적 관계로 본다. 대화란 서로 간의 차이를 간직한 채 서로를 직면하는 것이다. 이것은 인간주의 심리학자들이 말하는 내담자와 상담자의 동일시가 아니다. 대화는 세 가지 단계를 거치게 된다. 첫째, 대화로서 위장된 독백의 단계이다. 여기서 각자는 자신의 입장을 강요하며 자기 말을 하려고 타자의 말이 끝나기만을 기다린다. 둘째, 실무적 대화의 단계이다. 이것은 객관적 이해의 필요에 의해 발생한다. 출국수속을 밟기 위해 외무부 직원과 이야기를 주고받는 경우이다. 셋째, 진정한 대화의 단계이다. 각자가 타인에게 진실로 책임을 진다. 이때 각자는 자신이 아닌 타자에게 몰두하며 타자의 삶과 처지에 진심으로 관심을 가지며 인정한다. 진정한 대화를 이루려면 각자의 마음속에 있는 모든 것을 드러내고, 서로 간의 차이를 인정하고 존중하며, 어떠한 의도나 이념 등을 상대방에게 강요하려 해서는 안된다. 서로가 개방하여 진심을 드러내고 이를 자발적인 의지로써 인정하는 것이 대화이지 어떤 선전에 일방적으로 세뇌하고 세뇌당하는 것은 대화가 아니다(강선보, 2003: 124-126).

부버는 갈수록 각박해지는 현대의 물질문명사회 속에서 서로가 조건적으로 이용하는 것이 아니라 상대방의 모든 입장과 소리를 수용하고 진심을 다해 상대방에게 대할 때 참다운 관계를 맺고 바로 이 참된 관계 안에서만 본래의 참된 자아를 찾고 만들어 갈 수 있다고 보았다.

3. 실존주의의 공통 특징

1) 세계관 및 인간관

실존주의는 하나의 체계적 사조라고 보기는 힘들다. 왜냐하면 실존주의로 분류되는 사상가들도 상당히 다양한 시각들을 가지고 있기 때문이다. 이러한 체계화에 대한 거부, 차이와 다양성, 변화를 중시하는 세계관이 실존주의의 가장 큰 특징이라 하겠다. 비록 접근방식은 다양하지만 실존주의의 제일 주제는 인간 실존이다. 이 인간의 실존을 탐구함에 있어 실존주의는 학구적인 사색의 방법을 거부한다. 이것은 기존의 관습 체계를 그대로 따르는 것을 거부하고 절대적인 결론을 회의하며 추상적인 사고를 회피한다. 실존주의는 인간 개개인의 독특한 현재 상황(지금 그리고 여기) 속에서 추상적인 사색이 아니라 열정적인 의지와 행위를 추구한다.

실존은 논리적이지 않고 오직 체험될 수 있는 것이다. 실존주의를 잘 드러내는 말이 바로 "실존은 본질에 앞선다."이다. 먼저 인간이 존재하고 그 이후에 인간은 그 자신을 정의 내린다. 실존주의에서는 내가 이 세상 속에 존재한다는 사실과 세상 속에 존재하는 나 자신에 대한 주관적 이해가 모든 것보다 우선한다. 어떤 철학적 체계도 어떤 다른 인간의 기술도 그 자신에 대한 정확한 이해가 될 수 없다. 실존주의자들은 인간 본성이 미리 확립되어 있어서 이에 따라 교육이 행하여져야 한다는 사고를 부인한다. 이러한 측면에서 키에르케고르, 폴 틸리히, 마틴 부버는 종교적 실존주의자들임에도 불구하고 개인보다 체제를 앞세우고 선택보다는 단순한 복종을 주장하는 종교적 전통들을 부인한다. 이들은 개인이 신과 직접 의사소통하고 자유 의지를 가지고 선택함을 강조한다.

실존주의는 특히 인간존재의 자유를 강조한다. 계획하고, 사색하고, 선택하고, 행동함으로써 사람들은 그 자신을 만들어 간다. 이러한 주체적 행위를 통해 인간조건(자유, 육체적 연약성, 죽음, 미래에 대한 책임 등)에 대한 지속적인 깨달음이 발생한다. 이러한 의미에서 실존은 본질을 앞선다. 인간의 본질은 어떻다는 보편적, 절대적 진리가 먼저 존재하는 것이 아니라 개개인의 주체적 삶의 성찰, 선택, 반성을 통해 각자 참된 인간의 모습을 발견하고 만들어 가는 것이다. 우리는 우리 자신을 만들어 가며 우리의 본질을 창조해 나간다.

실존주의는 산업기술사회의 발전에 따라 나타나는 인간소외와 비인간화 등에 대한 인간 자신의 반성에서 시작된다. 실존주의는 인간의 주체성을 상실시키고 인간을 하나의 대상과 객체로 취급하는 현대사회의 인간상실을 비판한다. 이런 의미에서 실존주의는 인간의 주체성과 인간성 회복을 위한 철학으로 간주된다. 실존주의자들은 선행한 실재의 개념에 의해 인간과 세계를 범주화하고 합리성, 보편성, 객관성의 가치에 의해 사상의 체계화를 시도하는 전통철학을 결정론으로 간주하며 이 전통철학에 의해서는 인간의 실존적 문제에 대한 해답을 얻을 수 없다고 주장한다.

실존주의자들은 또한 체제의 우월성을 거부한다. 인류를 한 유형으로서 혹은 체제로서 보지 않는다. 대신 개인과 개인이 어떻게 자유롭게 스스로를 규정하는가에 관심이 있다. 체제화, 유형화를 거부하기 때문에 어떤 보편적인 해답, 특정한 관습과 형식의 추종에서 탈피하여 개별적인 체험과 각성을 중요시한다. 예컨대, 키에르케고르는 기독교인들이 스스로를 루터교로 규정하고 루터교의 형식들을 따르기보다는, 신자 개개인이 지속적으로 스스로의 선택을 갱신하고 그리스도를 통해 하나님을 직접 만나는 것을 강조한다. 마틴 부버도 개인들 상호 간의 관계형성과 이 관계형성에 있어서 개인의 책임을 특별히 강조한다. 신은 연구의 대상이라기보다는 대화의 동반자이다. 신의 본성이라든지 계명들을 선험적으로 접근하기보다는 개개인의 만남과 성찰의 구체적 계기들을 통하여 신에게 접근할 것을 주장한다.

실존주의는 발전적인 창조를 지향한다. 니체가 지속적으로 자기를 극복하고 상승시키는 초인을 이상적 인간으로 제시하였듯이 사르트르도 인간의 낙관적 태도를 강조하였다. 사르트르에 따르면, 만약 상태를 호전시키려면, 우리는 스스로 더 나은 조건들을 창출하기 위해 노력해야 한다. 우리 자신의 재능을 주장하려면, 그 재능을 드러낼 무엇인가를 우리 스스로 만들어 내야 한다. 사르트르에게 "만약……라면…… 할 수 있었는데"라는 주장은 아무 소용이 없고 우리가 그 조건을 창출할 책임이 중요하다.

사르트르는 "인간은 오직 그 자신이 스스로 만드는 것일 뿐"이라고 주장하였다. 이것은 실존주의의 핵심을 담고 있는 개념으로 인간의 주체성을 강조하는 것으로 볼 수 있다. 인간은 최초에 스스로가 인식하는 계획이라고 할 수 있다. 이 계획의 이전에는 아무것도 실존하지 않는다. 인간은 결국 스스로가 계획하는 것이 될 것이다. 이 계획은 자신의 현 상황에 대한 철저한 자각으로부터 나온다. 그러므로 실존주의의 첫째 요건은 모든 이로 하여금 그 자신의 현존재를 깨닫게 하고 그의 실존의 전적인 책임이 그 자신에게 놓여있음을 알게 하는 것이다. 또한 이러한 책임은 그 자신에 국한된 것이 아니라 온 인류에 미치는 것이다. 개개인의 선택과 행동을 통해 인간의 본성(잔인한가/자비로운가, 활동적인가/게으른가, 지적인가/멍청한가)이 정해진다.

2) 인식론

실존주의에 있어 모든 것은 인간의 실존적 상황에 의존한다. 실존주의자에게 진리가 있다면 이는 추상적인 사변에 의해 발견되는 것이 아니라 개개인의 실존적 상황에서 생성되는 것이다. 객관적이며 체계화된 지식은 가설에 지나지 않으며 지식은 결정적일 수 없다. 그렇다고 실존주의가 실재론과 실용주의 인식론을 전적으로 부정하지는 않는다. 실존주의도 인간정신이 접근할 수 있는 외적 세계의 객관적 실재를 인정한다. 또한 실재에 대한 경험적 접근의 결과로 자연과학과 사회과학 등의 지식이 형성됨을 인정한다. 그러나 이것은 경험적으로 관찰될 수 없는 세계에 대한 설명은 하지 못한다. 한편, 실용주의에서 진리는 결과에 대한 검증에 의해 진리화되는데 실존주의에서 볼 때 인간은 자신이 진리와 지식을 선택할 수 있다. 즉, 인간은 유용한 경험적, 실험적 지식 즉 사회적으로 검증된 지식에 관계없이 그 자신의 목표에 적합하고 자신에게 타당한 지식을 선택할 자유를 지닌다. 따라서 실존주의에서는 경험적, 도구적 지식을 제공하는 경험적 세계를 인식하는 문제보다 이러한 인식을 가능하게 하는 인간의 실존적 의식의 연구가 인식론에 중요하게 된다. 어떤 합리론적 이론이나 경험론적 이론도 인간의 실존적 의식을 명료화할 수 없다.

실존주의에서 인식은 개인이 생활과정에서 채택하는 계획과 경험의 결과로서 개인의 의식과 감정 내에서 시작되며 여기서 지식이 형성된다. 지식의 타당성도 개인에 대한 가치에 의해 결정된다. 이것은 인간의 경험과 지식이 주관적이며 개인적이라는 인식에 근거를 둔다. 실존주의 인식론은 '자기전용' 이라 할 수 있다. 이것은 어떤 공통적인 관념을 자신이 세계를 해석하기 위해 자신의 관점에서 사용하는 것으로, 객관적 지식에 대한 자기소외를 극복하는 지식의 주체화과정으로 볼 수 있다. 지식은 객관적인 것이 아니며 학습될 어떤 것도 아니며 지식은 또한 어떤 기능적으로 유용한 것도 아니다. 바로 이런 측면에서 실재론이나 실용주의적 관점과 다르다. 실존주의 인식론에서는 세계에 대한 개인의 주관적인 의미부여가 중요하다.

3) 가치론

실존주의에서는 인간의 모든 선택의 세계를 개방함으로써 의사결정, 목표설정, 목표달성의 수단 등 모든 과정을 개인의 선택과 책임에 맡긴다. 가치는 이미 존재하고 있는 실체가 아니며 제도적 협약과 사회인습 속에 고정되어 있지 않다. 개별 인간이 그 자신의 생활의 척도가 되며 행동의 주체가 된다. 즉 인간이 선행한 어떤 본질의 지배를 받지 않고 자신의 본성을 선택할 자유를 갖는다. 인간의 실존이란 그에게 개방된 가능성의 선택에 있다. 인간의 실존이 미리 결정된 것이 아니므로 선택도 결코 최종적인 것이 될 수 없다. 그러므로 인간의 실존을 규정함은 불가능하며 인간은 실존적 선택의 힘에 의해 자기를 실현해 가는 계속적 과정 속에 있게 된다.

실존주의는 인간의 자아를 가치창조의 중심으로 본다. 가치는 인간에 의해 만들어지는 것이며 외부세계의 객관적 가치는 인정되지 않는다. 모든 실존적 선택은 하나의 대안을 채택하는 것이므로 정의상 가치활동과 동일하다. 광의로 볼 때 선택하지 않은 것도 하나의 선택으로 볼 수 있기에 선택은 인간에게 필연적으로 나타난다. 선택은 의식의 상태에서 여러 대안 가운데 하나를 택함을 의미하기에 이 선택의 의식이 바로 주체의 자유이다. 선택과 결정을 상실하면 인간은 비실존적이 된다. 즉, 어떤 절대성에 의탁할 때 인간은 자유의 포기와 도덕적 자율성의 상실을 겪게 된다. 실존주의의 관점에 따를 때 실용주의에서 주장하는 지성적 방법에 의한 합의와 도덕성도 외적으로 일치된 가치에 불과하다고 할 수 있다. 실존주의에서는 개인 자신이 선의 최종 결정자로 볼 수 있다.

그러나 개인의 선택의 자유가 최고의 가치가 될지라도 이 자유는 타인과의 관계 등을 고려하며 선택에 있어 책임을 져야 한다. 책임질 수 없는 일이 존재한다면 그만큼 개인은 비실존적이 된다. 마르셀은 자유는 격리로 인도하지 않고 참여로 나아가게 하며, 의사소통 및 교제의 필요성과 밀접히 결합되어 있다고 주장한다. 모든 자유는 실제 삶에서 타인과의 관계와 의사소통에 기여함으로써 보다 의미 있게 되는 것이다.

4. 실존주의의 교육적 함의

1) 가르침과 배움

실존주의가 교육의 현장에 주는 가장 우선적인 시사점은 바로 수많은 교육방법이 있지만 그 어떤 방법도 교사와 학생 간의 직접적이고 신뢰 있는 관계와 상호작용을 가로막아서는 안 된다는 점이다. 달리 말하자면, 교사와 학생의 관계와 상호작용 그 자체가 참다운 교육을 형성하는 최우선적인 목적이자 방법인 것이다. 부버가 지적했듯이 인간은 관계 안에서 참다운 자아를 찾는다. 참다운 자아를 찾는 것을 목적으로 하는 실존주의 교육은 바로 교사와 학생, 가르침과 배움의 상호작용을 통해 이루어진다. 교사와 학생은 대화를 통하여 관계를 형성하며 상호작용할 수 있는데 이 대화는 교사가 해답을 알려주는 방식이 아니라 학생 자신의 주체적인 선택과 결정을 조장하는 방식이어야 한다.

교사는 단순히 주어진 교재의 내용을 학생에게 전달해서는 안 된다. 특정한 내용을 전달하는 것에 초점을 맞춘다면 교육에서 실존적 주체인 교사와 학생은 뒤로 빠지고 전달 내용이 마치 교육목적처럼 될 수 있다. 따라서 교사는 어떤 내용을 가르칠 때 반드시 그 내용을 자신의 주체적 시각에서 질문하고 이해한 후 이를 학생에게 제시해야 한다. 학생에게 내용을 제시할 때도 교사 자신의 관점과 함께 가급적이면 다양한 관점을 동시에 제시하고 학생이 스스로 그것들 중에 선택할 수 있도록 장려해 주는 것이 좋다.

특히 교사는 교육내용이 학생 자신의 삶과 어떠한 관련이 있으며 자신의 삶에 어떠한 의미를 지니는지를 학생이 스스로 깊이 생각하여 판단할 수 있도록 안내해

준다. 예를 들어, 문학 시간에 '죽음'을 다룬 작품을 배운다면 이와 관련하여 교사는 죽음이 학생 각자에게 어떤 의미를 가지는지를 질문하며 이를 숙고하도록 유도하는 것이 중요하다. 단순히 문학작품 내용의 일부 지식으로 죽음을 보지 않고 자신의 인생과 관련하여 깊이 생각한다면 이때 학생은 삶의 의미를 성찰하고 어떻게 살아야 하겠다는 신념과 의지가 생기게 된다. 바로 실존주의의 교육은 특정한 지식 전달보다 주체적 각성과 결단이 중요하다. 월명사의 '제망매가'가 누이의 죽음을 애도하는 주제의 향가임을 달달 외우는 것이 중요한 것이 아니라 그 작품을 통해 과연 죽음이 현재 내 삶에 어떤 의미가 있는지를 생각하는 것이 중요하다. 아마 학생들 중에는 매일의 삶을 키에르케고르가 말한 미적 단계의 인간처럼 순간적인 쾌락과 충동에 의해 살아가는 경우도 많을 것이다. 그들에게 자신이 언제 죽을지 모르며 죽음이 어떠한 파장을 가져올지를 진지하게 생각하도록 한다면, 그들은 매일의 삶을 충동적으로 허비하는 행동을 반성하고 좀더 나은 삶을 계획하고 이를 위해 노력할 것이다.

실존주의에 입각한 교육은 교육현장에서 교사와 학생이 주인공이 된다. 더이상 교사는 전달자, 학생은 수용자가 아니다. 교사와 학생은 교육활동에서 독창적이고 주도적인 역할을 수행한다. 이러한 교사와 학생의 주체적 활동에 의한 교육은 획일적인 교육목적, 교육내용, 교육방법의 극복을 의미한다. 다양한 교육시설 및 교육자료 등은 교사와 학생의 인격적인 상호작용을 도우며 실존적인 깨달음을 조장하는 것이어야 한다. 교사와 학생은 바로 이 점을 고려하여 다양한 교육시설 및 교육자료 중 자신에게 적절한 것을 선택하여 독창적인 교육을 스스로 구성해 가야 할 것이다.

2) 교육과정

실존주의에 입각한 교육과정은 개인의 삶의 의미를 성찰하는 데 도움을 주는 지식과 기술을 담고 있다. 실존주의 교육과정은 각 교과의 여러 정보들을 정리하고 전달하는 것이 초점이 아니라 학생 개개인이 각 교과내용을 자신의 시각에서 이해하여 의미를 부여하는 것이 중요하다. 사실적 내용이건 가치를 담고 있는 내용이건 학생 자신이 배우는 대상에 대하여 그것을 왜 배우는지, 자신의 삶과 현재 사회에 어떤 의미를 지니는지 생각하는 것이 중요하다.

실존주의 교육과정에서는 특별히 역사, 문학, 철학, 예술과 같은 교과가 중요하다. 이것들은 인간이 다양한 환경의 다양한 문제들(사랑, 갈등, 욕망, 죽음, 고통, 죄, 자유 등) 속에서 고민하고 선택하고 실행한 과정 및 결과들을 보여줌으로써 개인으로 하여금 실존적 각성을 조장하기 때문이다. 실존주의자들은 역사를 인간이 자유를 실현키 위한 투쟁으로 본다. 학생은 과거의 사람들이 어떤 문제에 부딪혀 어떻게 대처해 나갔는지를 보며 현재의 이 세계에서 자신이 그리고 자신이 소속된 공동체가 어떻게 대처해야 할지를 성찰하게 된다. 마찬가지로 문학작품을 통해 학생들은 작품 속의 다양하게 펼쳐진 세계 속에서 등장인물의 실존적 선택을 간접체험하며 자신의 삶에 그 의미를 연결시키게 된다. 이는 예술 교과에서도 유사하다. 미술작품이나 음악을 감상하며 작가가 어떠한 상황에서 어떠한 마음으로 그러한 표현을 만들게 되었는지를 숙고하며 이러한 감상을 통해 자신의 삶에서의 의미를 찾는 것이 중요하다. 더욱이 예술 교과에서는 창작활동을 통해 자신의 내면세계를 성찰하며 이를 표현하면서 자아의 정체성을 발견하는 중요한 경험을 할 수 있다. 특별히 경계해야 할 점은 예술이나 문학작품의 의미 해석에서 정해진 틀과 내용으로 정리하여 제시하거나, 창작활동에 있어 특정 작가의 기법 및 특정 형식을 모방하거나 강제하지 않는 것이다.

획일성을 거부하는 실존주의는 또한 연속적인 교육과정보다는 비연속적인 교육과정을 중시한다. 볼노우(Bollnow)는 서양교육사조의 양대 줄기는 밖에서부터 제조하려는 교육과 아동 내부로부터 자유롭게 성장시키는 교육이었다고 주장한다. 그런데 양자 모두 연속적인 원리에 입각한다는 데 그 공통점이 있다. 즉, 전자는 외부세계의 법칙에 따라 일련의 과정을 만들고 이에 따라 아동을 가르친다는 것이고, 후자는 아동 내부에 고유한 법칙에 따라 스스로 순차적인 발달과정을 거치며 성장해 간다는 것이다. 따라서 양자는 교육에 관해 기본적 접근은 다르지만 모두 연속적인 성격을 가진다. 이에 반해 실존주의 철학자인 볼노우는 교육의 가장 중요한 계기는 바로 만남과 각성을 통해 이루어지며 이 만남과 각성은 의도된 또는 미리 존재하는 순차적 법칙과 과정에 의해 일어나는 것이 아니라 우발적이며 순간적으로 일어난다고 주장한다(Bollnow, 1970). 바로 이러한 우발적이며 순간적인 만남과 각성을 통해 교육이 일어난다는 점에서 실존주의의 교육과정은 비연속적이다. 비록 교사와 학생은 지속적으로 상호작용을 한다고 하더라도 교사가 학생에게 결정적인 영향, 깨달음을 촉발하는 순간은 바로 한 지점에서 예기치 않게 발생하며 바로 이 지점에서 학생의 지적 성취는 비약적으로 증진한다고 하겠다. 문학작품 속에서 또는 역사책을 통하여 학생은 특정한 상황, 특정한 인물의 행위를 보며 순간적인 깨달음을 경험하게 된다. 실존주의의 이러한 비연속적 교육관은 모든 내용과 방법이 순차적으로 설정되어 있고 이를 따라야 하는 현 교육상황에 중요한 의미를 제시한다고 하겠다.

연구 및 토의과제

1. 다음 개념에 대하여 설명하시오.

   ① 실존은 본질에 앞선다. ② 자유

   ③ 키에르케고르의 실존의 과정(삼 단계) ④ 간접전달

   ⑤ 초인 ⑥ 만남

   ⑦ '나-너' 관계 ⑧ 비연속적 교육과정

2. 실존주의에서 비판하는 점과 공통적으로 강조하는 요점은 무엇인가?

3. 키에르케고르의 종교적 관점과 간접전달의 개념은 교육에 무엇을 시사하는가?

4. 부버가 강조하는 '나-너' 관계를 지향할 때 참다운 교육은 어떠해야 하는가?

추/천/도/서/

Bollnow, O. F. (2008). 실존철학과 교육학. 윤재홍 역. 서울: 학지사.

Buber, M. (1998). 나와 너. 표재명 역. 서울: 문예출판사.

Fischl, J. (Eds.). (1994). 실존철학과 현대. 백승균 편역. 대구: 계명대학교출판부.

Manheimer, R. (2003). 키에르케고르의 교육이론. 이홍우 · 임병덕 공역. 서울: 교육과학사.

강선보(2003). 마르틴부버 만남의 교육철학. 서울: 원미사.

김삼랑(1989). 실존주의 교육론. 서울: 배영사.

CHAPTER 13

분석철학

1. 기원 및 배경

2. 주요 사상가

3. 분석철학의 교육적 의의 및 한계

4. 분석철학의 적용: 가르침의 개념 분석

CHAPTER

13 분석철학

원 · 전 · 읽 · 기

'윤리학과 교육' 중에서

교육이라는 말 속에는 무엇인가 가치있는 것이 전달되거나 촉진된다는 뜻이 들어 있기 때문에, '교육'은 라일이 말한 바 '성취어'의 한 특수한 경우가 된다. 라일은 소위 '과업어'와 '성취어'를 구별하고 있다. '탐색하다'는 말은 과업을 나타내며, 발견하다는 말은 성취를 나타낸다. 이 두 가지 말을 구별할 때 라일의 요지는 이것이다. 즉, 발견하다와 승리하다, 그리고 인식을 나타내는 결론맺다와 이해하다 등(성취어)은 각각 탐색하다, 경주하다, 추리하다, 경청하다(과업어)의 활동이나 과정 이외의 부가적인 활동이나 과정을 나타내는 것이 아니다. 오히려 그런 성취어는 목하 문제되는 과업을 성공적으로 수행한 결과를 나타낸다. 그러나 그렇다고 해서 그 성취가 반드시 가치있다든가 그 과업이 도덕적으로 옳다든가 하는 뜻이 들어 있는 것은 아니다. 무엇인가를 발견하다든가 이해한다는 것 자체가 반드시 바람직한 것은 아닌 것이다. 그러나 교육의 경우에는 그런 뜻이 들어 있다. 왜냐하면 누구를 교육한다고 하는 것은 비단 어떤 일을 성취했다는 것만 아니라, 그 일이 가치 있는 일이라는 것을 의미한다. 뿐만 아니라 그 일을 하는 방법이 도덕적으로 이론의 여지가 없어야 한다는 뜻도 그 속에 들어 있다. 조건화라는 것은 우선 이 관점에서 교육의 과정에 포함될 수 없다. (물론 그밖에 여러 가지 점으로 보아서도 그러하다.)

한편으로 교육과 또 한편으로 라일이 말한 성취어 사이에는 그밖에 다른 차이점도 있다. 교육이라는 말은 성취 뿐만 아니라, 여러 가지 종류의 과업도 포함하고 있다. 교육은 노력의 뜻과 성공의 뜻을 모두 가지고 있다. 셰플러가 이미 지적한 바와 같이, 가르친다는 말도 이와 비슷한 이중적 측면을 가지고 있다. 교육을 한다는 것은 사람들에게 가치 있는 것을 전달해 주는 데에 성공한다는 뜻만 아니라 그 방향으로 노력한다는 뜻도 포함하고 있다. 교육을 성공적으로 했다는 증거는 논지에 합당하다든가, 엄밀하다든가, 주의 집중력이 강하다든가 하는 일반적 미덕에서도 찾아볼 수 있고, 용기가 있다든가, 민감하다든가, 스타일에 관한 감각이 있다든가 하는 특수한 미덕에서도 찾아볼 수 있다.

여기서 교육과 다른 성취어 사이의 또 한 가지 차이점이 드러난다. 앞에서 이미 말한 바와 같이 교육이라는 말은 어떤 특수한 활동을 딱 꼬집어 지칭하는 것이 아니다. (물론, 다음에서 논의할 바와 같이 교육이라는 말 속에 포함될 수 없는 활동이 있기는 하다.) 이와 마찬가지로, 교육이 실현하고자 하는 '가치 있는 것'에도 수많은 종류의 성취 내지 '가치 있는 정신상태'가 포함되어 있다. 이에 반하여, 라일이 말한 성취어 중의 대부분은 보다 특수한 정신상태들을 가리키며, 그와 동시에 그러한 결과를 낳게 하는 '과업' 또한 보다 특수한 활동들로 되어있다. 교육에서 전달될 수 있는 가치 있는 정신상태가 이와 같이 다양하다는 사실이야말로 '교육목적'에 관한 논의가 그토록 분분하게 된 근본적인 이유이다.

출처: 피터스 저(1966). **윤리학과 교육**. 이홍우 역. 파주: 교육과학사. 제1부 제1장 교육의 개념적 기준 중에서, pp. 24-26.

사유하기 교육이 왜 '성취어의 특수한 경우'가 되는가? '조건화'가 교육의 과정에 포함될 수 없는 이유는 무엇인가?

1. 기원 및 배경

분석철학의 기원을 찾자면 멀리 고대 그리스까지 거슬러 올라간다. 분석(analysis)이란 말은 그리스어 아날루시스(analusis)에서 왔는데 이는 '얽혀 있는 것을 푸는 행위(loosening up or dissolving)'를 의미한다. 이러한 의미는 한편으로는 플라톤이 미덕이나 지식과 같은 개념을 하위 요소들로 나누고 이것들을 통해 그 개념을 정의하려는 시도에서 비롯된다. 다른 한편으로는 아리스토텔레스가 하나의 명제로부터 출발하여 그 근거가 되는 원리를 찾았던 것에서 비롯된다. 양자 모두 주어진 대상(개념 혹은 명제)으로부터 출발하며 이것의 기초적인 것(하위 요소들 혹은 원리)을 찾는다는 데 공통점이 있다(Johann, 2008: 21-22).

개념을 분석하고 명제의 전제를 찾는 이러한 철학적 시도는 데카르트, 라이프니츠, 칸트 등을 거쳐 보다 정교하게 발달하였다. 19세기에 접어들면서 많은 학문 분야가 발달하며 다양한 주제와 용어들이 대두되면서 철학에서 변화의 필요성이 일어났다. 즉, 다른 학문 분야와는 구별되는 철학 나름의 독자성을 구축해야 한다는 필요성과 다양한 개념과 용어들을 명료화할 필요성이었다. 이러한 맥락에서 분석철학이 본격적으로 발달하기 시작한 것이다. 현대의 분석철학은 무어(Moore, 1873~1958), 러셀(Russell, 1872~1970), 비트겐슈타인(Wittgenstein, 1889~951) 등에 의해 체계화되었다. 이들은 일상적 혹은 과학적 언어를 분석하는 데 관심이 깊었다. 러셀은 언어 안에 존재하는 논리적 구조 및 법칙을 발견하고자 하였다. 그는 세계를 정확하게 기술하는 언어로부터 세계를 추론할 수 있다는 가정하에 불명료한 한정어구들을 배제한 가장 확실한 필수요소만을 가진 원자적 단위로 언어를 분석하였다. 또한 주관적인 선호에 좌우되는 일상적인 단어나 문장들을 대신하여 엄밀하고 명료한 기호체계를 만들어 이를 통해 언어를 명료화하려고 하였다. 이러한 접근으로부터 발달한 분석철학의 한 유파를 논리실증주의라 한다.

무어는 관념론의 주장에 대항하면서 분석철학의 입지를 공고히 하였다. 19세기 후반 영국에서는 헤겔의 영향을 받아 관념론이 한창 발달하였다. 브래들리(Bradley) 같은 학자들은 개개의 사물들은 단지 피상적인 것이며 이것들에 공통적으로 잠재된 하나의 절대적이며 보편적인 실재가 있다고 주장하였다. 상식이나 과학은 기껏해야 부분적인 진리만을 제시하며 철학을 통하여야만 완전한 진리를 찾을 수 있다는 입장이다. 이에 대해 무어는 관념론의 주장은 인간 정신의 보편적 본질에 의존하여 선험적인(경험 이전의) 진리를 강조하는데, 인간의 정신은 보편적이지 않고 우발적인 것이라고 반박하였다. 또한 사고의 대상은 개개인의 관념 안에 있지 않고 개념들의 복합체인 명제들에 있다고 하였다.

무어는 관념론에서 주장하는 진리의 일관성 이론(만약 명제들이 논리적으로 일관성을 갖추면 그 안의 명제는 참)에 반대하였지만 상응이론(명제가 사실과 상응하면 참)에도 반대하였다. 참인 명제는 사실에 상응하는 것이 아니라 그 자체로 사실이며 실재의 일부인 것이다. 또한 명제 안의 개념들은 인간의 정신 및 활동과는 독립되어 있다. 무어에 따르면 철학은 사변적인 변증법보다는 상식과 치밀한 분석이 요구된다. 어떤 대상은 이를 구성하는 하위 개념들로 분석될 때 비로소 인식될 수 있다. 분석이란 복잡한 개념들 및 명제들의 정의를 통하여 더욱 간단한 개념들로 풀어나가는 것이다. 러셀이 일상적인 언어의 불명료함을 지적하고 상징적인 언어를 통한 분석에 치중하였던 것과는 달리 무어는 오히려 일상적인 언어의 분석을 중요시하였고 이후 분석철학의 한 유파인 일상 언어학파는 무어의 이러한 입장에 영향을 받았다.

분석철학의 발달에는 실증주의가 중요한 영향을 미쳤다. 19세기에 콩트(Comte)를 중심으로 프랑스에서 발달한 실증주의는 지식이 감각적 지각과 객관적인 과학 실험에 근거해야만 한다는 입장을 취했다. 지식은 관찰 가능한 사실 및 이 사실의 상호관계를 나타내는 진술로 제한되며 실험적으로 증명될 수 없는 형이상학적 세계관을 거부한다. 이러한 실증적인 접근방식을 지지하던 일련의 과학자, 수학자, 논리학자들이 모여 비엔나서클(Vienna Circle)이란 학파를 형성하게 된다. 이 학파는 철학을 과학적 방법에 의하여 접근하려 하였고 객관적인 입장에서 언어의 분석과 증명에 집중하였다. 바로 이러한 흐름을 통해 분석철학이 발달한 것이다.

2. 주요 사상가

1) 비트겐슈타인(Wittgentein, Ludwig Josef Johann: 1889~1951)

비트겐슈타인은 1889년 오스트리아 비엔나의 한 귀족 집안의 막내로 태어났다. 그의 어머니는 음악적 재능이 뛰어나 자식들에게 예술적 영향을 주어 그의 형은 피아니스트로, 누나는 화가로 활동하게 되었다. 이러한 집안의 예술적 영향력을 받아 비트겐슈타인은 예술에 대한 남다른 열정과 관심을 갖게 되었다. 어렸을 때 그는 손재주가 좋았고 공손하며 남을 배려할 줄 아는 아이였다. 비트겐슈타인은 학교에 들어가 철학자들의 책을 읽으며 점차 지적으로 성장하게 되었다. 비트겐슈타인은 칼 크라우스, 쇼펜하우어, 하인리히 허쯔, 볼츠만 등의 저작들을 읽으며 특히 과학철학에 관심을 갖게 되었다. 그러나 그의 부모는 아들의 관심과 재능을 모르고 엔지니어링을 전공하도록 하였다.

비트겐슈타인은 아버지의 권유에 따라 엔지니어링을 계속 공부하며 특히 항공학을 중점적으로 연구하였다. 항공학을 공부하는 틈틈이 철학 서적들을 읽으며 사유하였고 자신의 생각을 글로 적기 시작하였다. 그는 맨체스터대학교의 연구원으로 지내며 공학을 연구하는 한편 수학에도 깊은 관심을 보였다. 그는 수학의 논리적 기초를 탐구하는 데 열정을 기울였고 철학에도 지속적인 관심을 가졌다. 1911년 그는 독일의 수학자이자 철학자인 프레게(Frege)를 찾아가 그의 철학적인 관심사를 나누었다. 프레게는 비트겐슈타인의 자질을 우수하게 여기고 캠브리지대학교의 러셀에게 철학을 배우도록 추천하였다. 비트겐슈타인은 러셀의 수리논리학 강의를 들으며 한편으로 레셀과 강의 내용에 관련해 심각한 토론을 벌였다. 러셀은 연구실에서 사생활에 침해당할 정도로 긴 시간의 토론을 하는 그의 제자가 지나치게 고집스럽다고 느꼈지만 한편으론 그의 뛰어난 능력을 인정하였다. 제자의 철학적 자질을 보고 스승인 러셀은 아직 학부생이었던 비트겐슈타인과 《수학의 원리》를 공동집필하게 되었다(Yadav, 2005: 48-54). 그러나 비트겐슈타인은 점차 러셀과 상당 부분 입장의 차이를 느끼게 되었고 결국 1913년에 그는 캠브리지대학교를 떠나 독립적인 연구활동에 돌입하게 되었다. 1922년에 그는 《논리철학논고》를 출간하였는데 이 책은 논리실증주의자들에게 큰 영향을 주었다. 1920년부터 1926년까지 그는 오스트리아의 작은 마을에서 교사생활을 하였다. 그는 1929년에 캠브리지에서 박사학위를 받고 러시아, 노르웨이, 오스트리아, 아일랜드 등지를 여행하며 시간을 보내다가 1938년 캠브리지로 돌아와 1939년에 이 학교의 교수가 되었다. 이후 그는 왕성한 교육활동과 연구활동을 벌이다가 1951년 전립선암으로 사망하였다. 그의 후기 연구성과를 보여주는 책으로 《철학 탐구》(1953)가 사후에 발간되었는데, 이 책은 그의 초기 연구 성향과는 달리 일상적이며 실용적인 관점에 입각하여 저술되었다.

비트겐슈타인의 철학은 초기의 입장과 후기의 입장이 상이하다. 먼저 그의 초기 입장은 《논리철학논고》(1918)에서 드러난다. 여기서 그는 그림이론(picture theory)을 통해 자신의 논지를 설명한다. 그는 자동차 사고를 다룬 재판에서 모형 차와 인형들을 이용해 당시 상황을 설명하는 것에서 힌트를 얻어 이 이론을 생각해 냈다. 모형을 이용해 실제 상황을 설명한 것처럼, 언어는 바로 실제 세계를 그린 그림이다. 언어는 명제들(propositions)로 이루어져 있고, 세계는 여러 가지 사실들(facts)로 구성되어 있다. 세계의 사실들을 지칭하는 것이 명제이며 이러한 명제들을 통하여 언어는 실제 세계를 분명하게 그려주는 것이다. 이러한 관점에 따를 때, 신, 자아, 도덕과 같은 추상적인 논의는 무의미하다. 그는 이러한 주제 자체가 중요하더라도 이것들은 실제 사실들로 보기 힘들며 그러기에 명제로 일대일 대응시키는 것이 불가능하기 때문에 차라리 애매모호한 말들을 늘어놓느니 침묵하는 편이 낫다고 주장한다. 그는 이러한 맥락에서 철학이 지향해야 하는 방향을 분명히 제시하였다.

첫째, 철학의 대상은 사상의 논리적 명료화이다.

둘째, 철학은 본질적으로 인용문을 다루는 작업이다.

셋째, 철학은 애매하고 모호한 사상들을 명료화하고 그 한계를 설정해야 한다 (Wittgenstein, 1955: 77).

즉, 비트겐슈타인은 철학의 임무를 기존의 많은 논의들에 담긴 애매한 표현들을 명료하게 다듬고, 알 수 없는 주장들은 철학적 논의에서 과감히 배제시키는 것이라고 보았다. 이러한 주장은 세계를 왜곡됨 없이 정확하게 표현하는 언어를 찾고자 했던 논리실증주의자들에게 강력한 영향력을 주었다.

1930년에서 1935년 사이 비트겐슈타인은 자신의 철학적 접근방식을 급격히 전환시켰다. 램지(Ramsay), 브레이스웨이트(Braithwaite), 브라우어(Brouwer), 제임스(James) 등과의 토론을 거친 후 비트겐슈타인은 《논리철학논고》의 입장이 잘못되었다고 생각하였고 곧 새로운 입장을 제시하였다. 그의 새로운 입장은 《철학 탐구》에 잘 드러나 있다. 그의 초기 입장은 세계는 사실들로 나뉘며 다시 사실들은 사물(things) 및 단위 요소(simples)로 나뉘기 때문에, 이에 상응하여 세계를 명확히 나타내는 언어가 되려면 사실들을 나타내는 명제들과 이 명제들을 구성하는 이름들(names)의 분석이 필요하다는 것이었다. 여기서 핵심은 세계와 언어, 사실과 명제, 사물과 이름을 철저히 대응시키고 언어를 가장 작고 확실한 원자적 단위까지 분석하는 것이다. 이러한 대응 및 분석이 안 되는 언어는 무의미하다. 그러나 후기 입장에서는 세부 단위로의 분석은 사실 그 자체로서, 혹은 객관적으로 발생하는 것이 아니라 주관적으로 일어난다. 따라서 분석은 한 가지 방식으로만 일어나지 않고 다양한 방식으로 가능하다. 세계는 사실들로 나뉘어지기도 하지만 곧바로 사물들 및 사건들로 나뉠 수 있다. 한 사물(a thing)은 여러 단위 요소들의 복합체일 수도 있지만 그 자체로 하나의 단위 요소(a simple)가 될 수도 있다.

이러한 분석의 다양성은 상이한 맥락(contexts) 및 관점에 따라 가능한 것이다. 철저히 사실에 입각하여 객관적인 실증을 하고자 하였던 것이 초기의 입장이었다면, 맥락과 관점에 따른 다양성과 변화가능성을 중시하는 것이 후기의 입장이라 하겠다. 초기 입장에서는 인간의 삶보다 언어를 우선시하였으나 후기 입장에서는 언어는 인간의 삶(생활)을 반영한다는 점을 분명히 하였다. 우리의 일상적인 언어는 객관적으로 명확할 수 없다. 명확함 혹은 정확함이란 것은 각각의 상황에 따른 것이다. 예를 들어, '정확한 시간(exact time)' 이란 사람들의 상이한 의도, 다양한 상황의 유형에 따라 달라진다(Pitcher, 1964). 객관적으로 명확하지 않다고 일상 언어가 모두 무의미하지는 않다. 즉, 애매모호한 점에 대하여 보충설명을 한다면 충분히 그 의미가 통하는 것이다. 후기 철학의 접근은 언어를 분석하여 객관적으로 명확한 의미를 제시하는 것이 아니라, 다양한 표현들이 다양한 상황에서 상이하게 사용되는 방식을 설명하는 것이다.

비트겐슈타인의 후기 철학은 언어를 게임에 비유하여 설명하기에 언어게임(language game)이론이라고 불린다. 게임은 사람들이 활동함으로써 진행되듯이, 언어도 사람들이 그것을 사용함으로써 의미를 지닌다. 언어의 의미가 실재에 상응하여 고정되어 있는 것이 아니라, 다양한 상황에서 사람들이 사용하는 방식에 따라 상이하게 드러나는 것이다. 또한 모든 게임에 공통된 규칙은 없지만 어떤 게임들은 서로 유사한 방식으로 운영되듯이, 언어도 모든 언어에 보편적인 본질이란 없으며 언어 사이에 유사성(가족유사성)이 존재한다. 한 단어는 여러 의미를 지니고 있지만 이 여러 의미들 사이에는 마치 가족과 같이 유사한 점이 있다. 게임은 보통 다수가 참여하고 일정한 규칙으로 진행되듯이 언어도 공동체의 상호작용을 통해 의미를 지니며 공공의 가치를 지향한다. 이러한 비트겐슈타인의 언어게임이론은 본질이나 실재보다는 일상적인 삶의 가치, 추상적인 사변보다는 실제적인 활용, 보편성보다는 맥락과 주관에 따른 다양성, 개인적 가치보다는 공동체의 가치, 차이와 유사성의 변증법적 지향(다문화적 관점) 등 다양한 철학적 함의를 준다.

비트겐슈타인이 교육에 대해 직접적으로 언급한 부분은 드물지만 교육자로서 가르치는 방식으로부터 우리는 그의 교육사상을 생각할 수 있다. 그의 가르침에서 핵심적인 것은 바로 학생 스스로의 비판적이고 창의적인 사고를 조장하는 것이었다. 그는 가르침을 길 찾기에 비유하였다. 학생은 낯선 도시의 여행자이며 교사는 여행 안내자이다. 단순히 A지점에서 B지점으로 가는 방법을 알려준다면 여행자는 다른 곳을 찾아가거나 다른 방법으로 가지 못할 것이다. 그보다는 도시 전역을 함께 다니며 다양한 장소와 다양한 길에 완전히 익숙하게 하는 것이 근본적인 방책일 것이다(Gasking, 1962; Jackson, 52). 즉, 비트겐슈타인은 학생에게 단순한 정보를 전달하는 것이 아니라 학생이 스스로 다양한 상황에서 다양한 각도로 사태를 사유하는 방법을 함양하는 것을 교육의 중요한 목표로 본 것이다. 그러기 위하여 교사는 다양한 소재와 자료를 제시하고 이를 학생과 함께 다양한 방향으로 토론하며 탐구하는 것이 필요하다. 이러한 공동탐구를 위해 비트겐슈타인은 특히 풍부한 구체적인 예시를 중요시하였고 중간중간에 생각할 수 있는 시간을 많이 주었다. 또한 학생들로 하여금 자신의 생각을 혼동되지 않도록 분명히 정리하여 말하도록 권유하였다. 그는 학생들에게 즉각적인 결과를 끌어내기보다는 기본능력을 근본적으로 향상시키는 데 중점을 두었다. 바로 이러한 비트겐슈타인의 교육관은 그의 철학의 접근방식에서 비롯된다. 즉, 초기의 접근방식에서 강조되었던 사상을 명료하게 표현하는 점, 후기의 접근방식에서 강조되었던 다양성과 맥락의 중요성 및 일상적(구체적) 삶의 가치를 교육적으로 적용한 것이라 할 수 있겠다.

2) 피터스(Peters: 1919~)

피터스는 1919년 영국에서 태어나 브리스톨의 클리프톤 고등학교를 졸업한 후 옥스퍼드대학교의 퀸스컬리지에서 고전을 전공하였다. 제2차 세계대전 때는 의무대에서 복무하였고 사회구조 사업에도 참여하였다. 전쟁이 끝난 후 그는 썸머셋의 시드콧 고등학교에서 고전을 가르쳤다. 1946년부터 그는 런던대학교의 버벡 컬리지에서 철학을 공부하면서 동시에 이 대학에서 철학과 심리학을 강의하였다. 피터스는 런던대학교에서 철학뿐만 아니라 메이스(Mace)로부터 심리학을 배웠고, 포퍼(Popper)로부터 사회철학 및 철학적 심리학을 공부하였다. 그는 가르치는 와중에 특히 윤리학, 마음철학, 정치철학, 심리학사, 철학 등의 분야에서 깊이 있는 연구를 하였다.

1961년에 피터스는 하버드대학교를 방문하여 쉐플러(Scheffler)와 학문적으로 교류하였고 1962년에는 런던대학교 교육대학원 교육철학 교수직에 임명되었다. 이때부터 피터스는 자신이 그동안 관심을 기울였던 사회철학의 여러 문제들을 교육과 관련하여 집중적으로 분석하기 시작하였고 이러한 연구활동을 통해 그동안 몇몇 학자들이 산발적으로 연구하였던 교육철학이란 분야를 영향력 있는 주요한 학문 영역으로 발전시켰다. 그는 폴 허스트(Hirst)와 함께 교육철학의 학문적 발전을 위한 노력에 박차를 가하였다. 그리하여 영국과 영어권 국가들의 수백 명의 진보적 학생들이 대학원 과정에서 교육철학 분야를 전공하게 되었고 학부과정의 예비교사 교육과정에서도 교육철학 강좌가 개설되었다. 이러한 교육철학의 학문적 발전 및 영향력을 바탕으로 피터스는 허스트와 함께 1964년에 영국 교육철학회를 발족시켰다. 1964년에서 1975년까지 피터스는 영국교육철학회의 의장을 맡았으며 1960년에서 1982년까지 이 학회의 학회지 편집을 맡아 하였다(White, 2009: 227).

피터스는 런던대학교 교육대학원 교수로 재직하면서 분석적 입장의 교육철학의 학문적 입지를 공고히 하며 왕성한 연구활동을 하였고 그의 이러한 학문적 입지를 따르고 동조하는 많은 학자들이 모여 소위 런던학파(the London line)가 형성되었다. 이 학파는 분석철학적 방법에 의하여 교육 및 교육과 관련된 주요 개념들을 명료화하고 정당화하는 작업에 주력하였다. 런던학파의 학자들은 '교육', '교수(teaching)', '학습', '교화', '창의성', '정서', '자유', '평등', '권위', '벌'과 같은 개념들의 준거를 밝히고, 그 교육적 의미를 드러내고 정당화하는 작업에 집중하였다. 런던학파의 학자들은 화이트, 허스트, 맥로글린, 프링, 엘리오트, 디어든, 브리지스, 카아, 쿠퍼, 툴리, 린지 등으로 런던학파는 1965년 이후 현재까지 영국 교육철학계에서 중추적 영향력을 발휘하여 왔다(연세대학교 교육철학연구회 편, 2002: 478).

피터스는 당대의 주류 철학적 사고가 추구하였던 명료함과 분석력을 교육문제에 적용하고자 하였다. 제2차 세계대전 이후 1960년대까지 일반 철학계의 지배적인 관심은 '개념적' 혹은 '언어적' 분석 작업이었다. 이러한 관심을 가진 학자들은 지식의 개념, 도덕적 의무, 법률 등의 개념이 어떠한 세부 구성요소로 이루어졌는지 밝히고 관련된 다른 개념들과 어떠한 상호 연관성을 지니는지를 분석하는 데 역점을 기울였다. 그들은 또한 분석 대상이 되는 개념들이 일상 언어 속에서 어떤 방식으로 표현되는가를 검토하고자 하였다. 피터스는 이러한 접근방식을 적극적으로 교육문제 분석에 적용하였다. 피터스는 교육이란 무엇인가를 밝히는 데 온 관심을 집중하였다. 그는 훈련이나 교화와 같은 다른 개념들과 구별되는 교육개념이 성립하려면 세 가지 준거가 필요하다고 주장하였다.

첫째, '교육'은 교육에 전념하는 사람들에게 가치 있는 것을 전달해야 한다.
둘째, '교육'은 지식과 이해 및 모종의 인지적 안목을 포함해야 한다.
셋째, '교육'은 그 과정에서 최소한의 학습자의 의식 및 자발성을 요구한다(Peters, 1966: 45).

이러한 세 가지 준거를 보통 규범적 준거, 인지적 준거, 과정적 준거로 부른다. 규범적 준거는 교육은 가치를 포함하는, 혹은 가치가 내재된 활동이기에 그 자체의 바람직한 가치(전인적 인격도야)를 지향해야 함을 의미한다. 예를 들어, 돈을 많이 벌기 위한 요령을 배우는 것은 교육이라 할 수 없다. 그것은 돈을 벌기 위한 수단적인 행위로서 교육 그 자체에서 오는 내재적 가치를 지향하지 않기 때문이다. 인지적 준거는 다방면의 지식을 깊이 있는 성찰을 통해 이해하고, 실제 상황과 문제에 이것을 적용할 수 있는 통합적 안목을 의미한다. 이 준거에 따를 때, 단순히 잡다한 정보를 암기하는 것은 교육이 아니다. 여러 가지 정보가 상호 어떠한 관련이 있으며 현실의 문제(자신의 삶의 문제, 사회의 문제)에서 어떻게 적용될 수 있는지를 볼 수 있는 통합적 안목과 감수성이 있어야 한다. 따라서 영어 단어와 수학공식 등을 단편적으로 암기하는 것만으로는 교육이 될 수 없다. 마지막으로 과정적 준거란 교육은 도덕적으로 올바른 방식으로 이루어져야 함을 의미한다. 만약 학습자를 단지 상과 벌에 의하여 조건화 또는 강화시킨다면 이는 교육이라 할 수 없다. 수학 문제를 풀면 초콜릿을 주고 틀리면 체벌을 가하는 방식은 학습자의 자발적 동기와 의지를 고려하지 않는다. 진정한 의미의 교육이 되려면 학습자가 배우는 내용이 무엇이고 왜 배워야 하는지 충분히 의식하고 있어야 하며 이를 자발적인 의지로 학습하여야 한다. 이상의 세 가지 준거는 교육을 다른 유사한 개념과 구별시켜 준다. 예컨대, 개 훈련은 바람직한 가치나 통합적인 안목이나 자발적인 의식 등을 고려하지 않기에 교육이 될 수 없는 것이다.

피터스는 또한 교육의 영역에서 '관심 또는 흥미(interest)' 의 개념이 모호하게 다루어지고 있음을 지적하며 이 개념을 분명히 밝히고자 하였다. 관심은 규범적인 용도와 심리적인 용도로 나눌 수 있다. 심리적인 관심은 개인이 현재 주의를 기울이는 것, 하고자 하는 것, 취미 등을 의미하며, 규범적인 관심은 영어 'interest' 에 '이익' 이란 뜻이 있듯이 개인에게 가치 있고 유익한 것을 의미한다. 피터스는 교육, 특히 학교교육의 맥락에서 관심은 바로 규범적 관심임을 지적한다. 예를 들어, 학생이 사탕을 먹고 싶어 하거나 오락을 하고 싶어 하는 것이 심리적인 관심이라 볼 수 있는데 교사는 이를 방치해서는 안 된다. 그보다는 현재 그리고 장래에 그 학생에게 유익한 것이 무엇인지를 찾아서 이를 추구할 수 있도록 안내해 주어야 한다. 규범적 관심을 위해 교사는 일반적으로 무엇이 가치 있는 것인지를 알아야 하며 학생 각자가 지닌 자질과 잠재력을 파악하고 있어야 한다. 이를 통해 학생이 가치 있는 것을 추구하며 자신의 자질을 충분히 발현시킬 수 있도록 돕는 것이 바로 피터스가 보는 규범적 관심인 것이다(Peters, 1966: 167-168).

3. 분석철학의 교육적 의의 및 한계

분석철학은 일상적인 담화나 과학적 진술에서 사용되는 언어를 고찰하며 분류하고 명료화한다. 교육과 관련하여 분석철학은 교수, 학습, 흥미 등의 개념을 명료화하고 교육목적 및 정책과 관련된 언어를 엄밀하게 탐구한다. 분석철학은 모든 존재의 근원이 되는 궁극적인 원리를 찾으려는 이상주의나 실재주의를 비판한다. 분석철학자들은 이러한 시도가 철학적인 혼동을 초래한다고 본다. 그들은 어떠한 원리를 찾기보다는 기존에 사용되는 개념들의 의미를 밝히고자 한다. 그들은 개념들이 어떻게 정의되는지를 고찰하며 이를 통해 개념들에 담긴 기본 가정을 확인하고 명료화한다. 분석철학은 규범적인 차원에서 "……해야 한다."라고 직접적으로 충고하거나 설득하려고 하지 않고 다만 사실을 분명히 서술하고자 한다. 그러나 개념들의 명료화를 통하여 교육정책의 초점을 명확히 드러내며 그 방향을 간접적으로 제시하는 역할을 한다.

분석철학은 교육자가 사용하는 용어들을 분석하며 그것들의 전제 조건 및 관련된 목적을 규정한다. 분석철학은 가치, 문화, 아동중심, 목적, 교육과정, 조건화, 주입식교육, 자유, 권위 등의 용어들을 분석함으로써 일상적으로 사용되는 이 용어들이 교육적 맥락에서 어떠한 의미를 지니는지를 분명히 한다. 교육에서 다뤄지는 용어들은 심리학, 인류학, 사회학, 윤리학, 법학, 의학, 경제학 등 다양한 분야에서 혼용되고 있으므로 교육의 장에서 그 의미가 구별될 필요가 있다. 이러한 의미 구분을 위해서는 각 개념이 성립하기 위한 조건 및 지향하는 목적을 분명히 밝히면 된다. 분석철학은 어린이가 읽거나 생각하거나 학습해야 한다고 말하는 대신, 읽기, 사색하기, 학습하기 등의 의미가 무엇인지를 검토한다.

분석철학은 다양한 사회적, 경제적, 정치적 압력을 받고 있는 현대의 교육이 모호하고 편파적인 선전들에 의해 혼동되지 않도록 그 중심을 잡는 역할을 한다. 분석철학은 주관적인 편견의 개입을 가능한 막고 객관적이고 중립적인 입장에서 '교육(교수, 학습)' 그 자체의 시각으로부터 의미를 밝히는 데 주력한다. 분석철학은 경험을 통한 학습, 창의적인 표현능력, 문화적 차이, 교육기회의 평등, 의미 있는 삶의 경험 등 수많은 주장들에 대하여 의미가 통하도록 다듬거나 아니면 교육 논의에서 배제시키도록 한다. 분석철학은 교육학의 연구대상을 분명히 한정하고 이에 대하여 분석적인 연구방법을 제시함으로써 교육학을 체계적이고 독자적인 학문 영역으로 발전시키는 데 기여하였다. 이러한 분석철학의 명료화 및 구분의 기능은 교육자들로 하여금 언어를 선별하여 분명히 사용하도록 유도한다.

그러나 분석철학은 현대사회의 복잡한 생활과 교육의 다양한 요구를 적절히 충족시키기에는 너무 그 접근이 협소하고 제한되어 있다는 비판을 받는다. 분석철학은 분명하고 확실한 개념들을 다루고자 하기에 다양한 가치를 포함한 복잡한 현실문제 및 이러한 복잡한 문제들과 결부된 교육의 문제를 다루는 데는 약점을 드러낸다. 또한 분석철학은 중립성, 객관성, 사실성을 강조하는데 연구자가 연구대상을 다룰 때는 인간이 기계가 아닌 이상 의식을 하건 하지 못하건 자신의 관점과 신념이 개입된다. 특히 인간의 의지와 감정을 다루는 교육 영역에 있어서 철저한 객관성과 사실성을 유지한다는 것은 한계가 있다. 이와 관련하여 분석철학은 교육의 목적이나 교육관을 설명하고 주장하는 데에도 난점을 가진다. 즉, 교육의 목적이나 교육관은 주관적인 가치의 제시가 포함되는데 기존의 진술이나 개념들을 객관적으로 분석하는 것만을 추구하는 분석철학에서는 이러한 시도가 어렵다.

4. 분석철학의 적용: '가르침(teaching)'의 개념 분석

우리가 교육을 논할 때 매우 빈번하게 등장하는 개념 중에 하나가 바로 가르침(teaching)이다. 교육이라고 했을 때 많은 사람들이 가장 쉽게 상상하는 장면은 아마 학교에서 교사가 학생들에게 특정 과목(예컨대, 수학 혹은 역사)을 가르치는 활동일 것이다. 혹은 좀더 비형식적으로 부모가 아이들에게 예절을 가르친다거나 직장 선배 혹은 상사가 신입사원에게 직업에 필요한 기술을 가르치는 것도 넓은 의미의 교육으로 볼 수 있다. 그런데 가르침의 행위를 모두 혹은 완전히 배제한 채 교육을 상상하기란 매우 힘들 것이다. 이렇게 우리가 교육이라는 활동을 이야기할 때 가르침은 핵심적인 요소임을 알 수 있다.

우리가 어떤 행위를 할 때 그것이 어떤 것인지(예컨대, 목적, 속성, 내용, 방법 등에 관해)를 확실히 알지 못한다면 잘못 행하거나 불충분하게 행할 것이다. 마찬가지로 교육의 핵심 요소라 할 수 있는 가르침이 무엇인지를 제대로 파악하지 못한다면 교육이라는 활동을 온전히 달성하기란 어려울 것이다. 가르침의 의미를 밝히는 것은 가르침 및 교육에 대한 오해를 없애고, 주입 · 설교 · 선전 등 유사 개념과의 분명한 구별 및 관계를 밝히며, 가르침의 현장에서 교사 등 가르치는 자의 올바른 행위를 이끈다는 점에서 중요하다.

먼저 가르침은 우리의 일상 용례에서 다양한 의미를 내포한다. 첫째, 가르침은 가장 넓은 의미로 교육의 실제(practice)를 지칭한다. 우리가 누군가에게 "당신은 어디서 그런 가르침을 받았습니까?"라고 물을 때 이는 그 사람의 교육의 실제에 관한 질문으로 볼 수 있다. 즉, 그 사람의 지식, 기술, 태도 등과 관련된 인격적 변화와 성장을 지칭하는 것이다. 둘째, 가르침은 하나의 역할로 볼 수 있다. "당신은 오랫동안 가르쳤습니까?"와 같은 질문은 가르침을 어떤 직업이나 역할(role)로 보는 것이다. 셋째, 가르침은 하나의 활동으로 볼 수 있다. "가르치는 동안 나를 성가시게 하지 말라."고 요청하는 것은 일정 기간 동안 실제로 수행하는 활동(activity)을 지칭한다. 그런데 이러한 세 가지 용례는 서로 중첩될 수도 있고 상관없이 별도로 발생하기도 한다. 교사라는 직분에서 실제 가르치는 활동을 수행하며 또한 자신이 가르친 학생들의 인격적 변화와 성장을 이끌었다면 이는 세 가지 가르침의 의미를 모두 충족한 경우라 하겠다. 그러나 우리는 교사의 직분에 있지 않으면서도 실제 가르침의 활동을 수행하며 사람들의 인격적 성장을 이끄는 경우를 볼 수 있다. 한편, 직업적 교사이면서도 학생들의 인격적 성장을 이끌지 못하거나 오히려 잘못된 방향으로 유도하는 경우도 볼 수 있다. 또한 교사도 아니고 실제 가르침의 활동을 하지도 않지만 서적 등의 간접적인 방법으로 타인의 인격적 성숙을 낳는 경우도 있다. 이런 경우들은 다시 크게 두 가지 범주로 나눌 수 있다. 가르치는 대상 혹은 배우는 자의 실제적 변화 및 성장을 이끈 경우와 그렇지 않은 경우이다. 이와 관련하여 가르침은 배움을 낳기 위한 일련의 활동으로 볼 수 있다.

그런데 배움을 낳기 위해 의도하기는 했지만 실제적인 배움(지식, 기술, 태도 등에 관해)은 이루어지지 않은 경우도 가르침이라고 할 수 있겠는가? 반대로, 배움을 낳기 위해 의도하지 않았는데 실제적인 배움이 일어난 경우는 가르침인가? 우리는 어떠한 사태를 규정할 때 반드시 그 결과만을 보지는 않는다. 가르침은 결과뿐만 아니라 과정인 것이다. 물론 교육에 있어 배우는 자의 실제적 변화는 분명 매우 중요한 요소이지만 그러한 결과를 초래하지 못한다고 모두 가르침이 아니라고 하면 교육 실제에서 가르침은 그 과정을 무시한 채 매우 기능적이고 협소한 개념으로 환원될 수밖에 없다. 바로 이러한 측면에서 가르치는 자가 가르치려는 선한 의지(올바른 지식과 좋은 태도 등을 인도하려는)를 가지고 이를 적극적으로 표출하여 배우는 자에게 실제적인 활동을 수행하였음에도 불구하고 배우는 자가 배우지 못하였다면 이는 여전히 가르침이라 할 수 있다. 한편, 어떤 사람이 남몰래 거리를 청소하고 불쌍한 사람들을 도와주는 것을 우연히 여러 사람들이 보고 본받아 선행을 하며 인격적 성숙을 이루었다면 이는 가르침인가? 테레사 수녀는 교사도 아니고 의도적으로 가르친 적도 없지만 간접적으로 수많은 사람들의 인격적 성숙에 기여하였다. 가르침은 바로 이러한 간접적인 영향을 통한 인격적 변화 및 성장을 포함한다. 이 점에서 또한 가르침은 반드시 가르치려는 의도와 이와 직접적으로 연결된 활동만을 의미하는 것은 아니다. 그렇다고 모든 비의도적인 혹은 간접적인 영향이 가르침이 되는 것은 아니다. 예컨대, 단순히 남이 돌팔매질을 해서 나뭇가지에 달린 열매를 떨어뜨리는 것을 보고 그 기술을 배우는 것이나 도청이나 해킹 기술을 간접적으로 습득하는 것 등을 가르침이라 볼 수는 없다. 비의도적이거나 간접적인 영향력이 개인의 인격적 성장을 초래하였을 경우에만 가르침이라 할 수 있다. 따라서 지적인 파급효과가 전혀 없는 단순기술의 습득이라든지 도덕적으로 올바르지 못한 영향을 미치는 것은 가르침이라 볼 수 없다. 정리하자면, 가르침은 가르치려는 의도와 적극적 활동, 타인의 인격 성장에 미치는 간접적 영향 등을 포괄하는 개념임을 알 수 있다(심승환, 2007: 9-12).

연구 및 토의과제

1. 다음 개념에 대하여 설명하시오.

   ① 교육의 세 가지 준거(규범적 · 인지적 · 과정적 준거) ② 규범적 관심(흥미)

   ③ 그림이론 ④ 언어게임 ⑤ 가르침의 세 가지 용례

2. 초기의 비트겐슈타인은 철학의 임무를 무엇이라고 보았는가? 그러한 관점에 따를 때 교육철학의 임무는 무엇인가?

3. 분석철학의 의의와 한계를 논하시오.

추천도서

Glock, H. (2009). **분석철학이란 무엇인가**. 한상기 역. 서울: 서광사.

Hirst, P. (1988). **교육의 재음미**. 문인원 역. 서울: 배영사.

Peters, R. S. (1984). **윤리학과 교육**. 이홍우 역. 서울: 교육과학사.

Wittgenstein, L. (2008). **논리철학논고**. 김양순 역. 서울: 동서문화사.

CHAPTER 14

비판이론

1. 배경 및 전개과정

2. 주요 사상가

3. 비판이론의 공통 특징 및 주장

4. 비판이론의 교육적 함의

CHAPTER

14 비판이론

원 · 전 · 읽 · 기

'페다고지: 억눌린 자를 위한 교육' 중에서

교사를 설교자로 만드는 설교식 교육은 학생들로 하여금 설교된 내용을 기계적으로 암기하도록 만든다. 더욱 고약한 일은 학생들을 '그릇', 교사가 채우는 빈 그릇으로 간주하는 것이다. 이 그릇들을 완전히 가득 채우는 교사는 훌륭한 교사이고 그릇에 가득 채워 달라고 공손하게 스스로를 내맡기면 훌륭한 학생이 된다.

이리하여 교육은 학생들이 예탁소가 되고 교사가 예탁자가 되는 예탁행위가 된다. 의사소통 대신에 교사가 여러 가지 코뮤니케를 발표하고 '예탁금을 만들면' 학생들은 참을성 있게 받아들여 기억하고 반복한다. 이것이 바로 은행 예금식 교육 개념이다.

이 교육에서 허용되는 행동 범위는 고작해야 '예탁금을 받아들이고 채워 넣고 보관하는 일' 뿐이다. 사실상 그들은 비축하고 있는 물품들의 목록 편찬자가 될 수도 있고 수집가가 될 수도 있다. 그러나 결국 이 부당한 교육제도 속에는 인간 자신들이 창조력도 없고 변혁 의지와 지식도 없는 사람으로 정돈돼 버린다. 탐구를 떠나서는, 실천을 떠나서는 인간이 참으로 인간답게 되지 못한다. 지식이란 발명과 재발명을 통해서, 인간들이 세계 속에서 세계와 더불어 그리고 인간 상호 간에 추구하는 부단하고 의욕적이고 희망적인 탐구를 통해서만이 출현하게 된다.

은행예금식 교육개념에 따르는 지식은 지식이 있다고 자처하는 자들이 스스로 아무것도 모른다고 생각하는 자들에게 내려 주는 일종의 선물이 된다. 다른 인간들이 완전히 무지하다는 생각, 그것은 억압 관념의 한 특성으로, 탐구과정으로서의 교육과 지식을 부정하는 것이다. 교사는 스스로를 학생들에게 필요한 상대로서 자처한다. 즉 학생들의 무지가 적대적이라고 생각함으로써 자신의 존재를 정당화하는 것이다. 학생들은 헤겔의 변증법 속에 나오는 노예처럼 소외된 채, 자기네 무지를 교사의 존재를 정당화하는 원인으로 받아들일 뿐 노예와는 달리 그들 자신들도 교사를 교육하고 있다는 사실을 깨닫지 못한다.

거기에 비해서 해방교육은 화해를 향한 충동에 그 존재 이유를 두고 있다. 모순의 양극을 화해시켜 양자가 모두 동시에 교사들과 학생들이 되게 함으로써 교사-학생의 모순을 해결하는 데서 교육은 시작되지 않으면 안된다는 것이다.

은행예금식 개념으로부터는 이와 같은 해결책이 나오지 않는다. 그리고 결코 나올 수도 없다. 오히려 은행예금식 교육은 억압사회의 거울이라 할 수 있는 다음과 같은 여러 가지 자세와 실제를 통해 그 모순을 유지 · 조장할 따름이다.

1. 교사는 가르치고 학생들은 가르침을 받는다.
2. 교사는 모든 것을 알고 학생들은 아무것도 모른다.
3. 교사는 생각하고 학생들은 생각의 대상이 된다.
4. 교사는 말하고 학생들은 얌전하게 듣는다.
5. 교사는 훈련시키고 학생들은 훈련받는다.
6. 교사는 선택하여 자신의 선택을 강요하고 학생들은 동의한다.
7. 교사는 행동하고 학생들은 교사의 행동을 통해서 행동한다는 환상을 갖는다.
8. 교사는 지식의 권위를 자신의 직업상의 권위와 혼돈하고 그 권위로서 학생들의 자유를 억압한다.
9. 교사는 학습과정의 주체이고 학생들은 단순히 객체일 뿐이다.

은행예금식 교육개념은 인간을 개조할 수 있고 요리할 수 있는 당연한 존재로 간주한다. 맡겨 오는 예탁금을 학생들이 저장하는 작업에 임하면 임할수록 학생들은 세상을 변혁하는 변혁가로서 세계에 개입함에 따라 생겨나는 비판적인 의식이 그만큼 덜 발달하게 된다. 그들에게 부여된 피동적인 역할을 완벽하게 받아들이면 들일수록 그들이 있는 그대로의 세계에 그저 순응하는 것으로 만족하려는 경향이 짙어지고 자기네 내부에 예탁된 현실에 대한 단편적인 견해만을 갖게 된다.

출처: 프레이리 저(1970). **페다고지: 억눌린 자를 위한 교육**. 성찬성 역. 한마당. 제2장 중에서, pp. 78-81.

사유하기 은행예금식 교육의 근본적인 문제는 무엇인가? 은행예금식 교육은 결국 어떠한 결과를 낳게 될까? 그 결과는 개인과 사회에 어떠한 파장을 가져올까?

1. 배경 및 전개과정

비판이론은 마르크스, 프로이트, 헤겔의 사상에 뿌리를 둔다. 비판이론은 마르크스로부터 지배계급과 피지배계급의 갈등의 개념, 노동자와 소외계층이 주체가 된 사회개혁의 정신을 계승하였다. 비판이론은 또한 프로이트로부터 인간의 갈등과 부정적 태도가 나치스와 같은 권위주의적 정치체제로부터 비롯되었다는 인식을 계승하였고, 헤겔로부터 사회병리현상의 개선은 사회비판적 방법을 통해 가능하다는 관점을 취하게 되었다. 비판이론은 19세기 중반 이후부터 발달한 과학적 인식방법 및 이와 관련된 자본주의 체제에 대하여 반발하면서 형성되었다. 베버(Weber)가 주로 주장하였던 과학적 인식방법은 사회적 사실들을 원인과 결과에 의하여 합리적으로 인식하려는 접근법이다. 이와 같은 인식에 근거할 때 모든 사태는 목적을 달성하기 위한 행위로 합리화된다. 목적달성을 위해 적합할 때 그 행위는 효과적이며 합리적인 것으로 간주된다. 바로 이러한 인식에 기초한 경제체제가 자본주의다. 과학적, 합리적 인식방법은 인간이 세계에서 번영하려면 각자의 의무를 근면하고 성실하게 담당하여야 한다는 프로테스탄트 윤리와도 상통한다. 베버는 이러한 합리주의가 사회의 근대화를 실현시켰다고 보았다.

비판이론은 바로 이러한 관점을 비판하면서 발달하였다. 1920년대에 들어서면서 독일의 바일(Weil), 폴로크(Pollock), 바일(Weil) 등의 학자들은 인간의 존엄성이 실추되고 과학적으로 통제되며 나치스와 같은 폭력집단이 인간을 억압하는 현상의 원인이 과학적 합리주의에서 비롯된다고 보았다. 그들은 이러한 비판적 의식을 함께하며 독일 프랑크푸르트대학에 연구소를 설립하고 공동 연구하고자 하였다. 그들은 과학적 합리주의가 한편으로는 자본주의 사회를 발달시켜 물질문명을 융성하게 하였지만 다른 한편으로는 인간을 사물과 같이 통제되는 대상으로 만들고 사회문제에 대한 비판적 사고능력을 마비시키는 결과를 가져왔다고 보았다. 그러나 이들의 주장은 반유대주의에 대항하는 선에서 전개되었고 체계적으로 이론화되지 못하였다. 그러다가 호르크하이머(Horkheimer), 아도르노(Adorno), 마르쿠제(Marcuse) 등이 이러한 입장을 수용하여 보다 체계화시켰고 1923년에 프랑크푸르트 사회연구소가 개설되면서 본격적으로 비판이론이 발달하게 되었다. 이 학자들은 프랑크푸르트를 거점으로 연구활동을 전개하였기에 프랑크푸르트학파로 불린다.

호르크하이머, 아도르노, 마르쿠제 등은 나치스에 쫓겨 미국으로 망명하여 연구하다가 1953년에 프랑크푸르트로 돌아와 연구소를 재설립하였다. 이때 새로 참여한 학자들은 프롬(Fromm), 노이만(Neumann), 슈미트(Schmitt), 뢰벤탈(Löwenthal), 하버마스(Habermas) 등이 있다. 앞의 세 학자들을 프랑크푸르트학파 1세대로 부르고 뒤에 가담한 학자들을 2세대로 부른다. 프랑크푸르트학파는 고전적인 마르크스 이론이 현실과 맞지 않아서 수정이 필요하다는 인식으로부터 출발하였다. 고전적 마르크스 이론에서 주장하던 공산당의 세계적 연대, 프롤레타리아(무산계급) 독재와 혁명, 자본주의의 내재적 모순에 따른 붕괴와 혁명 등은 실패하거나 현실적으로 일어나지 않았고, 대신에 사회주의 국가 내의 관료화와 독재정치, 그릇된 이데올로기에 의한 인간의식의 노예화 등의 현상이 일어나면서 사회비판적 관점을 취하던 학자들은 마르크스주의에 대한 수정이 필요함을 느끼게 되었다. 이러한 취지에서 비판이론가들은 정치적이며 경제적인 문제보다는 인간의 인식과 의식에 초점을 두었다. 마르쿠제는 비판이론을 "인간의 자아인식과 자유로운 발전을 저해하는 모든 형식의 사회적 절차와 요인들을 올바르게 이해하려는 것"으로 정의하였다(Marcuse, 1968: 152).

포이케르트는 비판이론의 발전과정을 세 단계로 나눈다(Peukert, 1983: 195-217). 제1단계는 1930년대 호르크하이머와 마르쿠제의 연구로 주로 마르크스주의 사회관계분석과 프로이트의 심리분석에 집중하여 이 양자를 사회심리적 이론으로 통합한 단계이다. 그들은 인간의 심리와 사회의 심층구조가 상호 연관되며 불만과 반란도 결국 지배질서를 재생산하는 요소로 보았다. 그들은 이성의 발전과정을 고찰하였다. 처음에 이성은 포괄적 능력으로서 사회정의를 가져온다는 계몽주의적 신념으로부터 나왔지만, 시대가 변하면서 과학적 실증주의의 영향을 받아 이성은 객관적 현실의 영향력 안에 놓이게 되었다고 보았다.

제2단계는 도구적 이성에 대한 비판에 주력하였던 시기이다. 아도르노는 '반쪽의 도야(Half-Bildung)' 라는 개념을 제시하여 당시 왜곡된 교육의 실상을 비판하였다. 그는 당시 교육에서 점차 좋고 정당한 삶에 대한 규범적 의식은 없어지고 단지 현재 사회질서에 적절한 인간만을 양성한다고 주장하였다. 진정한 교육은 학생들로 하여금 사회질서에 관해 비판적으로 문제를 제기할 수 있도록 인도해야 하는데 순응적 인간만을 만들어 내는 교육은 바로 반쪽의 교육인 것이다. 아도르노와 호르크하이머는 특히 대중매체가 사람들로 하여금 사회적 불의에 대해 무감각하게 만들었다고 주장하였다. 아도르노는 교육은 단순히 지식을 전달하거나 일정한 기준에 의해 인간을 형성하는 것이 아니라 자율적으로 판단하고 올바른 의식을 갖도록 이끄는 것이라고 지적하였다.

제3단계는 하버마스가 프락시스(praxis, 실천)라는 개념을 재구성함으로써 비판이론의 해방적 · 실천적 기능을 주장하는 시기이다. 하버마스는 인간이 세 가지 일반적 관심을 가진다고 보았다. 첫째, 경제적 재생산에 관한 기술적 관심, 둘째, 규범적 담론에 관한 실천적 관심, 셋째, 사회에 대한 비판적 이해에 관한 해방적 관심이 그것이다. 해방적 관심과 관련하여 하버마스는 개방적이고 왜곡되지 않은 '대화적 상호작용' 의 필요성을 강조하였다. 이 대화적 상호작용은 진정한 동기가 억압되고 조작되는 '전략적 상호작용' 과 상반된다고 지적하였다. 자본주의사회의 병적인 상태는 바로 지배세력과 돈과 권력에 의해 사회가 전략적으로 조종되기 때문에 발생한다. 전략적 상호작용을 극복하고 대화적 상호작용으로 나아갈 때 해방이 가능하다. 이 하버마스의 주장은 독일, 벨기에, 네덜란드에서 1965년에서 1970년대까지 비판적 교육학의 주된 역할을 하는 데 기여하였다. 많은 교육자들은 하버마스를 추종하면서 교육목표로서 해방을 설정하게 되었고 이데올로기 비판과 대화적 상호작용에 대한 분석을 주된 과제로 삼게 되었다.

한편 독일 비판이론의 영향을 받아 1980년대 초 이후 미국 이론가들도 나름대로의 비판교육학을 발달시켰다. 그중 지루(Giroux)가 선구적 역할을 하였다. 그는 호르크하이머, 아도르노, 마르쿠제 이론을 수용하여 나름의 비판이론을 발달시켰다. 지루는 교육이 어떻게 실제 자본주의 질서를 재생산했고 소외와 억압에 기여하게 되었는지를 밝혔다. 학교는 '그릇된 의식' 을 생산하고 있는데 이 그릇된 의식은 지배이데올로기를 재생산하고 체제를 비판으로부터 막는 역할을 한다. 학교가 민주적인 장으로서 인식되며 그 안에서 그릇된 의식이 타파되며, 학생들이 사회적이며 정치적인 문제들에 대해 성찰하도록 인도될 때, 학교는 비판적이며 혁명적인 역할을 할 수 있다. 지루는 비판교육학은 한편으로는 사회구조에 대한 '비판의 언어' 를 발전시키고, 또 한편으로는 그릇된 구조와 의식을 극복하는 '가능성의 언어' 를 동시에 발전시켜야 한다고 주장하였다(Giroux, 1989).

2. 주요 사상가

1) 하버마스(Habermas, Jurgen: 1929~)

하버마스는 1929년 독일 서부의 뒤셀도르프에서 태어났다. 그의 아버지는 쾰른 상공회의 총무로 일하였다. 그는 할아버지의 영향으로 개신교의 종교적 환경에서 자랐다. 하버마스는 괴팅겐대학교(1949~1950), 취리히대학교(1950~1951), 본대학교(1951~1954)에서 공부하였고 본대학교에서 1954년에 〈절대성과 역사: 쉘링의 사상에 담긴 모순〉이란 주제의 논문으로 철학박사 학위를 받았다. 1956년부터 하버마스는 호르크하이머와 아도르노의 지도를 받아 철학과 사회학을 공부하였다. 1962년에 그는 하이델베르크대학교 철학과 교수가 되었고, 1964년에는 프랑크푸르트대학교 교수가 되어 철학과 사회학을 가르쳤다. 그는 왕성한 연구활동을 하며 1986년에 독일 학자에게 최고 영예인 고트프리트 빌헬름 라이프니츠상을 받았다. 그는 또한 미국 일리노이주의 노스웨스턴대학교의 영구 객원교수(permanent visiting professor)로 활동하며 국제적인 교육활동을 하고 있다.

하버마스는 교육학보다는 철학과 사회학에 깊은 관심을 보였지만 그의 이론은 교육 영역에도 중요한 영향력을 미친다. 하버마스의 초기 연구는 주로 도구화된 이성, 실증주의, 과학주의, 기술주의에 대한 비판에 집중되었다. 즉, 경험적 관찰 및 실험적 통제를 통한 지식만이 가치 있는 지식이라는 과학주의의 신념을 비판하였고, 인간을 사물과 같이 모종의 목적을 이루기 위한 수단으로 여기는 기술주의를 비판하였다. 그는 이러한 기술주의의 횡포 속에서 힘없는 사람들을 해방시키기 위한 이론적 기반을 찾았던 프랑크푸르트학파의 학문적 운동에 동참하였다. 이러한 초기 연구는 상당히 처방적이고 규범적인 성격을 띠는 것으로 비판적인 행동 방향을 구체적으로 제시하고자 하였다. 그는 사회의 실상을 단순히 드러내는 데 그치지 않고 불평등한 상황을 극복하고자 하였다. 문제 상황의 극복을 위해선 문제의 원인을 정확히 분석해야 한다. 하버마스는 부당한 압제, 차별, 불평등의 문제는 자본주의 내부에 구조적으로 존재한다고 보았다. 자본주의는 사회구성원들에게 다수가 잘살기 위한 목적에 가장 적합한 구조로 여겨지고 이 목적달성을 위해 구성원들은 불평 없이 기계처럼 성실히 일할 것이 요구된다. 자본주의사회에서는 불평등한 부와 권력도 성실히 일한 대가로 정당화된다.

하버마스는 특히 이념 비판에 주력하였다. 이념이란 지배집단의 가치, 신념 및 행동으로서 피지배집단을 희생시키면서 자신들의 이익을 도모하고 합리화하기 위해 사용하는 수단이다. 하버마스는 이념이 사회와 교육의 영역에서 어떻게 작용하는지 밝히고자 하였다. 이념은 사회참여자들에게 불평등한 체제를 합리화시키고 영속화시키는 데 기여한다. 하버마스의 이념 비판은 네 단계를 거쳐 이루어진다. 제1단계는 현 상황을 정확히 규명하고 해석하는 활동이다. 제2단계는 현 상황이 초래된 배경과 원인을 분석하며 현 상황이 지향하는 목표와 이익들을 검토한다.

제3단계는 현 상황의 불평등한 구조를 변화시켜 평등사회를 구현하기 위한 의제를 찾는 활동이다. 제4단계는 평등사회의 목표가 실제로 성취되는지를 평가하는 활동이다.

하버마스는 인간이 사회 속에서 가지는 관심(interest)이 이념으로서 기능한다고 주장한다. 관심에는 기술적 관심, 실천적 관심, 해방적 관심이 있다. 기술적 관심은 과학적이고 실증적인 방법에 주목하며 행동에 대한 규칙과 원리, 예언과 통제를 중시하면서 지식의 도구적 성격을 강조한다. 바로 이 기술적 관심이 지배세력에게는 기득권을 계속 유지할 수 있는 힘을 제공하며 피지배세력에게는 현재의 상황과 질서에 순응하게 하는 수단으로 작용한다. 실천적 관심은 의미를 해석하는 방법에 주목하며 사람들의 상호작용에 초점을 둔다. 실천적 관심은 상호작용하는 주체들의 행위와 언어의 의미를 밝히며 특히 특정한 상황 속에서 행위자들이 가지는 의도를 찾는 일에 역점을 둔다. 해방적 관심은 개인과 사회의 자유를 억압하는 부당한 지배구조를 자각하고 이를 극복하려는 목표와 활동에 주목한다.

하버마스는 비판적 의식과 관련하여 공적인 영역(public sphere)이란 개념을 고찰하였다. 하버마스에 의하면, 공적인 영역은 18세기 유럽에서 대두된 것으로 모든 사람들이 참여하여 비판적인 토론을 하며 국가권력을 제어하는 기능을 하였다. 이 공적인 영역은 일방이 타방을 통제하고 지시하는 방식이 아니라 서로 상대방의 의견을 듣고 비판하는 대화적 형식을 추구한다. 그런데 점차 대중매체가 상업화되고 대중들이 수동적인 소비집단으로 변화함에 따라 공적인 영역은 공공의 합리적인 합의를 얻기 위한 장이 아니라 개인적 · 집단적인 이익과 권력을 차지하려는 이권추구의 장으로 변질되었다. 이러한 상황은 오직 효율성과 통제의 이념에 의해 지배되었다. 하버마스는 이러한 상황을 극복하고 공적인 영역의 비판적인 대화가 다시금 전개되기를 희망하였고 이는 '의사소통의 합리성' 에 의하여 가능하다고 보았다.

하버마스는 근대 이후 이성의 도구화는 필연적인 과정으로 이성 자체가 폐기되어야 한다는 호르크하이머와 아도르노의 주장에 반대하였다. 그는 목적달성 여부에 따라 통제되는 '도구적 합리성' 대신에 '의사소통적 합리성' 이라는 새로운 형식의 합리성을 제시한다. 의사소통적 합리성은 외적인 강제 없이 구성원 상호 간에 자율적이며 자유로운 대화를 통해 이루어진다. 이 대화는 구성원 상호 간의 이해와 존중에 기초하여, 각 주장들은 구성원 모두가 수용할 수 있는지의 여부에 의하여 그 타당성이 검증된다(Habermas, 1992). 주장이 일방의 이익을 추구한다든지 어떤 강제적인 방법을 추구한다면 폐기되거나 바뀌어야 한다. 이것은 구성원 상호 간의 반성적이고 비판적인 사고를 요구한다. 나의 관점과 주장이 나의 개인적인 입장과 이익만을 추구하였는가, 아니면 상대방의 입장과 이익도 고려하였는가, 양심에 비추어 얼마나 진실하게 제시하였는가 등을 반성하여 그 오류를 수정해 나갈 때 의사소통적 합리성이 이루어진다.

이러한 하버마스의 이론에 의거할 때 교육은 무엇보다 현실의 불평등과 억압 등에 대한 비판적인 성찰을 조장하고 함양하는 방향으로 이루어져야 한다. 학생들이 이념 비판을 위하여 사회와 문화 및 대중 매체 탐구를 통하여 지배 권력이 어떻게 작용하고 합리화되는지 성찰하도록 인도되어야 한다. 아울러 토론 및 협동 학습활동, 문제해결학습, 학습자 주도적 탐구활동 등의 교육방법을 통하여 자율적이며 반성적이고 협력적인 사고와 태도를 조장하여 의사소통적 합리성을 함양하는 방향을 추구하여야 할 것이다.

2) 프레이리(Freire, Paulo: 1921~1997)

프레이리는 1921년 브라질 레씨페의 중산층 부모의 자녀로 출생하였다. 그는 1929년의 대공황기에 가난과 굶주림을 경험하고서 빈민에 대한 관심과 특별한 교육적 관점을 구축하는 계기가 되었다. 그는 1943년에 레시페대학에 입학하여 법학, 철학, 언어심리학을 공부하였다. 그는 법학도였지만 법률가가 되지 않고 오히려 포르투갈어를 가르치는 중등학교 교사가 되었다. 그는

1944년 동료 교사인 엘자와 결혼하였고 아내와 함께 일하며 다섯 명의 아이를 낳아 길렀다.

프레이리는 1946년에 브라질 페르남부코주의 교육부 수장이 되어 가난한 문맹인들을 위해 일하면서 기존 전통신학에서 벗어난 일명 해방신학에 관심을 가지게 되었다. 당시 브라질에서 문해능력은 대통령선거에 필수조건이었다. 그는 1961년에 레시페대학의 문화학부 학장이 되었고, 1962년에는 그의 이론을 적용하여 300명의 사탕수수 근로자들에게 45일 안에 읽고 쓰기를 가르치기도 하였다.

1964년에 군사정권이 이러한 노력을 금지하였고 프레이리는 70일 동안 반역자로 감금당하게 되었다. 그는 볼리비아로 망명했다가 다시 칠레로 가서 5년 동안 기독교 민주 농업개혁운동을 주도하였고 미국에서는 식품농업기구에서 일하였다. 프레이리는 1967년 《자유의 실제로서의 교육》이란 첫 번째 책을 출간하였다. 이 책에 대한 호응이 매우 좋았고 그는 1969년에 하버드대학의 방문교수직을 제의받게 되었다. 바로 전년인 1968년에는 그의 가장 유명한 책 《페다고지: 억눌린 자를 위한 교육》이란 책을 포르투갈어로 썼고 이 책은 1970년 스페인어와 영어로 번역되어 출간되었다. 브라질에서는 연속되는 권위주의적인 군사독재가 이어져 에르네스토 장군이 집권하였고, 해방정책을 펴기 시작한 1974년이 되어서야 이 책이 출간되었다.

이후 프레이리는 스위스 제네바에서 세계교회협의회의 특수교육 고문으로 일하였다. 이 기간 동안 아프리카의 모잠비크, 기니아와 같은 포르투갈의 식민지였던 국가들의 교육개혁의 고문으로 활동하였다. 그는 1979년에 브라질로 귀환하여 상파울로의 노동당에 가담하였고 1980년에서 1986년 사이 성인문해교육 프로젝트의 감독으로 활동하였다. 1988년 선거에서 노동당이 득세하자 프레이리는 상파울로 교육부장관으로 임명되어 활동하였고, 1997년 심장병으로 사망하였다.

프레이리의 교육사상은 인간화와 비인간화의 문제로부터 출발한다. 인간화는 인간의 소명(vocation, 인간이 반드시 이루어야 할 사명)이다. 그런데 인간화의 사명은 억압자를 통해 행사되는 불의, 착취, 억압, 폭력에 의해 위협을 받는다. 인간화를 다시금 회복하려면 억압받는 자들이 자유와 정의를 위해 열망하고 그들의 빼앗긴 인간성을 회복하려고 투쟁함으로써 가능하다. 이러한 프레이리의 주장은 인간교육이 어떠한 목적을 지향해야 하는가를 보여준다. 인간의 삶의 소명이 인간화라는 것은 교육의 목적은 인간으로 하여금 보다 인간적인 존재로 거듭날 수 있도록 하는 데 있다고 볼 수 있다. 그리고 이를 위해서는 불의와 억압에 맞서 자유와 정의를 쟁취하려는 노력이 필요하다. 그런데 프레이리에 따르면 비인간화는 인간성을 빼앗긴 자뿐만 아니라 빼앗은 자에게도 해당된다. 비인간화는 바로 인간화되는 소명을 왜곡하는 것이다. 교육현실에서 교사와 학생이 자신들도 모르는 사이에 인간성을 빼앗고 뺏기는 상황을 연출한다면 양자 모두 그들의 삶의 목적인 인간화를 왜곡하는 것이다.

이러한 현실을 극복하려면 단지 억압자들이 동정적인 시각에서 억압받는 자들에게 그 상황을 극복할 수 있는 방법을 제시해 주는 것으로는 안된다. 억압받는 자들이 단순히 기존의 삶의 양식을 받아들이고 그것에 순응하여 살아가서는 극복이 안된다. 자신이 삶의 주인이 되어 억압하는 자와 억압받는 자를 모두 비인간화시키는 현실을 비판적으로 발견하는 것이 우선되어야 한다. 이 억압된 현실에 대한 비판적 발견이 바로 비판적 의식이다.

비판적 의식은 먼저 억압된 교육현실에 대한 성찰로부터 시작된다. 프레이리는 교육현실에서의 억압상황을 은행예금식 교육으로 묘사한다. 은행예금식 교육의 기본 골격은 설교하는 주체인 교사와 일방적으로 듣는 대상인 학생으로 이루어진다. 이러한 구조에서 교사는 생동력과 구체성이 없는 고정된 내용을 전달하며 학생의 삶의 실재와 완전히 분리된 교육내용을 일방적으로 채워나가기에 바쁘다. 학생은 교사가 전달하는 내용의 의미를 깊이 이해함 없이 그저 들려주는 어구들을 받아 적고 암기하며 반복한다. 이러한 교수-학습 과정은 교사는 정보를 주고 학생은 그것을 일방적으로 받는 기계적인 수업방식으로 학생이 주체적으로 사고할 여지가 없다.

이러한 은행예금식 교육은 바로 억압된 사회상황을 반영하는 것이다. 교사는 모든 것을 알고 학생은 아무것도 모르며, 교사는 자신의 선택을 학생에게 강요하며 학생은 이 선택에 동의한다. 교사는 행동하며 학생은 교사의 행동을 통해 행동한다는 환상을 가지게 된다. 교사는 지식의 권위를 직업상의 권위와 혼동하며 그 권위로서 학생들의 자유를 억압한다. 이러한 교육에서는 교사는 억압하며 학생은 억압당하며 양자 간의 상호적 교류가 전혀 없는 일방적 주입에 의해 학생을 수동적인 존재로 만들게 된다(Freire, 1995: 80).

이 억압상황을 극복하기 위해선 대화가 필요하다. 오직 대화를 통해 인간의 삶은 의미를 지닌다. 교사의 사고는 오직 학생의 사고를 통해 본래적 의미를 지닌다. 본래적인 사고는 혼자서 사색한다고 주어지는 것이 아니라 오직 상호 간의 대화, 교사와 학생 간의 대화를 통해 이뤄진다. 교사와 학생의 상호작용은 문제제기식 교육을 통해 이뤄진다. 이것은 인간이 세계와의 관계에서 가지는 문제들을 제기하는 교육이다. 이 교육방식을 통해 교사와 학생의 대립이 극복된다. 문제제기식 교육은 수직적 방식을 지양하며 대화적 방식을 추구한다. 대화를 통해 학생의 교사, 교사의 학생이라는 일방적 개념이 사라지고 교사-학생(교사이면서 학생)의 연결된 개념이 등장한다. 교사는 더이상 가르치기만 하지 않고 학생으로부터 배우고 학생도 배우는 동시에 가르친다. 교사와 학생의 역할은 고정되어 있지 않고 서로가 상대방의 역할을 대체하는 방식이 된다. 이것은 교사는 가르치는 자, 학생은 배우는 자로 생각하는 기존 관념을 완전히 해체하는 혁명적인 접근이다.

부버는 학생이 교사의 입장을 완전히 이해하고 교사의 입장에 처하게 되면 교사와 학생은 우정의 관계로 넘어가 더이상 교육적 관계라고 할 수 없다고 지적한다. 그러나 프레이리는 교사가 학생이 되고 학생이 교사가 되는, 서로 동시에 가르치고 배우는 관계야말로 본래적 의미의 교육이라고 한다. 수평적 관계인 동료 간에 서로 깊은 대화를 통해서 우리는 몰랐던 지식을 알려주며 동시에 새로 깨닫게도 되고 상호 간의 오류, 단점, 한계 등을 알려주며 동시에 깨닫게 되어 이러한 반성을 토대로 자신의 성숙을 도모할 수 있는 것이다.

프레이리에 의하면 교사와 학생은 서로의 성장에 공동으로 책임진다. 교사가 학생에게 권위를 통해 설교해서는 안된다. 권위는 오직 상대방을 위해 상대방의 인간화와 자유를 성취시켜 주는 노력을 통해 인정된다. 교사의 학생에 대한 고정된 일방적인 권위는 없어져야 하는 것이지만 인간화를 상호 조장하는 책임으로서의 수평적 권위는 상호 간에 필요하다.

교사와 학생은 일방적으로 가르치거나 홀로 습득하지 않는다. 이들은 세계와 인식 대상에 매개되어 상호 간에 배운다. 교사는 인식 대상, 즉 배우는 내용을 자기 혼자 소유하지 않는다. 인식 대상은 교사와 학생 모두가 비판적으로 성찰하게 하는 촉매제로 작용한다. 기존 교수-학습에서는 교사와 학생, 인식 대상이 서로 별개로 존재하였는데 프레이리는 이들이 서로 연결되어 상호작용할 것을 주장한다(Freire, 1995: 92-93). 즉, 교사가 수업준비 전에 일련의 자료를 모아 탐독하고 수업에서는 자신이 이해한 내용을 일방적으로 전달하는 방식이 교사/학생/인식 대상이 별개로 존재하는 방식이다. 이에 비하여, 특정한 소재, 예컨대 한미 FTA의 여러 쟁점들에 관해 신문기사들을 보고 교사와 학생이 함께 토론하면서 서로의 생각을 통해 비판적 의식을 고양시켜 나가는 방식이 교사/학생/인식 대상의 연결된 방식인 것이다.

교사와 학생의 공동 역할은 바로 세계에 대한 불완전한 신념을 넘어 참다운 지식에 도달하는 데 있다. 여기서 프레이리가 제시하는 참다운 지식은 플라톤이 주장하는 고정 불변의 유일한 선의 이데아가 아니다. 이것은 교사와 학생이 협력적으로 삶의 실천적 문제들에 직면하여 비판적 의식을 가지고 끊임없이 재구성하는 지식이다. 비판이론가 맥래런에 따르면 지배적인 자본주의 질서와 관련된 지식, 특정 지배층을 옹호하는 지식, 근대 서구의 그릇된 거대담론에 기초한 정초주의적 사고, 국제화라는 미명 아래 세계를 자본주의 시장 질서로 예속시키려는 지식 등에 도전하고 이를 극복할 필요성을 지적한다. 시험의 기준, 분반, 교과서에 공식화된 지식, 국제 경제를 위한 인적 자원 개발의 논리 등은 지배적인 자본주의적 질서를 옹호하기 위해 지배층이 학교교육과정에 도입시킨 지식인데, 이러한 지식을 학생이 아무 의식 없이 수용하는 것이 바로 프레이리가 말하는 불완전한 신념이다. 이를 비판적 의식을 가지고 성찰하고 지속적으로 갱신할 때 참다운 지식에 이르는 것이 가능하다. 이 비판적 의식화 과정에서 교사-학생의 공동 역할이 필요하다. 교사는 학생에게 세계와 학생을 연결시키는 문제를 제시하고 학생은 여기서 도전을 받고 이 도전에 대응하여야 한다. 예컨대 학생이 하나의 사회문제를 생각할 때 이것이 자신의 삶과는 어떤 관계가 있고 이를 극복하기 위해선 무엇이 필요한가를 깨닫는 과정이 바로 도전에 대한 대응이다. 그리고 하나의 사회문제가 다른 여러 문제들과 연관되어 있음을 알아야 한다.

교사는 학생이 배우는 내용이 여러 사회문제들과 서로 관련되어 있고 이것이 자신의 삶과 직접적으로 연관되어 있음을 생각하도록 이끌어야 한다. 이를 통해 학생의 비판적이고 참여적인 태도를 이끌어야 한다. 그렇게 이끌려면 교사 자신이 비판적, 참여적 태도를 가질 수 있어야 하고 사회현실의 문제와 학생의 삶을 연결시킬 수 있는 매개적 소재를 선별하여 제시할 수 있어야 한다.

프레이리는 《교사론》에서 교사의 임무는 즐거운 일인 동시에 여러 가지 일들을 동시에 요구하는 엄중한 일이라고 지적한다. 교사는 가르치는 자인 동시에 학습자로서 진지함과 과학적, 육체적, 정서적, 감성적인 준비가 요구되며 타인에 대한 사랑뿐 아니라 가르치는 과정에 대한 사랑이 필수적으로 수반되어야 한다. 이러한 복합적인 사랑이 없으면 가르치는 일은 불가능하다. 교사는 감성과 이성을 동시에 지녀야 하며 현실에 대한 냉철하고 비판적인 이성 및 과학적 태도와 함께 낮은 봉급과 사회적 홀대를 인내하며 온몸으로 사랑을 전하는 열정도 수반하여야 한다.

그러나 프레이리는 교사의 역할이 부모의 양육과는 구별되어야 한다고 지적한다. 그 이유는 가르침을 양육과 동일시하면 교사가 불합리한 조건에 대해서도 저항하지 못하기 때문이다. 가르침은 전문적 과업으로 지적 엄격성과 자유를 위해 투쟁할 수 있는 능력을 요구한다. 가르침을 양육으로 환원시키는 것은 교사가 부당한 노동여건에 대해 저항하는 것을 막으려는 브라질의 정치적 이데올로기이다. 교사가 저항을 못하게 되면 부당한 여건 아래서 학생들이 최선의 교육을 받을 권리도 박탈당하는 결과를 가져오게 된다.

교사가 온전히 역할을 담당하려면 먼저 충분히 준비하는 것이 중요하다. 프레이리는 가르치기 전에 스스로 준비하고 능력을 갖추는 것이 교사의 정치적, 윤리적, 직업적 책무라고 지적한다. 가르침에 대한 준비는 공부의 과정으로 상식적인 수준의 지식과 체계적이고 정교한 지식을 종합하는 데서 일어난다. 이러한 공부는 '읽기'의 의미를 포함한다. 읽기는 세계에 대해 미리 읽었던 바를 읽는 것으로 이는 이전에 감각적으로 알았던 세계를 이론적으로 일반화시키고 체계화시키는 것을 의미한다. 가르침을 준비하는 교사는 일상세계에서의 감각적 경험과 이론적 지식을 연결하여 사고하는 법을 배우고, 이러한 자신의 경험을 토대로 학생들에게도 일상 경험과 교과의 개념들을 연관시키도록 이끌 수 있다.

읽기에 있어 학생은 텍스트의 내용들을 기계적으로 암기해서는 안되고 교사는 학생들의 호기심을 자극하여 텍스트를 제대로 파악하고 그 내용에 대해 비판적으로 숙고하여 텍스트의 의미를 새롭게 창조할 수 있도록 이끌어야 한다. 학생은 저자의 전체 담론에서 주제 간의 상호작용을 파악하고, 인용문의 역할과 미학적 언어의 중요성을 알아야 한다. 이를 통해 어떻게 텍스트가 만들어졌는지를 비판적으로 성찰하게 되고 이로써 언어, 의사소통, 지식 생산이 구성되고 재구성되는 과정을 파악하게 된다. 이러한 비판적 읽기는 참다운 가르침을 준비하는 교사들을 위해 필수적이며 현실을 비판적으로 성찰하며 참다운 인간화를 이루려는 학생의 중요한 역할이 된다. 학생의 비판적 읽기를 조장하고 도와주는 과정에 있어서 교사의 역할도 필수적이다.

프레이리는 교사의 겸손을 강조한다. 겸손은 자기와 타인에 대한 존중으로 겸손에 반대되는 것은 권위주의이다. 교사의 권위주의는 학생의 반항적인 태도, 무관심, 맹종, 자기부정, 자유에 대한 두려움 등을 야기시킨다. 겸손과 더불어 중요한 교사의 태도는 사랑이다. 이 사랑은 싸우고, 고발하고, 선언할 권리와 의무를 믿는 사람들의 치열한 사랑, 즉 '무장된 사랑'으로 전환되어야 한다. 교사는 학생의 인격과 성품을 충분히 존중하고 사랑할 책임을 가지는 동시에 자신과 학생이 사회적 불의에 실천적으로 저항하는 존재로 변환되도록 이끌 책임을 가진다. 불의와 모순에도 굴하지 않고 인내하며 이를 극복하기 위해 끝까지 노력하는 사랑이 바로 교육적 의미의 무장된 사랑이다.

프레이리는 교사의 저항 행위와 가르침의 관계에서 한 가지 중요한 사실을 지적한다. 만일 교사가 행정 당국이 자신의 가르치는 자유를 제한한다고 저항하면서 스스로는 학생들의 자유를 제한할 경우, 이러한 말과 행동의 모순으로 말미암아 학생은 교사를 신뢰하지 않게 되고 이는 교사와 학생의 관계를 파괴한다.

프레이리는 교사와 학생의 대화에 있어 권위적, 허용적, 민주적 대화의 세 가지 유형을 제시한다. 권위적 유형의 교사는 일관되게 대화를 주도한다. 학생에게 학생을 위해 학생에 대해 말하고 학생을 평가하며 자신의 말에 따르는지를 살피며 교사 자신은 조금도 변하지 않는다. 권위적 유형의 교사는 말과 행동의 일관성과 인격적 영향력에 의해 학생을 인도하기보다는 단지 일방적으로 지시하는 방식이다. 허용적 유형의 교사는 일이 일어나는 대로 방치하는 입장을 취하며 학생에게 말을 걸지도 함께 대화하지도 않는다. 이러한 허용은 학생들로 하여금 방종의 분위기를 만들고 민주주의자가 되기 위한 훈련을 막게 되어 학생이 비민주적이고 무비판적일지라도 그대로 방치하게 된다. 결국 이 상황에서는 학생이 모순에 대해 인식하고 개혁하는 능력을 기르지 못하게 된다. 마지막으로 민주적 유형의 교사는 담론과 실천 사이의 일관성을 유지한다. 학문을 탐구하면서 끊임없이 비판적 분석을 추구한다. 학생에게 대화를 시도하며 이 대화는 배울 내용이기보다는 삶 자체를 중심으로 이뤄진다. 민주적 교사는 학생에게 귀 기울이며 함께 대화하며 학생도 교사에게 귀기울이도록 가르친다. 민주적 교사는 학생을 대화의 장으로 이끌어 민주적인 의사소통의 태도와 자질들을 배우도록 이끈다.

프레이리는 학생이 학교 내에서 배워야 할 민주적 성향으로 타인의 이야기에 귀 기울이고 그들을 존중하는 성향, 다수의 결정에 따르되 소수의 다른 의견을 표현할 권리를 인정하는 성향, 질문하고 비판하고 토론하는 성향, 공적인 문제를 존중하는 성향 등을 제시한다.

프레이리는 《희망의 교육학》에서 상기한 민주적 대화에 의한 교사–학생 상호작용을 묘사한다. 교육은 본질상 지시적이고 정치적이지만 교사는 학생의 입장을 존중해야 한다. 교사는 자신의 주장과 선호도를 옹호하면서도 동시에 학생으로 하여금 반박할 기회를 주고 반대 주장을 제기하도록 자극하여야 한다. 이를 통해 학생으로 하여금 스스로의 생각을 가질 권리와 이를 위해 투쟁할 의무가 있음을 알게 한다. 동시에 대화에 있어 상호 입장을 존중하는 법을 가르친다.

교사와 학생은 중립적인 내용을 전달하고 전수받는 존재들이 아니다. 교사와 학생은 나름대로의 독특한 입장을 가지고 상호 존중의 태도를 견지하는 가운데 비판적으로 토론한다. 교사는 교과를 가르칠 때도 해당 교과만의 고립적인 주제만을 전달하지 말고 정치적이고 역사적인 세계와의 연관성 속에서 다뤄야 한다. 읽고 쓰는 법을 가르치는 데 있어 단지 읽고 쓰는 기술만을 전수하는 것은 과학적, 정치적, 교육적으로 절름발이를 키우는 것이다. 세계를 이해하고 재해석하며 나름대로 표현하도록 이끄는 것이 바로 바람직한 문해교육이다.

이러한 문해교육은 학생으로 하여금 대상을 수동적으로 받지 않고 항상 그 원인을 분석하며 모순을 발견하며 나름대로의 시각을 형성하는 태도를 길러 비판적 사고능력을 키울 수 있게 한다. 프레이리는 다른 사람을 가르친다는 것은 오직 그 사람으로 하여금 대상의 원인을 생각하는 법을 배우게 하는 데서 타당한 의미를 지닌다고 주장한다.

교사와 학생의 대화적 상호작용을 촉진시키기 위해선 교사가 학생의 삶을 이해하고 동참하는 것이 필요하다. 교사가 살아 있는 경험의 지식을 무시하고 단지 자신의 체계적인 인식을 가지고 가르침에 임해서는 안된다. 학생의 현재 삶과 동반된 교사의 삶의 이야기를 가지고 가르침에 임해야 한다. 이는 교사는 학생과의 대화를 위해 추상적인 이론을 가지고 접근하기보다는 학생이 현재 경험하고 있는 구체적인 삶의 이야기를 소재로 하여 접근해야 함을 시사한다. 이를 위해 교사는 학생의 이야기와 질문과 관심사에 평소에 끊임없이 귀 기울이고 기억하며 이를 가르치고 배우는 상호작용에 적극적으로 활용해야 한다. 프레이리는 비록 교사의 교육목표가 학생의 현재 삶을 넘어선 해방된 이상을 제시하는 것일지라도 그 대화의 출발점은 반드시 학생의 현재 경험어어야 한다고 주장한다(심승환, 2007: 230-243).

3. 비판이론의 공통 특징 및 주장

비판이론은 마르크스주의에 그 뿌리를 둔 이론으로 사회에 존재하는 갈등 및 변화의 양상에 주목한다. 분석철학이 세계와 대상에 거리를 두고 중립적인 관점을 추구하는 데 반해 비판이론은 그러한 중립적 관점은 가능하지도 않고 도덕적으로도 무책임한 일이라고 본다. 즉, 비판이론에서 개인은 그가 처한 역사적 현실이 지향하는 가치에 의해 불가피하게 영향을 받으며 또한 부당한 현실을 개혁하기 위한 정의로운 판단과 행동을 실천하여야 한다. 비판이론은 부, 권력, 지위, 성, 인종 등 사회 내에 존재하는 다양한 차원의 불평등과 차별에 주목한다. 비판이론가들은 인간의 자유와 자율성을 제한하는 불평등과 차별의 형식 및 방법을 철저히 드러내고 이를 극복할 수 있는 방향을 모색한다. 먼저 그들은 불평등한 사회적 조건의 배후에 있는 지배(domination)의 형식을 분석한다. 가장 고전적인 지배의 형식은 마르크스 이론으로부터 제시된 경제적 지배이다. 마르크스는 노동자가 그들의 생산물과 노동으로부터 소외되어 그 결과 오직 임금을 위한 노동에 얽매여 있게 되며 이러한 노동자들의 희생을 착취하여 살아가는 집단이 바로 소수 자본가들이라고 보았다.

그러나 마르크스 이론을 수정한 비판이론가들은 갈등과 지배의 형식을 보다 다양한 관점에서 분석하였다. 예컨대, 애플(Apple)이나 그람시(Gramsci)는 일상생활과 사회의식 속에 깊이 스며있는 지배집단의 의미와 가치체계인 헤게모니(hegemony) 개념을 제시하여, 지배집단이 군대와 권력과 같은 가시적이고 공식적인 형식을 통해서만이 아니라 대중매체나 학교와 같은 수단을 통해 문화적으로 대중을 통제할 수 있음을 주장하였다. 프레이리(Freire)와 지루(Giroux) 등은 이러한 문화적 통제에 대항하기 위해 비판적 읽기가 필요함을 주장한다. 즉, 대중매체나 책 등을 통해 들어오는 다양한 정보를 단순히 판독하고 받아들이는 수준이 아니라 그 내용이 어떠한 배경에서 나왔으며 무엇을 지향하는지, 어떤 문제점을 가지는지를 철저히 분석하고 비판하는 능력이 필요하다는 주장이다. 그렇지 않으면 그릇된 의식의 노예가 될 수 있음을 경고한다.

비판이론가들은 교육과 관련하여 사회구조(작업현장)와 학교의 교육실제 간의 대응관계를 분석하였다(대응이론). 그들은 학교의 구조와 교실의 수업상황 등은 사회의 불평등한 구조와 상황을 그대로 반영하며 재생산한다고 주장하였다. 그러나 이러한 주장에 대하여 교사와 학생이 단순히 일방적인 통제를 받지 않고, 자율성을 가지고 부당한 현실에 대해 저항할 수 있다는 반론이 제기되었다. 이러한 측면에서 단순히 불평등한 구조의 재생산의 수단으로서 학교를 볼 것이 아니라 저항의 측면에서 학교교육을 보려는 노력도 병행되었다.

비판이론은 목적보다는 수단에 몰두하는 현대사회의 도구적 합리성을 비판한다. 현대사회에서는 '그것을 왜 하는가?' 또는 '그것에는 어떤 가치와 문제가 있는가?' 에 대한 질문보다는 '그것을 어떻게 잘 하는가?' 의 질문에 효과적으로 대답하기 위해 총력을 기울인다. 모든 가치가 목적을 얼마나 효과적으로 많이 달성하였는가의 지표, 즉 효율성과 능률성, 양적인 평가에 집중되어 있다. 이런 관점에서는 목적 자체가 타당한지의 여부, 그것을 달성하는 방법이 도덕적으로 온당한지 등은 관심 밖의 문제가 된다. 교육의 영역에서 보면, 어떠한 교육목적을 지향하는가의 질문은 점차 관심 밖의 문제가 되며 어떤 목적이든 그것을 효과적으로 많이 달성하려 한다. 이런 맥락에서 현대교육은 '학력 신장' 을 주요한 교육목적으로 삼는데 과연 '학력' 이란 무엇이며 어떠한 '학력' 이 가치 있는 것인지는 주목하지 않는다. 그 학력의 지표는 결국 '대학입학시험' 의 성적이 되며 이 성적을 높이기 위해 수단과 방법을 가리지 않게 된다. 이를 위해 어떤 방법이든지 성적을 높이게 되면 좋은 방법으로 정당화된다. 이러한 상황에서는 학생들의 전인적 인격 성숙(지덕체의 조화로운 발달)을 추구하기보다는 어떻게 하면 효과적으로 그들을 관리(통제)하여 점수를 높이는가에만 초점을 두게 되는 것이다. 바로 이런 측면에서 비판이론은 현대교육의 문제점의 정곡을 찌르고 있다.

4. 비판이론의 교육적 함의

1) 교육목적

비판이론은 개개인이 지배집단의 이데올로기에 의해 조성되는 그릇된 의식(허위의식)을 극복하고 사회의 실제에 대하여 자율적이고 비판적인 의식(critical consciousness)을 함양하여 개인과 사회를 해방(인간화)시키는 데 가장 큰 목적을 둔다. 이를 위한 교육은 단순한 지식전달과 표본의 제시가 되어서는 안된다. 외부에서 일방적인 목표와 기준을 설정하고 이를 따르게 한다면 자율적이고 비판적인 의식을 키우는 데 장애를 가져온다. 따라서 근본적으로는 교육목적을 고정된 리스트로 제시하고 일방적으로 따르게 하기보다는 무엇이 가치 있는 교육인가를 교육자와 학습자 모두가 스스로 성찰하는 것이 바람직하다. 모든 현상에 대하여 주어진 것으로 당연시하지 말고 그것이 왜 그러하며(필요하며) 어떠한 가치와 문제점이 있는지를 반성하는 것이 필요하다. 특히, 사회에서 불평등과 억압, 차별 등의 현상이 왜 발생하며 어떠한 과정과 방법을 통해 진행되고 정당화되는지를 정확히 보는 능력을 키우는 것이 무엇보다 중요하다. 나아가 이러한 억압적 실상을 넘어 평등하고 자유로운 사회를 이루려면 어떠한 노력이 필요한지를 깨닫고 실천하는 태도를 키우는 것이 수반되어야 한다. 즉, 비판이론에서 보는 교육목적은 단순히 깨닫는 것이 아니라 실천하는 지성인 것이다. 특히, 사회의 축소판인 교육현장 내부에서 어떠한 불평등과 차별이 행하여지고 정당화되고 있는지를 분명히 분석하고, 이를 개혁하기 위한 방법을 찾아 실천하는 것이 비판이론의 중요한 교육목적이라 하겠다.

2) 교육내용 및 교육과정

비판이론의 관점에 따를 때, 교육내용 및 교육과정 역시 교육목적과 마찬가지로 외부에서 일방적으로 지시하고 전달하는 것이 되어서는 안된다. 정부에서 일정한 교육내용 및 교육과정을 불가피하게 제안하더라도 궁극적으로는 교사와 학생이 그것을 주체적으로 성찰하고 문제점을 찾아 수정하고 재구성하여야 하며 그 자율적 권리는 반드시 보장받아야 할 것이다. 그렇지 않다면 교육과정을 통해 지배집단의 이데올로기가 무의식중에 각인되고 정당화되는 것을 막기 어려울 것이다. 교사와 학생이 주체적 · 비판적으로 교육과정을 재구성하기 위해서 먼저 교사는 스스로 비판적 지성인이 되어 학생의 비판적 인식을 촉구하기 위해 스스로 필요한 지식과 기술을 갖추어 나가야 한다. 이를 위해 사회 현실을 보여주는 다양한 텍스트들을 분석하고 이를 학교교육의 현장과 비판적으로 연관하여 성찰하는 것이 요구된다. 즉, 교사는 학교교육이 어떻게 지배집단의 권력과 이데올로기를 반영하는가, 어떻게 억압적 구조를 재생산하는가, 학교 교육과정과 교실 내의 교수-학습과정을 통해 어떻게 이러한 억압적 실제가 작용하는가를 인식하기 위해 다양한 이론을 검토하고 학교교육의 실제를 철저히 관찰, 분석하는 것이 필요하다. 특히, 교사는 교사용 수업자료가 어떻게 교사의 역할을 축소시키며 수동적인 집행자로 전락시키는가를 비판적으로 인식하고, 교과내용, 평가방식 등 규정된 지표를 이행하는 것을 넘어 잠재적 교육과정의 기능에 주의하여야 한다. 예를 들어, 교사는 통제된 시간표와 경쟁적 평가체제에 의해 어떻게 학생들 및 교사 자신이 기존 지배 체제에 순응하게 되는지를 반성하여 이를 올바른 방향으로 개혁하도록 노력하여야 하며 또 그 권리(교사의 교육과정 구성권)가 보장되어야 한다(Giroux, 1988: 43-44).

비판이론에 따른 교육과정에서 무엇보다 중요한 것은 의식화교육이다. 이를 위해 TV, 신문, 잡지, 인터넷 자료 등 대중 매체를 분석하여 여기서 어떻게 지배 이데올로기가 표현되고 전달되는지를 관찰하며 비판적 의식을 키울 수 있다. 문학이나 예술작품에 담긴 이데올로기를 분석하는 것도 좋은 방법이 된다. 다른 한편으로는 이 대중매체, 문학, 예술작품에 표현된 갈등, 억압, 불평등의 실상을 성찰하는 것도 필요할 것이다. 역사 및 일반 사회과목과 관련하여 사회구조가 어떠한 역사적 발전과정을 거쳐 현실로 이어져 왔으며 현실의 정치 · 경제적 구조는 어떻게 구성되어 있는지를 정확히 파악하는 것도 중요하다. 교사는 수업에서 추상적이고 이론적인 내용부터 시작하지 말고 가급적이면 학생의 삶의 경험을 토대로 대화의 장을 열어야 한다. 학생은 가정별, 인종별, 계층별, 성별, 지역별, 종교별로 각자 독특한 문화적 양식과 경험을 수업에 가져오고 교사는 학생들의 이러한 다양한 양식과 경험을 토대로 대화를 전개시켜야 한다. 예컨대, 각 학생의 생활에 있어 억압된 경험들을 이야기함으로써 학교와 사회 전체의 억압된 구조에 대해 접근하는 것이다. 학생은 배우는 교과내용을 삶의 현장과 끊임없이 연결하고 불합리한 현실을 개혁하기 위해 노력해야 한다.

3) 교육방법

교사와 학생은 사회현실과 학교교육의 불평등하고 억압적인 구조와 실제를 비판적으로 인식하고 이에 대해 해방적이며 민주적인 공동체를 창출하기 위해 함께 실천할 책임이 있다. 특히, 가르치고 배우는 실제에서 교사와 학생은 동시에 서로를 가르치고 배우며 서로의 역할을 대체할 수 있다. 이를 위해 교사와 학생과 비판적 사고의 촉매제로서의 인식 대상(교육내용)이 서로 연결되어 상호작용하며, 교사는 가르침을 준비할 때뿐만이 아니라 가르치는 중에도 항상 반성하고 깨닫는 태도가 필요하다. 특히 교사는 이러한 상호작용을 위해 학생의 자유를 최대한 보장해야 하며 대화의 소재를 선별하여 제시하고, 학생은 이에 주체적으로 성찰하고 비판하며 교사는 이러한 학생의 성찰과 비판을 통해 자신의 관점을 반성하고 필요할 경우 수정해야 한다.

학생은 교사와 그리고 다른 학생들과 민주적 상호작용을 통해 민주적 공동체를 만들어 가기 위한 민주적 자질을 배운다. 즉, 교실활동을 통해 서로에게 귀 기울이고, 자신의 주장을 펴며, 다른 학생과 의견을 교환하고, 상호 평가하며, 리더십을 기르며, 연대하며, 옳은 일을 위해 투쟁할 수 있는 민주적 자질과 태도들을 기른다.

특히, 학생은 교사의 지시와 엄격한 시간표의 통제를 받는 수동적이고 개인주의적인 자신의 태도를 반성하고 이를 극복할 수 있도록 노력하여야 한다. 다른 학생과 경쟁적으로 어떻게 하면 주어진 지식을 잘 암기하여 정해진 평가의 기준을 충족시키느냐에 골몰하기보다는 스스로 교육과정 자체를 비판적으로 성찰하고 주체적으로 참여하며 특히 다른 학생들과 함께 공동학습하며 공동성장할 수 있는 기회의 장을 창출하여야 한다.

교사와 학생은 비판적 읽기와 쓰기를 통해 사회와 학교에 대한 비판적 인식을 키우며 실천의 기반을 조성한다. 교사는 수업을 준비하면서 텍스트를 읽으며 자신의 경험과 체계화된 이론을 종합하며 수업에서 비판적 성찰을 촉구할 수 있는 터전을 마련한다. 학생은 수업시간에 제시된 텍스트를 읽으며 그 내용을 기계적으로 수용하기보다는 비판적으로 숙고하며 텍스트의 의미를 새롭게 창조한다. 학생은 텍스트가 어떻게 만들어졌는지 파악하며 이로써 지식의 구성과 재생산의 과정을 성찰한다. 또한 이러한 비판적 읽기는 비판적 글쓰기와 연결된다. 비판적 글쓰기를 통해 학생은 자신의 경험을 이론화하며 사회의 지배적 구조 및 질서와 연관하여 자신의 입장을 확인하며 기존의 불합리한 전통 및 관습에 저항할 수 있다. 아울러 글쓰기를 통해 교사주도의 일방적, 수동적 교육방식을 극복하며, 다른 학생들의 글을 서로 돌려 읽고 이에 대한 자신의 느낌과 생각을 글로 표현함으로써 다양한 시각을 발달시킨다(심승환, 2007: 254-256).

연구 및 토의과제

1. 다음 개념에 대하여 설명하시오.

   ① 과학적 인식방법 ② 프랑크푸르트학파 ③ 반쪽의 도야

   ④ 재생산 ⑤ 기술주의 ⑥ 이념 비판

   ⑦ 도구적 합리성 ⑧ 의사소통적 합리성 ⑨ 은행예금식 교육

   ⑩ 문제제기식 교육

2. 비판이론의 공통 특징을 설명하시오.

3. 프레이리 이론에 의거한 교사와 학생의 역할은 어떠해야 할지 논하시오.

4. 불평등, 도구적 합리성, 은행예금식 교육방식 등은 한국의 교육현실에서 어떻게 드러나고 있으며 이를 극복하고 올바른 방향으로 나아가려면 어떻게 해야 하는지 논하시오.

추천도서

Freire, P. (1995). **페다고지: 억눌린 자를 위한 교육**. 성찬성 역. 서울: 한마당.

Gibson, R. (1989). **비판이론과 교육**. 이지헌 · 김회수 역. 서울: 성원사.

Habermas, J. (2004). **의사소통의 철학**. 홍윤기 역. 서울: 민음사.

한기철(2008). **하버마스와 교육**. 서울: 학지사.

황원영(2003). **비판적 교육과학**.서울: 학지사.

CHAPTER 15

포스트모더니즘

1. 기원, 배경, 의미

2. 주요 사상가

3. 교육현실에 주는 시사점

CHAPTER

15 포스트모더니즘

원·전·읽·기

'포스트모던의 조건' 중에서

과학은 언제나 서사와 갈등관계 속에 있어 왔다. 과학의 잣대를 들이대면 대부분의 서사는 우화이다. 그러나 유용한 규정들의 진술에만 자신을 한정시키지 않고 진리를 추구하는 한, 과학은 자기 자신의 게임 규칙들을 정당화하지 않으면 안 된다. 그래서 과학은 스스로의 지위에 관한 정당화의 담론, 즉 철학이라 불리는 하나의 담론을 생산한다. 나는 이런 종류의 메타담론에 근거해서 스스로를 정당화시키고, 모종의 대서사에 공공연히 호소하는 모든 과학을 지칭하기 위해 '근대적'이라는 용어를 쓰겠다. 대서사에는 정신의 변증법, 의미의 해석학, 이성적 주체 혹은 노동 주체의 해방, 또는 부의 창조 등이 있다. 예를 들어, 진리치를 갖는 어떤 진술의 발신자와 수신자 간의 합의라고 하는 규칙은 합리적 정신들 사이에 만장일치가 가능하다는 조건 속에서만 받아들일 수 있는 것이 된다. 이것이 계몽서사이다. 계몽서사에서 지식의 주인공은 보편적 평화라고 하는 선의의 윤리-정치적 목적을 지향한다. 이 예에서 볼 수 있듯이 만약 역사철학을 시사하는 하나의 메타서사가 지식을 정당화하기 위해 사용될 경우, 사회적 유대를 지배하는 사회제도들의 타당성에 관한 질문들이 제기되고 그 제도들도 동시에 정당화되어야 한다. 그러므로 진리와 마찬가지로 정의 역시 대서사에 부여된다.

아주 단순화시켜 표현하면, 나는 '포스트모던'을 대서사에 대한 불신과 회의라고 정의한다. 이 회의는 의심할 여지없이 여러 가지 과학 진보의 산물이다. 그러나 과학 진보 또한 회의를 전제한다. 메타서사라는 정당화 장치의 퇴화에 가장 두드러지게 상응하는 것은 형이상학과 과거 그것에 의존했던 대학제도의 위기이다. 서사기능은 이제 그 기능소와 위대한 영웅, 그리고 그것의 큰 위험요소들과 장엄한 항해, 위대한 목적 등을 상실해 가고 있다. 그것은 서사적 언어요소들의 구름, 즉 서사적이며 동시에 지시적이고 규범적이며 기술적인 언어요소들의 구름 속으로 퍼져나가고 있다. 각각의 구름 속에는 그 종류의 구름에만 고유한 화용적 결합소들(pragmatic valencies)이 실려 있다. 우리들 각자는 이들의 교차점에 살고 있다. 하지만 우리가 반드시 안정된 언어적 결합들을 성립시키는 것은 아니며 우리가 성립시키는 결합들의 속성이 반드시 소통가능한 것도 아니다. 그러므로 미래 사회는 구조주의나 체계이론과 같은 뉴턴적 인간학의 영역에 들어맞는 사회라기보다는 언어 입자들의 화용법에 들어맞는 세계이다. 거기에는 서로 다른 여러 가지 언어게임들, 다시 말하면 언어요소들의 이질성이 있다. 그것들은 이런저런 요소들을 혼합한 혼성형 제도들과 (중앙집중적 전체적 결정보다는) 국지적 결정을 탄생시킬 뿐이다.

그러나 정책결정자들은 이 군거성 구름의 요소들이 계측 가능하고 전체가 판단 가능하다는 사실을 전제하는 논리를 빌려와, 투입-산출 모델에 따라 이 구름들을 관리하려고 애쓴다. 그들은 우리의 삶을 권력 성장에 맞추어 할당한다. 사회 정의나 과학적 진리의 경우와 마찬가지로 이 권력의 정당화도 체제의 수행력을 최대화하는 효율성에 근거한다. 우리 삶의 모든 경기에 이 기준을 적용하면 부드러운 것이든 강한 것이든 간에 어떤 수준의 테러가 반드시 초래된다. 조작 가능하게(다시 말하면 계측 가능하게) 되든가 아니면 사라질 것을 그 기준은 강요하기 때문이다.

출처: 리오타르 저(1984). **포스트모던의 조건**. 유정완 외 역. 파주: 민음사, pp. 33-34.

사유하기 한국의 교육현실에서 대서사는 어떠한 것이 있을까? 교육을 통해 지적인 능력을 갖춘 인간들을 만들고 국가적으로 이들에 의해 부를 창출한다는 논리에는 어떠한 문제점이 있을까? 구조, 체계, 진리, 전체, 합의, 정당화에 도전하여 이질성, 복합성, 국지성, 회의를 강조하는 포스트모던의 입장은 교육에 무엇을 시사하는가?

1. 기원, 배경, 의미

'포스트모던' 이란 말의 정확한 기원을 규명하는 것은 쉽지 않다. 그러나 포스트모던이란 용어는 이미 20세기 초반부터 사용되고 있었다. 니체의 허무주의(nihilism)에 동조했던 파노비츠가 1917년 당시 유럽의 가치붕괴를 지켜보면서 이 용어를 사용하였다. 그는 현대 유럽의 가치붕괴가 '포스트모던적 인간' 인 파시스트 세대를 탄생시켰다고 주장하였다. 이 용어는 1939년 역사학자 토인비가 사용하면서 보다 유명해졌다. 그는 '포스트모던의 시대' 가 1차 세계대전을 거치며 시작되었다고 주장하였다. 1950년대에 접어들면서 이 용어는 건축학에서 사용되었다. 포스트모더니즘은 국제적이고 보편적인 스타일을 추구하던 현대 건축에 대한 반발로 사용되었다. 건축학에서 논의되던 포스트모더니즘은 점차 음악, 미술, 문학, 문화 전반에 걸쳐 확대되었다. 19세기 예술은 사실주의를 바탕으로 대상을 있는 그대로(객관적으로) 재현하려고 하였지만, 20세기 후반에 접어들면서 이러한 모더니즘적 경향에 도전하여 점차 대상을 보는 자의 주관에 따라 다르게 묘사하려는 인상주의, 입체파, 독백(문학 분야) 등의 형식을 강조하는 경향이 대두된다. 포스트모더니즘은 바로 이렇게 건축 및 예술 분야의 동향으로부터 발달한 문화 전반적인 기풍이라고 하겠다.

그런데 이러한 문화적 기풍으로서의 포스트모더니즘은 철학적 접근의 변화와 밀접히 관련된다. 데카르트와 칸트의 합리주의에 입각한 근대의 철학적 접근은 주로 대상을 독자적으로 인식하는 주체에 대한 믿음에 근거한다. 그러나 이러한 믿음을 회의하며 주체는 독자적으로 대상을 인식할 수 없고, 오직 특정한 역사와 문화, 즉 시공간적으로 특수한 맥락(context)에 따라 상이하게 인식된다는 접근이 대두되었다. 또한 근대의 철학적 접근은 이성의 보편성과 그에 따른 보편적이고 절대적인 진리(the Truth)가 존재한다고 보고 이 보편적 진리를 깨닫고 추구할 때 계몽(enlightenment)과 진보가 이루어진다는 신념에 입각해 있었다. 그러나 실존주의 및 아인슈타인의 상대성이론 등의 영향을 받아 사람들은 점차 보편적인 진리에 회의를 품고 진리가 있다면 그것은 오직 부분적이며 상대적일 것이라고 믿게 되었다(local truths).

근대(modernity)의 시작은 정치적으로는 자유, 평등, 박애의 보편적 덕목을 주장한 프랑스혁명(시민혁명)과 경제적으로는 자본주의 시장경제체제를 발달시킨 산업혁명을 통해 이루어졌다. 바로 근대는 한편으로는 보편적인 이성 및 덕목에 따른 계몽을 강조하며 다른 한편으로는 도구적 이성(관리적 이성)에 입각하여 정해진 목적을 효율적으로 달성하는 수단에 몰두하는 특징을 보인다. 이러한 경향은 객관적이고 보편적인 진리나 선(善, good)이 존재한다고 믿으며 모든 인간은 이를 추구해야 하며 그 보편적 척도의 도달 수준(양적인 측정)에 따라 평가되는 입장을 의미한다. 포스트모더니즘은 바로 이러한 철학적 접근에 대한 회의와 도전으로부터 전개되었다. 즉, 포스트모던적 관점에 입각할 때, 모든 인간에게 공통적인 진리나 미덕이 있는 것이 아니라 지식과 가치는 개개인의 특수한 문화적 맥락에 따라 상이하게 구성되는 것이다.

리오타르(Lyotard)는 《포스트모던의 조건》에서 근대의 보편적인 진리를 추구하는 입장을 '거대담론(grand narratives)' 이라 표현한다. 거대담론에는 자유, 이성, 해방, 구원, 부의 창출 등이 포함된다. 그에 따르면, 포스트모던은 바로 이러한 '거대담론에 대한 회의' 를 의미한다. 각 사회나 집단이 어떠한 가치가 마치 보편적으로 정당화될 수 있는 것처럼 주장하지만 그것은 자신들의 특수한 배경 및 이익과 관련된 부분적인 것일 뿐이다. 이러한 맥락에서 데리다(Derrida)는 우리/그들, 합리/비합리, 합법/불법, 정상/비정상 등의 이분법적 가치체계가 어떻게 설정되고 전자의 가치가 어떻게 정당화되는지를 고찰한다. 그는 일방이 타방을 통제하고 동화시키려는 시도를 날카롭게 밝히면서 타자의 소리(주장)를 인정해야 함을 지적한다. 또한 푸코(Foucault)는 지식과 권력의 불가분의 관련성을 지적하고 모든 지식은 특정한 권력에 의해 구성되며 권력은 바로 특정한 지식을 주장하고 활용함으로써 유지된다는 점을 주장하였다. 포스트모더니즘은 이같이 철학자들에 의해서 깊이 있게 논의되면서 문화적 기풍이면서 동시에 새로운 철학적 접근으로 발전하게 되었다.

이같은 입장을 취한 철학자들은 리오타르, 데리다, 푸코, 들뢰즈, 가타리, 보드리야르와 같은 프랑스 학자들이 주축이었고 미국 학자로는 리처드 로티를 들 수 있다.

건축, 예술, 철학 등 여러 분야의 영향을 받아 형성된 '포스트모더니즘' 이란 개념을 우리는 두 가지 측면에서 이해할 수 있다. 첫째로 포스트(post)를 '탈피' 로 이해할 경우 이것은 기존의 것(근대)에 대한 단절 또는 도전을 뜻한다. 둘째로 포스트(post)를 '후' 로 이해할 경우, 이것은 기존의 것(근대)의 연속을 뜻한다. 바로 포스트모더니즘은 한편으로는 근대에 대한 도전을, 다른 한편으로는 근대의 연속을 뜻하는 양면적 개념이다. 더 나아가 포스트모더니즘은 시대적 개념이 아니라 하나의 접근방식을 의미한다. 즉, 20세기 후반의 건축가, 예술가, 철학자들 모두 포스트모더니즘에 속한다고 볼 수 없고 많은 경우 그와 오히려 상반될 수도 있다. 19세기에 심지어 그 이전의 사람이나 작품에 있어서도 우리는 포스트모더니즘의 특징을 발견할 수 있다. 즉, 포스트모더니즘은 한 시대의 동향을 의미하는 것이 아니라 기존의 것에 대한 새로운 접근을 뜻한다고 보겠다. 그러므로 이것은 과거, 현재, 미래에 언제 어디서나 있을 수 있고 그 핵심은 바로 연속과 도전에 있다.

2. 주요 사상가

1) 리오타르(Lyotard: 1924~1998)

리오타르는 1924년 프랑스 베르사유에서 태어났다. 그는 소르본대학교에서 철학을 공부하였고 메를로 퐁티(Merleau-Ponty)와 함께 현상학을 연구하였다. 그는 졸업 후 중등학교에서 10년간 철학을 가르쳤다. 1954년부터 10년간 리오타르는 정치에 적극적으로 참여하였다. 그는 '사회주의가 아니면 야만' 이라고 주장하던 극단적 마르크스주의 집단에 가입하였고 1963년에는 '노동자의 힘' 이라는 혁명적인 노동자조직에 가담하여 활동하였다. 그후 리오타르는 20년 동안 소르본대학교, 낭테르대학교 등에서 교편을 잡았다. 그는 대학에서 강의하면서 표현의 자유와 학생 및 직원의 민주적 참여를 주장하는 민주화 운동에 참여하였다. 1971년에 그는 마르크스주의에서 이탈하여 《담론, 형상》이란 제목으로 문학박사 학위를 받았고 이후 파리8대학의 철학교수로 임용되어 1989년 퇴임할 때까지 여기서 근무하였다. 한편, 1990년대에는 캘리포니아대학교, 존스홉킨스대학교, 예일대학교, 몬트리올대학교, 상파울로대학교 등 프랑스 이외의 지역에서 활발히 강의하며 국제적인 명성을 높였다. 그는 말년에도 포스트모더니즘에 관한 연구활동과 저술활동을 활발히 하다가 1998년 세상을 떠났다.

리오타르의 사상은 보편성, 거대담론, 일반성에 대한 비판에 초점이 있다. 그의 대표작 《포스트모던의 조건》에서 그는 포스트모던의 입장은 바로 "거대담론에 대한 회의"라고 규정하였다. 거대담론은 정신의 변증법, 의미의 해석학, 주체의 해방, 부의 창출과 같은 보편적이고 중립적인 해결책을 지칭한다. 리오타르는 이러한 보편적인 해결책 모색에서 벗어나 우리 삶의 다양성과 차이를 드러낼 수 있는 "작은 이야기"를 제안하였다. 이러한 작은 이야기를 통하여 사람들은 합의보다는 차이를 인식할 수 있고 보편적인 결론으로 단순화하는 것을 지양하고 지속적으로 새로운 대안을 탐구할 수 있다(Lyotard, 1988).

리오타르는 후기 산업사회에서 지식 및 교육을 이해하고 비판하기 위해 수행력(performativity)의 원칙이란 개념을 제시하였다. 수행력의 원칙은 모든 것의 가치가 투입/산출 비율에 따라 얼마만큼 효율성을 가지는가에 따라 결정된다는 원칙이다. 무엇이 좋은 지식인가를 따지지 않고 그 지식이 주어진 목적을 얼마나 효과적으로 달성시키는지가 중요한 문제이다. 이러한 원칙에 입각할 때 교육은 국가에서 주어진 교육정책 및 교육과정을 얼마나 효율적으로 교사와 학생이 수행하는가에 모든 초점이 기울여진다. 이러한 맥락에서는 교사는 '공급자' 가 되고 학생은 '수요자' 가 되며 교육과정은 하나의 '상품' 이 된다. 교사의 가르침(teaching), 학생의 배움

(learning), 교육의 모든 과정은 최소의 비용으로 최대의 효과를 거두는 효율성의 원칙에 따라 평가된다. 수행력의 원칙, 효율성의 원칙이라는 단일한 기준에 따라 교육이 평가될 때 결국 교육목적, 교육내용, 교육방법과 관련된 다양한 가치들을 고려할 수 없게 된다. 리오타르는 교육이 이러한 수행력의 원칙에 따라 운영될 때 그것은 오직 사회의 기능적 효율성을 유지하고 향상시키는 데 필요한 지식과 기능만을 전달하는 것으로 왜곡된다고 보았다. 포스트모던한 교육은 효율성의 준거에 따르는 것이 아니라 다양성, 차이, 혁신, 상상력, 창의성을 추구한다. 포스트모던한 교육은 합의를 만들고 주어진 것을 잘 수행하는 것이 중요하지 않고 차이를 인정하고 지속적으로 새로운 아이디어를 모색하는 것이다(Lyotard, 1984). 신자유주의가 팽배하면서 교육이 상품화되며 오직 수행성만이 강조되는 오늘날 리오타르의 사상은 중요한 반성과 비판의 계기를 제시해 준다.

2) 푸코(Foucault, Michel: 1926~1984)

푸코는 1926년 프랑스 푸아티에에서 태어나 1984년 AIDS로 사망하였다. 그의 아버지 폴 푸코는 유명한 외과의사로서 아들이 자신의 대를 이어 의사가 되기를 희망하였다. 푸코는 예수회 대학인 세인트 스타니슬라스대학교에 들어가 우수한 성적을 거두었다. 2차 세계대전 후에 푸코는 프랑스에서 인문학으로 유명한 고등사범학교에 입학하였다. 이 학교에 재학하는 동안 그는 심리학과 철학에 깊은 관심을 보여 두 분야에서 모두 학위를 받게 되었다. 1950년부터 1953까지 푸코는 스승인 루이 알튀세의 권유로 프랑스 공산당의 일원이 되었으나 그 정책과 사상에 회의를 느껴 탈퇴하였다. 1953년부터 약 1년간 푸코는 릴 노드대학교에서 심리학을 강의하였다. 이후 그는 프랑스를 떠나 스웨덴, 독일 등지를 여행하며 강의하였다. 그는 1960년에 프랑스로 돌아와 클레르몽페랑 대학교에서 박사과정을 이수하였다. 이때 철학도인 데니엘 데퍼트를 만나 이후 20년간 연인으로 지내게 된다. 그는 1961년에 〈광기의 역사〉를 주제로 한 논문으로 박사학위를 받게 되었다.

푸코는 1965년 튀니스대학교에 부임하게 되었다. 이 당시 푸코는 구조주의에 관심을 가져 《사물의 질서》를 간행하였다. 곧이어 그는 라깡, 롤란드 바디스, 레비스트라우스 등과 함께 사르트르에 의해 유명해진 실존주의를 뒤흔드는 새로운 사상가(구조주의자 4인방)로 분류되었다. 푸코는 마르크스주의에 대해 회의적인 입장을 취했고 이어 종래 그 자신이 취해왔던 구조주의의 관점에도 반대하게 되었다. 1968년 그는 프랑스로 돌아와 그에 대한 비평들에 답변으로서 《지식의 고고학》을 펴냈다. 같은 해 푸코는 파리8대학의 철학과 학과장이 되었다. 1970년에는 프랑스대학교 교수가 되어 사상 체계의 역사를 가르쳤다. 이후 그는 감옥에 수감된 죄수들의 상황 및 교도 기관에 관심을 가지게 되고 이러한 관심은 곧 《감시와 처벌》이란 책으로 출간되었다. 이 책에서 그는 감옥과 학교와 같은 기관들을 통해 18세기 이래 서구 사회에서 발달해 온 미시 권력의 구조를 분석하였다. 그는 이어 《성의 역사》를 저술하였고 미국으로 건너가 버팔로대학교, 캘리포니아대학교 등에서 강의하였다. 말년에 그는 이란을 두 차례 방문하였고 이란의 정치적 문제에 관심을 표명하였다. 그는 죽을 때까지 지속적으로 사상의 변화를 추구하였다. 그는 독자들로 하여금 그의 사상에서 어떤 일관된 정신을 배우기를 바라지 않았고 대신 독자들이 각 분야에서 자신들의 사고를 발달시키기 위해 그의 책(사상)을 하나의 도구로 사용해 주길 바랐다.

푸코는 스스로 서구 사상의 어떤 전통적 주류에도 속하지 않는다고 주장하였다. 다양한 문제에 대해 다양하고 유동적인 관점을 취했던 그는 어떤 일관된 체계로 설명하기 힘든 사상가이다. 이러한 다양하고 유동적인 그의 관점으로 말미암아 사회학, 역사학, 심리학, 철학, 정치학, 언어학, 문화 연구, 문학 이론과 같은 광범위한 학문 분야에서 많은 학자들이 그의 사상을 인용하고 사용하였다.

푸코의 관심은 다양한 영역에 걸쳐 있지만 몇 가지 주된 관심사를 살펴보자면 먼저 휴머니티(humanity)에 대한 분석과 비판을 들 수 있겠다. 그는 휴머니티가 역사적 전개과정 속에서 보편적이고 자명한 개념으로 발전해 왔다고 보았다. 근대사회에 발달한 인간과학(심리학, 의학, 사회학 등)과 이 지식에 근거한 실천(정치, 훈육, 치료, 교육 등)들은 어떤 사회적 표준(정상)을 설정해 놓고 그렇지 못한 것들을 비정상적인 것들로 구분하였다. 근대사회는 수학적 통계에 기초하여 평균에 가까운 정상인과 그렇지 않은 비정상인으로 구분하여 인간을 계량화 · 위계화 · 규정화시켰다.

이러한 이분법적 구분은 담론과 훈육을 통해 정당화된다. 담론은 권력관계를 보여주며 어떻게 지식이 권력에 의해 형성되는지를 드러낸다. 담론은 사회적 지위(권력)를 지닌 사람들이 대상에 대해 부여하는 의미로서 담론을 통해 우리의 생각이 제한된다. 즉, 담론은 다른 의미의 가능성을 배제하는 기능을 한다. 푸코의 관점에 따르면 교육은 바로 사회가 요구하는 담론을 전파시키는 기능을 한다. 모든 교육시스템은 권력과 연계된 담론들이 정당화되게 하는 정치적 수단이다. 교육에서 담론이 전파되도록 하는 중요한 매개체는 바로 시험이다. 시험문제를 만들고 시험을 보고 등급을 매기는 과정을 통하여 권력은 특정한 지식을 만들고 사람들은 이 지식을 당연시하게 된다. 특히 학생들은 시험을 통해 매겨진 등급에 의해 자신을 일정한 부류의 인간(우수/열등, 정상/비정상 등)으로 인식하게 된다. 푸코는 인간을 등급매기고 구분하는 것을 '구분하는 실천(dividing practices)' 이라 하였다. 이 '구분하는 실천' 의 예는 교육의 영역에서 다양하게 드러난다. 시험, 평가, 학생들의 인물 평가, 능력별 학급 편성, 일류학교와 이류학교 등이 바로 그것이다. 일류학교와 이류학교의 입학기준(성적)을 나누고 일류학교는 일류 지성 · 능력 · 학자적 정체성을 지닌 학생들을 만들어 내고, 이류학교는 이류학생들을 육성한다는 이분법적 인식이 바로 '구분하는 실천' 의 대표적 예로 볼 수 있다. 학생들은 '구분하는 실천' 을 통해 자신의 정체성을 인식한다. 학교에 따라 교육과정, 교수법, 교사-학생관계를 상이하게 하고 한 학교 내에서도 보충반과 심화반, 일반학급과 특수학급을 격리하여 운영함으로써 학생들이 상이한 정체성을 내면화하도록 만든다(Ball ed., 2007: 16-19).

푸코의 저작 중에《감시와 처벌》은 교육을 새롭게 생각하도록 이끈다. 이 책에서 푸코는 개인들이 권력에 의해 작동되는 감시, 통제, 처벌의 기술을 통해 길들여지는 과정을 고찰한다. 훈육의 기술들은 중등학교와 초등학교, 병원, 군대 등에서 활용되었고 그것들의 핵심은 바로 분할과 구분이다. 학교와 군대 등의 훈육 기구에서는 공간과 시간을 철저히 구분해 놓고 이를 통해 개인들의 행동을 통제하며 의식을 길들인다. 훈육은 구분, 규칙, 생성, 조직의 특징을 가지고 대상을 향하여 계획하며 행동을 지시하고 훈련시키며 전략적으로 조직한다. 학교는 교도소에서 교도관이 수감자들을 감시하듯이 학생들의 행동을 관찰하고 일련의 규칙에 따라 이를 판단한다. 규칙은 시간, 활동, 행위, 말, 태도, 성에 관하여 나쁜 것, 비정상적인 것을 가려낸다. 시간은 게으름, 결석, 태만함 등으로, 활동은 부주의, 무시, 의욕상실 등으로, 행위는 불손함, 불순종 등으로, 말은 수다, 무례 등으로, 태도는 산만함, 더러움 등으로, 성은 불순함, 외설 등으로 처벌의 대상을 분류한다. 학교에서는 이러한 행동에 대하여 처벌함으로써 순종적인 인간을 만들어 낸다.

푸코의 사상은 교육에 관하여 중요한 시사점을 제시한다. 첫째, 권력과 지식의 연결 개념과 관련하여 공교육의 교육과정은 보편적이고 중립적인 지식이라기보다는 권력의 이해관계를 보여준다는 점이다. 교과목, 시수, 교과의 내용, 교수법(교사용지도서) 등의 제정은 모두 특정 권력집단의 특정한 의도를 지향하며 이는 한편으로 다른 집단의 주장을 배제한다는 점을 보여준다. 교육과정이 공식적이고 강력한 권력을 통해 행사될 때 학생들뿐만 아니라 교사, 학부모들도 이를 당연시하고 순응하게 되는 결과를 가져온다. 둘째, 훈육의 기술과 관련하여 학교교육에서 시간표, 시험, 학교규칙, 학교시설, 분반 등은 학생들을 분류하고 통제하는 기능을 한다는 점이다. 학생들은 이러한 제도에 의해 우수생/열등생, 모범생/문제아로 분류되고 자신이 그런 사람이라는 것을 내면화하게 된다. 특정한 과목, 특정한 형식, 특정한 평가방식에 의해 수행되는 시험이 다양한 인간을 객관적으로 우수와 열등으로 구분한다는 것 자체가 모순인데 학생들(학부모와 교사들도 포함)은 그 결과를 가지고 그 사람을 등급화하며 이를 당연시한다. 다양한 개성을 지닌 학생들에게 똑같은 복장, 똑같은 헤어스타일, 똑같은 행동방식을 요구하며 이를 어길 경우 문제아로 낙인찍으며 대개의 경우 당사자 본인도 그렇게 여기며 순응한다. 물론 학교는 단체이며 사회생활을 위한 준비과정이라는 점에서 기본적으로 단체생활의 규칙과 태도가 요구되지만, 학교교육이 획일적인 규칙으로 학생들을 통제할 때의 문제점도 우리는 분명히 반성해 보아야 한다.

3) 데리다(Derrida, Jacques: 1930~2004)

데리다는 1930년 알제리의 엘 비아르에서 중산층 유대인 집안의 아들로 태어났다. 어린 시절에 그는 축구에 소질이 있었고 루소, 니체, 지드, 카뮈 등의 작품을 두루 읽었다. 그는 파리의 루이 르 그랑 고등학교를 거쳐 1952년 고등사범학교에 진학하였다. 여기서 그는 알튀세와 푸코를 만나 교제하였고 후설, 하이데거 등을 연구하였다. 졸업 후 그는 하버드대학교에서 조교생활을 하였다. 알제리 독립전쟁(1957~1959) 기간에는 군인 자제들을 대상으로 프랑스어와 영어를 가르쳤다. 1960년부터 1964년까지 데리다는 소르본대학교에서 철학을 가르쳤고 1964년부터 1984년까지는 고등사범학교의 교수로 재직하였다. 1966년에 '인문 과학 담론의 구조, 기호, 놀이' 란 주제로 존스홉킨스대학에서 강연한 후 그는 국제적 명성을 얻게 되었고 미국을 자주 방문하게 되었다. 1967년에는 《글쓰기와 차이》, 《목소리와 현상》, 《그라마톨로지에 관하여》를 출간하였다. 1979년부터 데리다는 정치에 활발하게 참여하였고 1981년에는 체코의 지식인들을 돕기 위한 얀 후스 재단을 설립했는데 이와 관련하여 불법적인 세미나를 조직했다는 이유로 감금되었다가 미테랑 대통령의 도움으로 풀려났다. 1983년에는 일반 학계에서 다루지 않는 철학적 주제를 연구하기 위한 단체로서 국제철학대학을 창립하여 초대학장을 지냈고, 1984년부터 2004년까지 고등사회과학원의 철학 교수직을 맡았다. 1986년 캘리포니아대학교(UCI) 인문학부 교수가 되었고 존스홉킨스, 예일 등 미국의 주요 대학교의 방문 교수로 활동하였다. 데리다는 2004년 10월 9일 췌장암으로 죽음을 맞았다.

데리다의 사상은 철학, 종교, 언어학, 문학이론, 문화연구 등에 광범위하게 걸쳐 있다. 그의 사상을 관통하고 있는 관점은 그동안 확고하고 명확한 것으로 여겨졌던 서구사상의 지적 전통에 대해 의문을 제기하고 그 불확실성을 드러내는 것이다. 이것은 모든 것을 허무주의적으로 접근하며 근거 없는 지적 유희를 즐기자는 것이 아니다. 데리다의 관점은 지속적인 반성의 여지를 만들고 새롭고 창의적인 사고의 가능성을 찾기 위해 기존의 가정들에 의문을 제기하는 것이다.

데리다는 우선 언어의 역동성에 관심을 가지고 구조주의 언어이론을 비판하였다. 구조주의자인 소쉬르에 의하면 기호는 기표와 기의의 연결로 구성되며 이 관계는 일대일 대응방식이라고 보았다. 데리다가 보기에 이러한 대응은 분석적이지만 실제 그렇지는 않다. 실제 언어 사용에서 기호는 항상 차이에 의해 구성된다. 기표와 기의의 연결은 늘 새로운 방식으로 이루어진다. 예를 들어, 우리가 어떤 단어가 무엇을 의미하는지 생각할 때 우리는 먼저 사전을 찾아본다. 사전에는 그 단어의 뜻이 대개 여러 가지로 기술되어 있다. 또 아이들이 어떤 단어를 질문할 때 어른들이 대답하는 경우를 보자. 어른들은 각자 상이한 어휘들을 사용하여 그 단어를 설명한다. 즉, 언어 표현은 다양한 의미를 동시에 내포하고 있다. 데리다는 이것을 말소하에 두기(sous rature, under erasure)로 표현한다. 즉, 하나의 단어를 쓴 다음 그것에 삭제표시를 하고, 그 단어와 삭제표시 모두를 표기하는 것이다(예: ~~존재~~). '존재'가 나타내려고 하는 의미는 사실상 다양한 의미의 복합체이고 '존재'라는 단어 표현 이외에 다른 것으로도 표현할 수 있기 때문이다. 존재의 다양한 의미는 하나의 표현으로 속박될 수 없다. 기호(언어표현)에는 배제된 다른 기호의 흔적(타자, 차이의 가능성)이 항상 남아 있기에 반드시 말소하에 두고 생각해야 한다. 예를 들어, 우리가 어떤 상태를 보고 'discipline(훈육)' 이란 단어로 표현했을 때 이것은 훈련, 규율, 명령, 학과 등의 뜻이 동시에 내포되어 있음을 상기하여야 한다. 바로 이러한 언어의 역동성에 대한 데리다의 지적은 우리가 의미를 이해할 때 고정적이고 일률적인 방식에서 벗어나 그 다양성을 고려하여야 함을 시사한다.

데리다의 사상에서 중요한 개념은 '해체(deconstruction)' 이다. 데리다의 해체 개념은 '붕괴(destruction)' 와 같은 부정적인 의미가 아니고 하나의 복합적인 의미의 실체를 제대로 이해하기 위해 의미를 재구성하는 면밀한 분석이다(David, 1985: 4). 이것은 아이디어가 구성되는 과정, 구조 내에 존재하는 모순 등을 자세하게 탐색하는 행위이다. 해체는 텍스트에서 저자가 의도하는 어떤 고정적인 의미와는 다른 의미가 반드시 존재함(의미의 비결정성)을 드러낸다. 해체는 마치 그림에서 일차적으로 밑그림을 그리고 붓으로 물감을 칠한 후 그 위에 덧칠을 했을 때 밑에 숨겨진 그 밑그림의 윤곽까지 찾아내는 작업과 같다. 해체는 텍스트에 감춰진 이항대립들을 찾아 드러내고자 한다.

해체는 텍스트에서 공적/사적, 남성적/여성적, 같은/다른, 합리적/비합리적, 진실의/거짓된, 중심의/주변의, 말/글, 자연/문화, 순수/오염 등의 대립 항들을 찾고 앞의 요소들이 뒤의 것보다 우월하게 여겨지고 있음을 밝혀낸다. 해체는 앞의 요소들이 뒤의 요소들을 배제함으로써 자신의 정체성을 얻으려 하는데 실제로는 뒤의 요소들이 오히려 우월함을 밝히고자 한다. 데리다의 해체는 이항대립들을 변증법적으로 종합하려는 헤겔의 입장과는 달리 두 대립항 간에 존재하는 위계를 드러내고 이를 전복 또는 전치하려는 시도이다. 예를 들어, 데리다는 루소의 저작들을 면밀하게 읽으며 이러한 해체를 시도한다. 데리다는 루소의 저작에 담긴 자연/문화의 대립항을 찾고 자연은 순수한 상태로, 문화는 오염된 상태로 묘사되며 전자가 후자보다 우월함을 주장하고 있음을 드러낸다. 그런데 데리다는 루소가 어떤 사태를 설명할 때 항상 보충물에 의존하고 있음을 밝혀낸다. 루소는 자연이 자기 충족적이라고 공언하지만 결국 자연은 문화를 필요로 한다. 데리다는 바로 여기서 본래적이고 아무것도 첨가되지 않은(순수한) 자연은 존재하지 않으며 자연은 항상 이미 무언가에 의해 보충된 실체라는 점을 밝힌다. 데리다는 '자연' 이란 단어를 말소하에 둠으로써 이것이 순수함이란 표면적인 의미만 있는 것이 아니라 반드시 어떤 보충적인 것(문화)을 포함하고 있음을 독자들에게 상기시킨다(Sarup, 2005: 70).

데리다는 해체와 함께 '차연' 이란 개념을 발전시킨다. 차연(différance)은 차이(differ)와 지연(defer)을 포함한 개념으로 어떤 유일한 본질에 대하여 그와 다른 것을 찾고, 궁극적인 결론을 유보하며 새로운 측면을 발견하고자 하는 접근을 의미한다. 이것은 앞서 설명한 언어의 역동성, 기표와 기의의 역동적인 관계와 상통한다. 즉, 어떤 의미는 다양한 말로 설명되며 이 말들은 또 다시 다른 말들로 설명되며 무한히 그 의미가 연기되며 확장되는 것이다. 차연은 고정된 원칙을 넘은 다양한 시도를 제안한다. 교육에서 우리가 표준으로 여기는 목표, 내용, 방법들과는 다른 것들을 찾고 용인할 수 있어야 하며, 글들을 읽을 때 저자의 의도 혹은 어떤 권위 있는 해석을 종국적인 것으로 받아들이지 말고 그와는 다른 해석의 가능성을 인정하고 그것을 시도할 수 있어야 한다. 특히, 인종, 성, 계급 등 다양한 문화들의 상이한 가치들을 교육에서 조화롭게 수용하고 다루어야 할 것을 시사한다.

데리다는 아포리아(aporia)라는 개념을 통해 인간의 모순을 주장한다. 아포리아는 원래 그리스어로 일반적이고 궁극적인 결론에 도달할 수 없는, 결코 완전히 해결될 수 없는 지속적인 딜레마의 상태를 의미한다. 이것은 양자가 서로 다가가기는 하지만 결코 하나로 합체될 수 없는 상태(coming without pas)를 말한다. 아포리아는 경계를 지닌 대상들 간에 존재한다. 경계는 지리적 영역, 언어, 문화와 같은 인류학적 경계, 학과와 같은 문제적 경계, 개념, 용어와 같은 개념적 경계가 있다. 이러한 경계는 하나가 다른 하나에 관심을 가지며 다가감에 따라 변화한다. 언어, 문화, 개념, 담론의 경계는 닫혀 있지 않고 항상 타자에 열려 있다. 하나는 그 자신의 고정된 영역에 그대로 머물러 있지 않고 다른 하나로 다가가지만(coming), 결코 양자 간의 그 경계가 완전히 없어지는 것이 아니다.

경계를 넘어 상대방에게 다가가는 시도(기존의 위계질서를 질문하는 것)는 필연적이지만 동시에 이 경계를 완전히 넘어가 상대방 영역에 공존하는 것은 불가능하다. 아포리아가 발생하는 시점은 바로 이 필연적이지만, 불가능한 경계횡단의 시도에서이다. 양자가 접근할 때 상대방의 주장과 상호 간의 갈등을 인식하게 되고 하나의 해답(결론)을 만들어야 한다는 압박감을 느끼게 된다. 아포리아가 시사하는 바는 바로 이 갈등적 상황에 대한 대응이다. 일방은 타방에 대하여 관심을 기울여야 하는 동시에 끊임없이 변화가능성에 주의해야 한다. 양자가 접근하여 간혹 경계가 인식할 수 없을 정도로 되었을 때조차 상대방은 결코 자아 안으로 흡수되지 않는다. 타자는 차이를 간직하고 있으며 새롭게 변화할 가능성을 가지고 있다.

데리다는 이러한 아포리아의 필요성을 주장한다. 인간 조건의 모순적 상황을 직면하는 것이 바로 책임(responsibility)이다. 이것은 기존의 권위와 전통에 대한 도전으로서 보편적인 규칙, 고착화된 개념 및 실제의 권위를 의심하는 것이다. 권위와 전통은 결국 그 자체에 의존한다. 자기의 권위, 전통, 고정관념에 갇혀 있으면 타자에게 접근할 수 없고 그러면 차이와 모순을 발견하지 못하며 이에 대응하지 못한다. 타자의 소리를 듣고 여기에 대응하면서 자아는 자기 굴레를 넘어 새로운 삶의 영역을 발견한다. 그런데 타자의 소리는 지속적인 변화가능성을 가지고 있다. 타자의 물리적, 정신적 조건, 상황들은 지속적으로 변화하므로 어느 한순간 그것을 완벽히(종국적으로) 이해하고 자기화할 수 없다. 또한 타자의 소리에 대한 대응은 자아를 타자에 종속시키는 것을 의미하지 않는다. 자아 또한 타자에 대하여 끊임없이 변화하는 차이(difference)로 존재하기 때문이다. 자기와 타자의 차이와 이것의 지속적인 변화가능성을 인정할 때 고착화된 위계질서의 지배로부터 벗어날 수 있다. 또한 타자의 소리를 듣고 이에 대응할 때 자아를 재발견할 수 있다. 타자와의 관계를 통하여 차이를 인식할 때, 자아는 자기 문화와 전통을 더욱 분명히 인식하게 되며, 그 차이를 통하여 자기 문화를 새롭게 변화 · 발달시킨다.

아포리아는 두 가지 중요한 함의를 지닌다. 그것은 첫째, 보편적 규칙에 대한 도전이고, 둘째, 현재 상태의 방치(inaction)에 대한 도전이다. 전자는 현재에 대한 비판적인 재성찰을 요구하며 후자는 미래의 가능성에 대한 개방적 의식을 요구한다. 즉, 한편으로는 자기와 타자, 양자의 차이를 인식하지 못하는(혹은 무시하는) 보편화에 도전하여 차이를 발견하고 이를 존중하며, 다른 한편으로는 그러한 차이를 당연시 여기며 상호 단절하려는 분리주의에 도전하여 대화와 교류를 통한 변화를 추구하려는 노력을 의미한다.

아포리아 개념에 나타난 데리다의 관점은 다문화교육에 중요한 시사점을 제시한다. 다문화교육이란 바로 아포리아와 같이 상호 접근해야 하지만 결코 하나로 완전히 화합되지 않는 딜레마를 의미한다. 이것은 연관성(유대)과 다양성(차이), 전통과 혁신, 자아와 타자 간의 끝나지 않는 아포리아이다. 상이한 두 가치가 충돌할 때 사람들은 손쉬운 해결(상대를 무시하거나 자기 기준에서 하나로 종합)을 모색한다. 특히 교육에서는 확고하고 명확하게 정해진 내용을 학생들에게 명쾌하게 전달하려는 현실적 요구가 있다. 그러나 아포리아가 시사하는 교육은 바로 종국적인 결론(일반화)을 거부(유보)하고 지속적으로 차이를 찾고 변화를 모색하는 것이다. 이것이 바로 상호교류와 연대를 추구하되 다양성과 차이를 인정하는 다문화교육의 의미인 것이다(심승환, 2009: 141-143).

3. 교육현실에 주는 시사점

1) 교육목적

포스트모더니즘의 관점에 입각하였을 때 교육의 목적은 다음과 같은 몇 가지 특징을 지향한다. 첫째, 교육에서 보편적인 문제를 다루기보다는 상황의 특수성을 고려한 문제를 다루고, 각 문제들의 해결책도 보편적이고 절대적인 답보다는 상황에 맞게, 유동적인 해결책을 모색하여야 한다. 교육이 인간을 바람직한 방향으로 육성하는 작용이라고 봤을 때 그 방향이 어떤 절대적인 가치에 의해 정해져서는 안된다. 특정한 사회문화적 가치관을 절대시하여 교육의 이념과 목적으로 삼아서는 안된다. 예를 들어, 인간의 본성은 악하기 때문에 그 이기적이고 탐욕적인 성향을 억제하고 규율에 순종하는 습관과 태도를 가르쳐야 한다는 교육목적을 일반화하여 모든 교육상황에 적용하여서는 안된다. 각 사회와 문화의 특수성, 학습자 개인의 특수성을 감안하여 그러한 통제적, 훈육적 교육목적을 적용할 수도 있고 그렇지 않을 수도 있다. 반대로, 인간의 본성이 선하고 그렇기에 교육은 그 내부의 선성이 자연스럽게 자라나도록 자유롭게 이루어져야 한다는 입장 역시 모든 교육상황에 보편적으로 적용하여서는 안된다. 사회문화적 가치관과 학습자 개인의 특수성에 따라 그러한 학습자의 주도적인 자유로운 교육이 필요할 때도 있고 그렇지 않을 때도 있다.

특히, 근 · 현대 서구문명의 강력한 영향을 배경으로 서구적인 인간관과 세계관이 세계 여러 지역의 교육에 강력한 영향을 주었는데 포스트모던적 관점에서는 서구 중심적으로 보편화된 교육관을 반성하고 비판하는 것이 필요하다. 개인(관찰자)과 세계(대상)를 철저히 분리하고 객관적으로 관찰하고 분석하며 일반화하는 서구 근대적 세계관이 지배적인 영향을 미쳐왔다. 이것은 또한 이성과 감성을 분리하고 전자를 우위에 두며 후자를 가급적 억제하는 교육관과 연결된다. 이러한 이분법적, 객관적, 이성 중심적 교육관에 대하여 포스트모던의 교육은 연관적이고 주관적(참여적)이며 감성 중심적 관점을 지향한다. 대상을 거리를 두고 객관적으로 관찰하고 분석하는 대신, 대상에 참여하여 주관적으로 이해하고 해석하며, 이성과 감성을 연결시키고 사고와 행동(체험)을 병행하며, 일반적인 결론을 제시하기보다는 상황의 특수성에 따른 다양한 가능성을 모색하는 교육이 필요하다. 또한 남성, 백인, 상류층의 문화와 가치관이 지배하는 교육을 벗어나 여성, 다양한 인종, 다양한 계층의 문화와 가치관이 반영된 교육을 지향하여야 할 것이다.

2) 교육내용

포스트모더니즘에 입각한 교육의 내용은 각 사회와 문화적 특수성이 잘 반영된 다양한 문제를 대상으로 삼는다. 포스트모더니즘의 관점에 따른다면 모든 지역의,

모든 학생들을 대상으로 보편적으로 적용할 교육내용이란 없다. 비록 읽기, 쓰기, 셈하기와 같은 기초교과를 다룬다고 하더라도 그 읽기, 쓰기, 셈하기의 구체적인 내용은 각 사회와 학습자들의 특수성을 반영하여 상이하게 구성되어야 한다. 또한 전통적으로 구분된 교과의 영역, 예컨대 국어, 외국어, 수학, 과학, 사회 등의 구분을 넘어 교과내용 간에 자유롭고 창의적인 연결학습이 추구되어야 할 것이다. 특히 그동안 주목받지 못했던 빈곤, 전쟁과 테러, 범죄, 성, 환경, 인종, 장애우 등의 다양한 주제들에 관해 정해진 교과내용을 넘어 자유롭게 탐구하고 토론할 수 있는 기회를 제공하여야 한다. 특히, 이러한 주제들을 탐구함으로써 학습자들은 사회에서 지배적으로 여겨졌던 것과 소외되었던 것이 무엇인지를 비판적으로 생각할 수 있어야 한다. 그리고 어떤 교과는 중요하고 어떤 교과는 그렇지 않다는 교과 간의 위계가 철폐되고 다양한 교과가 함께 존중되며, 학습자들에게 이 다양한 교과들 중에 자유롭게 선택할 수 있는 기회와 폭을 넓혀주어 자신의 고유한 관심에 따라 다양한 교과내용을 접할 수 있도록 도와주어야 한다.

포스트모더니즘은 그동안 지적 교과에 편향된 교육내용을 극복하고 신체와 감성을 적극 활용하고 이 방면의 자질과 능력을 개발 · 조장하는 교육내용을 지향한다. 따라서 체육, 음악, 미술, 문학 등이 중시되며 이 교과들도 일반적으로 정해진 내용보다는 사회적 환경과 학습자의 차이를 고려하여 다양한 내용으로 구성되어야 할 것이다. 예를 들어, 각 지역의 민속춤, 민속놀이, 민속예술과 문학 등을 체험하고 배우면서 다른 지역의 것들과 비교함을 통해 학습자들의 다문화의식, 다양성과 공감의 의식을 발달시킬 수 있을 것이다. 포스트모더니즘은 또한 해체적 읽기를 강조한다. 학습자들은 각종 글, 문학작품, 예술작품 등을 보면서 저자나 작가의 의도가 무엇인지를 아는 것을 넘어서 그들의 의도와 생각과는 다른 측면을 찾는 연습을 한다. 저자의 의도, 교사나 타인의 해석, 학습자 자신의 해석 등을 상호 비교하면서 이를 통해 새로운 가능성을 탐색하고 차이와 다양성에 대한 의식을 발달시킨다.

3) 교육방법

포스트모더니즘에 따를 때 교육의 방법은 고정되어 있지 않고 상황의 특수성에 따라 변화하며 다양하다. 과거 전통적인 교육의 방법은 교과서를 가지고 교사가 강의하는 것이었다. 그러나 포스트모더니즘은 다양성을 추구하므로 교육방법도 정해진 교재를 넘어서 다양한 소재와 자료를 활용하며 교사의 강의에 의존하지 않고 다양한 활동과 시청각 매체가 활용된다.

포스트모던의 교육은 대안교육에서 추구하는 토론, 공작활동, 자연이나 일터 체험학습, 신문 만들기, 연극 · 드라마 만들기, 작은 회사나 공장 혹은 벤처기업 운영하기, 아이 돌보기, 독서클럽활동, 뮤직 밴드 활동, 발명품 만들기 등 다양하고 창의적인 교육방식을 지향한다. 또한 교육매체로 TV, 라디오, 신문, 잡지, 인터넷, 전화, 영화 등의 다양한 매체를 활용하며 상담, 인터뷰, 참여관찰, 실험, 탐사, 발굴 등 각종 활동을 동원한다.

특히 포스트모던의 교육은 학교라는 제한된 공간이 아니라 집, 직장, 공연장, 산, 바다, 들판 등 모든 공간에서 이루어지는 비형식적, 무형식적 교육방법이 모두 포함된다. 최근 많이 논의되고 활성화되고 있는 홈스쿨링이나 사이버교육 등도 교육방법 및 교육공간의 다양화를 추구하는 포스트모더니즘의 지향과 상통한다고 하겠다. 이런 의미에서 포스트모던 교육은 유비쿼터스(ubiquitous) 교육이라 할 수 있다. '유비쿼터스' 란 라틴어로 '언제 어디서나 있는' 것을 의미한다. 학생들은 정해진 시간, 정해진 장소에서 학습하는 것이 아니라 언제 어디서나 자신이 필요한 정보와 지식을 학습하고 한밤중이나 비행기 안에서도 휴대폰이나 손목시계를 통해 학습할 수 있다. 이러한 유비쿼터스 교육은 편리하고 기존의 고정된 교육방법을 다양화할 수 있는 장점과 함께, 미성숙한 학생들에게 적절한 지도나 안내 없이 무분별한 접근과 사용으로 이어질 수 있다는 문제점도 안고 있다.

연구 및 토의과제

1. 다음 개념에 대하여 설명하시오.

   ① 거대담론 ② 이분법적 가치체계 ③ 지식과 권력의 관련성
   ④ 수행력의 원칙 ⑤ 담론 ⑥ 훈육
   ⑦ 구분하는 실천 ⑧ 말소하에 두기 ⑨ 해체
   ⑩ 차연 ⑪ 아포리아

2. 포스트모더니즘은 어떠한 사회문화적, 철학적 배경에서 발달되었는가?
3. 포스트모더니즘이 도전하는 근대의 특징 및 가치관은 무엇인가?
4. 푸코가 주장한 지식과 권력의 관련성, 구분하는 실천, 감시와 통제 등은 한국 교육현실에서 어떻게 드러나고 있는가? 이것은 어떠한 문제가 있는가?
5. 데리다가 제시한 '아포리아' 개념은 현재 이슈가 되고 있는 다문화교육에 어떠한 철학적 시사점을 주는가?
6. 포스트모더니즘의 관점에 의할 때 교육목적, 교육내용, 교육방법은 어떠한 방향을 추구하여야 하는가?

추천도서

Boyne, R. (1998). **데리다와 푸꼬: 동일성과 차이**. 서울: 인간사랑.
Lyotard, J. (1992). **포스트모던의 조건**. 유정완 · 이삼출 · 민승기 역. 서울: 민음사.
Peters, M., & Burbules, N. (2007). **탈구조주의와 교육**. 심승환 역. 서울: 교육과학사.
Sarup, M.(2005). **후기구조주의와 포스트모더니즘**. 전영백 역. 서울: 조형교육.
Stephen Ball(ed.). **푸코와 교육**. 이우진 역(2007). 고양: 청계출판사.
목영해(1994). **후현대주의 교육학**. 서울: 교육과학사.

참 / 고 / 문 / 헌

강선보(2003). 마르틴부버 만남의 교육철학. 서울: 원미사.
강재언(1985). 韓國의 近代思想. 서울: 한길사.
곽노의(1996). 프뢰벨 생애와 교육. 서울: 양서원.
김경용(2003). 과거제도와 한국 근대교육의 재인식. 서울: 교육과학사.
김도태(1950). 남강 이승훈. 서울: 문교사.
김동구(2005). 중세대학의 설립과 발전. 서울: 문음사.
김병희(2007). 교육철학 및 교육사. 고양: 공동체.
김승호(2004). 스콜라주의 교육목적론. 서울: 성경재.
김영래(2003). 칸트의 교육이론. 서울: 학지사.
김재만(1983). 교육사조사. 서울: 교육과학사.
김정환(1981). 페스탈로치의 생애와 사상. 서울: 박영사.
김정환(1984). 교육학개론. 서울: 박영사.
김태오(2005). 원효 '무애행' 의 교육적 함의. 다시 생각하는 실사구시 교육철학. 서울: 양서원.
민병하(1983). 조선시대의 서원교육. 성균관대 대동문화연구원. 대동문화 연구, 17.
박의수 외(2009). 교육의 역사와 철학. 서울: 동문.
박의수(1997). 도산 안창호의 교육실천과 교육방법. 강남대논문집, 27.
박정진(1983). 루터의 사회윤리사상-두 왕국론을 중심으로-. 기독교사상 23권.
손인수(1996). 교육사 교육철학의 이론과 실제. 서울: 문음사.
송양섭(1985). 조선시대의 서원. 한국 교육학의 탐색. 서울: 고려원.
신차균 외(2006). 교육철학 및 교육사의 이해. 서울: 학지사.
심승환(2007). 가르침과 배움의 철학. 서울: 교육과학사.
심승환(2009). 다문화교육의 의미에 대한 교육철학적 고찰. 교육철학, 45, pp. 141-143.
안경식(1983). 동학의 민중교육사상과 운동에 관한 연구. 한국정신문화연구원 부속 대학원 석사학위논문, pp. 14~17.
안상원(1989). 교육사 및 교육철학. 서울: 재동문화사.
안인희(1984). 교육고전의 이해. 서울: 이화여자대학교출판부.
연세대학교 교육철학연구회 편(2002). 위대한교육사상가 Ⅴ. 서울: 교육과학사.
오익제(1984). 동학혁명운동의 현대적 재조명. 이현희 편. 동학사상과 동학혁명. 서울: 청아출판사.

오인탁(2003). 파이데이아: 고대 그리스의 교육사상. 서울: 학지사.
유병덕(1987). 한말 · 일제 시에 있어서의 민족사상. 한국철학회 편. 한국철학사 하.
이길상(1985). 고려시대의 과거제도. 한국 교육학의 탐색. 서울: 고려원.
이문원(2002). 한국의 교육사상가. 서울: 문음사.
이승원(1995). 성균관의 교육시설 연구", 고려대 교육문제연구소. 교육문제연구, 7, pp. 197~203.
이원재(2002). 과거공부를 알아야 우리 교육이 보인다. 서울: 문음사.
이학철(1985). 삼국 · 고려시대의 교육. 청뢰한기언박사회갑기념. 한국교육학의 탐색. 서울: 고려원.
임태평(2000). 플라톤철학과 교육. 서울: 교육과학사.
정신문화연구원(1990). 한국민족문화대사전.
정재철(1985). 식민지하의 일제교육. 청뢰한기언박사회갑기념논문.
정확실 역(1987). 대교수학. 서울: 교육과학사.
조진석(1973). 지행일치의 남강 정신-남강 이승훈 선생의 인간상-. 나라사랑, 12.
주영흠(2003). 자연주의 교육사상. 서울: 학지사.
주영흠(2007). 아우구스티누스의 교육사상. 서울: 학지사.
차석기 편(1990). 서양근대교육사상가론. 서울: 문음사.
최재희(1980). 서양철학사상. 서울: 박영사.
표재명(1998). 키에르케고어 연구. 서울: 지성의 샘.
프레이리, 성찬성 역(1995). 페다고지: 억눌린 자를 위한 교육. 서울: 한마당.
피정만(1985). 조선시대의 성균관과 사학. 한국 교육학의 탐색. 서울: 고려원.
한국교육학회 교육사연구회 편(1987). 교육사상가평전. 서울: 교학연구사.
한기언(1971). 한국교육사. 서울: 박영사.
한기언(1988). 서양교육사. 서울: 박영사.
한기언(2004). 교육사학-教育精神史序說-. 파주: 한국학술정보(주).
한동일(1985). 조선시대의 향교와 서당. 한국 교육학의 탐색. 서울: 고려원.
홍동선 역(1989). 서양의 휴머니즘 전통. 서울: 범양사.
홍사중(2003). 과거보러 가는 길. 서울: 한영문화사.

三國史記. 券第四, 新羅本紀 第四, 眞興王.
三國史記. 券第十八, 高句麗本紀 第六, 小獸林王2年條.
三國遺事. 券第一 紀異第一.
三國志. 魏書, 券三十, 東夷, "其國中有所爲及官家使築城郭 諸年少勇建者 皆鑿背皮以大繩貫之又以丈許木插之 通日歡呼作力不以爲痛旣以勸作 且以爲健常”

三品彰英(1995). 신라화랑의 연구. 서울: 집문당.

少年有築室作力者 輒以繩貫背皮 䌙以大木喚呼爲健常. **後漢書**. 卷百十五, 東夷傳.

Augustinus, Aurelius(2004). 고백록. 김광채 역. 서울: 기독교문서선교회.

Bainton Roland, H. (1956). *The Age of the Reformation*(Princeton: D. Van Nostrand Co.

Bainton Roland, H. (1982). 마틴 루터의 생애. 이종태 역. 서울: 생명의 말씀사.

Bainton, Roland H. (2001). 에라스무스의 생애. 박종숙 역. 서울: 크리스챤다이제스트.

Bollnow, O. F. (1977). *Existenzphilosophie und padagogik*. Stuttgart: Kohlhammer.

Boyd, W., & King, E. J. (1975). *The History of Western Education*(London: Adam & Charles Black.

Brubacher, John. S. (1966). *A History of the Problems of Education*, New York: McGraw-Hill.

Butts, R. F. (1955). *A Cultural History of Western Education*(New York: McGraw-Hill Book Co.

Charles, P. (1955). *Philosophical Writings*. New York: Dover.

Cicero(1989). 키케로의 의무론: 그의 아들에게 보내는 편지. 허승일 역. 서울: 서광사.

Comenius, J. A. (2002). 대교수학. 정일웅 역. 서울: 창지사.

Comenius Amos, J. (2003). 범교육학. 정일웅 역. 서울: 그리심.

Copleston, F. C. (1988). 중세철학사. 박영도 역. 서울: 서광사.

Curtis, S. J., & Boultwood, M. E. A. (1975). *A Short History of Educational Ideas*(London: University Tutorial Press.

David, C. (1985). An Interview with Derrida in D. Wood and R. Bernasconi(eds.), *Derrida and Difference*. Warwick: Parousia.

Dewey, J. (1938). *Experience and Education*. New York: Touchstone.

Dewey, J. (1984). The Development of American pragmatism, J. A. Boydston (ed.) *John Dewey: The Later Works*, vol. 2. Carbondale: Southern Illinois University Press.

Dewey, J. (2009). *Democracy and Education*. New York: Macmillan, 1916 Merchant Books.

Eby. Frederick. (1964). *The Development of Modern Education in Theory, Organization, and Practice*(New Delhi: Pretice-Hall of India.

Eby. Frederick., & C. F. Arrowood. (1940). *The History and Philosophy of Education: Ancient and Medieval* (New York: Prentice-Hall).

Fischl, J. (1987). 실존철학과 현대. 백승균 편역. 대구: 계명대학교출판부.

Gasking, D., & Jackson, A. (1962). Wittgenstein as a Teacher, K. Fann(Ed.), *Ludwig Wittgenstein: The Man and His Philosophy*, New Jersey: Humanities Press, p. 52.

Giroux, H. (1988). *Teachers as Cultural Intellectuals: Toward a Critical Pedagogy of Learning*, 이경숙 역, 서울: 아침이슬.

Giroux, H. (1989). *Schooling for Democracy: Critical Pedagogy in the Modern Age*, New York: Routledge.

Glock, H. J. (2008). *What is Analytic Philosophy?*, Cambridge: Cambridge University Press.

Good, H. G., & Teller, J. D. (1969). *A History of Western Education*, New York: Macmillan Co.

Habermas(1992). *Erläterungen Zur Diskursethik*, 2. Aufl., Frankfurt: Suhrkamp, p. 134.

Herbart, J. F. (2006). 헤르바르트의 일반교육학. 김영래 역. 서울: 학지사.

Jaeger, W. (1965). *Paideia: the Ideals of Greek Culture*(1)(Oxford: Basil Blackwell.

Liedtke, Max. (1997). 페스탈로치. 이온화 역. 서울: 한길사.

Luther, M. (1983). 자녀들을 학교에 보내야 할 부모들의 의무에 관한 설교. 지원용 역. 루터선집, 9, 서울: 컨콜디아사.

Luther, M. (1983). 독일 크리스챤 귀족에게 보내는 글. 루터선집, 9, 지원용 역. 서울: 컨콜디아사.

Luther, M. (1983). 시의회 의원들에게 그리스도교 학교를 건립 운영하도록 호소한 글. 루터선집, 9, 지원용 역. 서울: 컨콜디아사.

Lyotard(1984). *The Postmodern Condition: A Report on Knowledge*, trans. G. Bennington and B. Massumi, Minneapolis, MN: University of Minnesota Press.

Lyotard(1988). *The Differend: Phrases in Dispute*, trans. G. Van den Abbeele, Minneapolis, MN: University of Minnesota Press.

Marcuse, H. (1968). Philosophy and Critical Theory", *Negations*, Boston: Beacon Press.

Martin Buber(1998). *Ich und Du*. 표재명 역. 나와 너. 서울: 문예출판사.

Mason, Cora(1991). 소설 소크라테스: 끊임없이 질문을 던진 사람. 최명관 역. 서울: 서광사.

Mayer, F. (1963), *Foundations of Education*(Columbus Ohio: Charles E. Merill Books.

Miller, J. (1984). *Rousseau, Dreamer of Democracy*. New Heaven: Yale University Press.

Monroe, P. (1915). *A Brief Course in the History of Education*. New York: Macmillan.

Monroe, P. (1930). *A Textbook in the History of Education*. New York: Macmillan Co.

Nietzsche, F. *Also sprach Zarathustra*, 정동호 역(2000). 차라투스트라는 이렇게 말했다. 서울: 책세상.

Pestalozzi, J. H. (1989). 페스탈로치가 어머니들에게 보내는 편지. 김정환 역. 서울: 양서원.

Pestalozzi, J. H. (2001). 숨은 이의 저녁노을. 김정환 역. 서울: 박영사.

Peters, R. S. (1966). *Ethics and Education*. London: George Allen & Unwin.

Peukert, H. Kritische (1983). Theorie und Pädagogik, *Zeitschrift für Pädagogik* 30, pp. 195-217.

Pitcher, G. (1964). *The Philosophy of Wittgenstein*, London: Printice Hall.

Plato(1992). 플라톤의 국가론. 최현 역. 서울: 집문당.

Robert, S. B., & Nathaniel, M. (1973). Lawrence, *Philosophical Themes in Modern Education*(Boston: University Press of America.

Robert. R., Rusk. (1965). *The Doctrines of the Great Educators*. New York: St Martin's Press.

Rousseau, J. J. (1979). *Emile or On Education*, Allan Bloom(trans.) New York: Basic Books.

Rousseau, J. J. (1989). 사회계약론. 최현 역. 서울: 집문당.

Rousseau, J. J. (1997). 루소의 교육론 에밀. 안인희 역. 서울: 서원.

Sarup, M. (2005). *An Introductory Guide to Post-Structuralism and Postmodernism*, 전영백 역. 후기구조주의와 포스트모더니즘. 서울: 조형교육.

St. Augustinus(1994). *De Doctrina Christiana*, 기독교 교육론. 김종흡 역. 서울: 크리스챤다이제스트.

Stephen Ball(ed.). (2007). *Foucault and Education: Disciplines and Knowledge*. 이우진 역. 푸코와 교육. 고양: 청계출판사.

Sterling. P., Lamprecht(1955). *Our Philosophical Tradition: A Brief History of Philosophy in Western Civilization*. New York: Appleton-Century-Crofts, Inc.

Stumpf, S. E., & Fieser, J. (2008). 소크라테스에서 포스트모더니즘까지. 이광래 역. 파주: 열린책들.

White, J. Richard Stanley Peters (2009). *Fifty Modern Thinkers on Education*. 조현철 · 박해숙 공역. 50인의 현대교육사상가. 서울: 학지사.

Wild, E. H. (1944). *Foundation of Modern Education*, washington D.C.: Farr and Rinehart.

Wilds, E. H. (1942). *Foundations of Modern Education*(U.S. Armed Forces: Farrar & Rinehart.

William, J. (1890). *The Principles of Psychology*. New York: Dover Publications.

William, R. Estep(2002). 르네상스와 종교개혁. 라은성 역. 서울: 그리심.

Wittgenstein, L. (1955). *Tractatus Logico-Philosophicus*. New York: Himanities Press.

Yadav, D. (2005). *Educational Philosophy of Wittgenstein*. Delhi: Adhyayan publishers.

찾 / 아 / 보 / 기

인명

내용

저 / 자 / 약 / 력

주영흠
현재 총신대학교 교수이며 학부와 교육대학원에서 교육학을 강의하고 있다. 고려대학교에서 학사, 석사, 박사학위를 취득하였으며 교육철학 및 교육사 전공이다. 연구논문은 "교육의 논리를 통해 살펴본 학습의 자유", "자유의 의미에 관한 교육인간학적 고찰", "교양교육의 목적으로서 자율성", "아우구스티누스의 교양교육론", "공교육이념의 기독교적 기원에 관한 일 연구", "에라스무스의 교양교육론 연구", "아우구스티누스의 교사론 연구", "아우구스티누스 인식론의 교육적 의의", "주의주의교육관에서 보는 배움의 의미", "윤리적 존재양식의 교육적 의의", "중세교과교육의 탐색" 등이 있으며, 저 · 역서는 《교육철학을 위한 사색》, 《신세대를 위한 교육학개론》, 《서양교육사상사》, 《자연주의교육사상》, 《아우구스티누스 교육사상》 등이 있다.

이승원
현재 백석대학교 사회복지학부 교수이며 학부에서 주로 교육학을 강의하고 있다. 고려대학교에서 학사, 서울대학교에서 석사, 그리고 고려대학교에서 박사학위를 취득하였으며 교육철학 및 교육사 전공이다. 서라벌대학 유아교육과 교수를 거쳐, 1999년부터 백석대학교에 재직 중이다. 연구논문으로는 "양계초의 신민교육사상 연구", "유아전통문화교육을 위한 제6차 유치원 교육과정 운영 실태", "아동복지를 고려한 교육목적 재검토 -White의 논리를 중심으로-", "한국 성년식의 교육적 의미" 등이 있고, 주요 저서로는 《한국 교육사상의 전개와 발전》, 《새로 쓴 교육의 이해》 등이 있다.

심승환
현재 안양대학교 교수이며 교육학을 강의하고 있다. 고려대학교에서 학사 및 석사학위를, 미국 Loyola 대학교에서 철학박사(Ph.D.)학위를 취득하였으며, 전공은 교육철학이다. 연구논문은 "A Philosophical Investigation of Role of Teachers" 등이 있고 저서는 《Two Model Teachers: Jesus and Confucius》 등이 있다.

교육철학 및 교육사 사유와 실천

2010년 9월 10일 1판 1쇄 발행 | 2011년 3월 10일 1판 2쇄 발행
2013년 9월 10일 1판 3쇄 발행 | 2016년 9월 10일 1판 4쇄 발행
2018년 3월 10일 1판 5쇄 발행 | 2024년 3월 10일 1판 6쇄 발행

지 은 이 주영흠 이승원 심승환
펴 낸 이 최용구
펴 낸 곳 도서출판 신정

주 소 (04316) 서울시 용산구 원효로 89길 19 (원효로1가)
전 화 02) 3211-4782・0266(영업부), 3211-4783(편집부), 3211-4784(팩스)
이 메 일 shinjeong72@naver.com
홈페이지 www.sjbook.co.kr
등 록 2001년 5월 11일 제13-702호

기획마케팅 최용구 장만동 송대용 최충구
책임편집 석기은 황가연
본문편집 이안
표 지 SDY

ISBN 978-89-5912-168-7 93370

정가 18,000원